全球伊斯兰极端主义专题研究

（下卷）

——地区与国别研究

刘中民　等◎著

世界知识出版社

图书在版编目（CIP）数据

全球伊斯兰极端主义专题研究 . 下卷 / 刘中民等著 . —北京：
世界知识出版社，2023.6（2025.7 重印）
（当代中东研究系列丛书）
ISBN 978-7-5012-6649-4

Ⅰ. ①全… Ⅱ. ①刘… Ⅲ. ①伊斯兰教史—研究—世界 ②伊斯兰
国家—研究 Ⅳ . ① B969 ② D501

中国国家版本馆 CIP 数据核字（2023）第 086380 号

书　　名	**全球伊斯兰极端主义专题研究（下卷）——地区与国别研究** Quanqiu Yisilan Jiduan Zhuyi Zhuanti Yanjiu (Xiajuan) —Diqu yu Guobie Yanjiu
作　　者	刘中民 等◎著
责任编辑	贾如梅
责任出版	赵　玥
责任校对	陈可望
出版发行	世界知识出版社
地址邮编	北京市东城区干面胡同51号（100010）
网　　址	www.ishizhi.cn
电　　话	010-65233645（市场部）
经　　销	新华书店
印　　刷	北京中科印刷有限公司
开本印张	710毫米×1000毫米　1/16　24$\frac{3}{4}$ 印张
字　　数	405千字
版次印次	2024年11月第一版　2025年7月第二次印刷
标准书号	ISBN 978-7-5012-6649-4
定　　价	89.00元

本书为2016年度国家社会科学基金重大项目
"全球伊斯兰极端主义研究"（16ZDA096）的阶段性成果

目 录

第四编 地区研究

第五编　国别研究

第四编

地区研究

第19章

南亚伊斯兰极端主义的兴起、发展主线及治理前景

伊斯兰极端主义是当今世界具有全球性影响的问题，并对当前国际体系的演进产生了极大的冲击。南亚地区①既是连接东亚、东南亚与西亚北非地区的重要桥梁，也是伊斯兰极端主义向东西双向扩散的重要交汇点。认识南亚伊斯兰极端主义兴起、发展和治理成效，对于认识全球伊斯兰极端主义的现状及发展趋势有重要意义。

一、南亚伊斯兰极端主义兴起发展的外部环境

（一）阿富汗战争与南亚伊斯兰极端主义的兴起

伊斯兰极端主义作为伊斯兰主义思潮中的激进派别，自20世纪70年代异军突起，成为影响当代国际关系的重要力量，这与宗教在现代国际关

---

① 这里的"南亚"主要指"南亚区域合作联盟"（SAARC）八个成员国，即印度、巴基斯坦、孟加拉国、阿富汗、斯里兰卡、尼泊尔、不丹和马尔代夫。该组织成立于1985年。虽然阿富汗2005年才加入该组织，但阿富汗长期以来与南亚地区，尤其是巴基斯坦的联系极为紧密。长期以来，阿富汗习惯上被视为南亚国家。

系中的"登堂入室"有着密切的关联。① 全球宗教复兴特别是伊斯兰复兴的标志性事件，都对南亚产生了强烈的冲击。1979年是宗教深度参与国际关系的转折点，罗马教皇访问波兰、伊朗伊斯兰革命、沙特麦加大清真寺事件、苏军入侵阿富汗等被视为标志性的事件，② 而这些重大事件又多与伊斯兰教相关，这也反映了伊斯兰教在国际关系中正扮演着越来越重要的角色。

就1979年发生的与伊斯兰教相关的事件而言，伊朗伊斯兰革命、沙特麦加大清真寺事件是影响南亚伊斯兰复兴的重要国际环境，而苏军入侵阿富汗使阿富汗成为全球"圣战"中心，尤其是以阿富汗为大本营的极端组织塔利班和"基地"组织，对南亚尤其是巴基斯坦伊斯兰极端主义的产生和发展有直接而又深远的影响。苏军入侵阿富汗激起了全世界伊斯兰激进势力的强烈反对，并使阿富汗战争演变成为伊斯兰极端势力与苏联"异教徒"之间的"圣战"。伊斯兰极端势力对于苏军入侵阿富汗事件有着不同的解读，一种解读是伊斯兰教与共产主义意识形态和无神论的对抗，即反抗无神论的苏联及其全力扶持的阿富汗前政权。"伊斯兰成为团结各个反对派以反抗共产主义意识形态的核心价值体系"，"来自阿富汗以外的伊斯兰世界的'自由战士'也加入了这场扩大化的宗教政治斗争"。③ 另一种解读甚至认为阿富汗战争是伊斯兰教与东正教的对抗，把苏军的入侵视为东正教俄罗斯民族的入侵。④

苏军入侵阿富汗导致全球"圣战者"齐聚阿富汗，在抗苏的旗帜下协同作战，使阿富汗很快成为全球伊斯兰极端主义势力的大本营，成为吸

---

① 徐以骅：《宗教在1979年》，载徐以骅主编《宗教与美国社会》（第十三辑），北京：时事出版社2016年版，第4页。

② 参见 Christian Caryl, *Strange Rebels: 1979 and the Birth of the 21st Century*, New York: Basic Books, 2013.

③ 汪金国、张吉军：《政治伊斯兰影响下的阿富汗伊斯兰教育》，载《南亚研究》2010年第2期，第75页。

④ Rafael Reuveny, Aseem Prakash, "The Afghanistan War and the Breakdown if the Soviet Union," *Review of International Studies*, Vol.25, No.4, 1999, pp.693-708.

纳来自南亚、中亚和中东等地"圣战"分子的"坩埚"。通过十年的抗苏战争，本土的塔利班和外来的"基地"组织在陷入碎片化的阿富汗不断壮大。美国出于对抗苏联的需要，大力扶植并武装了诸多以抗苏为名的伊斯兰极端组织。阿富汗的战乱还为伊斯兰世界逊尼派和什叶派两大教派的冲突提供了斗争场所。除此之外，两大教派阵营还在对美关系上存在斗争，逊尼派伊斯兰极端组织显然与美国建立了抗苏统一战线，美国毫不掩饰对逊尼派伊斯兰极端组织的支持。[①] 本·拉登便是逊尼派"圣战者"之一，其创立的"基地"组织虽然思想源头在西亚，但其诞生及成熟壮大则是在南亚的阿富汗。什叶派伊斯兰激进组织则得到了伊朗的有力支持，伊朗一方面通过两伊战争与逊尼派君主国支持的伊拉克萨达姆政权斗争，另一方面以阿富汗内战为契机，既扩张什叶派的势力范围，又反苏反美。因此，阿富汗既是伊斯兰极端组织的"圣战"大本营，也是逊尼派和什叶派冲突的主战场，而"基地"组织在阿富汗的创立和发展则成为全球伊斯兰极端主义、国际恐怖主义的渊薮所在，其对南亚乃至全球伊斯兰极端主义的影响延续至今。

（二）美国对伊斯兰世界的霸权政策与南亚伊斯兰极端主义的恶性发展

伊斯兰极端主义的兴起、发展与美国的中东、南亚政策有密切的关联。随着苏军撤出阿富汗、苏联解体和冷战结束，阿富汗陷入了无序状态，塔利班异军突起并控制了大部分国土。与此同时，本·拉登领导的"基地"组织在苏联撤军阿富汗以后，其发展便走向一个新的阶段。1991年海湾战争后，伴随美国军队大规模入驻伊斯兰教"两圣地"（麦加和麦地那）所在的沙特，本·拉登及其领导的"基地"组织与美国和沙特王室政权迅速分道扬镳。由于本·拉登不能容忍"异教徒"对伊斯兰土地的入

---

① 参见：Steve Coll, *Ghost Wars: The Secret History of the CIA, Afghanistan, and Bin Laden, from the Soviet Invasion to September 10, 2001*, Penguin Press, 2004; George Crile, *Charlie Wilson's War: The Extraordinary Story of How the Wildest Man in Congress and a Rogue CIA Agent Changed the History of Our Times*, Grove Press, 2007.

侵，美国取代苏联成为"基地"组织的头号敌人。以本·拉登为代表的伊斯兰极端主义势力认为，美军和沙特王室的行为是对伊斯兰圣地的玷污。1999年，本·拉登在一次访谈中指出，美国在沙特阿拉伯的军事存在是其反美的重要原因之一，因为"那对整个伊斯兰世界都是一种挑衅"。① 在整个20世纪90年代，美国在中东地区的设施频繁成为伊斯兰极端暴力袭击的目标。

从1991年苏联解体到2001年"9·11"事件爆发之前，美国在南亚地区遏制的重点并非伊斯兰极端势力。尽管在南亚巴基斯坦与阿富汗边界地区活动的"基地"组织对美国发动了一些恐怖袭击活动，但美国仍然保持了极大的克制。不仅如此，美国还与实际控制阿富汗绝大部分国土的塔利班政权保持了良好的关系，美国的西亚盟友沙特和阿联酋还与塔利班政权建立了外交关系。由此可见，出于在中亚、南亚地区进行霸权扩张的需求，美国与塔利班政权之间并未走向水火不容，甚至存在相互利用的关系。直至"9·11"事件爆发，美国才对塔利班政权施压，要求塔利班交出受其庇护的本·拉登，塔利班政权选择继续庇护本·拉登，导致美国发动了推翻塔利班政权的阿富汗战争。

2001年阿富汗战争后，塔利班隐匿于阿富汗和巴基斯坦边境地区，并经过短暂蛰伏后在阿富汗卷土重来，甚至在巴基斯坦攻城略地，并与当地的部落势力结成联盟，对巴基斯坦政府的统治也构成了极大的威胁。塔利班针对阿富汗前政府、军警和平民目标发动了多次袭击，这意味着塔利班对阿富汗前政府构成了严重威胁。随着塔利班在巴基斯坦边境地区不断壮大，塔利班的巴基斯坦分支于2007年开始自立门户，以"巴基斯坦塔利班运动"的名义独立开展运动，并与"基地"组织之间联系紧密。

随着2003年美国发动伊拉克战争推翻了萨达姆政权，伊拉克的混乱状态使得活跃于阿富汗的诸多伊斯兰极端组织从阿富汗转战伊拉克，其中便包括"伊斯兰国"的前身——"基地"组织伊拉克分支，该组织的前身即

---

① Rahimullah Yusufzai, "Face to Face with Osama," *Guardian*, September 26, 2001, https://www.theguardian.com/world/2001/sep/26/afghanistan.terrorism3.

"认主独一与圣战组织"便是从阿富汗迁徙而来。而2017年遭到沉重打击的"伊斯兰国"又不断从伊拉克和叙利亚向南亚地区推进，其重点地区便是阿富汗和巴基斯坦。"伊斯兰国"向南亚的渗透导致其与塔利班的矛盾加剧，双方之间甚至爆发了武力冲突，特别是2017年以来，两者之间的武装冲突愈发激烈。在2017年，塔利班武装与"伊斯兰国"之间的武力冲突日趋频繁，如双方在阿富汗朱兹詹省交火数日，造成至少52名武装分子丧生。① 阿富汗塔利班、巴基斯坦塔利班、"基地"组织、"伊斯兰国"等极端组织之间的恶性竞争，以及极端组织在西亚与南亚之间的跨境迁徙和流动，不仅对南亚地区安全构成严重威胁，也对美国的中东和南亚政策构成严峻挑战。

美国对伊斯兰世界的战略在"9·11"之后主要集中于西亚的伊拉克和南亚的阿富汗、巴基斯坦，西亚与阿巴地区成为美国对伊斯兰世界战略的两翼。美国经常在中东与南亚之间，即伊拉克战略和阿巴新战略之间游移，导致其战略经常顾此失彼。在小布什政府时期，美国从阿富汗战争转向伊拉克战争，导致阿富汗塔利班卷土重来，而伊拉克的动荡则成为吸纳全球"圣战"分子、孕育"伊斯兰国"组织的温床沃土；在奥巴马政府时期，美国试图将反恐战略重心东移至阿巴边境地区，但伊拉克的持续动荡和叙利亚内战爆发则直接催生了"伊斯兰国"；2015年以来美俄加大协同打击"伊斯兰国"的力度，但实体组织被剿灭后的"伊斯兰国"又继续在包括南亚阿富汗、巴基斯坦在内的广大伊斯兰世界的"边缘地带"进行渗透和扩张。事实表明，正是由于美国治标不治本反恐政策的游移不定，极大地加剧了中东与南亚极端主义势力的恶性互动和此起彼伏，这也是南亚和中东地区伊斯兰极端主义发展存在密切关联的根源之一。

---

① 代贺、蒋超：《"伊斯兰国"与塔利班在阿富汗东部交火，上万家庭被迫逃离》，新华社，2017年11月27日，http://news.163.com/17/1128/03/D4A4PMH800018AOQ.html。

二、南亚伊斯兰极端主义发展的主线及其特点

　　南亚伊斯兰极端主义的发展有其自身的特点。南亚地区的国际关系、族群政治等往往与宗教政治挂钩，再加上受伊斯兰两大教派纷争不断加剧的影响，使得南亚伊斯兰极端主义既具有伊斯兰极端主义的共性，也有自身的独特性。这里主要结合少数民族分离主义这条主线进行分析。

（一）孟加拉国的独立与伊斯兰极端主义

　　1971年，在印度的不断策动下，原属巴基斯坦一部分的东巴基斯坦宣布独立建国。东巴基斯坦得以顺利脱离巴基斯坦，一方面因为东西巴斯坦之间自印巴分治起便从地理上被印度所隔离，巴基斯坦政府难以对东巴基斯坦进行有效的管治；另一方面在于孟加拉人是东巴基斯坦的主体民族，在印度的煽动与支持下独立倾向不断增强。孟加拉国独立以后，为了与以伊斯兰教为国家认同的巴基斯坦决裂，该国最初采取了遵循世俗民族主义的做法。由于独立之初的诸多困境，孟加拉新政权的施政成效有限，经济、民生等问题严重，再加上20世纪70年代伊斯兰复兴运动风起云涌，孟加拉政府很快便转向了伊斯兰教，加强了国家的伊斯兰属性建设。

　　当年印巴分治时，孟加拉人因宗教信仰不同而主要分属印度诸邦和东巴基斯坦，为了打造与巴基斯坦有所区别的伊斯兰认同，同时又能与印度境内信仰印度教的孟加拉人划清界限，1977年齐亚·拉赫曼（Ziaur Rahman）提出了"孟加拉国民族主义"（Bangladeshi nationalism），取代了穆吉布·拉赫曼（Mujibur Rahman）在建国之初提出的"孟加拉族民族主义"（Bengali nationalism）。"孟加拉族民族主义"从民族上只强调孟加拉民族，是一种世俗的单一民族认同；"孟加拉国民族主义"从民族上涵盖孟加拉国境内的所有民族，其核心认同是伊斯兰教，这也旨在说明印度

信奉印度教的孟加拉民族不在孟加拉国的国族认同之内。[1] 此后，孟加拉国的国族认同建构实际上与巴基斯坦强调基于伊斯兰教的宗教认同相似，伊斯兰教在国家政治中地位的上升，为各种伊斯兰激进势力的兴起提供了条件。

在冷战后的民主化浪潮中，孟加拉国各种伊斯兰政党粉墨登场，各种政治势力频频采用伊斯兰话语来进行政治动员，其中包括曾高举世俗主义和社会主义大旗的"孟加拉国人民联盟"。不仅如此，伊斯兰极端势力也在孟加拉国发展壮大，其典型代表是"伊斯兰圣战运动"（HuJI）。该组织从20世纪90年代初开始主要在巴基斯坦和孟加拉国活动。如前所述，"伊斯兰圣战运动"成立于抗苏战争期间，阿富汗战争后，其目标从把苏军逐出阿富汗发展到把印度逐出克什米尔。1992年"伊斯兰圣战运动"孟加拉国分支"孟加拉伊斯兰圣战运动"成立，标志着该组织在孟加拉国的影响力不断上升。该组织在孟加拉国开展了大量恐怖袭击活动，其目标是推翻现政权，建立实施伊斯兰教法统治的政权，并涉嫌于2000年展开了针对哈西娜·瓦吉德（Sheikh Hasina Wazed）总理的刺杀行动。2005年10月，该组织被孟加拉国取缔。[2]

（二）俾路支人的民族分离主义与伊斯兰极端主义

俾路支人主要分布在伊朗和巴基斯坦边境省份，属于伊斯兰逊尼派。俾路支人在伊朗和巴基斯坦都是少数族群，不仅如此，信仰逊尼派的俾路支人在伊朗还处于教派上的弱势地位。二战以后，俾路支人在伊朗巴列维王朝时代处境相对较好，巴基斯坦以伊斯兰教为主导的国家认同也在一定程度上整合了俾路支人。随着伊朗伊斯兰革命的爆发，信仰逊尼派的俾路支人的宗教处境出现了巨大变化。随着伊朗强势输出革命，特别是带有两大教派冲突色彩的两伊战争爆发以后，伊朗俾路支人便成为伊拉

---

[1] Taj Hashimi, "Bangladesh: The Next Taliban State?" February 9, 2005, https://mm-gold.azureedge.net/Articles/t aj_hashmi/bangladesh_next_taliban.html.

[2] Colonel R. Hariharan, "Sheikh Hasina Overlooked Terror Festering in Bangladesh's Backyard," *Daily O*, July 12, 2016.

克萨达姆政权制衡伊朗的重要工具。20世纪80年代，伊拉克支持下的伊朗"俾路支自治运动"（BAM）登上了历史舞台，其目标是寻求伊朗俾路支人的自治地位和经济处境的改善。随着两伊战争的结束，伊拉克对伊朗俾路支人自治运动的支持热情与力度逐步下降，该运动的许多领导人逃亡海湾阿拉伯国家，"俾路支自治运动"走向分裂与瓦解，其中"真主战士"（Jundallah）便是从其中分化出的组织。"真主战士"成立于2003年，属于逊尼派"圣战萨拉菲运动"，在伊朗的活动区域靠近阿富汗和巴基斯坦的边境省份，在巴基斯坦境内也开展了许多针对巴基斯坦军政目标的暴恐活动。就俾路支民族主义而言，其核心仍旧是自治运动，在整合伊朗与巴基斯坦俾路支人建立独立的俾路支国家方面，其活动和影响并不明显。

通过考察南亚伊斯兰极端主义的发展主线及相关极端组织，不难发现其基本特点。

首先，南亚伊斯兰极端主义目标多元交织，其目标主要包括推翻世俗政权、建立伊斯兰教法统治；打击什叶派力量；打造宗教民族主义，谋求自治、独立建国等，许多南亚伊斯兰极端主义组织往往兼具多重目标。

其次，南亚伊斯兰极端主义活动具有明显的跨国、跨区域性。南亚地区存在的领土争端、跨界民族等因素为伊斯兰极端主义开展活动提供了契机，该地区伊斯兰极端组织往往存在跨国、跨地区的复杂联系，或者属于同一个组织的不同分支，其跨国流动性使得对有关极端组织的打击较为困难。

最后，相关南亚国家政府对伊斯兰极端主义存在多重标准，突出表现在对极端组织袭击什叶派的行为采取默许或无视的态度，对极端组织袭击敌对国家持默许或支持态度。这种分歧和矛盾显然不利于南亚国家形成打击极端主义的有效合作，而长期存在的印巴冲突导致印度和巴基斯坦两个南亚大国根本无法就打击极端主义进行合作，尤其是印度指责巴基斯坦支持和纵容伊斯兰极端组织袭击印度导致的矛盾，本身就构成了印巴矛盾的重要内容。

三、南亚治理伊斯兰极端主义的前景

南亚伊斯兰极端主义的发展和壮大，尤其是暴力恐怖主义的泛滥，给南亚和周边地区乃至全世界都带来了极大的消极影响。首先，伊斯兰极端主义思想、组织和行为严重恶化了南亚有关国家的政治、经济、社会、族群和宗教生态，对这些国家的总体国家安全构成了巨大的挑战，极大影响了国家治理水平的提升。其次，伊斯兰极端主义与南亚国家间的领土争端、少数族群分离主义运动等关系密切，严重影响了南亚地区一体化的深入开展。最后，南亚成为以"基地"组织、"伊斯兰国"为代表的伊斯兰极端主义和暴力恐怖组织全球扩张的"孵化器"，使得南亚地区在全球反恐格局中承受着巨大压力。尽管相关南亚国家出于政权安全的考虑而选择性地对部分伊斯兰极端组织进行了取缔和打击，但整体成效相对有限。尽管如此，南亚国家在国际反恐合作以及促进国内政治和解方面的举措已有一定成效，对促进该地区治理伊斯兰极端主义创造了一定的有利条件。

跨国、跨地区合作是治理伊斯兰极端主义的必由之路。目前印度和巴基斯坦已经正式成为上海合作组织成员国、阿富汗成为上合组织观察员国，这既能促进上合组织新老成员国在打击"三股势力"方面进一步形成合力，又有助于通过上合组织的框架，进一步协调印巴等国在打击伊斯兰极端主义上的分歧。随着冷战结束以后中亚国家的纷纷独立以及20世纪90年代以来伊斯兰极端主义的蔓延，中亚和南亚地区的伊斯兰极端势力严重威胁有关国家的稳定与安全。在此背景下，上海合作组织于2001年正式成立，在2017年吸收印巴加入之前，其成员包括中国、俄罗斯和中亚四国（哈萨克斯坦、塔吉克斯坦、吉尔吉斯斯坦、乌兹别克斯坦），并拥有多个观察员国，其核心宗旨是打击"三股势力"，维护地区安全。

2009年6月16日，《上海合作组织成员国元首理事会会议联合公报》指出："本组织成员国应提高在共同应对恐怖主义及其他安全威胁方面的协调水平。地区反恐怖机构应为此发挥核心作用。"① 围绕合作打击"东突"等危害地区和平与安全的伊斯兰极端势力，上合组织成员国的国际合作程度较高且共同利益居多，而中国与中亚山水相连，有利于进行协同打击"三股势力"的军事行动和后勤补给。不仅如此，中国政府还与时任观察员国的巴基斯坦进行了反恐军演。2010年7月，中巴联合反恐军演在中国宁夏举行。2017年，上合组织完成2001年以来的首度扩员，印度与巴基斯坦正式成为成员国。2018年5月，上合组织青岛峰会召开前，印度与巴基斯坦同意在查谟与克什米尔地区落实2003年便已达成的停火协议，不仅如此，印度还派出代表团赴巴基斯坦参加上合组织反恐会议，② 这反映了印巴在加入上合组织以后确实在保持克制，寻求在反恐和打击伊斯兰极端主义等问题上进行合作。2018年5月28日，"上海合作组织—阿富汗联络组"会议在北京举行。2018年6月，上合组织青岛峰会顺利举行，这是该组织扩员以后举行的首次峰会，此次峰会勾勒了未来的发展任务，有利于"结合形势变化推动新安全观在上合组织内达成共识，弥合印度、巴基斯坦加入后在反恐、去极端化中出现的认知差异，以共同安全、综合安全、合作安全和可持续安全理念指导上合组织未来安全合作"，并就"阿富汗安全形势恶化问题"等加强合作。③

　　对伊斯兰极端主义和由此发展而来的暴力恐怖主义进行有效区分，采取不同策略进行应对，是在治理极端主义的过程中应该注意的问题。塔利班过去曾庇护本·拉登及其领导的"基地"组织，但两者之间的目标和手段并不完全一致。塔利班是思想极为保守且带有部落遗风的伊斯兰组织，其目标是通过武力重新夺回阿富汗并建立实施伊斯兰教法统治的国家。作为全球性恐怖组织，"'基地'组织在全球范围发动'圣战'，则是以伊斯兰教的名义对以美国为首的西方及其文化价值观宣战。显然，'基地'组

---

　　① 《上海合作组织成员国元首理事会会议联合公报》，2009年6月16日，http://www.sectsco.org/CN/show.asp?id=232。

　　② 李东尧：《上合峰会前，印巴一致同意落实边境停火协议》，2018年5月30日，http://www.guancha.cn/Neighbors/2018_05_30_458356_s.shtml。

　　③ 许涛：《青岛峰会以新安全观升级上合组织安全合作》，《光明日报》，2018年6月16日。

织只是把'圣战'作为一种政治宣传和政治动员的工具，企图通过泛化伊斯兰'圣战'来达到反西方目的"。①

尽管阿富汗前政府与塔利班之间冲突不断，但阿富汗前政府也将塔利班和"基地"组织区分开来，对于"基地"组织进行严厉打击，而对于塔利班则将其视为政治和解的重要对象。2018年2月28日，阿富汗前总统加尼表示，愿意在不设条件的前提下与阿富汗塔利班进行和谈，而在此之前他多次斥责塔利班是恐怖组织。② 加尼总统态度的转变说明了阿富汗前政府对于伊斯兰极端主义和恐怖主义的认知越来越务实。2018年6月15日开斋节之际，阿富汗前政府与塔利班达成停火协议。阿富汗前政府于6月7日宣布，从6月12日开始与塔利班停火一周左右，但停火对象不包括"伊斯兰国"和"基地"组织。阿富汗塔利班则于6月9日宣布开斋节期间与阿富汗前政府军停火三天。但是，"伊斯兰国"在阿富汗的组织则采取恐怖袭击的方式予以回应，对楠格哈尔省首府贾拉拉巴德进行汽车炸弹袭击，造成至少26人死亡、54人受伤，死者包括塔利班武装人员和阿富汗安全人员。③ 当时阿富汗前政府对塔利班采取以打促谈的策略，2018年6月30日，阿富汗前总统加尼在单方面延长停火期结束后，下令重启对塔利班的打击行动。④ 这反映了当时阿富汗前政府、阿富汗塔利班、"基地"组织和"伊斯兰国"等方面在阿富汗的复杂博弈。

---

① 吴云贵：《解析伊斯兰极端主义思想的三种形态》，《世界宗教文化》，2018年第2期，第8页。

② 杨舒怡：《态度逆转 阿富汗政府愿不设前提与塔利班和谈》，2018年3月2日，http://www.xinhuanet.com/world/2018-03/02/c_129820376.htm。

③ 《极端组织"伊斯兰国"声称制造阿富汗东部炸弹袭击》，2018年6月17日，http://www.xinhuanet.com/world/2018-06/17/c_1122996395.htm。

④ 《停火结束！阿富汗总统下令重启打击塔利班行动》，2018年6月30日，http://world.huanqiu.com/exclusive/2018-06/12384641.html。

第20章

中亚伊斯兰极端主义的
特点与变化趋势

伊斯兰极端主义在中亚的出现是域外极端主义影响的结果，但其在中亚的发展过程中已经实现本土化，并由此呈现出一系列本土化的特点。在"伊斯兰国"于2014年在中东地区兴起后，随着该组织极端思想向中亚的传播和渗透，改变了中亚伊斯兰极端主义的原有面貌，并使之表现出一些新特点，主要体现在中亚新型极端组织的出现、意识形态表达和诉求的变化等。受此影响，中亚伊斯兰极端主义呈现出域内域外极端思想和组织并行发展，以煽动"圣战"为核心内容，以及极端分子在域内与域外之间双向流动等趋势。

一、伊斯兰极端主义在中亚的出现和发展

20世纪70年代，伴随伊斯兰复兴思潮和运动的兴起和发展，伊斯兰极端主义也开始从其缘起的中东地区向其他地区进行渗透和扩散。尽管当时的中亚地区仍属于苏联的加盟共和国，但中东地区形势变化也对中亚产生了较大的冲击，当时一系列国内外环境的变化推动了中亚伊斯兰极端主义的产生和迅速发展。

第一，1979年伊朗伊斯兰革命的爆发对中亚伊斯兰国家产生深远影响。

伊朗伊斯兰革命推翻了西方支持下的强大的巴列维王朝，以霍梅尼为首的伊斯兰教士以什叶派十二伊玛目派的教法教义为基础，在伊朗建立了宗教独特的政治体系，这无疑在冷战两极格局对抗的背景下极大地刺激了伊斯兰国家的政治热情。在冷战时期，伊斯兰国家分别依附于美苏两个超级大国，伊斯兰教也成为被两大阵营加以利用攻击对方的意识形态工具。因此，伊朗伊斯兰政府的建立及其提出的"不要东方，不要西方，只要伊斯兰"的口号，不仅鼓舞了什叶派信徒，也提振了逊尼派伊斯兰信徒的政治士气，并对建立自身的伊斯兰政治体系心向往之。此外，在伊斯兰革命成功后，伊朗还积极对外"输出革命"，并且同逊尼派世界的伊斯兰主义组织建立了密切的联系，以期对逊尼派信徒产生更大的影响。在伊朗伊斯兰革命影响下，在地缘和文化上同伊朗关系密切的中亚地区提出了诸如支持伊朗伊斯兰革命以及建立伊斯兰政权取代苏联等主张。

第二，苏联入侵阿富汗对中亚伊斯兰极端主义的影响更为直接而深远。

首先，苏联入侵阿富汗使全球"圣战"的极端主义意识形态在中亚开始传播。作为对苏联入侵阿富汗的回应，在逊尼派伊斯兰世界中产生了新的极端思想，其中最主要的就是主张"圣战"的全球化。在苏联入侵阿富汗之前，"圣战"思想已经在逊尼派伊斯兰世界中出现，也产生了一批"圣战"组织，其中较为著名的有埃及的"赎罪与迁徙组织"等，但这些极端组织的诉求基本上都是通过发动"圣战"推翻本国政府，并建立伊斯兰政权取而代之，尚没有极端组织明确地提出在全球层面进行"圣战"的主张。但是，苏联入侵阿富汗改变了这种情况，其中在意识形态领域最明显的改变是阿扎姆①提出的"防御性圣战"理论，这在客观上刺激了全球"圣战"组织的出现。阿扎姆的思想主要体现在他先后于1984年和1987年出版的《保卫穆斯林的土地》和《加入阵营》两部著作中。在《保卫穆斯林的土地》一书中，阿扎姆探讨了不同教法学者对"圣战"的合法判例及其条件。他强调指出，"圣战"应成为所有穆斯林成年男性的义务。除此之外，阿扎姆还深入论证了在阿富汗和巴勒斯坦进行"圣战"的必要性。在《加入阵营》一书中，阿扎姆强调参加阿富汗"圣战"不仅仅是全部穆斯林成年男性的一种集体性义务，更是每一位穆斯林成年男性的个人义务。②此外，阿扎姆还强调指出，在阿富汗进行"圣战"比在巴勒斯坦进行"圣战"更为重要和更具战略意义。这些思想正是在苏联入侵阿富汗时期传入了中亚。

其次，除了极端主义意识形态上的影响外，阿富汗抗苏"圣战"还为中亚伊斯兰极端主义的产生提供了组织和人员上的准备。中亚地区同阿富汗接壤，而跨界民族在战争期间的流动发挥了传播极端主义思想的媒介作用。在苏联入侵期间，来自中亚各民族的苏联士兵和抗苏"圣战"分子不断发生被苏联军官称之为"非正常接触"的现象，这种接触导致苏联军队中的中亚民族士兵出现厌战情绪，甚至出现同情"圣战"组织乃至改投到"圣战"组织的情况，进而以一种特殊的方式推动了极端主义思想在中亚地区的传播。事实表明，一些后来中亚本土极端组织的创建者多数有作为苏联士兵参加阿富汗战争的经历，其中"乌兹别克斯坦伊斯兰运动"的创建者朱玛·纳曼干尼曾于1988—1989年以苏联空降兵的身份在阿富汗

---

① 阿扎姆于1941年生于巴勒斯坦，后加入穆斯林兄弟会，在大马士革大学教法学院获学士学位。1968年赴埃及爱资哈尔大学学习教法学，获博士学位。在埃及期间，他受到赛义德·库特布的兄弟穆罕默德·库特布的影响，成为伊斯兰极端主义者。20世纪60年代末，库特布和阿扎姆在沙特阿齐兹国王大学教书期间，在该校就读的本·拉登曾聆听他们讲授的课程。1979年，阿扎姆因立场激进被逐出沙特后前往巴基斯坦，开始通过著书普及和推广"圣战"思想。参见：Walter Laqueur, *No End to War: Terrorism in the Twenty-First Century*, the Continuum International Publishing Group, 2003，pp.50-51.

② Sebastian Schnelle, "Abdullah Azzam, Ideologue of Jihad: Freedom Fighter or Terrorist?" *Journal of Church & State*, Vol.54, No.4, 2012, pp.629-635.

作战。

最后，1989年苏联从阿富汗撤军极大地增强了伊斯兰极端主义者的信心。一些极端主义者认为，苏联在阿富汗的失败是伊斯兰对共产主义的胜利，也是伊斯兰信徒对异教徒的一次重要胜利。

第三，"伊扎布特"（伊斯兰解放党）在中亚地区的活动可以视为伊斯兰极端主义在中亚地区正式出现的标志。

20世纪70年代末至80年代初，"伊扎布特"开始在中亚活动。该组织最初以费尔干纳盆地为中心在乌兹别克斯坦进行活动，后来逐渐扩展到全部中亚国家，其活动在90年代逐渐升级和公开化。"伊扎布特"在中亚活动的目的是把乌、哈、吉三国统一为"大哈里发"国家的一个省份，并计划分三个阶段完成该任务：（1）宣传教育阶段，主要是在中亚地区建立一个广泛的舆论宣传网络，组织编写、印刷和散发宣传资料，以和平方式向穆斯林群体灌输其主张；（2）政治斗争阶段，以前一阶段的工作为基础，组织大规模游行示威、抗议等反政府活动；（3）在时机、条件成熟时，建立政权。为了达到上述目的，"伊扎布特"在中亚的活动主要是进行人员招募和建立宣传网络。

"伊扎布特"进行成员招募的主要步骤包括观察、接触和保持联系，并通过上述三个过程逐渐引导招募对象完成自我激进化进程，并最终加入该组织。散发传单不仅是"伊扎布特"在中亚地区的主要活动，而且是"伊扎布特"在中亚地区传播其极端意识形态的主要途径。在互联网还不普及的中亚地区，散发传单的方式效率较高。"伊扎布特"所散发的传单一般都使用中亚当地语言，内容一般是"伊扎布特"官方文献，也包括其官方刊物《良心》。①

随着极端思想在中亚的传播以及"伊扎布特"组织在中亚的活动，中亚也出现了一批本土的极端组织，标志着伊斯兰极端组织在中亚的活动日趋成熟。在本土极端组织中，"乌伊运"和"阿克罗米亚"最具代表性，这两个组织同"伊扎布特"一起，构成了中亚极端组织中成员数量最多、

---

① 宛程：《上海合作组织安全功能研究》，兰州大学博士学位论文2016年，第70页。

17

影响力最大和活动能力最强的三个组织。同"伊扎布特"的诉求一样，"乌伊运"和"阿克罗米亚"也主张推翻中亚国家的世俗政权，并且建立跨国家的地区性"哈里发国家"。但是与"伊扎布特"公开表明不使用武力进行斗争的策略相比，"乌伊运"和"阿克罗米亚"都公开宣称并号召使用暴力推翻国家政权，其组织成员也都不同程度地卷入了各种破坏地区安全和稳定的暴力恐怖活动。

二、中亚伊斯兰极端主义的特征

（一）苏联时期经历的伊斯兰政治化为极端主义的传播提供了条件

中亚伊斯兰极端主义的出现同伊斯兰的政治化有着密切的关系，而中亚伊斯兰的政治化则是苏联时期政府压制和利用伊斯兰教的产物。在中亚逐渐纳入苏联版图以及此后对其进行统治的过程中，苏联基本上因袭了沙俄帝国对中亚伊斯兰教压制和利用相结合的政策。虽然中亚各国被纳入苏联版图的进程各不相同，但苏联对各加盟共和国的伊斯兰教都采取了相似的政策。

在1918年至1921年的内战时期，苏联对伊斯兰教采取既压制又利用的政策。在这一时期，苏联开始在中亚的新加盟共和国推行苏维埃化政策，伊斯兰教传统遭到了彻底否定。这一结果也导致了本来试图推翻沙俄统治的"巴斯马奇"（即"土匪"，是沙俄和苏联对突厥穆斯林反抗运动的贬称）运动转向反对苏联，苏维埃政权在打击"巴斯马奇"运动的过程中仍然采取对伊斯兰教的压制政策。从1916年开始中亚地区就存在着反俄罗斯统治的"巴斯马奇"运动，它由恩维尔·帕夏领导，以突厥人为主的穆斯林构成其主体。他们最初是武装反抗沙皇的征兵政策，后来转向抵抗苏俄实施的战时共产主义政策，直到20世纪20年代晚期才渐渐平息。"巴斯马奇"运动的意识形态基础是"扎吉德主义"。"扎吉德"的原意是"新的"，"扎吉德主义"是泛突厥主义和泛伊斯兰主义的混合物，它是19世纪末20世纪初俄罗斯高加索和中亚地区的突厥语族反抗俄罗斯统治的政治思潮和运动。[①] 为了削弱这一运动的意识形态合法性，苏联在一定程度上扶植了"卡迪姆"（中亚的伊斯兰保守势力）对抗"扎吉德"运动。

1921年至1943年是苏联对中亚伊斯兰教进行压制的时期，其基本过程是先对伊斯兰教的"瓦克夫"（宗教财产）实行国有化，将宗教最大限度地置于国家的控制之下，同时加强在中亚进行无神论宣传，以削弱伊斯兰教的社会影响。到20世纪20年代末，中亚的伊斯兰学校基本上处于关闭状态，宗教活动虽然没有完全转入地下，但已经不再是一种社会公共活动。在经历了1937年至1938年更为严厉的压制后，伊斯兰教开始转入地下活动。[②]

在二战时期和冷战时期，苏联调整了对伊斯兰教的政策，开始利用伊斯兰教为国家的政治目的服务。二战时期苏联对伊斯兰教的利用主要出于两个目的：一是反法西斯战争需要调动伊斯兰信徒积极参与，二是为了有效应对德国利用宗教对苏联的渗透和破坏，需要组织伊斯兰信徒对此进行反击。[③] 在这种背景下，苏联于1943年在塔什干成立了中亚与哈萨克斯坦伊斯兰宗教管理局，并恢复了伊斯兰教在中亚社会中的低水平活动。二战结束后，在两极对抗的世界体系下，苏联一方面需要利用伊斯兰信徒来展示积极的国际形象同西方进行对抗，另一方面赫鲁晓夫在国内重新开始加强无神论的宣传，并采取了压制伊斯兰教的政策。到勃列日涅夫时期，苏联重新放松了对各宗教团体和宗教活动的管制。到戈尔巴乔夫时期，奉行改革"新思维"的苏联进一步放松了对中亚伊斯兰教的管控政策，这一政策一直持续到苏联解体。

总之，苏联对中亚伊斯兰教的政策都以政治为导向，其结果是造成了

---

① 详尽论述参见潘志平：《俄国鞑靼斯坦"扎吉德"运动与近代维吾尔启蒙运动》，载《西北民族研究》2014年第3期。

② Ashirbek Muminov, Uygun Gafurov and Rinat Shigabdnov, "Islamic Education in Soviet and post-Soviet Uzbekistan," In Michael Kemper et al., *Islamic Education in the Soviet Union and Its Successor States*, New York: Routledge, 2010, pp.238-240.

③ ［美］伊恩·约翰逊：《慕尼黑的清真寺》，岳韦译，上海：上海译文出版社2017年版，第28—32页。

中亚伊斯兰教的政治化以及穆斯林民族认同的宗教化。对宗教的压制和利用在一定程度上造成了宗教信众同政府之间的对立倾向，从而为极端主义的传播创造了条件。这主要是通过伊斯兰教在中亚形成的二元结构实现的。所谓的二元结构，就是一方面政府为了控制和管理伊斯兰教设置宗教管理机构，并由此产生了依附于政府机构的官方宗教人士；另一方面是与政府相对立的民间地下宗教活动及其宗教机构和团体的存在。事实上，早在苏联将中亚纳入其政治版图之初，伊斯兰教在中亚就形成了二元结构。这种二元结构会在不同时期随着伊斯兰教同政府之间关系紧张程度的不同而呈现出不同的形式，但在总体上是一种二元对抗结构，并对中亚伊斯兰极端主义的产生和传播有重要影响

第一，二元对抗的宗教结构有利于外部的宗教极端思想进入中亚。长期以来，在中亚并没有产生以伊斯兰教为基础的极端思想，极端思想在中亚的出现具有外部输入性的特点，其根本原因是在中亚伊斯兰教的二元对立结构中，苏联长期对伊斯兰教的压制导致民间对官方宗教体制严重不信任，并为外部极端主义思想的输入创造了条件。此外，苏联对伊斯兰教的长期压制，在个体层面切断了中亚伊斯兰信徒同中亚本土伊斯兰之间的历史文化联系，导致他们更加倾向于从非官方渠道获得的宗教资源，其中也包括非官方伊斯兰教传播中的极端主义思想。

第二，二元对抗的宗教结构为极端组织的生存创造了社会条件。"伊扎布特"以及中亚本土极端组织的发展都得益于这种二元对抗结构。例如，加入极端组织的年轻人不仅利用民间宗教体系的清真寺进行极端思想传播、人员招募和政治动员，甚至还在公共生活中充当道德警察角色，以督导人们的行为符合他们所要求的行为规范。[①] 更有甚者，他们还利用这种二元结构形成地下经济网络以支持极端组织的运作。

---

① 王建平:《试论中亚伊斯兰教潮流的形成和发展——中亚伊斯兰教潮流产生的社会背景》，载《亚太安全与海洋研究》2001年第3期，第13页。

（二）本土化是中亚伊斯兰极端主义发展成熟的重要标志

尽管中亚伊斯兰极端主义的出现是外部输入的产物，但在极端主义思想在中亚传播和蔓延的过程中，伊斯兰极端主义也逐步完成了在中亚的本土化过程。在近代"巴斯马奇"运动在中亚兴起的过程中，就已经产生了一些本土性的极端主义要素，但是囿于历史环境的限制，这些要素并没有在中亚形成极端思想，对极端主义的产生和发展影响有限。后来中亚极端主义的出现是受域外极端组织在中亚活动的影响而产生的，"伊扎布特"在中亚的活动可以视为极端主义正式在中亚出现的标志。此后中亚伊斯兰极端主义开启了其本土化进程，产生了一批本土的极端组织，甚至外来的极端组织也在中亚实现了本土化。

第一，本土极端组织的产生及其运作的本土化，其中最主要的特征是本土极端组织能够独立活动，并不接受任何境外组织的直接命令。

在"伊扎布特"的影响下，一批本土极端组织开始在中亚活动，主要包括"阿克罗米亚""乌伊运""哈里发战士"等组织。这些组织同"伊扎布特"最明显的区别在于他们只是在中亚建立了自上而下运作的体系，而在中亚地区之外则很少有他们的活动网络。此外，这些组织也都不像"伊扎布特"组织那样接受境外中心组织下达的命令和任务，而是完全独立进行活动。在这种情况下，如前文所述，"伊扎布特"组织也制定了非常明确的本土化战略，开启了本土化进程。此外，极端组织本土化还表现为从事极端活动人员的本土化。本土伊斯兰极端主义者是指那些生长、生活在中亚，或者至少同中亚社会保持密切关系的极端思想接受者、传播者和极端活动的参与者。因此，从中亚极端主义组织的人员流动情况来看，从中亚流向域外是主流。最后，极端主义的本土化也同中亚极端组织的经费来源密切相关。不同于域外极端组织的经费主要来自全球性极端组织的支持或外部捐赠，中亚极端组织的经费主要来自组织成员和地方支持者的资助。①

---

① Zeyno Barn, S. Frederick Starr and Svante E. Cornell, *Islamic Radicalism in Central Asia and the Caucasus: Implications for the EU,* Central Asia-Caucasus Institute Silk Road Studies Program, July 2006, pp.21-22.

第二，极端思想的本土化，突出体现为极端组织的理论体系和行动纲领基本上都由本土的领导人完成，这也是极端思想本土化的最高表现。

中亚本土的极端组织大多都建构了自身的理论体系，其中以"阿克罗米亚"的创建者阿克罗姆·尤尔达谢夫的《信仰之路》最具代表性。在《信仰之路》中，尤尔达谢夫提出了"阿克罗米亚"接管中亚国家政权的五个阶段的战略：①

第一阶段是西尔里（Сирли）——秘密活动阶段。在小组（哈尔卡）中对未来成员进行"基本的伊斯兰礼仪"培训；通过的人被称为"穆什里夫"（мушриф），然后举行仪式，"穆什里夫"手按《古兰经》，向其余兄弟宣誓忠于《古兰经》。

第二阶段是莫吉伊（Моддий）——奠定物质基础的阶段。全体成员通过努力确立组织的物质基础。新成员被安排到已有"兄弟们"的社会生产组织中工作，或是进入成员建立的小型工业或农业企业中工作。每个成员应把五分之一的收入交出作为公产。

第三阶段是马纳维（Ма'навий）——精神交流阶段。为了保密，日常的"精神交流"只能在严格规定的圈子内的"兄弟们"之间进行。谈话和集体祷告由当地机构领导人的副手领导。

第四阶段是乌兹维·玛伊东（Узвий майдон）——有组织的灌输、联合阶段。通过招募政府官员或者使自己的人员渗透到权力机构实现组织的"合法化"。

第五阶段是奥希拉特（Охират）——完成阶段。实现社会的"真正伊斯兰化"以及权力向"阿克罗米亚"领导集团的"自然过渡"。

第三，极端组织目标的本土化，主要表现在中亚极端组织都以推翻本国政权、建立跨区域的"哈里发"政权为目标，并不以建立全球性的"哈里发国家"为目标。

伊斯兰极端主义在中亚的活动，素来以推翻本国政权为目标。例如，

① 主要内容来自"阿克罗米亚"的创建者和领导人阿克罗姆·尤尔达谢夫所著《信仰之路》，该书为兰州大学中亚研究所翻译的内部资料。

中亚本土产生的极端组织"阿克罗米亚"和"乌伊运"都是如此,为了达到上述目的,两个组织多次在乌兹别克斯坦组织和实施刺杀总统的行动。不仅如此,外来的极端组织"伊扎布特"在中亚的活动也逐步转向本土化,其战略也从在中亚活动以配合建立全球性"哈里发国家"转变成在中亚建立区域性的"哈里发政权"。中亚极端组织的目标诉求也体现在他们用来传播极端意识形态的宣传材料中,其内容基本上是宣传中亚国家对伊斯兰教所实施的压迫和暴政,以及推翻中亚各国现政权的目标。与此相对应,那些在全球性伊斯兰极端组织宣传策略中拥有重要地位的事件(如巴勒斯坦问题等),则很少被他们用作建构意识形态的话语。因此,"乌伊运"等中亚极端组织即使在中亚国家的打击下被迫转向域外,但其推翻现政权的目标并未改变。例如,"乌伊运"在1998年之后将主力转移至阿富汗,虽然它也同塔利班一起在阿富汗进行活动,但并没因此停止对中亚国家的恐怖袭击。2001年"乌伊运"仍制造了横跨吉尔吉斯斯坦、乌兹别克斯坦、塔吉克斯坦三国的跨境袭击事件。即使在宣布向"伊斯兰国"效忠之后,"乌伊运"的主力仍然集结在阿富汗,后来被塔利班所击溃,由此可见,该组织也并没有多少赴域外行动的偏好。中亚学者赛欧德利·卡拉希克(Theodore Karasik)博士指出,虽然"乌伊运"加入了"伊斯兰国",但仍然以搅乱中亚局势为目标,并以塔吉克斯坦和乌兹别克斯坦作为发动袭击的主要目标国家。[①]

三、"伊斯兰国"的渗透与中亚伊斯兰极端主义的新特点

(一)"伊斯兰国"在中亚的渗透与扩张活动

"伊斯兰国"在中亚的图谋首先体现在打造"呼罗珊省",将中亚纳入

---

① Ekaterina Kudashina, "Islamic State Takes Fight to Central Asia," Sputnik News, October 7, 2014, http://sputniknews.com/radio_burning_point/20141007/193781694/Islamic-State-Brings-Violence-to-Central-Asia.html,登录时间:2018年4月25日。

其全球战略和所谓"哈里发国家"的"版图"。由于"伊斯兰国"试图建立全球性的"哈里发国"，而同伊斯兰教有着深厚历史文化联系的地区都是其战略目标的重要环节。因此，中亚自然在"伊斯兰国"寻求全球发展的战略计划之中。

2014年"伊斯兰国"宣布成立不久，它就开始向中亚渗透。2014年10月，极端分子在塔吉克斯坦首都塔什干悬挂"伊斯兰国"的黑旗，不久后"伊斯兰国"公布的视频宣称已经任命了乌兹别克斯坦的埃米尔，这说明当时在塔吉克斯坦和乌兹别克斯坦已经存在隶属于"伊斯兰国"的极端组织。为了进一步加强外线扩张活动，"伊斯兰国"头目巴格达迪于2014年6月宣布了建立"呼罗珊省"的计划，所有中亚国家都在"呼罗珊省"的版图之内，中亚由此正式进入"伊斯兰国"的战略布局。

2015年3月，"伊斯兰国"在完成对巴基斯坦塔利班和一部分阿富汗塔利班势力的整合后，宣布成立"呼罗珊教法委员会"，并认命了正副两位"省长"。[①] 在"呼罗珊省"成立之后，尽管阿富汗是"伊斯兰国"活动的重点地区，但是它也在中亚成功实施了暴恐活动。2016年6月和7月，"伊斯兰国呼罗珊省"相继在哈萨克斯坦阿克托别和阿拉木图制造恐怖袭击，造成了数人伤亡。对于已经在中东战场上溃败的"伊斯兰国"来说，"呼罗珊省"的存在对它来说更有特殊的意义。

"伊斯兰国"在中亚的渗透主要体现在以下几个方面。

第一，"伊斯兰国"不断利用《古兰经》和《圣训》，强调呼罗珊地区对于伊斯兰教的象征性意义，赋予其建立的所谓"呼罗珊省"以宗教合法性，同时通过在"呼罗珊省"立足，保持对中亚极端组织的影响。

古呼罗珊地区正是《圣训》中所记载的世界末日灾难来临的地方，如果"伊斯兰国"能够在阿富汗站稳脚跟并且成功发动大规模恐怖袭击，无疑能够借用《圣训》的内容证明其存在的合法性，凭借这种成功的"神话"

---

① Ankit Panda, "Islamic State Fighters Have Killed a Taliban Commander in Afghanistan. Is a Turf War Afoot? " The Diplomat, February 3, 2015, http://thediplomat.com/2015/02/islamic-state-in-afghanistan-start-of-a-turf-war/，登录时间：2018年5月2日。

宣传其极端思想。与此同时，通过在所谓"呼罗珊省"重要组成部分的阿富汗进行活动，"伊斯兰国"不仅能够有效保持对中亚的军事威胁、发动跨界袭扰，而且能够通过建立跨境极端组织协调中亚国家各极端组织的活动。

第二，展开针对中亚的极端思想渗透。为了实现建立全球性"哈里发国家"的野心，"伊斯兰国"在全球范围内进行极端意识形态灌输和人员招募。在此过程中，"伊斯兰国"特别重视针对某一特定地区开展本土化宣传攻势，而中亚无疑是它进行本土化宣传和人员招募的重要地区之一。

首先，为了更加有效地在中亚传播极端思想和招募人员，"伊斯兰国"在中亚实施了俄语宣传攻势。该组织不仅利用旗下的"法鲁特媒体中心"制作并播出了大量的俄语视频，而且它的旗舰刊物《达比克》也专门打造了俄语版本。无论是俄语视频还是俄文刊物，它们针对的对象主要是俄罗斯高加索地区和中亚五国。

其次，"伊斯兰国"还分别针对中亚五国制作了专门的国别宣传视频，其内容大多是号召中亚穆斯林加入"伊斯兰国"进行全球"圣战"。例如，2015年7月，"伊斯兰国"在You Tube网站上发布了名为《致吉尔吉斯斯坦人民的一封信》的视频，号召吉尔吉斯斯坦民众向"伊斯兰国"迁徙，加入他们在叙利亚和伊拉克的"圣战"。[①] 2016年3月，"伊斯兰国"发布了名为《从哈萨克斯坦土地中心传来的一段信息》的视频，视频中出镜的是来自哈萨克斯坦卡兹古特地区的马拉特·马利诺夫，在视频中他身穿"圣战"制服并手持武器，宣称哈萨克斯坦总统纳扎尔巴耶夫为"不信道者"，并对他发出威胁称："我们的军队虽然在这里，但是我们的眼睛却一直盯着哈萨克斯坦。"[②] 除了上述两国外，"伊斯兰国"还制作并传播了更多针对乌兹别克斯坦和塔吉克斯坦的视频。值得注意的是，这些宣传均使

---

① "Kyrgyzstan's Security Service Probes Islamic State Recruitment Video," *Tribune*, July 27, 2015, http://tribune.com.pk/story/927216/kyrgyzstans-security-service-probes-islamic-state-recruitment-video/，登录时间：2017年4月30日。

② Uran Botobekov, "Central Asian Children Cast as ISIS Executioners," the diplomat , September 20, 2016, https://thediplomat.com/2016/09/central-asian-children-cast-as-isis-executioners/，登录时间：2018年5月3日。

用中亚民族语言，其中现身说教的演示者也都是来自中亚五国的公民，其传播极端思想的效果也更加直接。

最后，在针对中亚进行极端思想传播方面，"伊斯兰国"善于利用和展示来自中亚的特殊群体的形象。例如，未成年人尤其是少年儿童和妇女，都是"伊斯兰国"用来展示其暴力活动、传播极端思想所偏好的对象。"伊斯兰国"不仅不断传播这些特殊人群学习极端思想、进行军事训练的画面和场景，甚至还传播他们处决人质的视频。

第三，"伊斯兰国"利用中亚存在的地下极端组织网络，广泛联系极端主义组织和小组，并从各国进行人员招募，传播极端思想。

混杂在中亚民间伊斯兰体系中的各种极端组织和小组构成了中亚的地下极端组织网络，它们是"伊斯兰国"的同情者和支持者，并充当了"伊斯兰国"向中亚渗透的主体。除了直接受"伊斯兰国"极端意识形态宣传而走向极端化的极端分子外，大部分前往叙利亚和伊拉克投奔"伊斯兰国"的中亚公民都与本土的极端组织和小组有所接触，并且在后者的协助和安排下到达"伊斯兰国"的控制区。这也得到了那些逃离"伊斯兰国"控制区的中亚公民的证明。例如，一个来自吉尔吉斯斯坦南部城市奥什、化名为"阿卜杜拉"的乌兹别克族青年，在向记者陈述他被诱骗到叙利亚的经历时提到，他是受到名为"阿布·穆斯林"的"伊斯兰国"支持者的影响，并在后者帮助下从土耳其来到叙利亚拉卡。根据"阿卜杜拉"的供述，阿布·穆斯林在吉尔吉斯斯坦南部城市奥什周边的村子中经营地下宗教学校，宣扬和传播"圣战"思想，并诱骗当地年轻人前往"伊斯兰国"。值得注意的是，"阿卜杜拉"来到拉卡后并没有加入战斗，而是被安排到同样是阿布·穆斯林在叙利亚经营的宗教学校中进行10个月的"学习"，主要内容是阿拉伯语和"伊斯兰国"的意识形态。根据"阿卜杜拉"的说法，这个宗教学校专门为说俄语的"圣战士"所开设，有超过150人在这个学校中学习。[①] 由此可见，"伊斯兰国"已经与中亚当地的极端组织有密切联

---

① Umar Farooq, "Kyrgyzstan and the Islamists," the diplomat, November 16, 2015, https://thediplomat.com/2015/11/kyrgyzstan-and-the-islamists/，登录时间：2018年5月3日。

系，并且建立了连接中亚和叙利亚的人员流动和培训的极端组织网络。

（二）中亚伊斯兰极端主义发展的新特点

2011年以来的中东乱局尤其是"伊斯兰国"建立，对全球伊斯兰极端主义产生了深刻的影响，也使中亚伊斯兰极端主义的发展出现了一些新特点。

第一，中亚出现了新型伊斯兰极端组织，其中"伊玛目布哈里旅"是活跃于叙利亚战场的最具代表性的中亚新型极端组织。

"伊玛目布哈里旅"是从"乌伊运"分离出来的极端组织，它于2012年在阿富汗成立。成立初期，该组织宣布效忠于阿富汗塔利班，并与阿富汗前政府军和多国部队进行作战。叙利亚内战爆发后，该组织于2012年接受"基地"组织的命令，来到叙利亚的伊德利卜与叙政府军作战，并自视为叙利亚反对派武装的主要力量。在叙利亚战场上，"伊玛目布哈里旅"同"基地"组织在叙利亚的分支机构"努斯拉阵线"（国内也译作"支持阵线"或"胜利阵线"）并肩作战，但是该组织也向"伊斯兰国"的头目巴格达迪宣誓效忠，表明该组织也受到了"伊斯兰国"极端意识形态的影响。[①]

"伊玛目布哈里旅"是活跃在中东地区的最大、最有影响力的中亚极端组织，如果控制了该组织，无疑可以更加便利地向中亚渗透。因此，有证据表明"伊斯兰国"曾经多次试图控制该组织，甚至刺杀该组织领导人。2017年4月27日，在叙利亚伊德利卜省，"伊玛目布哈里旅"的时任领导人谢赫·萨拉赫丁被来自塔吉克斯坦南部地区的乌兹别克族"伊斯兰国"成员刺杀身亡。在萨拉赫丁被刺身亡后，"伊斯兰国"在其社交媒体账户上发布了信息，称萨拉赫丁因为背叛誓言、未能履行实施沙里亚法的承诺而受到惩罚。但是，此后该组织仍未接受"伊斯兰国"的领导，而是选出了新领导人——来自塔吉克斯坦乌兹别克族的阿布·尤素福·穆霍吉尔。除"伊玛目布哈里旅"外，还有其他一些中亚极端组织活跃在叙利亚

---

① Uran Botobekov, "Is Central Asia Ready to Face ISIS?" the diplomat, July 8, 2016, https://thediplomat.com/2016/07/is-central-asia-ready-to-face-isis/，登录时间：2018年5月3日。

战场，如"突厥斯坦伊斯兰党"等向"伊斯兰国"效忠的极端组织。

第二，中亚新型伊斯兰极端组织的活动地域明显扩大。

虽然传统的中亚伊斯兰极端组织也有在中亚域外进行活动的现象，但十分有限，主要表现为"乌伊运"在阿富汗的活动。"乌伊运"赴境外活动是在乌兹别克斯坦政府的强力打击下被迫做出的选择，而非出于自愿。相对而言，受"伊斯兰国"影响的中亚新型伊斯兰极端组织在中亚域外的活动并非被动的临时性选择，而是带有主观目的性的战略选择。例如，2017年2月15日，"伊玛目布哈里旅"的领导人穆霍吉尔在社交媒体网站上发表了一篇名为《我们是谁？》的特别声明，宣示该组织的意识形态和组织目标。这篇声明指出，"伊玛目布哈里旅"是由"突厥斯坦"穆斯林所组成的组织，原本以在费尔干纳盆地建立沙里亚的统治为目标。由于中亚国家政府的压迫和破坏，该组织被迫迁徙到叙利亚，帮助中东那些被异教徒压迫的穆斯林，并在被解放的土地上强化伊斯兰法的统治；该组织的目标首先是在叙利亚推翻巴沙尔·阿萨德的统治并建立实施伊斯兰教法的政权，同时通过持续的"圣战"赋予"突厥斯坦"穆斯林兄弟以真正的伊斯兰的解放。[①]

第三，中亚的新型伊斯兰极端组织开始运用伊斯兰世界的热点问题进行动员，表明其更具全球伊斯兰极端组织的属性。

长期以来，中亚伊斯兰极端组织并不关注巴勒斯坦问题、克什米尔问题、高加索车臣问题等国际伊斯兰极端组织用来进行政治动员的国际热点问题，它们关注的焦点主要集中在中亚国家、地区层面的本土问题，并以这些问题作为极端思想宣传和政治动员的素材。随着中亚新型伊斯兰极端组织的主要活动区域扩展到中亚地区之外，这些新型极端组织对伊斯兰世界国际热点问题的关注不断增强。

当前，巴勒斯坦问题已成为中亚新型伊斯兰极端组织密切关注的对象。2017年12月，在美国总统特朗普宣布承认耶路撒冷为以色列首都并

---

① Uran Botobekov, "Imam Al Bukhari Renewed Its Ideological doctrine of Jihad—Analysis," Modern Diplomacy, February 18, 2018, http://www.eurasiareview.com/?p=158715, 登录时间：2018年5月4日。

启动使馆迁移计划后，中亚的新型伊斯兰极端组织进行了激烈回应，纷纷发声谴责特朗普并宣布将对美国及其盟友发动"圣战"。例如，"伊玛目布哈里旅"的领导人穆霍吉尔在社交媒体上发布声明，号召伊斯兰信徒对西方"不信道者的政府"进行"圣战"以保卫耶路撒冷，同时号召中亚伊斯兰信徒要加入到这一全球"圣战"事业之中，并称这是抵抗美国以及其犹太复国主义盟友的唯一方式。除"伊玛目布哈里旅"外，另一在叙利亚活动的中亚极端组织"认主独一圣战组织"的领导人也在社交媒体中发表声明，号召穆斯林以"圣战"的方式支持"被压迫的巴勒斯坦民族"。①

第四，妇女在中亚伊斯兰极端组织中扮演着日趋重要的角色，发挥着日趋重要的作用。

在中亚，妇女在伊斯兰极端组织中所发挥的作用原来就明显超过中东等伊斯兰国家和地区，但中亚伊斯兰极端主义活动仍由男性主导，妇女的作用较为有限。但是，受"伊斯兰国"在中亚渗透和扩张的影响，中亚妇女对极端主义活动的参与呈明显上升的态势，其突出表现是越来越多的中亚妇女加入了"伊斯兰国"。根据中亚各国内政部公开的资料，在2014年到2015年期间，即"伊斯兰国"宣布成立不到一年的时间内，有大约1000名中亚妇女加入了"伊斯兰国"。其中吉尔吉斯斯坦超过120人，哈萨克斯坦大约150人，乌兹别克斯坦至少500人，塔吉克斯坦超过200人。②

相对于男性，妇女加入极端组织要更加有利于极端思想的传播，因此这一现象十分值得重视。与过去的极端组织有所不同，"伊斯兰国"极为重视吸收妇女并发挥妇女的特殊作用，因为妇女在影响家庭和儿童接受极端主义、加入极端组织方面有其天然的优势，而中亚妇女则在极端组织

---

① Uran Botobekov, "Central Asian Terrorist Groups Join Jihad Against U.S. After Declaration of Jerusalem as Israel's Capital," the CACI Analyst, February 20, 2018, http://www.cacianalyst.org/publications/analytical-articles/item/13497-central-asian-terrorist-groups-join-jihad-against-us-after-declaration-of-jerusalem-as-israels-capital.html, 登录时间：2018年5月4日。

② Uran Botobekov, "The Central Asian Women on the Frontline of Jihad," The Diplomat, January 10, 2017, https://thediplomat.com/2017/01/the-central-asian-women-on-the-frontline-of-jihad/, 登录时间：2018年5月10日。

"伊斯兰国"中扮演着重要角色。例如，在"伊斯兰国"成立的女性极端团体"汉萨旅"中，就有两名中亚妇女成员。"汉萨旅"是在巴格达迪的直接授意下于2014年成立的"伊斯兰国"附属组织，主要在叙利亚拉卡和伊拉克摩苏尔两地活动。这一组织成立的目的是专门针对妇女传播和渗透"伊斯兰国"的极端思想，并负责在拉卡和摩苏尔的公共场所监督妇女们的言行举止是否符合"伊斯兰国"的规定，从而扮演"道德警察"的角色。事实表明，该团体在极端思想传播方面发挥了重要作用，例如，2015年1月23日，"伊斯兰国"发布了《"伊斯兰国"的妇女：汉萨旅的妇女宣言》，其创作者和发布者就是"汉萨旅"。这一文件规定了在"伊斯兰国"版图内妇女必须履行的种种义务。[①] 一般情况下，该团体对入选成员的要求颇高，因此除了阿拉伯妇女之外，鲜有其他族裔的妇女成为该团体的成员。中亚有两名妇女入选该团体，表明了中亚妇女在极端组织中的重要地位。

四、中亚伊斯兰极端主义的发展趋势

当前，极端组织"伊斯兰国"对中亚的渗透和扩张使中亚伊斯兰极端主义呈现出新的发展趋势。在"伊斯兰国"成立后，中亚籍人员前往"伊斯兰国"占领区、"伊玛目布哈里旅"赴叙利亚战场作战、越来越多的中亚籍或者是具有中亚背景的人员成为国际暴恐事件的主角，[②] 都是中亚伊斯兰极端主义在"伊斯兰国"影响下呈现出的新特点。在此背景下，中亚伊斯兰极端主义的发展将会呈现出以下几种趋势。

第一，在极端思想的来源上，外来和本土极端思想将对中亚同时发

---

① Uran Botobekov, "The Central Asian Women on the Frontline of Jihad," The Diplomat, January 10, 2017, https://thediplomat.com/2017/01/the-central-asian-women-on-the-frontline-of-jihad/，登录时间：2018年5月10日。

② 例如，2016年6月土耳其阿塔图尔克国际机场发生的爆恐袭击，2017年4月俄罗斯圣彼得堡地铁爆炸案以及瑞典斯德哥尔摩恐袭事件的实施者，都是中亚籍或者具有中亚移民背景的极端分子。

挥作用。历史地来看，伊斯兰极端主义在中亚的出现具有外部输入性的特点，但伊斯兰极端主义在中亚很快完成了本土化进程。在"伊斯兰国"渗透扩张的影响下，外来极端主义对中亚的渗透再度增强，并且体现为人员域外流动、新型极端组织出现以及中亚极端分子暴力恐怖活动国际化等新特点。即便如此，以推翻中亚本国政府、建立地区性"哈里发国"为主要诉求的本土极端思想在中亚仍然有很多受众和很大的影响力。[①] 在这种情况下，中亚伊斯兰极端主义将会出现本土与外来极端主义思想并存的局面。

第二，"圣战"思想成为中亚伊斯兰极端思想的核心。从内容上来看，中亚本土极端思想和外来极端思想的差别主要在于目标诉求层面。本土极端思想强调推翻本国政府、建立某种地区性"哈里发国家"，而"伊斯兰国"强调建立全球性的"哈里发国"。但是在手段上二者没有明显差别，二者都强调通过暴力"圣战"实现其目标的重要性，"圣战"思想已经成为连接中亚本土和外来伊斯兰极端主义的黏合剂。

第三，从人员的流动来看，中亚极端分子将呈现从域外回归和从本土到域外的双向流动。在20世纪90年代末中亚各国政府对极端主义采取严厉打击政策后，从事极端活动人员流动的趋势是从中亚向域外流动，主要是到邻近中亚的阿富汗活动。在"伊斯兰国"的影响下，这一趋势仍然会持续，主要表现是极端分子加入域外的极端恐怖组织，或是到域外国家和地区参与"圣战"、实施暴恐活动。

---

① 宛程等：《"伊斯兰国"对中亚地区的安全威胁：迷思还是现实？》，载《国际安全研究》2017年第1期，第135—137页。

第21章

东南亚伊斯兰极端主义的
演变、意识形态与趋势

　　东南亚的伊斯兰极端主义已有数十年的历史。在"9·11"事件后，东南亚伊斯兰极端组织和极端分子发动的恐怖袭击影响较大，东南亚地区甚至被美国称为反恐战争的"第二前线"。[①]另有学者指出，受"基地"组织和"伊斯兰国"在意识形态、人员输入等方面的影响，东南亚地区成为第三次"全球圣战运动"（Global Jihadi Movement）的一部分。[②] 2015年4月17日和2016年年初，发生在泰国曼谷和印尼雅加达的两起恐怖袭击事件，标志着东南亚地区伊斯兰极端主义的强势反弹，[③]而2017年菲律宾的伊斯兰极端组织试图复制"伊斯兰国"模式的行为则反映了极端组织"伊斯兰国"在东南亚扩张的严峻形势。本章主要探讨东南亚伊斯兰极端主义

---

　　① Andrew T.H. Tan. Gtos, "A Handbook of Terrorism and Insurgency in Southeast Asia," *Contemporary Southeast Asia*, Vol.30, No.1 (2008), p.155.

　　② 方金英：《穆斯林激进主义：历史与现实》，北京：时事出版社2016年版，第433页；Scoot Helfsteinr, "Radical Islamic Ideology in Southeast Asia," the Southeast Asia Project of the Combating Terrorism Center at West Point, https://counterideology2.files.wordpress.com/2009/08/radical-islamic-ideology-in-south-east-asia.pdf, p.8.

　　③ Chia-yi Lee, "Resurgent Terrorism in Southeast Asia: Impact on the Economy," *RSIS (S. Rajaratnam School of International Studies) Commentary*, Nanyang Technological University, Singapore, January 2016, pp.1-3.

的历史演变、意识形态和发展趋势。

一、东南亚伊斯兰极端主义的演变

东南亚伊斯兰极端主义从20世纪80年代发端至今，其演变过程可划分为三个阶段。

（一）酝酿阶段（20世纪80年代至90年代）

东南亚于20世纪80年代开始出现伊斯兰极端组织，他们谴责现政权为非伊斯兰政权，主张建立实行伊斯兰教法的伊斯兰国家。[1] 20世纪80年代之前，伊斯兰极端主义思想主要泛滥于作为其发源地的中东地区，尚未对东南亚地区产生较大的影响。虽然东南亚地区一直有人员赴中东的埃及、沙特和南亚的巴基斯坦等伊斯兰国家留学、游学、朝觐等，但是伊斯兰极端思想的影响尚停留在思想领域，其影响十分有限。东南亚的穆斯林也基本上属于信奉沙斐仪教法学派的温和穆斯林，以及专注于神秘主义和自身修养的苏菲派穆斯林。

20世纪七八十年代，兴起于中东地区的伊斯兰复兴运动，也对作为伊斯兰世界组成部分的东南亚产生了重要影响，东南亚伊斯兰复兴运动的兴起，尤其是伊斯兰主义组织和政党的出现，即宗教思想政治化，宗教组织政党化，[2]构成了该地区伊斯兰极端主义产生的宗教和政治环境。在国际伊斯兰复兴运动的冲击下，在马来西亚出现了一些伊斯兰政党，如成立于1968年的"澳尔根之家"和成立于1971年的马来西亚青年运动等。在信仰领域，它们主张以《古兰经》和圣训规范个人和社会生活；在政治上，它们反对世俗主义政体，主张建立政教合一、实行伊斯兰教法的伊斯兰国

① 范若兰:《伊斯兰原教旨主义在东南亚的传播及其影响》，载《世界宗教文化》2010年第1期，第76页。
② 吴云贵:《东南亚伊斯兰教的趋势与特点》，载《中国宗教》2015年第10期，第56页。

家。在印度尼西亚，政府长期对伊斯兰教的压制政策引发了部分穆斯林的不满，并尤以青年学生为主。在20世纪80年代，他们广泛吸收了来自中东的伊斯兰极端思想，甚至从事极端暴力活动。总体来看，这一时期东南亚伊斯兰极端主义势力较小，影响有限。

在1979年，伊斯兰世界发生的苏联入侵阿富汗、伊朗伊斯兰革命等重大事件构成了刺激东南亚伊斯兰极端主义产生的重要外部环境。阿富汗抗苏战争吸引了来自世界各地的"圣战"分子齐聚阿富汗，其中就包括来自东南亚的"圣战"分子，并有一部分极端分子在阿富汗战争结束后返回东南亚，进而使伊斯兰极端主义思想开始在东南亚传播。伊朗伊斯兰革命后，印尼"伊斯兰革命委员会"领导人依姆兰（Imran）在1980年3月给霍梅尼写信，表示要在印尼建立一个完全以伊斯兰教法为基础的伊斯兰国家，[①] 这是最早受到伊朗伊斯兰激进主义影响下产生的印尼本土激进主义组织。

（二）整合阶段（20世纪90年代至"9·11"事件前）

从20世纪90年代开始，东南亚地区的伊斯兰极端力量在经过整合后逐渐形成了一些具有本土特征的伊斯兰极端组织。

20世纪80年代以来，伊斯兰宣教团体（Tablighi Jamaat）在东南亚地区迅速发展，尽管宣教团体本身并非极端组织，但它却为东南亚伊斯兰极端组织的发展创造了环境。学界对宣教团体的性质有多种不同看法，并将其定性为"行动中的伊斯兰教""跨国伊斯兰运动""跨国伊斯兰宣教运动""跨国伊斯兰宗教信仰复兴运动""苏菲虔信者运动""和平的原教旨主义"等。[②] 宣教运动的实质是以泛伊斯兰主义为其精神内涵，吸引世界各地的穆斯林，形成超越国家和原有民族的"乌玛"（穆斯林共同体）。宣教团体在东南亚地区建立的宗教学校、清真寺、大学等机构成为东南亚国

[①] 范若兰:《伊斯兰原教旨主义在东南亚的传播及其影响》，载《世界宗教文化》2010年第1期，第76页。

[②] 马景:《伊斯兰教宣教团体在东南亚的传播与发展》，载《世界宗教文化》2015年第3期，第95页。

家与巴基斯坦、埃及等国伊斯兰宣教团体进行联系的纽带。宣教团体在马来西亚、印尼、泰国等东南亚国家长期存在，与当地政府和普通穆斯林建立了密切关系。但是，不容忽视的是，极端分子利用宣教团体传播极端思想，使宣教团体成为极端分子活动的合法载体。有学者针对印尼的情况指出："在印度尼西亚，宣教人员总是保持低调，他们从来不支持任何针对他人的暴力活动。但是他们多次被大量制造事端的人利用。"[①] 宣教团体建立的宗教学校、清真寺和大学等社会机构也被极端主义分子加以利用，成为其活动场所。

东南亚地区伊斯兰极端力量整合的突出表现是一些伊斯兰极端组织的建立，其典型代表是阿布沙耶夫（Abu Sayyaf Group）和"伊斯兰祈祷团"（Jemaah Islamiyah，JI）等极端组织。阿布沙耶夫在1991年成立后，发起了多起恐怖袭击，致力于在菲律宾南部地区建立一个独立的伊斯兰国家。除了发动恐怖袭击外，阿布沙耶夫武装还通过从事绑架等犯罪活动筹集资金。在与"基地"组织建立联系后，阿布沙耶夫在菲律宾南部地区建立了多个恐怖主义训练营，它也被认为是2002年印尼巴厘岛爆炸案的重要幕后支持者之一。

"伊斯兰祈祷团"是推动东南亚地区伊斯兰极端力量整合的另一个典型组织。它整合了印尼、新加坡、马来西亚、菲律宾、泰国等国的极端分子，不仅在上述各国和大洋洲的澳大利亚都建有分支机构，并且与"基地"组织有着密切的联系。在域内，"伊斯兰祈祷团"通过其动态的网络系统、一体化的组织结构、丰富的资金来源与广阔的联系渠道，[②] 在1999年建立了名为"战士联盟"（Rabitatul Mujahidin）的秘密组织，成为东南亚地区一些极端组织的联络者，如菲律宾的分离主义组织"摩洛伊斯兰解放阵线"（Moro Islamic Liberation Front，MILF）、马来西亚的圣战组织、印尼亚齐和苏拉威西地区的极端组织，以及以泰国南部为基地的"圣战

---

① 马景：《伊斯兰教宣教团体在东南亚的传播与发展》，载《世界宗教文化》2015年第3期，第101页。

② 柳思思：《伊斯兰祈祷团再起波澜的原因探析》，载《南洋问题研究》2010年第2期，第23—32页。

军组织"等，①包括2002年的巴厘岛爆炸案和2003年雅加达万豪酒店爆炸案等多起恐怖袭击事件均由其所为。②此外，印尼作为东南亚伊斯兰极端组织最为活跃的国家之一，还存在圣战军（Laskar Jihad）、真主民兵组织（Laskar Jundullah）、伊斯兰教捍卫者阵线（Islamic Defenders Front，IDF）和自由亚齐运动（Free Aceh Movement，FAM）等伊斯兰极端组织。③

（三）迅速发展阶段（"9·11"事件以来）

"9·11"事件后，尤其是"伊斯兰国"成立后，东南亚地区的伊斯兰极端主义迅速发展，不仅有阿布沙耶夫这种向"伊斯兰国"效忠的老牌恐怖组织，也有以菲律宾的"穆特组织"（Maute Group）、印尼的"神权游击队"（Jemaah Ansharut Daulah，JAD）为代表的数十个新的伊斯兰极端组织，且它们之间的联合程度也不断加强。

"穆特组织"是东南亚地区民族分离组织宗教极端化的典型代表。从组织沿革的角度来看，"穆特组织"是菲律宾民族分离组织"摩洛民族解放阵线"（Moro Islamic Liberation Front）因内部分裂而产生的一个极端派别，属于极端民族分离主义与伊斯兰极端主义相结合的产物。2012年10月7日，"摩洛伊斯兰解放阵线"与阿基诺政府达成和平协议，原为该组织领导人的穆特兄弟——阿卜杜拉·穆特（Abdullah Maute）和奥马尔·穆特（Omar Maute，又名Omarkhayam Romato）反对该协议，决定另立门户并组建了"穆特组织"。"穆特组织"成立后，行事一直非常诡秘，甚至一度被认为是"伊斯兰祈祷团"在菲律宾的分支机构，菲律宾政府直到

---

① 马燕冰：《东南亚极端组织"伊斯兰祈祷团"》，载《国际信息资料》2003年第8期，第8—9页、第28页。

② 有关"伊斯兰祈祷团"的研究成果，可以参见：张应龙：《新加坡伊斯兰祈祷团事件与东南亚反恐斗争》，载《东南亚纵横》2003年第5期；茶文诗：《"伊斯兰祈祷团"：不容忽视的东南亚极端恐怖组织》，载《当代世界》，2005年第1期；柳思思、肖洋：《论伊斯兰祈祷团的结构及其应对措施》，载《东南亚研究》，2011年第1期；龚益波：《浅析"伊斯兰祈祷团"的产生及其根源》，载《东南亚之窗》，2014年第2期。

③ 范若兰：《伊斯兰原教旨主义在东南亚的传播及其影响》，载《世界宗教文化》，2010年第1期，第77页。

2016年左右才确定该组织的存在。2017年5月，"穆特组织"与阿布沙耶夫武装等效忠于"伊斯兰国"的四个菲律宾极端组织发动占领马拉维的叛乱，可谓东南亚地区伊斯兰极端组织效仿"伊斯兰国"的首次尝试，造成大量人员伤亡和物质损失。

印尼的"神权游击队"是东南亚地区伊斯兰极端主义迅速发展的另一典型代表。该组织成立于2015年3月，但它并不是一个独立、统一的组织，而是由二十多个支持"伊斯兰国"的印尼极端主义团伙组成，其前身是"认主独一游击队"（Jamaah Anshorul Tauhid，JAT）。从其内部组织的构成方式可以发现"伊斯兰国"的影响。在组织上，"神权游击队"虽然也有自己的领导层，其内部也有明确的分工，但为了适应印尼复杂的地理环境和逃避政府打击，其组织结构具有扁平化、分散化特征，单靠一次打击很难对其造成实质性影响。"神权游击队"的领导者阿曼·阿卜杜拉赫曼（Aman Abdurrahman）能言善辩，精通阿拉伯语和伊斯兰教，深受伊斯兰极端分子的尊敬。印尼国家反恐机构前主任安希亚德说，阿曼是个有影响力的组织者，在2014年他说服了部分追随者加入了"伊斯兰国"。[①]印尼当地许多激进穆斯林也都加入了他创立的"真主与圣战"组织，后来他又把该组织更名为"神权战士"，直至2015年3月成立"神权游击队"。

二、东南亚伊斯兰极端主义的意识形态

迄今为止，东南亚地区存在伊斯兰极端主义的国家主要是菲律宾、马来西亚、印度尼西亚和泰国四个国家，其他国家如缅甸、新加坡等国正面临着伊斯兰极端主义的威胁，但是尚未形成较有影响的伊斯兰极端组织。东南亚伊斯兰极端主义的意识形态既包含极端分离主义、极右翼思想等内

---

① 廖建裕：《恐怖主义又在印尼肆虐》，载印度尼西亚《国际日报》，2017年6月9日，http://www.guojiribao.com/shtml/gjrb/20170609/320857.shtml，登录时间：2018年8月6日。

容，同时也吸纳了带有普遍性特征的伊斯兰极端主义的思想成分，具有明显的外部输入性特征。

东南亚地区的伊斯兰极端组织一开始并没有完整的理论作为其行动指南，但从中东输入的伊斯兰极端主义思想为东南亚极端主义的发展提供了思想来源。20世纪80年代以来，东南亚伊斯兰极端组织接受了来自中东的激进主义主张，谴责东南亚世俗国家主权违背伊斯兰教，主张建立实行伊斯兰教法、政教合一的伊斯兰教国家。[1] 东南亚极端组织的暴力"圣战"思想和实践则深受"基地"组织和"伊斯兰国"的影响。澳大利亚卧龙岗大学（University of Wollongong）长期从事恐怖主义研究的教授亚当·多立克（Adam Dolnik）认为，域外恐怖组织"基地"组织和"伊斯兰国"构建的"全球伊斯兰圣战运动"与东南亚当地的极端组织之间存在着密切的关联性，[2] 尤其是"伊斯兰祈祷团"等东南亚极端组织深受"圣战"萨拉菲主义的影响。东南亚伊斯兰极端主义事实上是本土民族分离主义、右翼极端思想和外部输入的"圣战萨拉菲主义"思想的混合物，并多具有从民族分离主义向宗教极端主义演化的特征。

（一）本土民族分离主义、右翼极端思想与宗教极端主义的合流

民族分离主义是东南亚伊斯兰极端主义的意识形态来源之一。东南亚各国多属于多民族国家，在其现代民族国家建构中，多个国家出现了少数族群和少数民族的分离主义运动，其中一些极端派别谋求通过暴力恐怖手段实现民族独立。在菲律宾，摩洛民族解放阵线原为民族分离主义组织，先是由于分裂产生了伊斯兰极端组织——摩洛伊斯兰解放阵线，后来又从摩洛伊斯兰解放阵线中分化出了更为极端的阿布沙耶夫武装、"穆特组织""邦萨摩洛伊斯兰解放阵线"等极端组织，它们反对菲律宾政府在棉

---

① 范若兰：《伊斯兰原教旨主义在东南亚的传播及影响》，载《世界宗教文化》2010年第1期，第76页。

② Andrew T.H. Tan Gtos: "A Handbook of Terrorism and Insurgency in Southeast Asia," *Contemporary Southeast Asia*, Vol.30, No.1 (2008), p.156.

兰老岛等地建立的穆斯林自治区，而是寻求建立以实行伊斯兰教法为基础的"伊斯兰国家"，并与菲律宾政府之间爆发了长达数十年的冲突。"伊斯兰国"产生后，这些组织纷纷宣布效忠，宣布东南亚地区为"伊斯兰国"哈里发帝国的一个"行省"（Wilayat），[①] 发生了从民族分离主义向伊斯兰极端主义的蜕变。

泰国南部的"北大年民族解放阵线"和"北大年共和国革命阵线"等分离主义组织，一直致力于实现以穆斯林为主体的南部四府（北大年、陶公、也拉、沙墩）的独立，建立以北大年为中心的独立的"伊斯兰国家"。在历史上，上述四府与宋卡府曾经是以穆斯林为主体的北大年王国（Pattani Kingdom）的领土，在1909年暹罗（泰国的前身）将北大年王国纳入其政治版图后，便出现了以宗教为幌子开展地下活动的分离主义者组织，它们通过泰南的一些宗教学校向学生灌输伊斯兰极端思想。经过几十年的发展，许多当地年轻的穆斯林在这些宗教学校中接受伊斯兰极端主义的教育，如接受沙特瓦哈比派极端派别的思想。他们把泰国佛教徒视为"异教徒"，主张复兴伊斯兰教，在泰南建立政教合一的伊斯兰国家或者与马来西亚合并，甚至有更为极端的分离主义分子要求建立横跨泰国南部、马来西亚、印度尼西亚和菲律宾南部地区，囊括所有马来穆斯林的"伊斯兰国家"。

东南亚伊斯兰极端主义还与二战后长期存在的极端右翼思潮存在关联性。在东南亚各国，二战后一直存在以暴力方式与政府对抗的右翼反对派，并多把宗教极端思想作为其组织动员的工具。马来西亚圣战者组织（Malaysian Mujahideen Organization）在马来西亚的九个州设有分支机构，专门招募现役和退伍军人，是反政府力量的中坚。[②] 马来西亚的右翼组织"泛马来亚伊斯兰教党"坚持"马来人的马来西亚"的政治纲领，谋求把马来西亚周边国家如印度尼西亚、文莱、泰国的马来穆斯林区域并入马来

---

① Sidney Jones, "Understanding the ISIS Threat in Southeast Asia," *Shangri-La Hotel, Singapore: Regional Outlook Forum 2016*, January 12, 2016, p.1.

② 许利平：《东南亚伊斯兰极端主义势力及其影响》，载《当代亚太》2004年第5期，第45页。

西亚，建立其所谓的"大马来西亚"国家；该党反对世俗制度，主张建立以伊斯兰教法为宪法的伊斯兰神权国家，在1969年于吉兰丹州举行的一次选举集会上，该党主席穆罕默德·阿萨里·丙·哈吉慕达公开提出了其政治目标，即"组建另一个马来西亚的图景——一个包括现马来西亚与泰国南部在内的新马来西亚——而当前的马来西亚应该灭亡"，[①] 反映出其极右翼的政治色彩。面对右翼势力利用伊斯兰教反对政府，马来西亚的执政党巫统也被迫利用伊斯兰与反对派斗争，并在政府管理、法律改革、教育、经济等方面引入伊斯兰原则，表明自己是"正确"的伊斯兰，而反对派则是"错误"的伊斯兰。[②] 因此，马来西亚各政党争相强调自己的伊斯兰特性，无疑为伊斯兰极端主义利用族群、宗教和文化之间矛盾进行社会动员、传播宗教极端思想、从事宗教极端活动创造了条件。

印度尼西亚的右翼思潮也是伊斯兰极端主义产生的重要基础。虽然印尼从建国之时就坚持"潘查希拉"（Pancasila）[③] 的世俗原则，但其确立过程实际上充满了妥协，包括对右翼势力的妥协。苏加诺确立的"潘查希拉"包含多神信仰原则和政治合作原则，但却屡屡遭到右翼力量的抵制和破坏，并被伊斯兰极端组织加以利用。比如"伊斯兰祈祷团"就明确拒绝印尼的建国原则——潘查希拉原则，甚至反对悬挂印尼国旗。[④] 因此，印

---

① ［泰国］易姆伦·玛鲁利姆：《泰国政府与国内穆斯林冲突研究：以南部边境府穆斯林群体为个案》，曼谷：纳查出版有限公司1995年版，第97页。

② 范若兰：《伊斯兰原教旨主义在东南亚的传播及其影响》，载《世界宗教文化》2010年第1期，第77页。

③ 潘查希拉：该词语源于佛教，意为"五戒"，被印尼总统苏加诺借用，引申为印尼治国的五大原则：其一，至高无上的神道；其二，公正和文明的人道；其三，印尼的统一；其四，协商和代表制指导下的民主；其五，印尼全体人民社会公正的实现。有关"潘查希拉"的资料可以参见：马雪雪：《爪哇文化变迁下的潘查希拉解读》，载《华中师范大学研究生学报》，2015年第2期，第135—139页；王子昌：《国家哲学还是个人哲学？——对印尼建国五基的文本解读》，载《东南亚纵横》2005年第12期，第50—53页。

④ Kumar Ramakrishna, "Religious Fundamentalism and Social Distancing: Cause for Concern?" *RSIS (S. Rajaratnam School of International Studies) Commentary*, Nanyang Technological University, Singapore, No.023 – February 1, 2016, p.3.

度尼西亚雅加达哈比比中心（Habibie Center）的印德里亚·萨米哥（Indria Samego）教授认为，印度尼西亚的恐怖主义来源有两个，"一个是与伊斯兰组织有关的右翼政治力量，一个是与共产主义有关的左翼政治力量"。[①] 2016年年底，印尼的激进组织"伊斯兰捍卫者阵线"（Front Pembela Islam，FPI）发起反政府示威，并不断煽动穆斯林的宗教情绪，其宗教领袖诺维尔（Novel Bamukmin）甚至在清真寺举行祷告时公开发表反政府言论。[②]

（二）外部伊斯兰极端主义的渗透

战后，各种伊斯兰思潮如泛伊斯兰主义、伊斯兰主义（原教旨主义）在东南亚地区广泛传播，并形成了朝觐、留学、贸易和宣教团体等官方认可的传播途径。但是，作为伊斯兰极端主义重要组成部分的"圣战"萨拉菲主义等极端思想也开始向东南亚地区渗透。"圣战"萨拉菲主义属于萨拉菲主义中的极端派别，它与关注信仰的传统萨拉菲主义和主张和平参政议政的政治萨拉菲主义截然不同，强调使用暴力手段达到其宗教、政治目的，它也构成了塔利班、"基地"组织和"伊斯兰国"等极端组织意识形态的核心。[③]

"9·11"事件后，"圣战"萨拉菲主义成为东南亚伊斯兰极端组织的主导意识形态，"伊斯兰祈祷团""认主独一游击队"都属于奉行"圣战"萨拉菲主义的极端组织，马来西亚、菲律宾、泰国、缅甸等国也出现了类

---

① The Habible Center Discussion Report, *Countering ISIS in Southeast Asia*, Jakarta: The Habibie Center, February 18, 2016, p.1.

② 《强硬派穆斯林崛起，阻拦佐科连任总统》，载《联合早报》，2018年6月28日，http://www.zaobao.com/news/sea/story20180628-870717，登录时间：2018年6月28日。

③ 关于萨拉菲主义和"圣战"萨拉菲主义，可以参见：包澄章：《中东剧变以来的萨拉菲主义》，载《阿拉伯世界研究》2013年第6期，第106—118页；Kamarulnizam Abdullah, Mohd Afandi Salleh: "Conceptualizing Jihad Among Southeast Asia's Radical Salafi Movement," *Journal for the Study of Religions and Ideologies*, Vol.14, Issue 42 (Winter 2015), pp.3-28.

似组织。① 伴随"伊斯兰国"在东南亚的渗透，"圣战"萨拉菲主义在东南亚地区的传播和渗透进一步增强，其中尤以被"伊斯兰国"扭曲的"圣战"思想影响最为深刻。2014年后，东南亚有数十个极端团体（组织）宣布效忠"伊斯兰国"，并在东南亚当地发动多起恐怖袭击事件，"伊斯兰国"的"圣战"思想及其炮制的具体的"圣战"形式都对东南亚伊斯兰极端主义产生了重要影响。此外，为了彰显巴格达迪的"哈里发"地位，"伊斯兰国"自身也积极向东南亚地区进行渗透，并任命了其在东南亚地区的"埃米尔"，其中包括东南亚极端组织头目巴赫兰·奈伊姆、穆罕穆德·万迪、伊斯尼隆·哈皮隆等，哈皮隆还被赴叙利亚和伊拉克作战的东南亚极端分子奉为地区的领导人，他们同时也作为"伊斯兰国"在各个国家的领导人，负责"宣教"和传播极端思想、谋划恐怖活动等。"伊斯兰国"的极端主义叙事方式也被东南亚极端组织所借鉴，例如，在菲律宾的马拉维战事中，极端组织的领导人希望把马拉维战事塑造成为在菲律宾抵抗"天主教国家"的故事，就像在黎凡特（Levant）地区的武装分子那样。②

第一，"伊斯兰国"通过泛化"迁徙圣战"的使用条件，扩大了"迁徙圣战"的适用范围，并把"就地圣战"与"迁徙圣战"相结合，成为东南亚地区极端组织暴力恐怖活动的指导思想。

"迁徙"（Hijrah）一词在正统的伊斯兰教中有其特定的含义，主要是指通过迁移使伊斯兰教得到弘扬，就像先知穆罕默德在公元622年迁徙麦地那重播真主启示一样。因此"迁徙"的核心是传播主道的宣教事业。正是由于迁徙在伊斯兰教中的神圣性，"迁徙"一词才被伊斯兰极端组织不断以"引经据典"的方式加以歪曲和利用。③ 近代以来，"迁徙"与"圣

---

① Kamarulnizam Abdullah, Mohd Afandi Salleh: "Conceptualizing Jihad Among Southeast Asia's Radical Salafi Movement," *Journal for the Study of Religions and Ideologies*, Vol.14, Issue 42 (Winter 2015), p.4.

② RSIS (S. Rajaratnam School of International Studies), *Counter Terrorist Trends and Analyses*, Nanyang Technological University, Singapore, Volume 10, Issue 1, January 2018, p.8.

③ 古丽燕、王梅：《"伊吉拉特"的法律属性及其法律适用研究》，载《山东警察学院学报》，2016年第6期，第36页。

战"思想相结合，成为极端主义思想的重要组成部分。在20世纪60年代，埃及极端组织"赎罪与迁徙组织"的创始人舒克里·穆斯塔法最早歪曲了"迁徙"的内涵，他号召追随者离开故土，向不信仰真主的社会开战，攻击现存的政治体系，进而夺取政权。

在1979年阿富汗战争中，"迁徙圣战"被付诸实践，极端分子也把苏联撤出阿富汗视为"迁徙圣战"的胜利。2003年的伊拉克战争推动了第二次全球"迁徙圣战"的扩展，2014年6月宣布建国的"伊斯兰国"被视为第三次全球"迁徙圣战"，吸引了数万名全球"圣战"分子加入极端组织"伊斯兰国"，其中也包括来自东南亚的"圣战"分子。东南亚极端组织也往往利用"圣战"思想进行人员招募。印度尼西亚反恐分析人士罗比·苏嘉拉（Robi Sugara）指出，在招募新成员时，印尼的极端团体"不断强调穆斯林兄弟姐妹在叙利亚、阿富汗或伊拉克的所遭受的苦难。这一策略在弱势群体中强化了加入'圣战'组织的紧迫感，亦即以伊斯兰教的名义为穆斯林兄弟的苦难而战"。① 东南亚的一些伊斯兰极端分子还宣称："我们没有一个共同的英语单词去表达'乌玛'，但是我们知道它的意思是全世界的穆斯林都属于同一个社会。"②

"就地圣战"的做法源于1979年的阿富汗战争，抗苏战争中的一些"圣战"分子认为，"既然一场圣战能摧毁苏联这个超级大国。他们完全可以用另一场圣战将另一个超级大国击倒在地，顺带把本国的政府一并推翻"。③ "伊斯兰国"在中东地区不断号召其支持者推翻伊朗、沙特等现行的国家政权，并且把建立所谓"伊斯兰国家"作为其目标。在2017年的菲律宾马拉维战事中，四个极端组织谋求通过"就地圣战"在菲律宾建立

---

① The Habible Center Discunssion Report, "Countering ISIS in Southeast Asia," *Jakarta: The Habibie Center,* February 18, 2016, p.1.

② Anthony Shih, "The Roots and Societal Impact of Islam in Southeast Asia," *Stanford Journal of East Asian Affairs*, Spring 2002, Volume 2, p.115.

③ ［巴基斯坦］艾哈迈德·拉希德：《塔利班：宗教极端主义在阿富汗及其周边地区》，钟鹰翔译，重庆：重庆出版集团、重庆出版社2015年版，第132页。

"伊斯兰国"的"行省"（wilayat），① 可见"伊斯兰国"的极端思想已被菲律宾的"穆特组织"等奉为圭臬，并试图效仿"伊斯兰国"通过"就地圣战"谋求"建国"。

印尼的极端组织也接受了"伊斯兰国"把"迁徙圣战"与"就地圣战"相结合的极端思想。在2016年，印尼"神权游击队"的精神领袖阿曼向其追随者发出"教令"，命令他们奔赴叙利亚参加"迁徙圣战"，他同时也强调了"就地圣战"的必要性："若你不能，就在你所在之地发动圣战。若你不能发动圣战或缺乏发动圣战的勇气，就把你的财富交给那些愿意发动圣战的人。若你不能拿出任何财富，就鼓励其他人发动圣战。如果你连这个都做不到，那你宣誓效忠又有何意义呢？"② 2018年5月22日，"神权游击队"在印尼泗水制造了连环爆炸案，其发动者多为从叙利亚等地回流的极端分子，也体现了"就地圣战"和"迁徙圣战"相结合的特点。

第二，"伊斯兰国"对"远敌"（al-'aduw al-ba'id）和"近敌"（al-'aduw al-qarib）的区分，也为东南亚伊斯兰极端主义思想所接受。

"基地"组织内部围绕打击"远敌"和"近敌"的优先性存在纷争，③但基本上以打击作为"远敌"的美国和西方为重点。"伊斯兰国"继承了埃及极端主义分子阿卜杜·赛莱姆·法拉季（Abd al-Salam Faraj）对"近敌"和"远敌"的解释。法拉季认为，"近敌"是各个"蒙昧时期"伊斯兰国家的领导人，即现在伊斯兰世界各国的现政权，而"远敌"为以色列及其支持者美国和西方。在打击顺序上，法拉吉主张"圣战"应首先打击"近敌"，再打击"远敌"。④ "伊斯兰国"接受了这一思想，它把伊斯兰国

---

① Sidney Jones, "Understanding the ISIS Threat in Southeast Asia," *Shangri-La Hotel, Singapore: Regional Outlook Forum 2016*, January 12, 2016, p.1.

② 《印尼"神权游击队"成国际反恐焦点》，载《联合早报》2018年5月19日，http://www.zaobao.com/news/sea/story20180519-860224，登录时间：2018年7月10日。

③ Fawaz A. Gerges, *The Far Enemy: Why Jihad Went Global*, New York: Cambridge University Press, 2rd Edition, 2009, pp.151-184.

④ 王晋：《远敌与近敌——伊斯兰极端主义的内部纷争》，http://baijiahao.baidu.com/s?id=1594550530888835441&wfr=spider&for=pc，登录时间：2018年6月23日。

家现政权、什叶派和苏菲派视为"近敌"，即应以"圣战"加以消灭的"叛教者"。"伊斯兰国"的"远敌"在包括西方国家的同时还更加宽泛，事实上包括所有反对"伊斯兰国"的国家。2015年"伊斯兰国"播放了一段名为《刻不容缓》（No Respite）的视频，宣称向世界"反'伊斯兰国'全球盟军"的六十多个国家宣战。

"伊斯兰国"区分"远敌"和"近敌"的思想得到了东南亚伊斯兰极端组织的认可。2016年5月15日，马来西亚"圣战"组织的领导人在"伊斯兰国"网站上发表了长达15分钟、名为《史诗的世代》的视频，宣布对马来西亚和印度尼西亚的国家政权进行"圣战"，与"伊斯兰国"的主张十分一致。2016年以来，东南亚极端组织频繁对所在国政府、平民、基督教徒和基督教堂发起恐怖袭击，与过去"基地"组织主要针对西方和外国游客有所区别，也从侧面反映了"伊斯兰国"优先打击"近敌"的极端主义思想的影响。

三、东南亚伊斯兰极端主义的发展趋势

（一）伊斯兰极端组织之间的勾连与整合速度加快

在2017年菲律宾极端组织攻占马拉维的战事中，具有叛乱组织特征的四个极端组织紧密配合，坚持数月之久，可见东南亚极端组织相互勾连所产生的巨大威胁。东南亚极端组织之间相互勾结由来已久，并在后"伊斯兰国"时期有所强化。菲律宾、印度尼西亚、澳大利亚、马来西亚等地都设有训练营并接受"基地"组织的培训。[①]"伊斯兰国"在东南亚的渗透使极端组织之间的联系进一步增强。例如，策划2016年1月14日雅加达恐怖袭击的极端分子穆罕默德·巴伦·纳伊姆（Muhammad Bahrun Naim）与东南亚域内外的极端组织之间有着广泛的联系，他与其他极端团伙头目巴鲁姆沙（Bahrumsyah）、萨利姆·穆巴洛克（Salim Mubarok At-Tamimi,

---

① ［美］布丽奇特·L.娜克丝：《反恐原理》，陈庆、郭刚毅译，北京：金城出版社、社会科学文献出版社2016年版，第231页。

又名 Abu Jandal）、阿曼·阿卜杜拉赫曼共同建立了"马来群岛伊斯兰国辅士团"（Jamaah Anshar Khilafah, JAK），并由阿卜杜拉赫曼任该组织的"埃米尔"和"精神领袖"，他们共同组成了"伊斯兰国"在印尼分支机构的领导层，[1] 专门负责组织印度尼西亚和马来西亚的极端分子为"伊斯兰国"效力，同时也在当地策划恐怖袭击。2018年6月4日，印度尼西亚国家警察总长提托·卡纳维亚（Tito Karnavia）指出，极端组织已经在印尼绝大多数省份形成了网络，其中一些处于休眠状态，另一些则较为活跃。[2]

（二）极端分子回流对地区安全的潜在威胁上升

"伊斯兰国"的极端分子来自全世界八十多个国家，其中东南亚地区的印度尼西亚、菲律宾、马来西亚、泰国甚至新加坡和澳大利亚等国都有极端分子赶赴中东地区参加"伊斯兰国"。他们在中东不仅接受了"伊斯兰国"的极端思想，而且学会了"伊斯兰国"的作战方式及暴恐技巧。在"伊斯兰国"溃败后，一些极端分子回流其母国，形成对所在国家安全的潜在威胁。他们中的许多人通过使用假名或者化名隐匿身份，有些甚至通过改变相貌、盗取他人身份文件等方式逃避各国情报部门的追击，十分难以识别。印度尼西亚国家反恐办公室主任安赛亚德·麦拜（Ansyaad Mbai）表示，印尼反恐部门对如何防范极端分子回流充满了忧虑。[3]

（三）极端组织发动恐怖袭击的方式更趋多元

在"伊斯兰国"极端思想和活动方式的影响下，"伊斯兰国"采用的

---

① Kumar Ramakrishna, "The Jakarta Attacks: Coping with the ISIS Threat," *RSIS (S. Rajaratnam School of International Studies) Commentary, Nanyang Technological University, Singapore*, No.010, January 20, 2016, p.2; 吴汉钧：《印尼警方：伊国组织三印尼籍头目竞争或引发更多恐袭》，载［新加坡］《联合早报》，2016年2月5日，http://www.zaobao.com/realtime/world/story20160205-579065/，登录时间：2018年6月6日。

② "Indonesia's anti-terror sweep nets 96 suspects," *Straits Times,* June 6, 2018, https://www.straitstimes.com/asia/se-asia/indonesias-anti-terror-sweep-nets-96-suspects，登录时间：2018年6月14日。

③ David Hamon, S. James Ahn, "Premonitions of an ISIS homecoming in Southeast Asia," *Pacific Forum CSIS*, Honolulu, Hawaii, Number 78, Nov. 10, 2014, p.1.

自杀式爆炸袭击方式，以及攻城略地的叛乱方式，都被东南亚伊斯兰极端组织所效仿，甚至有所发展。2018年5月13日，伊斯兰极端组织"神权游击队"策划了印尼泗水连环恐怖袭击，并且采用了"家庭式"恐袭，这种袭击方式介于"独狼式"恐怖袭击与有组织恐怖袭击之间，是以前东南亚地区从未出现过的恐袭方式。在这次袭击中，各个家庭成员之间分工十分明确：8岁和16岁的兄弟两个负责袭击圣玛利亚天主教堂，他们骑着电动单车来到教堂，通过将炸弹绑在大腿上的方式躲避安检；他们的父亲负责袭击另一座教堂，制造更大的恐怖效应与恐慌，母亲则带着9岁和12岁的女儿在另一基督教堂引爆炸弹腰带，造成连环爆炸效果。由此可见，由于家庭成员之间的信任与配合程度远远高于其他社会组织，加之以家庭为掩护更具隐蔽性，因此以家庭单位的恐怖方式袭击更难防范。

（四）热点冲突地区成为极端主义渗透的对象

东南亚地区伊斯兰极端组织的活动主要集中于马来西亚、泰国、印度尼西亚和菲律宾四国，中南半岛的冲突地区如缅甸逐渐成为伊斯兰极端主义渗透的对象。2014年，"基地"组织领袖扎瓦赫里就呼吁缅甸若开邦的穆斯林反抗缅甸政府；"伊斯兰国"兴起后，已经与"伊斯兰国"结盟的印尼伊斯兰极端组织"认主独一游击队"和"伊斯兰祈祷团"领导人阿布·巴卡·巴希尔公开呼吁若开邦穆斯林攻击缅甸军队和佛教徒，试图挑起缅甸国内的宗教对立与族群冲突。

境外的伊斯兰极端组织也对介入缅甸危机蠢蠢欲动。2015年5月，远在"非洲之角"的索马里极端组织"青年党"发表声明，支持缅甸穆斯林与其他宗教信徒对抗，声称要把缅甸的穆斯林从"凶狠的佛教徒"手中解救出来。[1] 2016年4月，"伊斯兰国"也开始关注罗兴亚局势，在当月发行的期刊《达比克》中，孟加拉国"圣战"分子阿布·伊布拉希姆（Abu

---

[1] Elliot Brennan & Christopher O'Hara, "The Rohingya and Islamic Extremism: A Convenient Myth," *the Diplomat*, https://thediplomat.com/2015/06/the-rohingya-and-islamic-extremism-a-convenient-myth/, 登录时间：2018年6月6日。

Ibrahim）号召世界各地的穆斯林以各种方式帮助在若开邦受压迫的穆斯林即罗兴亚人，他同时宣布在孟加拉国的"伊斯兰国"军事人员将在缅甸采取行动。此后不久，在缅甸一个名为"罗兴亚团结组织"（the Rohingya Solidarity Organization，RSO）的帮助下，[①] 极端分子计划在三个月内对缅甸边防警察发动袭击。[②] 2016年10月9日，在缅甸西部靠近孟加拉国的边境地区即若开邦的孟都（Maungdaw）镇的一个村庄，八名极端分子对三个边防警局同时发动恐怖袭击，造成了警察九人死亡、四人受伤、一人失踪，有两名极端分子被活捉。[③] 这是缅甸第一次出现有"伊斯兰国"背景的恐怖袭击事件。随着"伊斯兰国"对缅甸若开邦局势的关注和渗透，加上缅甸新政府在处理罗兴亚人问题时基本上延续了军政府的"大缅族主义"政策，未来若开邦地区冲突存在进一步升级的可能性，并有可能在当地出现伊斯兰极端组织。

此外，东南亚其他一些族群冲突地区也是伊斯兰极端组织渗透的对象。例如，印尼的马鲁古地区是穆斯林族群与其他不同族群聚集的地区，双方在历史上曾经爆发长期的冲突。当前，该地区已成为"伊斯兰国"进行渗透的对象。2014年8月，印尼反恐部队在清剿"伊斯兰国"的成员时，在马鲁古省的安汶市（Ambon）逮捕了四名涉嫌支持该组织的中学生，足见"伊斯兰国"对年轻人的蛊惑能力。此外，"伊斯兰国"还试图招募当地的女性加入"圣战"，甚至在马鲁古地区的一些学校公开张贴"招聘性服务者"的宣传单，招募当地女性充当性奴，同时还在社交媒体发布类似的招聘广告。[④] "伊斯兰国"之所以对马鲁古地区进行渗透，主要在于该地

---

① 有关"罗兴亚团结组织"的相关资料，可以参见维基百科 "the Rohingya Solidarity Organisation" 词条：https://en.wikipedia.org/wiki/Rohingya_Solidarity_Organisation。

② Jasminder Singh & Muhammad Haziq Jani, "Myanmar's Rohingya Conflict: Foreign Jihadi Brewing," *RSIS (S. Rajaratnam School of International Studies) Commentary, Nanyang Technological University, Singapore,* No.259–18, October 2016, pp.1-2.

③ 《缅甸边境多个警局遭到大规模恐怖袭击！》，缅甸果敢网，2016年10月11日，http://www.mmkokang.com/news/guoji/2016-10-11/4677.html，登录时间：2018年6月6日。

④ 《印尼通过网络世界追查"伊斯兰国"极端势力》，环球网，2014年8月13日，http://world.huanqiu.com/exclusive/2014-08/5104794.html，登录时间：2018年8月6日。

区族群冲突与宗教矛盾严重，存在适合极端主义发展的环境，并在历史上发生过严重的恐怖袭击事件。1977年5月23日，马鲁古南部地区发生了恐怖分子劫持列车人质事件。2014年1月，一批极端分子公然举行活动，纪念1977年恐怖袭击事件中被打死的六名恐怖分子，这说明极端组织在马鲁古当地有肥沃的土壤和众多支持者。

第22章
马格里布地区极端主义的
发展现状及反恐困境

自叙利亚和伊拉克相继宣布收复被极端组织"伊斯兰国"控制和占领的主要地区后，国际社会与伊斯兰极端主义的斗争进入了一个新阶段。有资料显示，2017年全球恐怖主义造成的死亡人数降至25673人，比2014年高峰时期下降约22%，[①] 但极端组织和恐怖组织针对平民的袭击和政治薄弱地区的渗透却愈加明显。马格里布地区是伊斯兰极端主义存在时间较长、极端主义土壤较深厚的地区，研究该地区伊斯兰极端主义的发展现状和打击极端主义面临的挑战具有重要意义。

一、马格里布地区伊斯兰极端主义的发展现状

在世界经济与和平研究所发布的《2017年恐怖主义指数报告》中，将恐怖主义和伊斯兰极端主义对国家的影响用0—10分来评分，10分代表受恐怖主义影响最大，0分代表受影响最小。在马格里布地区内，利比亚为

---

① "Global Terrorism Index 2017," Institute for Economic and Peace, http://visionofhumanity.org/app/uploads/2017/11/Global-Terrorism-Index-2017.pdf, accessed on June 2018.

8分，突尼斯为6分，阿尔及利亚为4分，摩洛哥和毛里塔尼亚均为0分。在《2018年和平指数报告》中，利比亚被评为"很低"，毛里塔尼亚为"较低"，阿尔及利亚为"一般"，摩洛哥和突尼斯为"较好"。[①] 整体来看，马格里布国家虽然并非伊斯兰极端主义泛滥与渗透的重灾区，但仍然不同程度面临着伊斯兰极端主义的威胁。

（一）摩洛哥

近年来，摩洛哥一直是极端组织尤其是"伊斯兰国"组织在中东地区招募人员的重要对象国。摩洛哥此前数年也一度是伊斯兰极端组织发动恐怖袭击的重点国家。2003年，摩洛哥国内外的伊斯兰极端组织共同在卡萨布兰卡策划了恐怖袭击，造成45人死亡；2011年，摩洛哥马拉喀什老城咖啡店发生爆炸袭击，造成17人死亡。这两起重要的恐怖袭击事件造成了较大的国际影响。针对极端组织活动猖獗的情况，摩洛哥政府近年来推行了一系列去极端化政策，并取得了一定的成效。

首先，增强政府的宗教话语权，打造温和伊斯兰形象。在官方层面，摩洛哥委派由温和宗教学者构成的"穆罕默德乌里玛联合会"草拟相关宗教政策，以此应对伊斯兰极端主义思潮的扩散。[②] 在民间层面，摩洛哥在增强穆斯林凝聚力、保护穆斯林尊严和净化宗教信仰等方面加强了投入。

其次，加强对穆斯林信仰的引导。摩洛哥对伊玛目布道的干涉较少，而是通过监管和引导的方法防范伊斯兰极端主义渗透。在摩洛哥非政府组织摩洛哥战略研究中心（Moroccan Center for Strategic Studies）组织的年度阿拉伯—非洲会议上，摩洛哥倡导苏菲主义的包容精神，强调要"让年轻的穆斯林看到更多的希望而不是严苛的规范"，[③] 以此抗衡"伊斯兰国"

---

① "Global Peace Index 2018," Institute for Economic and Peace, http://visionofhumanity.org/app/uploads/2018/06/Global-Peace-Index-2018-2.pdf, accessed on June 2018.

② 张玉友：《北非国家摩洛哥的反恐政策为何如此行之有效？》，中东研究通讯，http://mini.eastday.com/mobile/160813080147182.html，2016年8月13日。

③ "Maghreb, Sahel Struggle with Religion As Anti-Terror Policy Tool," *Morocco Tomorrow*, February 16, 2016, http://www.moroccotomorrow.org/maghreb-sahel-struggle-with-religion-as-anti-terror-policy-tool/.

和"基地"组织进行极端主义思想渗透。

最后，主动推进政治改革。2011年"阿拉伯之春"爆发后，摩洛哥国王在国内出现抗议活动后的第一时间发表电视讲话，宣布了一揽子改革计划，承诺进行宪法改革和议会选举。通过改革，摩洛哥国内的权力实现了一定程度的分散，政治多元化得以推进。

通过上述政策，摩洛哥国内的伊斯兰极端主义得到了控制。摩洛哥政府也试图把自身塑造成为北非地区管控伊斯兰极端主义的典范国家。与其他地区国家相比，摩洛哥在打击伊斯兰极端主义方面有其独特优势。摩洛哥实行君主立宪制，通过历代效忠仪式的延续，在国内较为成功地实现了宗教学者的官僚化，并得到了很多伊斯兰主义者的支持，加强了王室的宗教合法性。但从长期来看，摩洛哥也同样存在伊斯兰极端主义扩张的隐患。

第一，经济萎靡。摩洛哥经济自20世纪70年代起一直处于相对低迷的状态。尽管整体来看摩洛哥经济属于私有制经济，但王室对经济的垄断现象依然较严重，民营企业生存空间有限，发展停滞不前、生产效率低下。再加上摩洛哥经济长期依赖欧洲，其经济存在很大的脆弱性。因此，摩洛哥经济低迷很容易为伊斯兰极端主义的发展提供土壤。

第二，社会问题严峻。根据国际特赦组织报告，摩洛哥的新闻自由、集会自由及人权状况都在不断恶化。[①] 尽管摩洛哥在"阿拉伯之春"后推动改革，通过了区域选举和新分区计划，但民众层面对王室集权依然存在严重不满，要求平等、扩大政治参与、提高透明度的呼声不断涌现。再加上近几年来长期存在的高失业率、外围城市边缘化等问题，摩洛哥的社会问题突出，很容易为极端组织所利用。

第三，亲西方政策引发宗教人士不满。长期以来，摩洛哥的外交政策一直具有亲西方的特点，西方文化对摩洛哥也有重要影响。一方面，西

---

① "Morocco Ramps Up Crackdown on Press Freedom with Trial Over Citizen Journalism," Amnesty International, January 26, 2016, https://www.amnesty.org/fr/latest/news/2016/01/morocco-ramps-up-crackdown-on-press-freedom-with-trial-over-citizen-journalism/.

方的物质主义与享乐主义盛行导致摩洛哥上层社会腐化奢靡之风严重；另一方面，西方世俗化思想对本土伊斯兰文化观念的冲击强烈。在这种情况下，摩洛哥极端组织如"萨拉非圣战组织"等极力以"净化信仰"为名宣扬伊斯兰极端主义思想。

（二）阿尔及利亚

1992年阿尔及利亚大选后，军队取消了"伊斯兰拯救阵线"（FIS）的胜选资格，引发了国内伊斯兰极端组织与政府之间长达十年的内战。经历长期的动乱和阿尔及利亚政府的强力镇压后，伊斯兰极端组织在阿尔及利亚的影响力大幅度减弱，一些伊斯兰极端分子向萨赫勒（北非和撒哈拉以南非洲之间的狭长过渡地带）地区转移，转而在地区反恐能力较弱的国家如毛里塔尼亚、马里、尼日尔等建立据点。

近年来，阿尔及利亚政府在打击伊斯兰极端势力方面取得了一定的进展。2016年阿尔及利亚政府共剿灭恐怖分子125名，2017年共击毙90名恐怖分子。[①] 需要说明的是，击毙人数减少并非因为阿尔及利亚反恐能力的削弱，而是由于恐怖袭击及恐怖活动数量的减少。在2017年，关于"伊斯兰国"在阿尔及利亚境内活动的报道非常少，"基地"组织马格里布分支的活动也较此前大幅度减少。[②] 目前，阿尔及利亚伊斯兰极端组织的活动能力相对减弱，主要压力集中于边境地区。2018年1月22日，在阿尔及利亚与突尼斯边界地区活动的三名极端分子被逮捕。目前，在阿尔及利亚与突尼斯边境地区的极端分子多在靠近边境的突尼斯境内，这也充分体现了阿尔及利亚打击伊斯兰极端主义的能力和成果。

但是，阿尔及利亚仍然存在伊斯兰极端主义威胁的隐患。一方面，阿尔及利亚境内依然存在伊斯兰极端势力袭击的威胁。2016年3月，阿尔及利亚萨赫勒天然气厂遭到"基地"组织马格里布分支的火箭弹袭击，8月

---

① "Algeria defense ministry: 125 'terrorists' killed this year," Mail.com, December 2017, http://www.mail.com/news/world/4842452-algeria-defense-ministry-125-terrorists-killed-th.html.

② "Algeria: Peaceful Enough for A Good Frack," *Strategy Page*, January 29, 2018, https://www.strategypage.com/qnd/algeria/articles/20180129.aspx.

罕西拉省发生爆炸袭击；2017年2月，康斯坦丁警察局发生爆炸袭击，4月，"基地"组织在阿尔及尔策划的三起爆炸案造成33人死亡。在2017年议会选举中，"基地"组织马格里布分支呼吁阿尔及利亚人抵制选举。2017年8月31日，一名携带枪支和炸药的恐怖分子袭击了提亚雷特省安全部门。这些事件都表明阿尔及利亚境内依然面临恐怖袭击的严重威胁。此外，在"伊斯兰国"组织的影响力减弱后，"基地"组织马格里布分支的活跃程度有所增强，阿尔及利亚南部地区依然有该组织的活动。

另一方面，阿尔及利亚目前的政治、经济与社会危机，也为极端主义的存在和发展提供了土壤。在政治方面，2019年布特弗利卡政权倒台导致政治局势的不稳定性不断增加。在经济方面，2014年以来油价下跌导致财政收入大幅度减少后，阿尔及利亚经济一直处于低迷状态，而政府的应对措施并未有效缓解危机，经济改革推进缓慢。在社会方面，阿尔及利亚面临着严重的民生危机。为增加政府可支配收入，阿政府大幅度提高进口关税，导致国内商品价格上涨。此外，由于政府财政紧缩，大量就业岗位被裁撤，阿尔及利亚社会失业率不断攀升。

相对于马格里布地区其他国家，阿尔及利亚打击伊斯兰极端主义的优势在于其经历过"伊斯兰拯救阵线"极端派别与政府长期对抗导致的动荡，民众对伊斯兰极端主义普遍反感。但一旦阿尔及利亚目前的危机扩大，在政府无力管控的情况下，伊斯兰极端主义很可能借机卷土重来。

（三）突尼斯

自2011年爆发大规模骚乱以来，突尼斯一直面临伊斯兰极端势力的威胁。尽管近年来总体形势可控，但袭击事件依然时有发生。突尼斯前总统本阿里下台后，突尼斯政治局势动荡，政府对极端分子的监控能力大幅度削弱，被关押的伊斯兰极端分子纷纷出狱，导致伊斯兰极端主义借机发展扩张。

"伊斯兰国"组织出现后，突尼斯成为"伊斯兰国"外籍战士的最大来源国之一，突尼斯境内的极端组织也纷纷表示效忠"伊斯兰国"。2015年，突尼斯先后遭遇三起大规模恐怖袭击，导致七十多人死亡，其中大多数为外国游客和安全人员，① 成为突尼斯史上最严重的恐怖袭击，对突尼斯的旅游业造成了极恶劣的国际影响。

近年来，突尼斯加大了打击极端主义方面的投入。一方面，突尼斯安全部门增强了对极端分子的打击与监控。在800名左右已经返回突尼斯的涉恐分子中，突尼斯安全部门在交火中击毙了55人，并对其中190人监禁、137人监视居住。② 另一方面，突尼斯不断延长2015年11月24日总统卫队车辆袭击案以来实施的全国紧急状态。2018年3月，突尼斯总统府发布了全国总体安全形势评估报告，并把全国紧急状态再次延长7个月，进一步加强安全部门打击伊斯兰极端主义的力量和边境管控能力，③ 使突尼斯的安全局势有所好转。2016年以来，突尼斯未再次出现大规模的恐怖袭击事件。突尼斯内政部长赫迪·马吉杜卜于2017年表示，在突尼斯安全部门加大打击伊斯兰极端主义力度的情况下，自2012年至今已破获671个宣扬极端思想的团伙，破获"涉恐"团伙数量逐年递增。

在安全形势整体好转的同时，突尼斯仍存在滋生伊斯兰极端主义的土壤以及极端暴力分子的现实威胁。

第一，突尼斯严重的社会经济问题依然是伊斯兰极端主义发展的重要社会基础。在经济方面，自2010年动荡以来，突尼斯经济发展缓慢甚至出现倒退现象。随着国内安全形势的好转，旅游业与服务业逐步恢复，2017年GDP年增长率恢复至2.1%。但国内通货膨胀依然严重，七年来通货膨胀率基本维持在6.4%左右，失业率超过15%，其中大学生的失业率达到30%。④ 自突尼斯政府发布2018年《金融法案》以来，突尼斯国内的商品价格涨幅高达40%，导致国内多个地区出现民众游行示威活动。此

---

① 《突尼斯全国强化反恐力度》，《辽宁日报》，2017年4月23日，http://www.xinhuanet.com/local/2017-04/23/c_129564704.htm。

② 《突尼斯2017：经济、反恐与女权并重》，中国驻突尼斯使馆经济商务参赞处，2018年1月16日，http://mini.eastday.com/mobile/180116220824569.html。

③ 《突尼斯全国紧急状态再延长7个月》，新华网，2018年3月7日，http://www.xinhuanet.com/world/2018-03/07/c_1122497352.htm。

④ 《7年后突尼斯多地再次爆发规模性游行示威，突尼斯模式怎么了？》，中国驻突尼斯大使馆经济商务参赞处。2018年1月16日，http://tn.mofcom.gov.cn/article/jmxw/201801/20180102699631.shtml。

外，突尼斯腐败现象严重。尽管突尼斯政府高调反腐，但成效甚微，引发了民众的强烈不满。

第二，突尼斯是"伊斯兰国"外籍圣战分子的重要来源国，曾有七千多人在叙利亚、伊拉克、利比亚等地进行"圣战"，目前这批人中的很大部分已陆续回国，[①] 给国内安全带来重大隐患。[②]

（四）利比亚

2011年卡扎菲政权被推翻后，利比亚局势陷入动荡。迄今为止利比亚政治和解依然无望，民众生活水平大幅下降，人身安全难以保障，大量非法移民滞留，同时伴随着伊斯兰极端势力暴力恐怖活动的泛滥。2012年至2013年期间，一些在叙利亚、伊拉克参与"伊斯兰国"极端活动的利比亚武装人员返回国内。至2014年，"伊斯兰国"组织头目巴格达迪公开接受利比亚支持者的效忠，并宣布在利比亚建立三个省，"伊斯兰国"利比亚分支不断扩张，一度占领了利比亚东部和中部大片区域。[③] 伊斯兰极端主义给利比亚带来的严重威胁在2015年达到顶峰，从2016年开始逐步下降。2016年，利比亚海滨重镇苏尔特被收复，"伊斯兰国"在利比亚受到重创，"伊斯兰国"利比亚分支退守利比亚南部沙漠地带。自"伊斯兰国"组织受创后，伊斯兰极端主义对利比亚的威胁有所下降，但依然存在伊斯兰极端主义发展的条件。

首先，国内分裂局面导致安全局势动荡，存在权力真空。2014年利比亚选举后，一度出现两个政府、两个议会并存的局面。在的黎波里，利比亚民族团结政府与支持它的武装力量控制着利比亚西部部分地区；在东部城市图卜鲁格，国民代表大会则与哈夫塔尔领导的"国民军"联盟控制着

---

① 《恐怖主义潮外溢 2018全球反恐面临哪些挑战？》，中国新闻网，2018年1月8日，http://mil.news.sina.com.cn/2018-01-08/doc-ifyqiwuw7985721.shtml。

② 《突尼斯2017：经济、反恐与女权并重》，中国驻突尼斯大使馆经济商务参赞处。2018年1月16日，http://tn.mofcom.gov.cn/article/jmxw/201801/20180102699619.shtml。

③ 《利比亚又发恐袭 "伊斯兰国"欲死灰复燃》，新华社，2017年10月27日，http://military.people.com.cn/n1/2017/1027/c1011-29612420.html。

东部和中部地区、南部主要城市及部分西部城市，国家陷入严重分裂。[①]
在这种情况下，政府管制存在真空地带，安全局势不稳定性加剧，也给伊斯兰极端势力创造了生存空间。

其次，利比亚经济危机深重，恶性通货膨胀、生活物资短缺、民众缺医少药等问题比比皆是。尽管近几年利比亚石油产量开始回升，但工人罢工导致油田停产、输油管道被武装分子切断、油田被武装分子占领等事件使石油生产和运输遭到严重破坏。利比亚经济发展依然举步维艰，社会问题层出不穷，都成为滋生伊斯兰极端主义的土壤。

最后，利比亚乱局导致的武器流失问题为伊斯兰极端主义发展提供了武器来源。由于政府管制失控，利比亚的武器大量外流。极端组织"博科圣地"（Boko Haram）的武器很大程度上就来自利比亚。

此外，利比亚国内严重的非法移民问题、毒品走私问题等也容易与伊斯兰极端主义活动相结合。利比亚一直是来自非洲、中东的非法移民偷渡到欧洲的重要中转站。在欧洲限制移民后，许多非法移民滞留利比亚，加重了利比亚的安全与社会危机。

（五）毛里塔尼亚

毛里塔尼亚地处马格里布地区与萨赫勒地区之间，这两个地区都是非洲遭遇伊斯兰极端主义威胁最为严重的地区。尽管毛里塔尼亚国内面临的伊斯兰极端主义威胁并不严重，但其面临的内外挑战依然存在。从内部来讲，毛里塔尼亚长期饱受贫困、武装冲突和自然灾害的困扰。近年来国际市场金属价格走低，进一步加重了毛里塔尼亚的经济困难。从外部来讲，邻国马里的动荡局势给毛里塔尼亚的安全带来很大威胁。2012年3月马里发生军事政变后，马里北部地区一直冲突不断，中部也呈现出暴力冲突、恐怖袭击增多的趋势，很容易波及毛里塔尼亚。

---

① 《利比亚最高国家委员会主席：反恐需要国际社会参与》，新华网，2018年4月16日，http://mil.news.sina.com.cn/2018-04-16/doc-ifyuwqfa2268209.shtml。

二、马格里布地区主要伊斯兰极端主义组织的发展现状

目前，在马格里布地区，对地区安全形成重要威胁的极端组织主要是"伊斯兰国"组织利比亚分支与"基地"组织马格里布分支。2017年以来，随着国际反恐合作取得重大进展，"伊斯兰国"组织受到重大打击，"基地"组织马格里布分支的影响力趁势抬头。

（一）"伊斯兰国"组织利比亚分支

"伊斯兰国"组织脱离"基地"组织后，迅速在北非地区扩大影响力，尤其是突尼斯、埃及和利比亚。利比亚局势陷入动荡后，"伊斯兰国"组织不断利用利比亚的无政府状态进行扩张。2014年"伊斯兰国"组织宣布在利比亚建立三个行省，此后，该组织多次宣布对发生在利比亚的袭击事件负责。根据美国五角大楼的评估，在2016年，利比亚境内有6000名"伊斯兰国"极端分子。[①]

"伊斯兰国"在伊拉克和叙利亚地区受挫后，国家分裂、部落武装林立、恐怖组织猖獗的利比亚，以及北非和黑非洲之间的萨赫勒地带均成为"伊斯兰国"扩张的重点地带。根据英国广播公司报道，在叙利亚战场上有大量极端分子来自利比亚。[②] 2016年，利比亚海滨重镇苏尔特被收复，"伊斯兰国"在利比亚受到重创。利比亚"国民军"在对盘踞在利东部地区各种极端力量持续三年的打击后，于2017年7月宣布解放班加西，清除了包括"伊斯兰国"在内的多个极端武装力量。[③] "伊斯兰国"利比亚分

---

① "US beefs up surveillance over Islamic State in Libya," Daily Excelsior.com, April 2016, http://www.dailyexcelsior.com/us-beefs-up-surveillance-over-islamic-state-in-libya/.

② "Islamic State gains Libya foothold," *BBC*, February 2015, https://www.bbc.com/news/world-africa-31518698.

③ 《利比亚又发恐袭"伊斯兰国"欲死灰复燃》，新华社，2017年10月27日，http://military.people.com.cn/n1/2017/1027/c1011-29612420.html.

支从苏尔特撤退后逃往了南部山区和河谷地带，在当地建立训练营，利比亚南部大片沙漠则为其提供了天然屏障。此后，尽管利比亚面临的伊斯兰极端主义威胁得到了一定的缓解，但其威胁依然不容小觑。

第一，极端组织"伊斯兰国"的恐怖袭击活动时有发生。"伊斯兰国"利比亚分支退守南部沙漠地带后，虽无力攻占大城市，但仍在不断通过制造恐袭显示其存在，并积蓄力量随时准备反攻。2017年11月，英国简氏恐怖主义与叛乱活动情报中心发布的研究报告显示，在"伊斯兰国"持续失去领土的同时，它日益转向"不对称作战"，即针对安全部队的低烈度攻击，以及针对民事目标发动的大规模攻击。① 2018年1月，利比亚首都的黎波里米提加国际机场遭袭，导致89人伤亡；2018年5月，"伊斯兰国"利比亚分支再次对利比亚最高选举委员会驻地发动自杀式袭击。

第二，"伊斯兰国"组织极端分子的流散是马格里布地区的严重安全威胁。在利比亚的黎波里、班加西和苏尔特等地，"伊斯兰国"组织仍有不少支持者。在利比亚持续动荡的情况下，该组织很容易化整为零，并与当地其他犯罪组织相勾结。随着"伊斯兰国"在伊拉克和叙利亚失势，极端分子很容易转至利比亚，并将利比亚作为通往欧洲等国家的中转站。

有分析指出，随着"伊斯兰国"组织在叙利亚、伊拉克战场败退，以及利比亚油田、港口等被利比亚东部武装势力和各地方武装组织控制，"伊斯兰国"利比亚分支将面临资金短缺的问题。但"伊斯兰国"组织利比亚分支的低烈度袭击以及极端分子向利比亚南部邻国苏丹、乍得、尼日尔等国的渗透依然值得警惕。

（二）"基地"组织马格里布分支

"基地"组织马格里布分支也称伊斯兰马格里布"基地"组织，其主要力量来自阿尔及利亚伊斯兰极端组织和极端分子，主要活跃于北非地区。尽管在名义上"基地"组织马格里布分支是"基地"组织在北非地区

---

① 《2017年11月全球主要恐怖活动及反恐措施》，西北政法大学反恐怖主义研究院网站，http://cati.nwupl.edu.cn/bgypl/ydbg/2018/04/30/22312727521.html，登录时间：2018年6月。

的分支机构，但该组织实际上由阿尔及利亚反政府武装演变而来，是独立性较强的跨国极端组织。在2008年至2011年间，由于阿尔及利亚政府的打击力度加大，该组织暂时将主力转移至阿尔及利亚南部与马里、尼日尔接壤的萨赫勒地区。

"阿拉伯之春"爆发后，"基地"组织马格里布分支获得了短暂的发展机遇期。2012年，利用马里乱局，"基地"组织马格里布分支曾经统治马里北部六个月。但随后再次受挫，其原因主要有二：其一，在"基地"组织马格里布分支控制马里北部期间，对地区居民实行恐怖统治，其信誉和民众支持度大幅度下降，内部分裂也严重削弱了其力量。其二，阿尔及利亚政府加大了打击伊斯兰极端主义的力度，使该组织损失惨重。

"伊斯兰国"组织在北非地区的活动给"基地"组织马格里布分支带来了双重影响。一方面，"基地"组织马格里布分支在马格里布和西非地区的权威性严重受损。与"基地"组织马格里布分支有密切联系的极端组织"博科圣地"在2015年自称为"伊斯兰国西非省"，脱离"基地"组织马格里布分支而重组的"血盟旅"（al-Mulathamun Battalion）与马格里布分支的下属组织"安萨尔营"（al-Ansar Battalion）部分成员纷纷宣称对"伊斯兰国"组织效忠，都削弱了"基地"组织马格里布分支的权威。

另一方面，"伊斯兰国"组织在北非地区的扩张也促使"基地"组织马格里布分支进行调整与整合。在众多成员转投"伊斯兰国"组织后，"基地"组织马格里布分支开始对内部进行整合，增强组织凝聚力。在"伊斯兰国"组织强势扩张的压力下，北非地区很多与"伊斯兰国"存在不和的极端组织转而向"基地"组织马格里布分支靠拢。此外，在"伊斯兰国"的竞争压力下，"基地"组织马格里布分支开始借鉴"伊斯兰国"的传播手段，在2013年开设了推特（Twitter）账户，缩短宣传视频中的领导人发言时间并提升传播视频质量，加入宗教歌曲和"圣战"诗歌，以改变其形象。[①]

---

① Manuel Torres-Soriano, "The Caliphate is Not a Tweet Away: The Social Media Experience of Al-Qaeda in the Islamic Maghreb," *Studies in Conflict and Terrorism*, Vol.39, Number 11, 2016, p.973.

随着"伊斯兰国"组织在马格里布地区呈现出衰落迹象,"基地"组织马格里布分支又得到了新的发展契机。"伊斯兰国"组织败退后,"基地"组织马格里布分支接收了部分"伊斯兰国"的战士。[①] 在一份2017年9月发布的视频中,"基地"组织领导人艾曼·扎瓦赫里大量提及"基地"组织马格里布分支及其重要性。[②] 在马里,"基地"组织马格里布分支的影响力开始呈明显复苏之势,发动了多次恐怖袭击以彰显其存在。[③]

在马格里布地区,除了"伊斯兰国"组织利比亚分支与"基地"组织马格里布分支,还存在若干极端组织与极端团体。这些组织在马格里布地区的影响力在短期内无法与上述两个极端组织相比。"伊斯兰国"组织利比亚分支与"基地"组织马格里布分支的发展动向仍是影响马格里布地区极端组织发展的最重要因素。对比"伊斯兰国"组织利比亚分支与"基地"组织马格里布分支的发展态势,可以发现"基地"组织马格里布分支的安全威胁更为严重。

首先,从发展态势来看,二者呈此消彼长之势。国际反恐协作在打击"伊斯兰国"组织方面投入巨大,尽管"伊斯兰国"势力在利比亚周边地区依然能够存在,但大规模的扩张很难实现,该组织更有可能改头换面,与地区内其他犯罪集团与极端组织相结合。而"基地"组织马格里布分支的影响力在"伊斯兰国"组织受挫后逆势上扬,并在经过整合后更具凝聚力,是地区安全的重要隐患。

其次,从运行方式来看,"基地"组织马格里布分支比"伊斯兰国"组织更具生存能力和适应性。在宣传策略方面,"基地"组织马格里布分支更倾向于长期经营与地方部落和极端组织的关系,而"伊斯兰国"组织更注重短期内的强势扩张。在组织结构方面,"基地"组织与分支机构和附属组织之间的联系较为低调,有时刻意保持适当距离,而"伊斯兰国"组织更倾向于直接获取地区性极端团体的效忠,有时会刻意夸大其在某一

① "Moroccan ISIS Terrorists 'Pose a Threat on Europe's Doorstep'," *The Guardian*, August 20, 2017.

② "Al-Qaida: Zawahiris' adresse aux Africains et en revient aux fondamentaux antiocci-dentaux," *Jeune Afrique*, September 18, 2017.

③ "JNIM Claims Series of Attacks on French Forces in Mali," *Long War Journal*, August 3, 2017.

地区内的存在。[①]

三、马格里布地区打击伊斯兰极端主义的困境

近年来，马格里布地区在打击伊斯兰极端主义方面取得了一定进展，恐怖袭击数量与伤亡人数都有所减少，这与国际反恐合作的进展密切相关。然而，伊斯兰极端主义在该地区一直难以根除，国际联合打击行动明显不足，每当遇到某个国家陷入动荡时，伊斯兰极端主义势力极易趁虚而入。当前，该地区在打击伊斯兰极端主义方面主要面临以下困难。

（一）地理因素的限制

马格里布地区北临地中海，南部为干旱的撒哈拉沙漠。在地中海马格里布地区，西部被绵延的亚特拉斯山脉覆盖，海拔高低差距大，山脉中山谷、峡谷与溪流四通八达。在撒哈拉马格里布地区，广袤的撒哈拉沙漠是世界上最热的地区之一，年平均温度超过30℃，因此大部分沙漠地区人烟稀少，整个撒哈拉沙漠地区的人口总数不到200万，多居住于沙漠边缘地带。[②] 因此，不管是在山区还是在沙漠，各国政府都很难对其监管，进而为极端组织提供了栖息之地。此外，马格里布各国的边界地区地理环境十分恶劣，导致各国对边界的管控存在困难。例如"基地"组织马格里布分支就经常活跃在阿尔及利亚南部沙漠地区，一旦受到政府武装的打击，则越过边界跑到邻国活动。近年来，由于马格里布地区的极端组织跨国性不断增强，马格里布各国都加强了边界地区的监管措施。

[①] "Islamic State Hit Hard in Libya, but al-Qaeda Stronger Than Ever," Foundation for Defense and Democracies, September 18, 2016, http://www.defenddemocracy.org/media-hit/thomas-joscelyn-islamic-state-hit-hard-in-libya-but-al-qaeda-stronger-than-ever/.

[②] "Northern Africa," World Wildlife Fund, https://www.worldwildlife.org/ecoregions/pa1327, accessed on May 2018.

（二）打击伊斯兰极端主义的联盟与组织合作不畅

涉及马格里布地区安全问题的联盟或地区组织有很多。其中，阿拉伯马格里布联盟对马格里布地区安全最为关注，但联盟内存在的矛盾与西撒哈拉问题严重影响了该组织打击伊斯兰极端主义的成效。此外，地区国家还同时加入了多个其他联盟或地区组织，这些联盟或地区组织相互重叠，合作效率不佳，影响了打击伊斯兰极端主义的力度。马格里布国家参与的联盟或地区组织主要有以下几个。

（1）阿拉伯马格里布联盟：成员国包含所有马格里布国家。但由于国家发展路线各异、国家利益不一致、成员国争夺主导权、领土争端等原因，该联盟在安全领域的合作非常有限。

（2）非洲联盟：阿尔及利亚、利比亚、毛里塔尼亚和突尼斯一直都是非洲联盟的成员国。因西撒哈拉问题，摩洛哥直到2017年1月31日才重新成为非盟会员国。由于自身能力有限，非盟在应对地区安全问题方面的反应相对滞后，在地区重要问题上形成合力不足。

（3）萨赫勒五国集团联合反恐部队：该组织是由马里、毛里塔尼亚、布基纳法索、尼日尔和乍得在2017年7月成立的部队，以共同应对萨赫勒地区日益严峻的恐怖主义威胁。其中毛里塔尼亚属于马格里布国家。萨赫勒五国集团联合部队依靠外部资金和技术支持，力量有限，[①] 难以彻底消除地区内的伊斯兰极端势力。

（4）伊斯兰反恐联盟：该联盟于2017年由沙特领导成立，马格里布国家中的摩洛哥、毛里塔尼亚、利比亚都在其中，而阿尔及利亚宣布不参加该联盟。该反恐联盟将伊朗排除在外，以打击伊斯兰极端主义为名，意在争夺地区主导权，其关注的重点也不在马格里布地区。

（5）萨赫勒—撒哈拉国家共同体：马格里布国家中的利比亚、毛里塔尼亚均为该共同体成员国。该共同体主要关注区域内经济问题，安全议题

---

① 《法国总统希望萨赫勒五国集团联合部队取得反恐成果》，新华网，2017年12月14日，http://mil.news.sina.com.cn/2017-12-14/doc-ifypsvkp2895250.shtml。

虽然是其关注点之一，但目前在安全合作方面并无实质成效。

目前，在非洲地区，极端组织之间已经逐渐形成网络，"基地"组织马格里布分支、"博科圣地"、索马里青年党等极端组织之间有错综复杂的联系，有时会协同作战，相互呼应。而马格里布国家在打击极端主义方面往往各行其是，缺乏合作，情报沟通不畅，极大地影响了打击伊斯兰极端主义的效率。

（三）地区内部矛盾与地区主导权之争

伊斯兰极端主义是一种跨国性问题，其解决离不开地区合作。但马格里布地区内部矛盾严重制约了打击极端主义的地区合作。内部矛盾一直是马格里布地区一体化难以实现的最重要障碍，并突出表现在摩洛哥与阿尔及利亚的西撒哈拉归属之争。西撒哈拉地区北邻摩洛哥，东、南接阿尔及利亚和毛里塔尼亚，至今仍为争议地区。摩洛哥控制着西撒哈拉约四分之三的地区，而阿尔及利亚扶持西撒哈拉的本土势力对抗摩洛哥。联合国大会曾多次通过关于西撒哈拉问题的决议，但目前关于西撒哈拉问题的解决方案均未能获得一致认同。

尽管西撒哈拉地区冲突已经停火，但该问题导致的阿尔及利亚与摩洛哥关系失和，一直影响着马格里布国家间的团结与合作，甚至影响了非洲地区的合作。非洲联盟的前身非洲统一组织在20世纪70年代试图介入调解西撒哈拉问题，导致摩洛哥带领十余个国家退出非洲统一组织。直至2017年1月，摩洛哥才重新回归非洲联盟，此后非盟成为阿尔及利亚与摩洛哥竞争的重要平台。通过重返非盟，摩洛哥一方面希望在西撒哈拉问题上有更多的支持者，另一方面也不希望西撒哈拉问题阻碍摩洛哥的长远发展。但阿尔及利亚与摩洛哥关系始终未能得到改善，双方在边境地区的紧张对峙时有发生。2017年10月，在摩洛哥宣布发射侦察卫星后，阿尔及利亚宣布在摩洛哥与阿尔及利亚边界地区建立边境墙。2018年2月，摩洛哥皇家武装部队宣布计划在摩洛哥与阿尔及利亚边界地区建立10个新监测站，以保卫东部省份的安全。与此同时，阿尔及利亚也在几个靠近摩洛哥城市的边界地区建立了监测站。

阿尔及利亚与摩洛哥的矛盾还涉及地区主导权之争。从阿尔及利亚的角度来说，以反恐为外交抓手扩大地区影响力是其一贯的外交方针。自阿尔及利亚独立以来，该国已为6.5万多名非洲官员提供反恐训练，同时帮助马里、尼日尔等国家进行相关培训。[①] 在2010年至2017年间，阿尔及利亚为周边国家提供了逾1亿美元的反恐资金。[②] 通过与地区国家共同打击恐怖主义并传授反恐经验，阿尔及利亚的地区影响力得到提升。近年来，摩洛哥在打击地区伊斯兰极端主义方面也十分积极，并积极介入地区热点问题。2013年，摩洛哥和马里签署协议，计划帮助马里培训500名伊玛目来对抗伊斯兰极端主义。[③] 2015年，摩洛哥主动组织利比亚各政治派别举行对话。因此，阿尔及利亚和摩洛哥双方都积极参与打击地区伊斯兰极端主义的活动，一方面出于维护国家安全稳定的考虑，另一方面则是为了争夺在撒哈拉—萨赫勒地区的领导地位。[④] 因此，在两国各自与其他国家和地区开展双边合作时，更容易取得成效，但在两国共同参与的安全合作机制内，双方的隔阂成为打击极端主义合作的重要阻碍。

（四）经济社会问题是伊斯兰极端主义生存发展的土壤

马格里布国家普遍面临着通货膨胀率高企、生产结构单一、财政赤字庞大、依赖资源出口等问题。2014年油价下跌以来，石油出口依赖型国家的经济均处于萎靡状态。摩洛哥、阿尔及利亚、毛里塔尼亚等国试图通过改革来促进经济发展，但成效甚微。尽管油价在近两年有所回升，但依然远低于2014年，使马格里布国家在基础设施、教育、社会服务等方面的支出压力大幅增加，迫使各国政府扩大税基以增加财政收入，导致商

---

① "Algeria has its own peace and security doctrine," Algeria Press Service, January 28, 2018, http://noozz.com/algeria-has-its-own-peace-and-security-doctrine-says-messahel/.

② 张楚楚：《回顾阿尔及利亚2017：危机四伏，前景堪忧》，搜狐网，2018年1月3日，http://www.sohu.com/a/214473879_100033236。

③ Ghita Tadlaoui, "Morocco's Religious Diplomacy in Africa," Fride, No.196, February 2015, p.2.

④ Yahia H. Zoubir and Gregory White, eds, *North African Politics: Change and Continuity*, London and New York: Routledge, 2016, pp.245-276.

品价格上涨，民生问题更趋严重。目前，阿尔及利亚、毛里塔尼亚等国均有大量外债，经济环境存在极大的不稳定性。马格里布国家失业率均超过10%，失业率最低的摩洛哥为10.5%，失业率最高的利比亚达到19.22%，其中青年失业率更高，在阿尔及利亚达到28.3%。[①] 突尼斯、毛里塔尼亚、阿尔及利亚与摩洛哥的腐败指数也均处于高位，引发了民众的不满情绪，严重影响了社会的稳定。

从过去的统计数据来看，绝大多数恐怖袭击发生在冲突地区或政治存在隐患的地区。突尼斯自政权更迭以来，恐怖袭击造成的死亡人数由2011年的4人升至2015年的81人；利比亚自内战以来，恐怖袭击造成的死亡人数由2012年的28人升至2015年的454人；摩洛哥发生政治示威后，2011年恐袭造成17人死亡；阿尔及利亚在发生政治示威后，2009年恐袭造成153人死亡。[②] 近年来，除利比亚、阿尔及利亚之外的马格里布国家虽然没有发生严重的政治动荡，但政治环境均较为脆弱。

在经济、政治、社会问题没有得到有效解决的情况下，伊斯兰极端主义在马格里布地区发展蔓延的土壤就会长期存在。加强马格里布地区的军事反恐和安全合作是遏制伊斯兰极端主义的当务之急，但根除伊斯兰极端主义还有赖地区各国找到适合自身国情的发展道路，全面解决各国在政治、经济、社会领域的严重危机和隐患。

目前，马格里布国家均不同程度地面临伊斯兰极端主义的威胁或存在严重隐患。随着"伊斯兰国"组织在叙利亚与伊拉克的败退，马格里布地区将成为打击与防范伊斯兰极端主义的重要区域。未来马格里布地区打击伊斯兰极端主义的重点主要有：

其一，防范极端分子从叙利亚与伊拉克战场回流。摩洛哥、突尼斯与

---

① Data from Trading Economic, https://zh.tradingeconomics.com/country-list/unemployment-rate?continent=asia, accessed on July 1, 2018.

② "Global Terrorism Index 2017," Institute for Economic and Peace, http://visionofhumanity.org/app/uploads/2017/11/Global-Terrorism-Index-2017.pdf, accessed on June 2018.

利比亚至少有数千名极端分子曾加入"伊斯兰国"组织,[①] 需防范这些极端分子在"伊斯兰国"衰败后将极端思想与武器带回国内。

其二,防范"基地"组织马格里布分支坐大。在打击"伊斯兰国"组织取得重大进展的同时,还需警惕"基地"组织马格里布分支借机收编"伊斯兰国"组织势力。

其三,防范伊斯兰极端主义的威胁与其他地区安全威胁合流。马格里布地区一直是人口贩卖与毒品贩卖的重灾区,极端组织"伊斯兰国"组织在马格里布地区的残余力量与当地跨国犯罪相结合,筹集资金并伺机东山再起,是地区国家和国际社会必须正视的问题,并需要采取标本兼治的方法进行长期治理。

其四,促进地区协作与信息共享,通过跨国合作通力遏制伊斯兰极端主义的跨国蔓延。

其五,继续推进改革、发展经济、改善民生,才能从根本上压缩和消除伊斯兰极端主义的发展空间。

---

① Raphaël Lefèvre, "North Africa's Maliki Crisis," *The Journal of North African Studies*, Vol.20, Issue 5, 2015, pp.683-687.

第23章
"伊斯兰国"在撒哈拉以南非洲的渗透

2014年6月，随着巴格达迪（Abu Bakr al-Baghdadi）宣布"建国"，"伊斯兰国"（Islamic State in Iraq and Syria）迅速成为新型国际恐怖主义的代表。具有实体化、准国家化特点的"伊斯兰国"取代"基地"组织成为国际恐怖主义的核心，并成为大规模恐怖袭击的主要发起者、极端主义和恐怖主义意识形态的传播者，以及世界各地恐怖组织和极端组织的效忠对象。[①] 在意识形态层面，"伊斯兰国"坚决主张将建立所谓哈里发国家的目标付诸实践；特别强调什叶派和逊尼派的矛盾，煽动教派仇恨和教派冲突；强调滥用暴力的"进攻性圣战"并付诸实施。[②] 在现实层面，"伊斯兰国"的扩张对中东地区和整个世界和平与安全构成了严重威胁。其重要表现之一就是"伊斯兰国"在全球范围内的扩散和渗透，并在西亚、非洲、中亚、南亚、东南亚出现了一批效忠"伊斯兰国"的极端组织。

2015年下半年以来，国际社会加大了对"伊斯兰国"的打击力度，使其失去大片控制区域，并陷入严重生存危机。2015年9月，俄罗斯军事

---

① 刘中民:《国际反恐形势进入新历史阶段》，载《文汇报》2015年11月15日。

② 刘中民、俞海杰:《"伊斯兰国"的极端主义意识形态探析》，载《西亚非洲》2016年第3期。

介入叙利亚，对"伊斯兰国"进行空袭，成为打击"伊斯兰国"斗争的重要转折点；2015年11月，巴黎发生严重恐怖袭击，促成了美、欧、俄打击"伊斯兰国"新联盟的形成，美欧与俄罗斯协调打击行动，进而对"伊斯兰国"构成了实质性压力。在此背景下，"伊斯兰国"在负隅顽抗的同时，也开始在全世界寻找新的"据点"。从未来的发展趋势看，伴随"伊斯兰国"在叙利亚、伊拉克遭受"亡国"的灭顶之灾，其极端主义意识形态、组织和人员的外溢和扩散，将成为国际安全面临的最为严峻的威胁之一。

目前，国内学界对"伊斯兰国"的渗透和扩散已有初步的研究，研究的对象区域多集中于中亚、南亚、东南亚等地区，其中对非洲的研究多集中于北非地区，[①] 而对撒哈拉以南非洲地区却缺少深入研究。但在事实上，向撒哈拉以南非洲地区转移力量，寻找新的立足点，也是"伊斯兰国"的重要策略之一。2016年年底，巴格达迪曾宣称"伊斯兰国"已经将其部分成员、媒体和资金转移至非洲地区。[②] 撒哈拉以南非洲地区自身的安全脆弱性和治理缺失，也为"伊斯兰国"进行扩张创造了条件。本章试图探讨"伊斯兰国"在撒哈拉以南非洲地区的渗透，分析"伊斯兰国"在非洲大陆渗透的发展脉络、影响及其制约因素等问题。这对于全面认识"伊斯兰国"的外溢及其对非洲安全形势的威胁，都具有重要的现实意义。

---

① 相关的代表性成果主要包括：董漫远：《"伊斯兰国"外线扩张：影响及前景》，载《国际问题研究》2016年第5期，第88—102页；张金平：《从安全环境分析"伊斯兰国"在北非的扩张》，载《山东警察学院学报》2015年第6期，第5—12页；刘中民、赵星华：《埃及西奈半岛极端组织浅析》，载《国际研究参考》2015年第12期，第45—50页；郭强：《"伊斯兰国"在利比亚的扩张初探》，载《国际研究参考》2016年第7期，第35—41页；王晋：《"伊斯兰国"组织在利比亚的扩张及其制约因素》，载《阿拉伯世界研究》2016年第3期，第90—102页；王金岩：《利比亚已成为"伊斯兰国"的"新中心"》，载《当代世界》2016年第6期，第42—45页。

② Joseph Siegle, "ISIS in Africa: Implications from Syria and Iraq," Africa Center for Strategic Studies, March 17, 2017, http://africacenter.org/spotlight/islamic-state-isis-africa-implications-syria-iraq-boko-haram-aqim-shabaab/.

一、"伊斯兰国"在撒哈拉以南非洲地区的渗透及其影响

　　"伊斯兰国"在撒哈拉以南非洲地区迅速蔓延，首先是其建立所谓"哈里发"国家图谋的一部分，同时也与其在伊拉克和叙利亚遭到重创后寻求新的生存空间的策略有关。

　　自宣布"建国"以来，"伊斯兰国"一直将"生存"和"扩张"视为其发展的两大方向，这表明"伊斯兰国"的雄心不仅仅局限于叙利亚和伊拉克等地，而是希望寻求突破现有边界限制，"团结"更广阔地域内的穆斯林群体，最终实现建立"哈里发帝国"的野心。① 正如"伊斯兰国"发言人阿布·穆罕默德·阿德纳尼（Abu Mohamed al-Adnani）所言，随着"哈里发帝国"权力的重塑和扩张，全球所有酋长国、族群、国家的合法性都将不复存在。2014年6月，"伊斯兰国"在攻占摩苏尔（Mosul）几周之后，便在其社交媒体上发布了一幅地图，以显示"伊斯兰国"未来五年的扩张计划。虽然这幅地图的来源并不确定，但"伊斯兰国"的成员和支持者纷纷在社交媒体上进行传播。在该地图中，中东、欧洲、亚洲和非洲都笼罩在"伊斯兰国"的旗帜之下。② 此外，"伊斯兰国"的官方杂志《达比格》（Dabiq）还明确规划了隶属于"哈里发帝国"的非洲"行政区划"：由苏丹、乍得、埃及组成的阿尔基那纳省（Alkinaana），由厄立特里亚、埃塞俄比亚、索马里、肯尼亚和乌干达组成的哈巴沙省（Habasha），由利比亚、突尼斯、摩洛哥、阿尔及利亚、尼日利亚、尼日尔和毛里塔尼亚组

---

① Julien Barnes-Dacey, Ellie Geranmayeh, Daniel Levy, *The Islamic State through the Regional Lines*, London: The European Council on Foreign Relations, 2015, p.19.

② Simon Allison, *The Islamic State: Why Africa should be worried*, Pretoria: Institute for Security Studies, 2014, p.3.

成的马格里布省（Maghreb）。[①] 由此不难看出，"伊斯兰国"已将西非、北非、中非、东非等地区视为"哈里发帝国"版图的一部分。

"伊斯兰国"向撒哈拉以南非洲进行渗透也是其在生存危机不断加剧背景下进行策略调整的产物。随着国际社会不断加大对中东地区"伊斯兰国"势力的打击力度，"伊斯兰国"被迫调整生存战略，开始向包括撒哈拉以南非洲地区在内的区域转移力量。2014年9月，美国总统奥巴马呼吁各国加入以美国为首的抗击"伊斯兰国"联盟，并开始对"伊斯兰国"进行空袭。2015年9月，俄罗斯在叙利亚空军的配合下，首次对"伊斯兰国"实施空中打击。[②] 在2016年，"伊斯兰国"的领土控制能力、资金来源、人员招募、核心领导层都遭到重创。在伊拉克，政府军先后收复提克里特、辛贾尔、费卢杰、拉马迪等重要城市；在叙利亚，"伊斯兰国"接连丢失从拉卡到代尔祖尔之间的大片土地。进入2017年，国际社会对"伊斯兰国"的打击取得重大进展。"伊斯兰国"在伊拉克的大本营摩苏尔于2017年7月被收复后，"伊斯兰国"在叙利亚的大本营拉卡（Raqqa）也于2017年10月获得解放。截至2017年9月初，"伊斯兰国"在叙利亚控制的区域只占全国面积的不到15%，在伊拉克也丧失了90%的控制区。[③] 在此背景下，受制于军事挫败、领土损失和财政压力的"伊斯兰国"被迫调整战略，开始在全世界范围内寻找新的"据点"，撒哈拉以南非洲地区也因此成为其渗透扩张的对象之一。

（一）"伊斯兰国"在撒哈拉以南非洲地区渗透的主要方式

目前，"伊斯兰国"在非洲的渗透方式主要包括人员"回流"、媒体宣传和资金收买等，形成了较为完整、严密的渗透网络体系，并初显

---

① Joseph Siegle, "ISIS in Africa: Implications from Syria and Iraq," Africa Center for Strategic Studies, March 17, 2017, http://africacenter.org/spotlight/islamic-state-isis-africa-implications-syria-iraq-boko-haram-aqim-shabaab/.

② 卢光盛、周洪旭：《"伊斯兰国"对东南亚的渗透：态势、影响及应对》，载《南洋问题研究》2017年第3期，第53页。

③ 韩晓明：《叙政府军解围代尔祖尔》，载《人民日报》2017年9月9日，第11版。

成效。

人员"回流"是"伊斯兰国"在撒哈拉以南非洲渗透的主要方式。对于撒哈拉以南非洲地区极端分子加入"伊斯兰国"的具体人数，各方有不同的估算。根据苏凡集团（The Soufan Group）2015年12月的报告，在叙利亚参与"圣战"的成员中，约有70名索马里人、70名苏丹人。[①] 此外，撒哈拉以南非洲的其他国家也有人员前往叙利亚和伊拉克参与"圣战"。这些在叙利亚和伊拉克接受过专业训练和具有丰富实战经验的人员回流非洲后，迅速成为"伊斯兰国"在非洲地区的宣传机器和战斗人员。美国非洲司令部（United States Africa Command）司令罗德里格斯（Rodriguez）表示，仅2015年一年的时间，在非洲效忠"伊斯兰国"的人数已经增长至6000人，这些"圣战"分子不仅活动于北非地区，甚至在撒哈拉以南非洲地区也开始大量涌现，如索马里、尼日利亚、中非共和国和刚果等地区。[②] 另据媒体报道，有60名至100名南非人加入了"伊斯兰国"，并且有一半已经返回南非。[③] 在利比亚的"圣战者"中，大多数来自撒哈拉以南非洲地区，其影响因素包括谋求生存、意识形态或个人动机的驱使。[④] 针对非洲南部地区穆斯林社区较为分散且大多数位于边缘地区的特点，"伊斯兰国"试图通过个人渗透和小组行动两种方式进行扩张。

"伊斯兰国"在撒哈拉以南非洲地区的迅速渗透，得益于其熟练运用新媒体技术的强大意识形态传播能力。一方面，"伊斯兰国"频繁使用脸书（Facebook）、推特（Twitter）等国际社交媒体向撒哈拉以南非洲地区

---

① The Soufan Group, *The foreign fighters: An Updated Assessment of the flow of foreign fighters into Syria and Iraq,* New York: The Soufan Group, 2015, pp.7-10.

② Committee on Armed Services, *Counter- ISIL(Islamic State of Iraq and The Levant) Operations and Middle East Strategy*, Washington, DC: U. S. Government Publishing Office, April 28, 2016, pp.19-20.

③ Albertus Schoeman, Raeesah Cassim Cachalia, "Are ISIS returnees a risk for South Africa?" Institute for Security Studies, May 23, 2017, https://issafrica.org/iss-today/are-isis-returnees-a-risk-for-south-africa.

④ Colin Freeman, "ISIL Recruiting Migrant 'Army of the Poor' with $1,000 Sign-up Bonuses," *The Telegraph*, February 1, 2016, http://www.telegraph.co.uk/news/worldnews/islamic-state/12134806/Isil-recruiting-migrant-army-of-the-poor-with-1000-sign-up-bonuses.html.

的极端组织宣传其意识形态。例如，"伊斯兰国"于2015年发起了一场广泛的社交媒体运动，极力说服索马里"青年党"（al-Shabaab）脱离"基地"组织（al-Qaeda），这一做法成功促成了部分"青年党"成员效忠"伊斯兰国"，建立了所谓的"伊斯兰国"索马里军区（Wilayat Somalia）。[①]另一方面，为适应本土化发展的需求，"伊斯兰国"开始在非洲本土设立宣传媒体，使其充当联系撒哈拉以南非洲地区极端组织的纽带。例如，"伊斯兰国"设立了一个名为"非洲媒体"的社交媒体，成为其在北非、西非和萨赫勒等地区进行意识形态灌输的重要阵地。"非洲媒体"作为一个具有泛非色彩的媒体，自2014年9月出现以来，不断在其推特上传播"伊斯兰国"的意识形态。[②]除承担宣传和招募工作外，"非洲媒体"还致力于为撒哈拉以南非洲地区的极端组织与"伊斯兰国"建立联系渠道。2015年5月，"非洲媒体"发表的声明显示，它不仅负责为"伊斯兰国"与突尼斯的"圣战"分子建立联系，而且在促成"博科圣地"（Boko Haram）和"穆拉比通"组织（al-Murabitun）向"伊斯兰国"效忠的过程中发挥了重要作用。[③]

此外，为换取撒哈拉以南非洲地区极端组织的支持和效忠，"伊斯兰国"还积极为这些组织提供资金支持。"伊斯兰国"通过走私石油、文物贩卖等手段，获得超过20亿美元的总资产。[④]作为曾经的全球最富有的恐怖组织，"伊斯兰国"通过提供资金支持，在撒哈拉以南非洲地区笼络了一些原本效忠"基地"组织的本土极端组织。例如，2014年中，几名"伊斯兰国"成员前往索马里，为"青年党"当时的领袖艾哈迈德·阿卜迪·古丹（Ahmed Abdi Godane）提供了数百万美元的资金，试图以此收

① Thomas Joscelyn, "Shabaab's Leadership Fights Islamic State's Attempted Expansion in East Africa," *Long War Journal,* October 26, 2015, http://www.longwarjournal.org/archives/2015/10/shabaab-leadership-fights-islamic-state-expansion.php.

② Daveed Gartenstein-Ross, Nathaniel Barr, Bridget Moreng, *The Islamic State's Global Propaganda Strategy,* Hague: The International Centre for Counter-Terrorism, 2016, p.64.

③ Ibid., p.66.

④ Martin Chulov, "How an arrest in Iraq revealed Isis's $2bn jihadist network," *The Guardian,* June 15, 2014, https://www.theguardian.com/world/2014/jun/15/iraq-isis-arrest-jihadists-wealth-power.

买"青年党"向"伊斯兰国"效忠。[①]

（二）"伊斯兰国"在撒哈拉以南非洲地区的影响

首先，"伊斯兰国"在撒哈拉以南非洲地区渗透的核心区已经形成。

自2011年利比亚战争以来，教俗对抗、部落冲突和极端势力猖獗使利比亚一直处于无序的混乱状态，其政治真空也恰恰为"伊斯兰国"把利比亚打造成向非洲扩张和渗透的前沿阵地提供了条件。随着"伊斯兰国"在利比亚的发展壮大，该国已经发展成为"伊斯兰国"在叙利亚和伊拉克以外最具影响力的分支机构。

据美国情报部门的信息，伴随"伊斯兰国"在叙利亚和伊拉克的式微，许多外国"圣战"分子放弃前往叙利亚参与"圣战"，转而选择前往利比亚加入"伊斯兰国"并发动"圣战"，足以说明利比亚有可能逐渐沦为"伊斯兰国"的又一大本营。有分析指出，由于地理位置的重要性，利比亚很可能成为联系"伊斯兰国"和撒哈拉以南非洲地区的枢纽；尽管人们尚未充分意识到利比亚重要的战略地位，但它已经成为"伊斯兰国"挺进埃及、苏丹、乍得、尼日尔、阿尔及利亚和突尼斯的战略通道。[②] 另有资料显示，"伊斯兰国"曾通过其所谓的利比亚的的黎波里军区（Wilayat Tarabulus）媒体发布视频，宣示"伊斯兰国"以利比亚为中心向周边区域乃至撒哈拉以南非洲地区渗透和扩张的野心。该机构还于2016年发布了一条旨在拉拢索马里武装分子的视频。[③] 从近期的形势看，"伊斯兰国"已经占据了利比亚这一关键枢纽，并且通过其漫长而脆弱的南部边境，向撒哈拉以南非洲地区进行渗透。[④]

---

① Daveed Gartenstein-Ross, Nathaniel Barr, Bridget Moreng, *The Islamic State's Global Propaganda Strategy,* Hague: The International Centre for Counter-Terrorism, 2016, p.66.

② Kamal Qsiyer, *The Islamic State (IS) in Libya: Expansion by Political Crisis*, Mecca: Al Jazeera Centre for Studies, June 23, 2015, p.6.

③ Daveed Gartenstein-Ross, Nathaniel Barr, Bridget Moreng, *The Islamic State's Global Propaganda Strategy,* Hague: The International Centre for Counter-Terrorism, 2016, p.69.

④ Emily Estelle, "Ignoring History: America's Losing Strategy in Libya," *Critical Threats,* February 28, 2017, https://www.criticalthreats.org/analysis/ignoring-history-americas-losing-strategy-in-libya.

其次，"伊斯兰国"向"基地"组织的分支机构进行渗透，二者的争夺还催生了新的极端组织。

"伊斯兰国"自宣布脱离"基地"组织自立门户之后，其扩张和发展不可避免地与"基地"组织形成了竞争关系。为了强化对全球"圣战"的领导地位，"伊斯兰国"不断对"基地"组织分支机构进行利诱和拉拢。北非的"伊斯兰马格里布基地组织"（Al-Qaeda in the Islamic Maghreb）是"基地"组织的北非分支，而撒哈拉以南非洲的"博科圣地"和索马里"青年党"都与"基地"组织有密切联系，其中索马里"青年党"于2012年宣布向"基地"组织效忠。随着"伊斯兰国"的不断扩张，"博科圣地"和索马里"青年党"这两支与"基地"组织有密切联系的极端组织都成为"伊斯兰国"渗透的对象。

在"伊斯兰国"意识形态的影响下，"基地"组织的分支机构的确出现了向"伊斯兰国"靠拢的迹象。2014年7月，"伊斯兰马格里布基地组织"高层领导人谢赫·阿卜杜拉·奥斯曼·阿齐米（Sheikh Abdullah Othman al-Assimi）发布了一段视频，表示希望与"伊斯兰国"建立友好关系。[①]同年7月，"博科圣地"领导人阿布巴卡尔·谢考（Abubakar Shekau）首次表态支持"伊斯兰国"领导人巴格达迪，并宣称将其在尼日利亚北部控制的城镇纳入"伊斯兰国"的领土。[②]2015年3月，"博科圣地"正式宣布效忠"伊斯兰国"，此举也意味着"伊斯兰国"的影响力扩展到了撒哈拉以南非洲地区。

"伊斯兰国"在撒哈拉以南非洲地区的渗透，激化了"基地"组织分支机构等极端组织的内部矛盾，导致一批"伊斯兰国"的同情者和支持者脱离原有的极端组织另立山头。2016年9月至10月，在西非地区，一个名为"大撒哈拉伊斯兰国"（Islamic State in the Greater Sahara）的组织在尼

---

① Hamid Yess, "Al-Qaeda in Islamic Maghreb backs ISIS," *Al-Monitor,* July 2, 2014, http://www.al-monitor.com/pulse/security/2014/07/aqim-declaration-support-isis-syria-maghreb.html.

② AFP, "Nigerian Town Seized by Boko Haram 'Part of Islamic Caliphate', Leader Says," *The Telegraph,* August 24, 2014, http://www.telegraph.co.uk/news/worldnews/africaandindianocean/nigeria/11054219/Nigerian-town-seized-by-Boko-Haram-part-of-Islamic-caliphate-leader-says.html.

日尔、布基纳法索和马里边界地区连续制造了三起恐怖袭击。2016年10月，在非洲之角地区，50名"索马里伊斯兰国"（Islamic State in Somalia）组织成员占领了邦特兰（Puntland）的一个港口，使其成为"伊斯兰国"在索马里境内的第一块"领土"。① 与此同时，一支名为"索马里、肯尼亚、坦桑尼亚和乌干达伊斯兰国"（Islamic State in Somalia，Kenya，Tanzania，and Uganda），亦称"东非贾巴"（Jahba East Africa）的组织正在整个东非地区崛起。上述三个极端组织均属于受"伊斯兰国"影响新成立的组织。

"大撒哈拉伊斯兰国"是"伊斯兰国"与"伊斯兰马格里布基地组织"既合作又竞争的矛盾关系的产物。2013年8月，"统一和圣战运动"（the Movement for Oneness and Jihad）和"蒙面旅"（the Masked Men Brigade）合并建立了"穆拉比通"，并成为"伊斯兰马格里布基地组织"的分支组织。2015年5月，随着"伊斯兰国"在中东地区不断壮大，"穆拉比通"转而效忠"伊斯兰国"，但"伊斯兰马格里布基地组织"领导人贝尔穆赫塔尔（Mokhtar Belmokhtar）却拒绝承认，导致"穆拉比通"与"伊斯兰马格里布基地组织"迅速分裂。"穆拉比通"组织的成员逃至马里，建立了"马里伊斯兰国"，这便是"大撒哈拉伊斯兰国"的前身。尽管"伊斯兰国"接受了"大撒哈拉伊斯兰国"组织的效忠，但基于已经宣布"博科圣地"为"西非省"，为避免两个组织发生严重冲突，它并未宣布"大撒哈拉伊斯兰国"为"伊斯兰国"的某个省。②

"索马里伊斯兰国"则是由亲"基地"组织的"青年党"骨干阿卜杜勒·穆明（Abdulqadir Mumin）自立山头建立的极端组织。穆明自2010年返回索马里之后，迅速成为索马里"青年党"的主干。随着2015年"伊斯兰国"对索马里"青年党"进行利诱，穆明因试图效忠"伊斯兰国"遭到"青年党"的打压，并促使其逃至邦特兰地区组建"索马里伊斯兰国"，

---

① Jason Warner, "Sub-Saharan Africa's Tree 'New' Islamic State Affiliates," *CTC Sentinel,* Vol.10, Issue. 1, 2017, p.30.

② Ibid., p.31.

该组织的人数也迅速从最初的20人扩大至200多人。^① 但是，"伊斯兰国"并未接受"索马里伊斯兰国"的效忠。"索马里、肯尼亚、坦桑尼亚和乌干达伊斯兰国"的领导人为穆罕默德·阿卜迪·阿里（Mohamed Abdi Ali），其大多数成员来自东非各国。该组织也是从索马里"青年党"分离出来的组织，其原因在于它对"青年党"拒绝效忠"伊斯兰国"强烈不满。^② 2016年9月，该组织宣布向"伊斯兰国"效忠。^③

最后，"伊斯兰国"对撒哈拉以南非洲地区极端组织的活动方式产生了重要影响。

在追求"建国"方面，"伊斯兰国"自成立之日起就把建立一个"哈里发国家"作为其矢志不渝的奋斗目标，并立即将其付诸实践。"博科圣地"同样试图在尼日利亚建立一个伊斯兰神权国家，但一直未能建立准国家化的统治体系。从"博科圣地"的活动范围来看，早期的"博科圣地"成员主要实行游击战术，居无定所。随着"伊斯兰国"于2014年6月宣布建立哈里发国家，"博科圣地"也紧随"伊斯兰国"的"建国"脚步，于同年8月宣布建立自己的伊斯兰哈里发国家，进入实体化、准国家化的统治阶段。^④

在暴力极端主义的意识形态方面，"伊斯兰国"顽固坚持所谓"定叛"原则，它不仅把阿拉伯世俗统治者视为"叛教者"和"圣战"打击的首要目标，还把反对其主张的普通穆斯林视为"叛教者"，坚持对"叛教者"进行残忍杀戮，并允许残杀妇女和儿童。^⑤ 受"伊斯兰国"暴力极端主义意

---

① Jason Warner, "Sub-Saharan Africa's Tree 'New' Islamic State Affiliates," *CTC Sentinel,* Vol.10, Issue. 1, 2017, p.31.

② Aaron Y. Zelin, "New Statement from Jahba East Africa: 'From the Heart of Jihad'," *Jihadology,* July 4, 2016, https://ctc.usma.edu/posts/sub-saharan-africas-three-new-islamic-state-affiliates.

③ Aaron Y. Zelin, "New Statement from Jahba East Africa: 'From the Heart of Jihad'," *Jihadology,* July 4, 2016, https://ctc.usma.edu/posts/sub-saharan-africas-three-new-islamic-state-affiliates.

④ Yahaya Abubakar, "Boko Haram and Islamic State of Iraq and Syria: The Nexus," *Polac International Journal of Humanities and Security Studies*, Vol.2, No.1, 2016, pp.299-312.

⑤ 刘中民、俞海杰：《"伊斯兰国"的极端主义意识形态探析》，载《西亚非洲》2016年第3期，第55页。

识形态的影响，"博科圣地"也强调"定叛"原则，试图消灭"叛教者"和"异教徒"，以净化伊斯兰世界，[1] 并在尼日利亚煽动穆斯林之间的教派冲突，袭击占人口少数的什叶派伊斯兰教徒。[2]

在军事实力和动员能力方面，撒哈拉以南非洲地区的极端组织都远远逊色于"伊斯兰国"，且并不具备发动常规战争的能力。为了增强对所占领区域的控制能力并对周边区域产生威慑效应，非洲的极端组织纷纷效仿"伊斯兰国"的宣传方式和活动方式。例如，在"伊斯兰国"的影响下，"博科圣地"于2015年1月初创建了第一个"推特"账号，而此前其宣传方式十分落后。随着"推特"账号的建立，该组织的宣传能力得到提升，宣传途径更加多元。此外，"博科圣地"还效仿"伊斯兰国"在其发布的视频中提供多种语言的字幕，并使用更加流畅的制图法。2015年3月，"博科圣地"发布了一段对两名尼日利亚人进行斩首的视频，这种残忍手法与"伊斯兰国"的十分相似。[3] 不难看出，撒哈拉以南非洲地区极端组织的宣传方式深受"伊斯兰国"的影响，并有趋同的趋势。

二、"伊斯兰国"在撒哈拉以南非洲地区扩张的有利因素

首先，伊斯兰极端主义盛行为"伊斯兰国"在撒哈拉以南非洲地区的渗透提供了土壤。

在历史上，伊斯兰教大多是以和平的方式通过撒哈拉、印度洋商道传播至撒哈拉以南非洲地区，后与"黑非洲文明"相结合，形成了较为温

① Anthony N. Celso, "The Islamic State and Boko Haram: Fifth Wave Jihadist Terror Groups," *Orbis*, Vol.59, Issue 2, 2015, p.267.

② J. Peter Pham, "Boko Haram: The Strategic Evolution of the Islamic State's West Africa Province," *The Journal of the Middle East and Africa,* 2016, Vol.7, No.1, p.13.

③ Daveed Gartenstein-Ross, Nathaniel Barr, Bridget Moreng, *The Islamic State's Global Propaganda Strategy,* Hague: The International Centre for Counter-Terrorism, 2016, p.67.

和、包容的伊斯兰文化。随着西方殖民者的入侵，撒哈拉以南非洲地区的伊斯兰教日渐式微。为探求对伊斯兰世界实现复兴的通途，19世纪末20世纪初哲马鲁丁·阿富汗尼（Jamal al-Din al-Afghani）、穆罕默德·阿布杜（Muhammad Abduh）所领导的"萨拉菲派"（Salafiyyah）在埃及掀起了一场声势浩大的"萨拉菲运动"，该运动被视为非洲萨拉菲主义产生的标志。① 埃及作为萨拉菲主义思潮最兴盛的地区，通过其发达、完备的伊斯兰教育系统成功吸引到来自撒哈拉以南非洲的广大穆斯林，温和的萨拉菲主义被传授给了黑人穆斯林，他们学成归国后，便在撒哈拉以南非洲形成了一个个独立的萨拉菲主义传播中心，并影响到各自所在的国家乃至周边地区。②

20世纪50年代，在石油美元的刺激下，沙特阿拉伯开始通过援建宗教学校、资助清真寺和促进教育交流等方式在撒哈拉以南非洲地区进行宗教渗透，使保守的瓦哈比主义传播至广阔的撒哈拉以南非洲地区。③ 在此过程中，瓦哈比主义名义下的萨拉菲主义在撒哈拉以南非洲进行了新一轮大规模的传播。虽然主流的瓦哈比教派主要采取和平的方式进行宣教，但其极端派别也不乏暴力极端活动，甚至与宗教极端组织和恐怖组织有或明或暗的合作。④ 此外，由于沙特阿拉伯向撒哈拉以南非洲地区提供的援助有许多为私人基金会操作，导致大量资金落入极端组织之手，并服务于撒哈拉以南非洲地区极端组织与全球极端组织的联系。⑤

20世纪90年代后，撒哈拉以南非洲地区的萨拉菲主义开始呈现极端

① Shaykh Muhammad Hisham Kabbani, *The "Salafi Movement" Unveiled*, Washington D. C.: As-Sunnah Foundation of America, 1997, p.5.

② Yunus Dumbe, "The Salafi Praxis of Constructing Religious Identity in Africa: A Comparative Perspective of the Growth of the Movements in Accra and Cape Town," *Islamic Africa*, Vol.2, No.2, 2011, pp.100-104.

③ David Mc Cormack, *An African Vortex: Islamism in Sub-Saharan Africa,* Washington, DC: The Center for Security Policy, 2005, p.5.

④ 李维建:《撒哈拉以南非洲伊斯兰极端主义》，载《世界宗教文化》2013年第3期，第48页。

⑤ David Mc Cormack, *An African Vortex: Islamism in Sub-Saharan Africa,* Washington DC: The Center for Security Policy, 2005, p.8.

化趋势。一方面，随着撒哈拉以南非洲部分国家陷入"民主化陷阱"，这些国家出现了中央政府弱化、贫富差距巨大、经济发展不平衡等问题，具有极端性质的反政府武装型萨拉菲主义组织开始涌现，如"伊斯兰马格里布基地组织""博科圣地"和索马里"青年党"等。另一方面，随着阿富汗抗苏战争的结束，参与战争的撒哈拉以南非洲圣战者回国后，不仅更加坚定了萨拉菲主义信念，而且试图将"基地"组织发展出的极端化萨拉菲主义组织模式引入撒哈拉以南非洲地区。[①] 当前，受瓦哈比主义主张建立伊斯兰政权和伊斯兰国家等理念的影响，大约30%以上的撒哈拉以南非洲穆斯林希望在有生之年见证"哈里发"的重建，重回伊斯兰统治的黄金时期。[②] 因此，瓦哈比主义在撒哈拉以南非洲地区落地生根及其导致的宗教保守化，为后来"基地"组织和"伊斯兰国"等极端组织向该地区渗透提供了宗教土壤。

其次，撒哈拉以南非洲国家的治理能力低下乃至治理缺失，为"伊斯兰国"在该地区蔓延提供了空间。

撒哈拉以南非洲地区的许多国家长期处于动荡状态，政府治理能力孱弱或缺位，为"伊斯兰国"组织的渗透提供了可乘之机。非洲民族国家体系的形成是西方殖民主义人为分割的产物，严重违背非洲的民族、宗教等人文地理特点，导致非洲的边界争端和跨界民族问题异常复杂，国际冲突连绵不断，国内的族群和宗教冲突层出不穷。据统计，1960年至1999年间全球共爆发78场战争，其中40场发生在非洲，占总数的51.28%。[③] 其中大部分战争都是非洲国家内部的部族和地方势力要求自治或独立所致，并严重威胁非洲民族国家的稳定。

冷战后，在"民主化"浪潮的席卷之下，撒哈拉以南非洲国家内部的

---

① 王涛、曹峰毓:《伊斯兰马格里布基地组织产生的背景、特点及影响》，载《西亚非洲》2016年第3期，第83页。

② Pew Forum, *Tolerance and Tension: Islam and Christianity in Sub-Sahara Africa*, Washington, DC: Pew Research Center, 2010, p.2.

③ John C. Anyanwu, *Economic and Political Causes of Civil Wars in Africa: Some Econometric Results*, Abidjan: The African Development Bank, 2002, p.8.

部族、宗教、地方势力之间的矛盾不断加剧，导致非洲多国陷入内战或种族仇杀，部分国家陷入严重的无政府状态。从整体上而言，在冷战结束初期，撒哈拉以南非洲地区的冲突和战争呈现井喷式增长，并于1993年达到顶峰，在这一年该地区近2/5的国家处于战乱状态；整个90年代期间，撒哈拉以南非洲地区"失败国家"数量增加了近一倍。[①] 在东非地区，索马里的西亚德（Mohamed Siad Barre）政权于1991年1月被推翻后，该国就陷入了持续至今的军阀割据和无政府状态。索马里政府的长期缺位为极端势力的滋生和扩张提供了土壤。此外，主张在非洲之角建立所谓"大索马里"的泛索马里主义，不仅深刻影响了索马里的政治发展，而且严重威胁周边国家的主权和政治稳定。在西非和中非地区，马里、乍得、刚果民主共和国和中非共和国等国家政权长期脆弱、治理能力低下，致使地方势力和部落势力借机不断扩大影响，使其成为恐怖主义势力盘踞的重点区域。[②]

21世纪以来，虽然撒哈拉以南非洲地区大规模冲突爆发的频率有所降低，但是由族群矛盾导致的暴力冲突和国家内战有增无减，并使部分国家陷入"权力真空"。例如，在2010年，撒哈拉以南非洲地区暴力冲突爆发的频率达到了20世纪90年代中期水平的四倍，政局动荡和恐怖威胁逐渐取代内战成为该地区部分国家陷入严重动乱的主要原因。[③] "武装冲突地点和事件数据项目"（Armed Conflict Location & Event Data Project）资料显示，2014年成为非洲自1999年以来最为动荡的一年。[④] 在此背景之下，撒哈拉以南非洲部分国家政权长期缺位，无疑为"伊斯兰国"进行组织扩张和意识形态渗透提供了广阔空间，这也是极端组织在东非和西非活动猖獗的原因所在。

---

① Monty G. Marshall, *Conflict Trends in Africa, 1946-2004: A Macro-Comparative Perspective*, London: Crown copyright, 2006, p.3.

② CRS, *Terrorism and Violent Extremism in Africa*, Washington, DC: Congressional Research Service, 2016, p.6.

③ Beegle, Kathleen, Luc Christiaensen, Andrew Dabalen, *Isis Gaddis, Poverty in a Rising Africa: Overview*, Washington, DC: The World Bank, 2016, p.12.

④ CRS, *Terrorism and Violent Extremism in Africa*, Washington, DC: Congressional Research Service, 2016, p.4.

再次，经济凋敝、民生艰难、社会矛盾激化为"伊斯兰国"在撒哈拉以南非洲地区的繁衍提供了条件。

许多撒哈拉以南非洲国家独立后，经济发展落后、腐败盛行、贫富悬殊、社会动荡、政变频仍、失业率高，年轻人不满情绪严重等问题一直存在。[①] 在西亚北非"阿拉伯之春"的影响下，撒哈拉以南非洲国家的社会矛盾进一步加剧，并为"伊斯兰国"等极端组织的渗透提供了社会土壤。有资料显示，非洲国内实际生产总值增长率已由2012年的6.2%下降至2016年的2.2%，而通货膨胀率则从2013年的6.7%增至2016年的10.1%。[②] 非洲国家的失业率更是居高不下。2015年非洲大陆的失业率为12.1%，而北非地区成为世界青年失业率最高的地区，高达30%；[③] 2016年，撒哈拉以南非洲地区的失业率为7.2%，高于世界平均水平的5.7%，失业人数高达2800万。[④] 可口可乐公司在中东、东非和西非地区的总裁凯文尔·巴尔贡（Kelvin Balogun）表示，非洲每年约有1000万大学毕业生，但有一半无法就业。[⑤]

此外，虽然近年来非洲的贫困状况有所改善，但贫困率仍然很高。撒哈拉以南非洲地区极端天气导致的长期干旱，也进一步加剧了该地区的贫困化。根据世界银行2015年公布的数据，撒哈拉以南非洲地区的贫困率已从1990年的56.8%下降至2012年的42.7%，但仍远远高于世界平均水平的12.7%，且2012年撒哈拉以南非洲地区的贫富差距达到16.5%，远超世

[①] Virginia Comolli, *Boko Haram: Nigeria's Islamist Insurgency,* London: Hurst & Company, 2015, p.42.

[②] ECA, *African Statistical Yearbook 2017,* Addis Ababa: African Centre for Statistics, 2017, p.49.

[③] ILO, *World Employment and Social Outlook: Trends 2016,* Geneva: International Labour Office, 2016, p.30.

[④] ILO, *World Employment and Social Outlook: Trends 2017,* Geneva: International Labour Office, 2017, pp.6-16.

[⑤] ACET, "Unemployment in Africa: No Jobs for 50% of Graduates," *Africa Center for Economic Transformation*, April 1, 2016, http://acetforafrica.org/highlights/unemployment-in-africa-no-jobs-for-50-of-graduates/.

界平均水平的3.7%。[①] 大量失业和贫困人口尤其是失业青年的存在，无疑为"伊斯兰国"组织等极端组织招募人员提供了储备，而对社会现状严重不满的失业青年也极易受到蛊惑，或者从谋生的角度出发选择加入极端组织。在非洲之角，许多青年选择加入极端组织和恐怖组织，其重要原因之一在于得到极端组织提供每月的150美元—500美元的津贴。[②]

最后，撒哈拉以南非洲国家的边境管控松懈也为"伊斯兰国"的渗透提供了便利。

作为殖民主义的遗产，非洲国家的边界有44%是按经线和纬线划分的，有30%是用直线或曲线的几何方法切割的，只有26%是由河流、湖泊和山脉所构成的自然边界线。[③] 这种西方强加的边界划分不仅成为非洲国家之间长期冲突的诱因所在，而且由于跨界民族的普遍存在致使边境管控十分困难，并常常因某些国家的战乱导致边境管理失控，这些都为"伊斯兰国"等极端组织和武装叛乱分子的跨境活动以及军火走私等提供了方便。

据统计，非洲地区共有109条国家边境线，总长度约为4.5万公里，但仅有35%的边界被明确划定。目前，非洲大约有350个官方过境点，平均每120公里的边界内有一个过境点，且大多数过境点都距离实际边境16至20公里，更为严重的是非洲国家间有414条跨越国境的道路，其中的69条全程都没有设立边境检查站。[④] 因此，极端分子不仅可以轻易从外部渗入非洲，而且能够在非洲国家间自由流动。例如，在非洲之角地区，索马里长期处于无政府状态，边界监管处于瘫痪状态。美国司法部消息称，75%以上来自也门、巴基斯坦、伊朗等地的"基地"组织活跃分子，最

---

① Francisco H. G. Ferreira, Shaohua Chen, Andrew Dabalen, Yuri Dikhanov, Nada Hamadeh, Dean Jolliffe, Ambar Narayan, Espen Beer Prydz, Ana Revenga, Prem Sangraula, Umar Serajuddin, Nobuo Yoshida, *A Global Count of the Extreme Poor in 2012,* Washington, DC: The World Bank, 2015, p.53.

② Anneli Botha, Mahdi Abdile, *Radicalisation and Al-Shabaab Recruitment in Somalia*, Institute for Security Studies, Pretoria: Institute for Security Studies, 2014, p.8.

③ 马嬰：《区域主义和发展中国家》，北京：中国社会科学出版社2002年版，第107页。

④ AU, *Draft African Unions Strategy for Enhancing Border Management in Africa,* Addis Ababa: African Union, 2012, p.17.

终逃到了索马里，① 这无疑与索马里形同虚设的边界有关。此外，"伊斯兰国"在利比亚的渗透及影响已经跨越国界，蔓延至尼日尔、马里、尼日利亚等周边邻国。在此背景之下，"伊斯兰国"在萨赫勒地区和马格里布地区的活动日益活跃。不难发现，随着一些极端组织派系宣布向"伊斯兰国"效忠，"伊斯兰国"在非洲的渗透和蔓延已经能够轻而易举地突破传统意义上国家边界限制，并对更加广阔的撒哈拉以南非洲地区的安全稳定造成冲击。② 因此，非洲各国间边界管控薄弱或缺失，也为极端分子从北非流窜至撒哈拉以南非洲地区提供了便利。

为了促进经贸投资、吸引技术人才，非洲联盟（AU）正在探寻发行非洲护照推动全非人员自由流动。可以预见这一政策在有利于人才流动的同时，也将使非洲国家边境管控的难度进一步加大，并加大极端分子利用该政策潜入非洲的风险。此外，非洲跨境地区长期存在大量非法贩运毒品、武器、人口和其他非法贸易行为，使极端分子能够轻易获得物资和武器，增强了其生存能力和活动能力。而极端组织自身也经常利用边境管控薄弱进行非法走私活动以获取资金。

三、"伊斯兰国"在撒哈拉以南非洲地区 扩张的制约因素

"伊斯兰国"在撒哈拉以南非洲地区的渗透和扩张对非洲的安全形势和反恐局势构成了严峻挑战。但就目前情况来看，"伊斯兰国"尚未在撒哈拉以南非洲地区扎根，其影响力还相对有限。"伊斯兰国"在伊拉克、叙利亚等地走向穷途末路，致使其在非洲的扩张也将失去组织领导和资金等方面的支持，进而影响其在撒哈拉以南非洲地区的"本土化"发展。

---

① 刘中民、任华：《也门极端组织的演变、成因及其影响》，载《阿拉伯世界研究》2017年第2期，第12页。

② Abdelhak Bassou, Ihssane Guennoun, *Al Qaeda Vs. Daech in the Sahel: What to Expect?* Rabat: OCP Policy Center, 2017, p.2.

　　首先，非洲本土极端组织各有诉求，对"伊斯兰国"的依赖相对有限。

　　一方面，"伊斯兰国"在撒哈拉以南非洲地区拓展势力范围时，试图以超民族、超地域的集权式哈里发国家来重塑对该地区的掌控，与非洲本土极端组织的"自治"要求不符。以"博科圣地"和索马里"青年党"为例，"博科圣地"自2002年成立以来，其目标是在尼日利亚东北部建立一个纯粹的"伊斯兰国家"。而索马里"青年党"作为一支信奉"圣战萨拉菲主义"（Jihadist Salafism）的伊斯兰极端主义反政府武装，其目标是推翻索马里联邦过渡政府（Somalia's Transitional Federal Government），建立一个囊括全部索马里人在内的"大索马里国家"。[①] 这些组织的"自治"要求都与"伊斯兰国"试图建立一个由"哈里发国家"集中控制的全球性帝国的野心相冲突。"伊斯兰国"在对非洲本土极端组织进行渗透的过程中，完全低估了这些组织的"自治"要求，进而难以获得这些组织实质性支持。

　　另一方面，非洲本土极端组织的建立大多早于"伊斯兰国"，已经形成较为完备的组织体系，并不严重依赖于"伊斯兰国"的支持和帮扶。以索马里"青年党"为例，其资金、武器、人员来源渠道已自成体系。"青年党"的资金来源渠道多种多样，不仅有来自"基地"组织的资助，还有一些国家政府为其提供资金支持，网络筹款亦是其资金的重要来源。虽然，"伊斯兰国"帮助"青年党"制作更高质量的宣传视频，并为索马里南部的极端分子提供了一些财政支持，但几乎没有证据表明"伊斯兰国"为撒哈拉以南非洲的任何支持者提供武器或派遣部队。[②] 因此，"伊斯兰国"对撒哈拉以南非洲地区的主要极端组织影响力仍然十分有限。

　　其次，"基地"组织在撒哈拉以南非洲地区影响深厚，"伊斯兰国"尚难以撼动其领导地位。

　　"伊斯兰国"不断加强向撒哈拉以南非洲地区的渗透，不可避免地分散了原先效忠于"基地"组织的非洲极端主义势力，并对"基地"组织

---

① 王涛、秦名连：《索马里青年党的发展及影响》，载《西亚非洲》2013年第4期，第71页。

② Jarle Hansen, "The Islamic State Is Losing in Africa," *Foreign Policy*, December 13, 2016, http://foreignpolicy.com/2016/12/13/the-islamic-state-is-losing-in-africa/

在该地区的传统权威形成了挑战。但是，相对而言，"基地"组织在撒哈拉以南非洲地区的存在根深蒂固，其基础远超过"伊斯兰国"。早在"伊斯兰国"建立之前，"基地"组织就在撒哈拉以南非洲地区建立了势力范围。20世纪90年代，随着阿富汗战争的结束，一批曾经在阿富汗参战的圣战者返回非洲，他们试图根据"基地"组织的思想，建立取代世俗政权的"纯正的伊斯兰"政府。[①] 1998年"基地"组织对美国驻肯尼亚和坦桑尼亚大使馆进行炸弹袭击以及随后的一系列袭击事件，都显示了该组织在撒哈拉以南非洲地区已拥有强大的影响力。2006年，以阿尔及利亚为大本营的"萨拉菲宣教与战斗组织"宣布加入"基地"组织，并更名为"伊斯兰马格里布基地组织"，此后在摩洛哥、阿尔及利亚、马里、尼日尔、毛里塔尼亚等国制造多起恐怖事件。[②] 在东非地区，"基地"组织在苏丹建立了训练营地，试图与索马里的武装分子建立联系，并将其影响力扩张到埃塞俄比亚、肯尼亚乃至整个"大湖地区"（Great Lakes Region）。[③] 以穆斯林居多的西非国家，特别是非洲人口大国尼日利亚，也不同程度受到"基地"组织的影响，[④]"博科圣地"组织的建立更是深受"基地"组织的影响。

在萨赫勒地区，当前虽然有"伊斯兰马格里布基地组织"的分支机构"穆拉比特"组织宣布效忠"伊斯兰国"，但是"伊斯兰马格里布基地组织"一直对此矢口否认。在西非地区，"博科圣地"在表示支持"伊斯兰国"的同时并没有完全放弃其同"基地"组织的隶属关系。在非洲之角地区，虽然"伊斯兰国"一直将大量资金投向索马里，但是索马里"青年党"高层官员一直对"伊斯兰国"要求其效忠表示拒绝。由此可见，虽然"伊斯兰国"在全球其他地区与"基地"组织的竞争中渐趋上风，但在撒哈拉以南非洲地区的影响力还很难与"基地"组织相抗衡。

最后，全球反恐合作的加强，制约了"伊斯兰国"在撒哈拉以南非洲

---

① Jakkie Cilliers, *Violent Islamist Extremism and Terror in Africa*, Pretoria: Institute for Security Studies，2015, p.24.

② 刘中民：《恐怖主义肆虐非洲"不稳定之弧"》，载《世界知识》2013年第22期，第46页。

③ Angel Rabasa, *Radical Islam in East Africa,* Santa Monica: RAND Corporation, 2009, p.2.

④ 于毅：《警惕"基地"组织在非洲滋生》，载《光明日报》2011年5月17日，第8版。

地区的扩张。

一方面，"伊斯兰国"在中东的准国家实体已基本被国际反恐力量消灭殆尽，致使其在撒哈拉以南非洲地区的影响力也严重受损。"伊斯兰国"向全球扩张的前景取决于该组织在叙利亚和伊拉克主要战场攻城略地并加以控制的能力。① 为了能够在撒哈拉以南非洲地区招募到更多圣战者，说服更多"基地"组织分支机构加入"伊斯兰国"，它必须展现出不断扩张的势头。但随着"伊斯兰国"在叙利亚和伊拉克的影响力和控制力丧失殆尽，其建立全球性"哈里发帝国"乌托邦在撒哈拉以南非洲地区的吸引力也大打折扣，这无疑将削弱其在撒哈拉以南非洲地区的号召力和影响力。②

另一方面，针对"伊斯兰国"在撒哈拉以南非洲地区扩张所造成的威胁，国际社会纷纷施以援手，加强撒哈拉以南非洲国家应对"伊斯兰国"的能力。2015年，在非洲联盟的支持下，由2.5万名士兵组成的非洲待命部队组建完毕，并已具备快速部署能力。③ 欧盟除了向撒哈拉以南非洲国家应对极端组织的部队提供资金援助外，还为马里、尼日尔和索马里的部队和警察提供培训。此外，包括英国、法国、美国、土耳其、摩洛哥和阿尔及利亚在内的一些国家纷纷支持撒哈拉以南非洲地区国家的反恐行动，如提供训练和设备等。2015年12月，英国向尼日利亚派遣了300名军事人员，以帮助尼日利亚军队提升打击"博科圣地"的能力。④ 在美国国际开发署（United States Agency for International Development）2017财年的预算中，计划投入超过4300万美元的资金用于在撒哈拉以南非洲地区

① Daveed Gartenstein-Ross, Nathaniel Barr, Bridget Moreng, *The Islamic State's Global Propaganda Strategy*, Hague: The International Centre for Counter-Terrorism, 2016, p.75.

② Joseph Siegle, "ISIS in Africa: Implications from Syria and Iraq," *Africa Center for Strategic Studies,* March 17, 2017, http://africacenter.org/spotlight/islamic-state-isis-africa-implications-syria-iraq-boko-haram-aqim-shabaab/.

③ IISS, *Strategy Survey 2016, The Annual Review of World Affairs*, London: The International Institute of Strategic Studies, 2016, p.137.

④ CRS, *Terrorism and Violent Extremism in Africa*, Washington, DC: Congressional Research Service, July 14, 2016, p.12.

打击暴力极端主义，其中超过四分之一资金投向尼日利亚。[①] 作为"西非跨撒哈拉反恐怖主义伙伴关系"（TSCTP）和"东非反恐怖主义伙伴关系"（PREACT）的主导者，美国也积极承担起在撒哈拉以南非洲地区的反恐领导权。2017年11月3日，美国针对活动在索马里的"伊斯兰国"武装分子进行了两次无人机打击，这是美国首次在非洲之角国家打击该组织的圣战分子，也标志着美国在撒哈拉以南非洲地区打击"伊斯兰国"行动的重大突破。[②] 为了限制"伊斯兰国"在撒哈拉以南非洲的扩散，该地区的各个国家正在积极完善反恐机制，防止"伊斯兰国"的进一步渗透。地区国家积极通过完善反恐法律制度、建立跨境打击框架和切断恐怖主义资金来源等手段，加强对极端主义和恐怖主义的打击力度。2016年，乌干达、坦桑尼亚、塞内加尔、毛里塔尼亚、南非等国都纷纷确立和完善反恐法律制度，为打击恐怖主义提供有效的法律支撑和保障。[③] 以上这些措施无疑将大大压缩"伊斯兰国"在撒哈拉以南非洲地区扩张的空间。

通过对"伊斯兰国"在撒哈拉以南非洲的渗透和扩张进行分析，可以得出以下几点基本认识。

第一，从"伊斯兰国"在撒哈拉以南非洲渗透的原因来看，它并非单一的安全问题，其背后是撒哈拉以南非洲地区经济、政治及社会发展中存在的深层次问题，是撒哈拉以南非洲地区自身"顽疾"的综合体现。撒哈拉以南非洲应在推动与国际合作、共同应对"伊斯兰国"威胁的同时，加强自身政治、经济、社会的整体进步和治理能力，从源头上压缩"伊斯兰国"渗透的空间。

---

① CRS, *Terrorism and Violent Extremism in Africa*, Washington, DC: Congressional Research Service, 2016, p.17.

② Bill Roggio and Caleb Weiss, "US targets Islamic State fighters in Somali airstrikes," *The Long War Journal*, November 3, 2017, https://www.longwarjournal.org/archives/2017/11/us-targets-islamic-state-loyal-fighters-in-somalia-with-airstrike.php.

③ Bureau of Counterterrorism, *Country Reports on Terrorism 2016*, Washington, DC: United States Department of State, 2017.

　　第二，"伊斯兰国"不断加强向撒哈拉以南非洲地区的蔓延，不可避免地削弱了"基地"组织对非洲恐怖主义势力的垄断，对"基地"组织在撒哈拉以南非洲的传统权威形成了挑战。但是，相对而言，"基地"组织在撒哈拉以南非洲的根基更为深厚。其突出表现是，一些"基地"组织的分支机构在表示支持"伊斯兰国"组织的同时，并未放弃其同"基地"组织的隶属关系，体现出了典型的机会主义色彩。未来，"伊斯兰国"和"基地"组织在非洲地区将围绕势力范围和领导权展开争夺，非洲有可能成为两大恐怖组织激烈竞争的主战场。

　　第三，随着"伊斯兰国"近年来在非洲的渗透和扩张，撒哈拉以南非洲地区的恐怖势力和极端势力开始重新组合。"伊斯兰国"组织的发展模式和理念已经成为撒哈拉以南非洲众多恐怖势力模仿的典型，一些极端组织的分支从原组织中分离出来，并宣布效忠于"伊斯兰国"。这些借势于"伊斯兰国"的新兴极端势力开始不断搅动本就动荡不安的地区局势，未来撒哈拉以南非洲地区的恐怖威胁将呈现多元化趋势，并且仍将不断进行分化组合。

　　第四，随着"伊斯兰国"在中东地区的实体受到国际反恐力量的打击而趋于灭亡，其在撒哈拉以南非洲地区的影响力也随之下降。一些把自己标榜成为"伊斯兰国"一部分、试图获得更多资金和武器支持的原"基地"组织分支机构，有可能重新回到"基地"组织的怀抱，而其他新兴的极端势力也有可能重新融入"基地"组织的网络之中。

第24章
萨拉菲主义在撒哈拉以南非洲的传播、极端化及影响

　　研究萨拉菲主义在撒哈拉以南非洲的传播及其影响等问题，必须注意到萨拉菲主义兼有宗教思潮与宗教组织的双重性质。可以说，对其传播载体和发展演变的标志性事件的判断，都会因标准的变化而产生分歧。目前，西方学界对萨拉菲主义起源的相关争论，主要围绕它是一种传统思潮还是一种现代思想展开。这种有关萨拉菲主义"现代起源"与"历史溯源"的争论，反映出西方学者对萨拉菲主义本质的认知差异。主张"现代起源"的学者侧重于萨拉菲主义组织与国际政治的互动；而持"历史溯源"的学者更关注萨拉菲主义的宗教传承。[①] 需要注意的是，作为一种严格遵循《古兰经》、崇尚先知穆罕默德及其"前三代"弟子言行的伊斯兰复兴思潮，萨拉菲主义本质上与暴力相去甚远，更与极端主义无关。它在撒哈拉以南非洲的早期传播伴随着伊斯兰教的持续扩散。当前撒哈拉以南非洲各极端组织所宣扬的是经曲解后发生极端化异变的"萨拉菲主义"，这些组织虽然宣称尊崇正统伊斯兰，但本质上却是对伊斯兰教的背离。[②]

---

　　① 王涛、宁彧:《英文文献中的萨拉菲主义研究述评》，载《阿拉伯世界研究》2017年第3期，第35—38页。

　　② 王涛、宁彧:《萨拉菲主义的多维透视——兼论萨拉菲主义与恐怖主义的关系》，载《俄罗斯东欧中亚研究》2018年第1期，第114—115页。

一、撒哈拉以南非洲萨拉菲主义的历史溯源

萨拉菲主义的当代发展已演变为一场在不同地区、不同时段性质千差万别甚至互有冲突、对抗的宗教政治思潮与运动。[①] 不同人群对萨拉菲主义的解读也日益多元，其中不乏误解与偏见。因此，有必要从更深远的历史视角回溯非洲的伊斯兰复兴运动，并在其范畴中审视当代撒哈拉以南非洲的萨拉菲主义。

从广义的角度视之，"萨拉夫"（Salaf）是指对纯洁伊斯兰教信仰的追求与捍卫。无论是言论、文本，还是观念、组织，只要其尊崇穆罕默德及其"前三代"弟子并严格遵循《古兰经》，都可以被视为"萨拉菲"。因此，萨拉菲主义应是一种通过实践来彰显其内在意义的宗教思潮。[②] 9世纪伊本·罕百勒（Ibn Hanbal）时代提出的"尊古""复古"思想，[③] 经13世纪的伊本·泰米叶（Ibn Taymiyya）进行政治化的论证，[④] 最后由18世纪的穆罕默德·本·阿卜杜·瓦哈布（Muhammad ibn Abd al-Wahhab）在阿拉伯半岛加以实践。[⑤] 这种"宗教思想—政治思想—政治实践"的发展逻辑，最终落脚点是通过政治手段彰显宗教教义。

具体到撒哈拉以南非洲，在19世纪末萨拉菲主义传入该地区之前，一系列与其类似的思潮就已经蓬勃兴起，并沿着"宣教与正统化""改

---

① Roel Meijer, *Global Salafism: Islam's New Religious Movement*, London: Hurst & Company, 2009, p.1.

② Muhammad Al-Atawneh, "Wahhabi Self-Examination Post-9/11: Rethinking the 'Other', 'Otherness' and Tolerance," *Middle Eastern Studies*, Vol.47, No.2, 2011, p.256.

③ Wesley Williams, "Aspects of the Creed of Imam Ahmad IBN Hanbal: A Study of Anthropomorphism in Early Islamic Discourse," *International Journal of Middle East Studies*, Vol.34, No.3, 2002, pp.443-448.

④ 敏敬：《伊本·泰米叶的时代及其思想》，载《世界宗教研究》2004年第4期，第119页。

⑤ Shivan Mahendrarajah, "Saudi Arabia, Wahhabism, and the Taliban of Afghanistan: 'Puritanical Reform' as a 'Revolutionary War' Program," *Small Wars & Insurgencies*, Vol.26, No.3, 2015, pp.389-394.

革与净化"两种路径逐步展开。以11世纪穆拉比特运动（Murabit）、12世纪穆瓦希德运动（Muwahhid）和18—19世纪"富拉尼圣战"（Fulani Jihad）①为代表的伊斯兰改革运动，为19世纪末萨拉菲主义快速传入撒哈拉以南非洲奠定了思想基础。

"宣教与正统化"的模式大致可分为两个阶段。第一阶段是11世纪穆拉比特运动与伊斯兰教的正统化时期。起初，它是由伊本·亚辛（Abdullah Ibn Yasin）领导的回归伊斯兰教的改革，最终发展壮大为一场声势浩大的伊斯兰武装运动。②这场运动既推动了伊斯兰教在西非地区的传播，也带动了当地伊斯兰复兴与"净化"思想的扩散。

其一，以朱达拉桑哈贾人（Juddala Sanhaja）为代表的萨赫勒西部穆斯林对伊斯兰教的信仰是浮于表面的。伊本·亚辛发现这里的穆斯林绝大多数都是文盲，对《古兰经》知之甚少。不仅如此，当地人甚至还将伊斯兰教教义与原始本土宗教相提并论。③伊本·亚辛认为，有必要将正统伊斯兰教传入当地。其二，桑哈贾人领袖对伊斯兰教有着强烈的向往。为了全面控制跨撒哈拉贸易，历史上摩洛哥及其南部地区一直是法蒂玛王朝（Fatimid）与后倭马亚王朝（Post-Umayya）竞相争夺的目标。桑哈贾人充当了法蒂玛王朝的代理人，与其他柏柏尔人冲突不断。他们的首领坚信，唯有发动一场真正的伊斯兰运动才能恢复和平。

第二阶段是12世纪穆瓦希德王朝与教法国家机构的初设阶段。马格里布地区的伊斯兰教学派林立，宗教辩论不断，形成了哈瓦利吉派（Khawarij）和马立克派（Malikiyan）的角力，并以马立克派取得压倒性胜利而告终。此时，《古兰经》、"圣训"也面临影响下降的态势，各种教法学分支成为

---

① 富拉尼圣战是18—19世纪兴起于西非的伊斯兰净化运动，在政治上表现为正统哈里发国家对当地族群或城邦的统合，例如在尼日利亚北部，经富拉尼圣战就建立了统合豪萨诸城邦的索科托哈里发国家。

② ［摩洛哥］M.埃尔·法西主编：《非洲通史（第三卷）：七世纪至十一世纪的非洲》，北京：中国对外翻译出版有限公司2013年版，第303—304页。

③ ［美］凯文·希林顿：《非洲史》，赵俊译，上海：东方出版中心2012年版，第106页。

法律实践的主要权威。① 同时，伊本·图马特（Ibn Tumart）、阿卜杜·穆敏（Abd al-Mu'min）等人也谴责穆拉比特王朝统治者对权力与财富的沉迷、其对正统伊斯兰教的亵渎。

面对当时学说并立的局面，穆瓦希德运动的领袖伊本·图马特重视"认主独一"（tawhid）思想，反对圣墓崇拜，否定非真主的一切。他还反对现行的四大教法学派，提倡通过"创制"（ijtihad）来重构对《古兰经》与"圣训"的解读，形成了"马赫迪"（Mahdi）理念，崇尚从内涵回归伊斯兰教的本源。伊本·图马特采用隐喻性的话语解释《古兰经》中某些较为含混的语句，与当代萨拉菲主义对《古兰经》照本宣科地解读有所不同。但这种差异只是形式上的，并非对真主的"拟人神论"。

除学理阐释外，穆瓦希德运动的组织实践也有所发展。一是伊本·图马特对先知穆罕默德的模仿。二是国家组织机构的初设。穆瓦希德王朝的建立正是基于该组织的政治化，其中最具代表性的是"十人团"（Ahl al-Djama'a Ashara）与"五十人议事会"（Ahl al-Khamsin）。② 三是基层人员的管理。穆瓦希德基层管理成效显著，建立了名为"卡法"（Al-Kaffa）的群众组织。③

"改革净化型"的传播模式主要体现在18—19世纪的"富拉尼圣战"中。西非在18世纪面临着欧洲人来临、本土化意识增强与伊斯兰教复兴等多重因素交织的复杂局面。当地富拉尼人试图从伊斯兰教中寻求解决之道。1725年以来，富拉尼领导人相继在富塔贾隆（Futa Jalon）、富塔托罗（Futa Toro）等地区开展"圣战"，其中以丹·福迪奥（Usman Dan Fodio）在豪萨兰（Hausaland）领导的"富拉尼圣战"最具影响力。它影响范围广，波及众多人群，成为19世纪萨拉菲主义实践的一次高潮。19世纪上半叶，丹·福迪奥及其子穆罕默德·贝洛（Muhammad Bello）还建立了"索科

① ［塞内加尔］D. T. 尼昂主编：《非洲通史（第四卷）：十二世纪至十六世纪的非洲》，北京：中国对外翻译出版有限公司2013年版，第16页。

② Roland Oliver, ed., *The Cambridge History of Africa, Volume 3: From c. 1050 to c. 1600*, Cambridge: Cambridge University Press, 1977, pp.339-341.

③ ［塞内加尔］D. T. 尼昂主编：《非洲通史（第四卷）：十二世纪至十六世纪的非洲》，第25页。

托哈里发国"（Sokoto Caliphate）。

丹·福迪奥领导的萨拉菲主义实践具有以下特点：一是明确当地伊斯兰教面临的问题所在。实际上，当时西方势力已进入西非。数世纪的奴隶贸易使西非逐渐沦为一个混战不休、相互攻伐的罪恶之地，冲突所引发的残杀成为该地区所有部落与国家发展的共性。各族群政权的伊斯兰统治者沉迷于权力与财富，对民众课以重税、横征暴敛，导致豪萨兰当地矛盾日益激化。[①] 与此同时，外来的欧洲势力也开始对当地伊斯兰教的权威构成挑战。[②] 二是规划、描述理想世界。19世纪初，作为革命的一方，"富拉尼圣战"掀起了回归伊斯兰传统的高潮。在思想层面，"富拉尼圣战"主张回归早期伊斯兰教义与宗教习俗，反对"创新"（bid'a），并彻底实现伊斯兰教式的平等与正义；[③] 在实践层面，"富拉尼圣战"主张明确"伊斯兰地区"（Dar al-Islam）与"战争地区"（Dar al-Harb）的地理界限，并通过进一步征服"叛教者"与异教徒的领地以拓展穆斯林共同体"乌玛"。[④] 三是阐明"圣战"实践的理念。丹·福迪奥声称接受了穆罕默德赋予的使命，不仅明确了"圣战"作为斗争手段的合法性与正义性，而且对反"圣战"的言论予以抨击，[⑤] 并且通过经文强调穆斯林参与"圣战"的义务及其与祸福的因果联系。[⑥]

---

① John E. Flint, ed., *The Cambridge History of Africa, Volume 5: From c. 1790 to c. 1870,* Cambridge: Cambridge University Press, 1976, p.138.

② Roman Loimeier, "Boko Haram: The Development of a Militant Religious Movement in Nigeria," *Africa Spectrum*, Vol.47, No.2-3, 2012, p.139.

③ ［尼日利亚］J. F. A. 阿贾伊主编：《非洲通史（第六卷）：1800—1879年的非洲》，北京：中国对外翻译出版有限公司2013年版，第469页。

④ Virginia Comolli, *Boko Haram: Nigeria's Islamist Insurgency*, London: Hurst & Company, 2015, p.13.

⑤ ［尼日利亚］J. F. A. 阿贾伊主编，《非洲通史（第六卷）：1800—1879年的非洲》，第462—463页。

⑥ 《古兰经》黄牛章指出：你们在哪里发现他们，就在那里杀戮他们；并将他们逐出境外，犹如他们从前驱逐你们一样，迫害是比杀戮更残酷的。你们不要在禁寺附近和他们战斗，直到他们在那里进攻你们；如果他们进攻你们，你们就应当杀戮他们。不信道者的报酬是这样的（2:191）。参见马坚译：《古兰经》，北京：中国社会科学出版社2013年版，第14页。

如果说11世纪穆拉比特王朝塑造了皈依正统伊斯兰的精神追求,那么穆瓦希德运动则扮演了"纠正者"的角色,提供了正统伊斯兰国家组织建构的路径,而"富拉尼圣战"最终彰显了通过"圣战"净化伊斯兰教的功能性意义。总的看来,非洲伊斯兰复兴思想是适应非洲本土环境的产物,"圣战"的目标亦是明确的,是非洲穆斯林对自我与他人、对宗教社团与异教徒、对伊斯兰世界与外部世界的身份界定乃至对宗教实践的澄清。

二、撒哈拉以南非洲萨拉菲主义的兴起与发展

在20世纪初伊斯兰世界普遍衰落之际,阿富汗尼(Jamal al-Din al-Afghani)等人循着萨拉菲主义的脉络探求伊斯兰复兴的出路。他们从"乌玛"理念入手进行反思,反对背离"乌玛"的民族国家,试图重塑伊斯兰世界的"肌体"。[①] 与以往伊斯兰教通过撒哈拉、印度洋商道影响西非、东非的方式不同,这次由阿富汗尼所倡导的萨拉菲主义的影响已远至南部非洲。需要注意的是,19世纪中期赛努西(Muhammad ibn Ali as-Senussi)在沙特阿拉伯接受瓦哈比主义思想后,在北非发起了反抗奥斯曼土耳其及意大利的"赛努西运动",自此瓦哈比主义遂成为当地萨拉菲主义传播的载体。

20世纪60年代以前,萨拉菲主义在撒哈拉以南非洲的传播是传统经院型的方式。以爱资哈尔大学(Al-Azhar)为中心,通过师徒传承与学院授课的方式,温和的萨拉菲主义被传授给黑人穆斯林,他们归国后形成了一个个独立的萨拉菲主义传播中心。[②] 70年代以来,以"瓦哈比"为名的萨拉菲主义在撒哈拉以南非洲进行了新一轮大规模传播,[③] 并具有以下新特点:

---

① 蔡伟良:《哲马鲁丁·阿富汗尼的理性主义赛莱菲耶思想研究》,载《阿拉伯世界研究》2010年第5期,第51页。

② Yunus Dumbe, "The Salafi Praxis of Constructing Religious Identity in Africa: A Comparative Perspective of the Growth of the Movements in Accra and Cape Town," *Islamic Africa*, Vol.2, No.2, 2011, pp.93-104.

③ 李维建:《撒哈拉以南非洲伊斯兰极端主义》,载《世界宗教文化》2013年第3期,第49页。

第一，来自沙特大规模、有组织的资助是萨拉菲主义在撒哈拉以南非洲迅速传播的前提。在石油经济兴起前，朝觐与赴埃及、沙特等国学习是萨拉菲主义传播的主要渠道，且影响力有限。20世纪70年代以来，随着全球石油经济的兴起，来自沙特阿拉伯的大量石油美元为萨拉菲主义的扩散提供了资金支持。援建清真寺、资助留学、慈善事业成为沙特在他国扶植和动员支持力量，建立跨国认同和意识形态体系的新方式。[①]

一方面，通过民间与官方的援助机构为萨拉菲主义的传播提供支持。宗教性非政府组织穆斯林世界联盟（Muslim World League，MWL）与世界穆斯林青年大会（World Assembly of Muslim Youth，WAMY）是沙特宣传萨拉菲主义思想的民间组织。1962年成立的穆斯林世界联盟，自成立起便着手开展针对非洲的宗教传播事务，它在非洲设立的分支机构数量占到其分支总数的一半以上。成立于1972年的世界穆斯林青年大会则从青年层面扩大萨拉菲主义信众。[②]沙特发展基金会（Saudi Fund for Development，SFD）是该国向非洲传播萨拉菲主义的官方组织。在撒哈拉以南非洲萨拉菲主义的传播处于低潮的20世纪70—90年代，该基金会向这一地区提供的援助总额仍高达26.5亿美元。[③]

另一方面，通过多元化手段推动萨拉菲主义的传播。一是教育资助。20世纪80年代初，穆斯林世界联盟仅为苏丹一国就提供了200万本《古兰经》，并帮助苏丹政府培训教授宗教课程的教师。[④]世界穆斯林青年大会更是将教育援助置于首位，先后投入数十亿美元资助大批索马里、乌干达、

① 包澄章、刘中民：《对中东变局以来中东教派主义的多维透视》，载《西亚非洲》2015年第5期，第38页。

② Christopher Clapham, "Terrorism in Africa: Problems of Definition, History and Development," *South African Journal of International Affairs*, Vol.10, No.2, 2003, p.28.

③ David McCormack, *An African Vortex: Islamism in Sub-Saharan Africa*, Washington D. C.: Center for Security Policy, January 2005, p.6.

④ Joseph Kenny, "Arab Aid and Influence in Tropical Africa," in AECAWA, ed., *Christianity and Islam in Dialogue*, Cape Coast: Association of Episcopal Conferences of Anglophone West Africa, 1987, pp.77-83.

苏丹的青少年接受伊斯兰教育。[①] 二是宗教机构援建。世界穆斯林青年大会在撒哈拉以南非洲至少援建了48座清真寺，而沙特官方更通过伊斯兰事务部（Ministry of Islamic Affairs）在海外大量援建清真寺。此外，资助撒哈拉以南非洲穆斯林到麦加朝觐也是沙特推行萨拉菲主义的重要手段。三是利用新技术宣教。2004年前后，沙特成立了伊斯兰国际频道（Channel Islam International），通过卫星电视向超过60个非洲和中东国家播报。[②] 借助宗教卫星、新兴媒体与社交网络，沙特进一步扩大了萨拉菲主义在全球的影响。[③]

第二，以"圣战"萨拉菲主义为意识形态的宗教极端武装成为当前撒哈拉以南非洲伊斯兰极端主义传播的重要载体。萨拉菲主义作为一种思潮，不仅追求特定的目标，还有其达成目标的手段。在民族国家林立的现代国际体系中，若要有效构建以"乌玛"为单元的伊斯兰世界体系，经院主义的手段就显得软弱无力，更具颠覆性的极端主义于是便成为达至萨拉菲主义目标的极端方式。[④]

20世纪70年代的伊朗伊斯兰革命激发了撒哈拉以南非洲穆斯林"回归伊斯兰正统"的热情，而70—80年代的阿富汗抗苏战争更是成为"全球圣战"的导火索，[⑤] 受国际格局变动的影响，萨拉菲主义逐渐出现异化趋势。随着"基地"组织和"伊斯兰国"组织的兴起，极端组织以全新的形式推动了极端化萨拉菲主义在撒哈拉以南非洲的传播与扩散，[⑥] 其传播途径主要包括以下两种：

---

① John Hunwick, "Sub-Saharan Africa and the Wider World of Islam: Historical and Contemporary Perspectives," *Journal of Religion in Africa*, Vol.26, Fasc. 3, 1996, p.244.

② David McCormack, *An African Vortex: Islamism in Sub-Saharan Africa*, p.7.

③ 包澄章：《中东剧变以来的萨拉菲主义》，载《阿拉伯世界研究》2013年第6期，第107—108页。

④ 王涛、宁彧：《萨拉菲主义的多维透视——兼论萨拉菲主义与恐怖主义的关系》，第99—101页。

⑤ ICG, *Exploiting Disorder: Al-Qaeda and the Islamic State*, Brussels: International Crisis Group, March 2016, p.1.

⑥ James J. F. Forest, "Al-Qaeda's Influence in Sub-Saharan Africa: Myths, Realities and Possibilities," *Perspectives on Terrorism*, Vol.5, Issues 3-4, 2011, p.63.

一是人员输送。极端组织将接受过极端化萨拉菲主义"洗脑"的"圣战"分子输送至世界各地，撒哈拉以南非洲就是其中重要的目的地。[①] 一方面，在20世纪80年代的阿富汗战争中，来自撒哈拉以南非洲的"圣战"分子与中亚穆斯林秉持萨拉菲主义理念并肩战斗。[②] 他们回国后，成为日后极端组织的核心骨干。[③] 另一方面，"基地"组织派遣人员进驻非洲本土极端组织，以维持"萨拉菲主义思想的正统性"。"青年党"中不少极端萨拉菲主义外籍成员就是由"基地"组织输送来的。他们极大消解了"青年党"固有的氏族主义与泛索马里主义（pan-Somalism）意识形态，极端化的萨拉菲主义影响正在不断加深。[④]

二是资金支持。"基地"组织通过资金供给推动撒哈拉以南非洲本土极端组织的"萨拉菲化"。"伊斯兰国"组织兴起后，也利用资金支持等手段与"基地"组织在意识形态领域争夺主导地位。[⑤] 另外，世界穆斯林大会、国际伊斯兰救济组织（International Islamic Relief Organization）等宗教非政府组织也曾为"青年党"等提供资金支持，进一步扩大了萨拉菲主义的影响力。[⑥] 不过，与人员派驻不同，资金输出难以从根本上改变非洲本土极端组织的认知与实践方式。例如"博科圣地"无论是效忠"基地"组织，还是转投"伊斯兰国"组织，其政治目标都并未发生本质变化。[⑦]

[①] Pew Forum, *Tolerance and Tension: Islam and Christianity in Sub-Saharan Africa*, Washington, D.C.: Pew Research Center, 2010, p.2.

[②] ICG, *Exploiting Disorder: Al-Qaeda and the Islamic State*, p.1.

[③] 王涛、曹峰毓：《伊斯兰马格里布基地组织产生的背景、特点及影响》，载《西亚非洲》2016年第3期，第83页。

[④] Stig Jarle Hansen, *Al-Shabaab in Somalia: The History and Ideology of a Militant Islamist Group, 2005-2012,* London: Hurst & Company, 2013, p.107.

[⑤] 刘中民、赵跃晨：《"伊斯兰国"在撒哈拉以南非洲地区的渗透及其影响因素分析》，载《国际展望》2018年第2期，第132—133页。

[⑥] Geoffrey Kambere, "Financing Al-Shabaab: The Vital Port of Kismayo," *Global Ecco*, August 2012, https://globalecco.org/financing-al-shabaab-the-vital-port-of-kismayo，登录时间：2017年11月14日。

[⑦] Simon Gray and Ibikunle Adeakin, "The Evolution of Boko Haram: From Missionary Activism to Transnational Jihad and the Failure of the Nigerian Security Intelligence Agencies," *African Security*, Vol.8, No.3, 2015, p.191.

"基地"组织与"伊斯兰国"组织等虽然都主张极端化的萨拉菲主义，但"伊斯兰国"与"基地"组织构建"全球圣战网络"的思路不同，它致力于打造一个统一的"哈里发国家"。[①] 奉行不同主张的"圣战"萨拉菲主义组织之间互相竞逐，引起了撒哈拉以南非洲本土极端组织内部的混乱乃至分裂，[②] 但也激发了撒哈拉以南非洲极端主义者对"圣战"目标、手段及其限度的再认知。

三、当代萨拉菲主义在撒哈拉以南非洲兴起的原因

萨拉菲主义在撒哈拉以南非洲传播如此迅猛，体现出它在这一地区有着良好的发展条件。在宗教世界观对立且冲突的背景下，撒哈拉以南非洲复杂的社会发展状况也为萨拉菲主义者所利用。

（一）宗教对立

宗教势力是撒哈拉以南非洲社会组织结构中的重要一环。[③] 在该地区，主流伊斯兰教是作为黑人信仰的较为宽容的伊斯兰教，[④] 但随着萨拉菲主义的传入，当地伊斯兰教的性质乃至宗教格局都发生了改变。

一方面，"伊斯兰"与"非伊斯兰"的对立，既是世界范围内萨拉菲主义兴起的共性，也是撒哈拉以南非洲萨拉菲主义的特点。

在撒哈拉以南非洲，基督教与伊斯兰教认同之间的"文化断层"现象异常突出，[⑤] 宗教纷争是这一广袤土地上的重要历史主题之一。无论是东

---

① 刘中民、俞海杰：《"伊斯兰国"的极端主义意识形态探析》，载《西亚非洲》2016年第3期，第50—52页。

② Stoyan Zaimov, "Al-Shabaab Faction Pledges Loyalty to ISIS after Killing 150 Christian Students," *The Christian Post*, October 26, 2015, http://www.christianpost.com/news/al-shabaab-terror-group-pledges-loyalty-isis-killing-150-christian-students-garissa-148465/，登录时间：2017年11月14日。

③ ［英］帕林德：《非洲传统宗教》，张治强译，北京：商务印书馆1999年版，第4页。

④ ［塞内加尔］D. T. 尼昂主编：《非洲通史（第四卷）：十二世纪至十六世纪的非洲》，第194页。

⑤ 李维建：《撒哈拉以南非洲伊斯兰极端主义》，第52页。

苏丹地区伊斯兰教苏丹国对基督教王国的取代，还是基督教与伊斯兰教在非洲之角长达千年的博弈，都加剧了各自宗教身份的自我界定与外部塑造。近代以来，西方殖民使撒哈拉以南非洲穆斯林产生了严重的危机感。20世纪60年代以来，"伊斯兰"与"非伊斯兰"的对立既是殖民遗产的延续，也是全球化进程与非洲复杂互动的表现。伊斯兰教为了生存，必须以新的方式寻求发展。这一地区的黑人穆斯林便将萨拉菲主义视为济世良方。

20世纪中后期至21世纪初，萨拉菲主义在撒哈拉以南非洲的扩散进入新的发展阶段。首先，五次中东战争、两次阿富汗战争和两次海湾战争使得伊斯兰世界整体受挫。其次，撒哈拉以南非洲作为以中东地区为核心的萨拉菲主义体系的重要组成部分，同样感受到因国际格局改变而带来的挫败感。在这种冲突对立中，伊斯兰世界极端组织对"圣战"概念进行了偏执化的理解。极端化已然成为萨拉菲主义的重要标签，而极端组织则充当着传播与扩散极端化萨拉菲主义的载体。

另一方面，伊斯兰教在撒哈拉以南非洲的本土化改造遭到了萨拉菲主义的攻击，"正统"之争成为萨拉菲主义在这一地区扩散的重要原因。

自公元11世纪中期以来，伊斯兰教开始向撒哈拉以南非洲传播，直到今天，都未能使非洲的传统适应它的思想，反而使伊斯兰教适应了非洲传统，[①] 推动了伊斯兰教的本土化。为扩大信众，伊斯兰教对自身形式和内容都做出了适应黑人文化传统特性的变通。[②]

最初，撒哈拉以南非洲的黑人信徒兼信伊斯兰教与传统宗教，伊斯兰教不过是"遮盖在古老信仰传统之上的一层薄薄的面纱"。[③] 以苏菲主义为代表的伊斯兰教"由于较能迁就非洲传统社会和宗教的习惯制度"，[④] 最终

---

① ［上沃尔特］J.基-泽博主编：《非洲通史（第一卷）：编年方法及非洲史前史》，北京：中国对外翻译出版有限公司2013年版，第148页。

② Richard Olaniyan, ed., *African History and Culture*, Lagos: Longman Nigeria, 1982, p.196.

③ ［塞内加尔］D.T.尼昂主编：《非洲通史（第四卷）：十二世纪至十六世纪的非洲》，第193页。

④ ［加纳］A.A.博亨主编：《非洲通史（第七卷）：1880—1935年殖民统治下的非洲》，北京：中国对外翻译出版有限公司2013年版，第457页。

在撒哈拉以南非洲占据主流。① 其实，伊斯兰教在其起源阶段同样带有阿拉伯地区早期部落崇拜的痕迹。因而，《古兰经》中的许多内容也与非洲氏族、部落文化相契合。② 大多数部落虽有"一神崇拜"，但对至高神的称谓却不同，含义也不尽相同。③ 在这样的文化场域中，黑人穆斯林尽管将伊斯兰教的真主视为最高神，但在他们本部落的信仰体系中，真主之下还存在着其他神灵。

在萨拉菲主义者看来，撒哈拉以南非洲的苏非主义严重偏离伊斯兰教的正统信仰，沦为崇尚"尊古"、强化"认主独一"思想的萨拉菲主义所攻击的标靶。萨拉菲主义与苏非主义所展开的"宗教论争"乃至"宗教冲突"，在一定程度上凸显了萨拉菲主义对撒哈拉以南非洲原有伊斯兰教格局的强势改造。④ 萨拉菲主义者希望通过"正统之争"为发动"圣战"提供合法性释义，⑤ 并扩展"真正的"伊斯兰世界的版图。

（二）宗教与世俗的对立统一

非洲国家普遍面临的治理困境、泛非主义的历史内涵与现实变异、部落主义与泛民族主义互相消解等世俗性因素同样为萨拉菲主义者所利用。

第一，国家治理困境是萨拉菲主义传播的突破口。国家能力的强弱不仅影响国家的国际竞争力，更关乎国内治理水平的高低。⑥ 就撒哈拉以南非洲国家而言，国家治理能力所面临的核心问题是强大的物质性能力与虚弱的制度性能力之间的反差，这成为萨拉菲主义在这一地区迅速传播的突

---

① 李维建：《当代非洲苏非主义——挑战与出路》，载《世界宗教研究》2016年第3期，第165—169页。

② 张宏明：《多维视野中的非洲政治发展》，北京：社会科学文献出版社2007年版，第257页。

③ ［英］帕林德：《非洲传统宗教》，第31—35页。

④ Tarik K. Firro, "The Political Context of Early Wahhabi Discourse of Takfir," *Middle Eastern Studies*, Vol.49, No.5, 2013, pp.771-772.

⑤ Matt Bryden, *The Reinvention of Al-Shabaab-A Strategy of Choice or Necessity?*, Washington D. C.: Center for Strategic and International Studies, February 2014, p.2.

⑥ 黄清吉：《现代国家能力的构成：国内政治与国际政治的统合分析》，载《教学与研究》2010年第3期，第39—40页。

破口。撒哈拉以南非洲国家的物质性能力以往存在被低估的问题。在政府财政之外，资源与经济援助是撒哈拉以南非洲国家汲取能力的关键，并使以财富为支撑的强制能力得到迅速发展。但是，这种强制力仅仅体现出忠诚度而非战斗力，[①] 从而造成作为暴力的军警力量无法有效应对国内突发的安全危机，不利于国家制度性能力的构建，这为萨拉菲主义传播、扩大影响提供了机遇。一方面，在国家的强制手段下，萨拉菲主义曾经是暴力的牺牲品，直接激化了萨拉菲派与政府的矛盾。前者宣扬的宗教认同高于国家认同的理念，赢得了众多同情者。[②] 另一方面，在撒哈拉以南非洲国家政府严重缺位的情况下，萨拉菲主义获得了充分的生存空间，[③] 而一些极端萨拉菲主义组织的割据又为饱受战乱的民众提供了难得的稳定。尽管这是一种压制状态下的秩序，但与无政府状态和冲突相比，"秩序"仍具有不可阻挡的魅力。[④]

第二，泛非主义是萨拉菲主义扩散的润滑剂。作为代表全体黑人诉求的意识形态，泛非主义经历了从号召非洲各族跨越部落与地域界限，到指导民族独立，进而探索非洲一体化的发展演变。它之所以能成为萨拉菲主义扩散的润滑剂，主要有两大原因：一是两者都有着相似的历史际遇。殖民主义使撒哈拉以南非洲本土与海外的整个黑人种族均丧失了独立地位，而伊斯兰教也在西方基督教的"攻势"下逐渐被边缘化。因此，在非洲历史、政治环境中，早期泛非主义与萨拉菲主义有着共同的敌人，即殖民主义和帝国主义；它们也有着共同的斗争目标，即反殖反帝。二是两者拥有数量巨大的共同利益群体。早期泛非主义思想家认为，全球黑人种族有共同的历史遭遇，因此，反种族主义和争取黑人独立的斗争是全球黑人的共

---

① 卢凌宇：《西方学者对非洲国家能力（1970—2012）的分析与解读》，载《国际政治研究》2016 年第 4 期，第 118 页。

② Abimbola Adesoji, "Restoring Peace or Waging War: Security Agencies' Management of Ethno-religious Uprisings in Nigeria," *African Security Review*, Vol.19, No.2, 2010, pp.5-6.

③ Oscar Gakuo Mwangi, "State Collapse, Al-Shabaab, Islamism, and Legitimacy in Somalia," *Politics, Religion & Ideology*, Vol.13, No.4, 2012, pp.513-527.

④ John Lee Anderson, "The Most Failed State," *The New Yorker*, December 14, 2009, http://www.newyorker.com/magazine/2009/12/14/the-most-failed-state，登录时间：2017 年 11 月 14 日。

同任务。^①与之相类似，泛伊斯兰主义是重塑伊斯兰世界的关键理念，即建设一个超国家、超族群、超地区、超宗教分歧的政治共同体"乌玛"，并共同推举一位哈里发。萨拉菲主义的这种解决方案被解读为20世纪以来泛非主义理想在撒哈拉以南非洲得以实现的精神载体，前者完美地与后者嫁接，即以泛伊斯兰主义整合黑人种族，实现非洲统一。^②

第三，部落主义与跨界民族主义是萨拉菲主义发展的催化剂。宗教对世界大多数民族认同的建构发挥着基础性作用。^③在撒哈拉以南非洲，部落社会的分裂性与离散性，是独立后非洲多数国家面临的最大政治发展挑战。^④而随着西方竞争性多党制与选举政治的引入，撒哈拉以南非洲政党政治往往带有浓厚的族群或地方色彩，而不具备统领全局、整合分歧的眼光。^⑤萨拉菲主义的政治实践在某种程度上契合了非洲族群的政治诉求，尤其是在西非萨赫勒、东非沿海与非洲之角地区，族群矛盾的尖锐程度与萨拉菲主义的流行程度呈正相关性。在西非萨赫勒地区，萨拉菲主义与部落主义相结合，试图制造分裂并"独立建国"。^⑥而在非洲之角地区，萨拉菲主义与跨界民族主义相结合，试图联合全体索马里人，建立"大索马里伊斯兰国"。

四、当代萨拉菲主义对撒哈拉以南非洲的影响

有媒体估计，世界范围内奉行"圣战"萨拉菲主义思想的穆斯林数量

---

① 舒运国：《泛非主义史：1900—2002》，北京：商务印书馆2014年版，第69页。

② Garba Bala Muhammad and Muhanmad Sari Umar, "Religion and the Pan-African Ideal: The Experience of Salafi Islam in the West African Sub-Region," *AJIA*, Vol.5, No.1-2, 2002, p.141.

③ 徐以骅：《宗教与当代国际关系》，载《国际问题研究》2010年第2期，第45页。

④ 刘鸿武：《非洲发展路径的争议与选择》，第37—38页。

⑤ ［美］凯文·希林顿：《非洲史》，第531页。

⑥ 王涛、汪二款：《图阿雷格人问题的缘起与发展》，载《亚非纵横》2014年第5期，第94—98页。

占全球穆斯林人口的1%。[①] 撒哈拉以南非洲穆斯林人口约在4.5亿—5.8亿之间。[②] 据此估算，该地区的"圣战"萨拉菲主义者数量约为450万—580万人。由于缺少准确的数据支撑，这一数字或许有所夸大。从地区分布看，萨拉菲主义在撒哈拉以南非洲呈现多点分布的特征，东非的索马里、埃塞俄比亚、肯尼亚，西非的加纳、塞内加尔、布基纳法索等，甚至远至南非皆受到了萨拉菲主义的影响。伊朗伊斯兰革命后，伊斯兰复兴运动兴起，此后阿富汗战争创造"圣战"大本营，进一步为该地区萨拉菲主义的极端化发展提供了"样本"，并形成了萨赫勒"动荡弧"。

撒哈拉以南非洲的萨拉菲主义并未形成如北非那样的萨拉菲主义政党，而是以教团组织与反政府武装为主。教团组织逐步在穆斯林社区内形成了萨拉菲主义社团，在宣教的过程中不断吸纳新的信众，影响日益增加；反政府武装则成为"动荡弧"的"缔造者"，他们人数虽少，却对地区安全构成严重威胁。

（一）萨拉菲主义的多点分布使其在撒哈拉以南非洲成为不可忽视的社会力量，对其影响的评估，要从多方面加以考虑

第一，对宗教环境的解构。首先，对苏菲派主流地位的挑战。萨拉菲主义严格遵循"认主独一"，指责撒哈拉以南非洲苏菲主义的圣墓崇拜是一种偶像崇拜，是对"认主独一"的严重违背，是叛教行径，对此甚至不惜诉诸暴力。[③] 其次，迫使温和的苏菲派日趋极端化。由于受到来自萨拉菲派的压力，苏菲派同样采取与萨拉菲派类似的斗争策略，最终也走向极端"去本土化"，[④] 在与"青年党"斗争中产生的苏菲派武装集团"先知的

---

① Bruce Livesey, "The Salafist Movement," *Frontline*, January 25, 2005, http://www.pbs.org/wgbh/pages/frontline/shows/front/special/sala.html，登录时间：2018年1月8日。

② 周海金：《伊斯兰教在当代非洲社会的传播与影响》，载《世界宗教研究》2014年第4期，第160—161页。

③ Mary Harper, *Getting Somalia Wrong? Faith, War and Hope in a Shattered State*, London: Zed Books, 2012, p.78.

④ 李维建：《撒哈拉以南非洲伊斯兰极端主义》，第54页。

信徒"（Ahlu Sunna Wah Jamaa）身上，这一特征表现得尤为明显。

第二，对社会群体的解构。萨拉菲主义的影响已经蔓延至社会领域，集中体现在对青年的巨大影响。首先，反政府武装型萨拉菲组织的招募重塑了青年群体的社会角色。庞大的青年群体本是未来非洲大陆发展的"人口红利"，但在反政府武装中，他们却成为杀人工具。更严重的是，冲突的常态化使大批青年失去在正常社会中工作与谋生的能力，难以重新融入社会。[1] 其次，萨拉菲主义开展封闭的宗教教育，阻碍了正常的社会化进程。有学者认为，萨拉菲主义强调"正统伊斯兰"，拒绝一切西方现代化的思维与训练方式，所教授的内容仅是《古兰经》与阿拉伯语。[2] 在反政府武装型萨拉菲组织的控制区内，甚至从基础教育阶段便进行萨拉菲主义意识形态的灌输，[3] 教学内容严重脱离现代社会的实际需要，使得青年群体与快速发展的社会脱节。

第三，对政府与国家的解构。首先，极端化萨拉菲主义组织的地方割据解构了政府的功能。"良政"与"善治"是撒哈拉以南非洲国家最为现实的政治追求，但收效甚微，腐败与安全缺失成为关键阻碍。然而，萨拉菲主义的输入为撒哈拉以南非洲国家带来了所谓以推行伊斯兰教法为途径的"改革之道"，最为直接的表现就是萨拉菲主义组织对社区的控制，以及反政府武装型萨拉菲武装组织的地方割据，都严重削弱了国家和政府的权威。其次，萨拉菲主义者所倡导建立的伊斯兰政治实体是对现代民族国家的解构。部落林立的非洲国家本就面临从部落社会向现代国家过渡的艰巨任务，[4] 而以反政府武装型萨拉菲主义为代表的理念与实践进一步从根基上消解了现代国家建构的合法性依据。他们鼓吹"全球圣战"以建立打

---

① Roland Marchal, "A Tentative Assessment of the Somali Harakat Al-Shabaab," *Journal of Eastern African Studies*, Vol.3, No.3, 2009, p.395.

② Yunus Dumbe, "The Salafi Praxis of Constructing Religious Identity in Africa: A Comparative Perspective of the Growth of the Movements in Accra and Cape Town," p.90.

③ Abdi O. Shuriye, "Al-Shabaab's Leadership Hierarchy and Its Ideology," *Academic Research International*, Vol.2, No.1, 2012, p.275.

④ 刘鸿武等:《从部族社会到民族国家:尼日利亚国家发展史纲》，昆明:云南大学出版社2000年版，第1页。

破现存国界的"乌玛"的努力，是对民族国家体制的彻底否定。[①]

（二）反政府武装型萨拉菲主义在萨赫勒地区形成的"动荡弧"已成为非洲乃至世界范围内的重大安全威胁

作为一种地缘政治概念，美国早在2000年就已对"动荡弧"进行了深入的讨论，[②]但研究的指向仍带有明显的冷战思维。"9·11"事件后，恐怖主义取代传统意识形态，成为最重要的安全议题。2005年，马尔克·赛奇曼（Marc Sageman）提出，对恐怖主义的认识不能局限于某个人或某一组织，更应将其视为一种广泛联系的组织网络。[③]2013年前后，"阿拉伯之春"的溢出效应波及撒哈拉以南非洲，导致当地安全局势日益恶化。在"基地"组织和"伊斯兰国"组织的外部影响下，"伊斯兰马格里布基地组织""青年党""博科圣地"之间不断加强联络，使得非洲萨赫勒地区的各极端组织在人员训练、资金流动等方面形成了初步合作的态势，[④]一条横贯萨赫勒地区的"动荡弧"已然成形。

"动荡弧"的形成影响了全球萨拉菲主义网络的建构。"伊斯兰马格里布基地组织""青年党""博科圣地"的存在使撒哈拉以南非洲进入了区域化"圣战"时期。更重要的是，它们已组成一个全球性的萨拉菲主义"圣战"网络。其中，意识形态宣传、人员招募、资金筹集是支撑该网络发展的"三驾马车"；萨赫勒"动荡弧"则是"圣战"网络的重要纽带，将中东、欧洲、撒哈拉以南非洲的极端主义势力联结起来。[⑤]

"动荡弧"对萨赫勒地区乃至世界构成了巨大威胁。其一，生命与财

---

① Stig Jarle Hansen, *Al-Shabaab in Somalia: The History and Ideology of a Militant Islamist Group, 2005-2012*, p.62.

② 官海文：《美国学者对"动荡弧"概念的解读》，载《兰州学刊》2008年第12期，第52页。

③ Marc Sageman, "Understanding Jihadi Network," *Strategic Insights*, Vol.4, Issue 4, 2005, p.8.

④ Daniel E. Agbiboa, "Ties That Bind: The Evolution and Links of Al-Shabab," *The Round Table*, Vol.103, No.6, 2014, p.592.

⑤ 王涛、秦名连：《索马里青年党的发展及影响》，载《西亚非洲》2013年第4期，第87页。

产损失。2011—2015年间，"博科圣地"的活动直接导致约2万人死亡。[1]
恐怖袭击造成的经济损失，乃至各国政府为打击极端主义组织的经费开支
更是难以估量。其二，族群矛盾激化和地区国家之间关系紧张。萨赫勒
"动荡弧"的背后有着复杂的跨境族群问题。"博科圣地"背后暗含了卡努
里人（Kanuri）部落主义问题以及乍得湖（Lake Chad）周边国际关系的复
杂互动；[2]"青年党"的泛滥既与索马里人和周围族群的矛盾冲突有关，更
反映出非洲之角国际关系的失序。[3]其三，溢出效应与全球威胁。随着域
外国家在撒哈拉以南非洲利益的不断扩大，"动荡弧"的威胁也波及它们。
尤其值得注意的是，"伊斯兰马格里布基地组织"发动的袭击也导致了非
洲当地中国投资者身亡和维和人员牺牲。[4]

　　"动荡弧"也在一定程度上吸引了域外极端组织的渗透乃至转移。在
"伊斯兰国"组织强盛之时，"博科圣地"和"青年党"高层先后表示对该
组织头目巴格达迪效忠。但是，撒哈拉以南非洲极端组织自身固有的本土
属性以及"基地"组织在当地的深厚影响，使"伊斯兰国"组织难以撼动
"基地"组织的强势地位。[5]2016年年底以来，随着"伊斯兰国"实体的日
渐式微，该组织已出现向"动荡弧"地带进行战略转移的趋势，巴格达迪
曾表达过向撒哈拉以南非洲转移资源并实现异地发展的意图。[6]一旦"伊
斯兰国"组织将发展重心转向"动荡弧"，该地区的安全局势无疑将进一

① Mark Wilson, "Nigeria's Boko Haram Attacks in Numbers - as Lethal as Ever," *BBC*, January 25, 2018, http://www.bbc.com/news/world-africa-42735414, 登录时间：2018年1月30日。

② Zacharias P.Pieri and Jacob Zenn, "The Boko Haram Paradox: Ethnicity, Religion, and Historical Memory in Pursuit of a Caliphate," *African Security*, Vol.9, No.1, 2016, pp.77-80.

③ Matt Bryden, *The Reinvention of Al-Shabaab-A Strategy of Choice or Necessity?* p.2.

④ 王涛、曹峰毓：《伊斯兰马格里布基地组织产生的背景、特点及影响》，第92页。

⑤ Stoyan Zaimov, "Al-Shabaab Faction Pledges Loyalty to ISIS After Killing 150 Christian Students".

⑥ Joseph Siegle, "ISIS in Africa: Implications from Syria and Iraq," *Africa Center for Strategic Studies*, March 17, 2017, http://africacenter.org/spotlight/islamic-state-isis-africa-implications-syria-iraq-boko-haram-aqim-shabaab/，登录时间：2017年11月14日。

步恶化，同时将激化地区"本土圣战派"与"全球圣战派"间的分歧。①

通过前文的梳理与分析可以得出以下三点基本认识。

第一，萨拉菲主义在撒哈拉以南非洲的传播既是近一个世纪以来的新现象，也有其深厚的历史渊源。11世纪的穆拉比特运动与12世纪的穆瓦希德运动首先提供了一种"宣教与正统化"并举的模式。其向往传统伊斯兰生活、回归《古兰经》与"圣训"的实践，为此后萨拉菲主义在撒哈拉以南非洲的传播提供了思想和组织前提。18—19世纪兴起的"富拉尼圣战"则为萨拉菲主义的传播提供了"改革与进化"的模式，它不仅突出了"圣战"的功能性作用，而且为后来走向极端化的萨拉菲主义提供了早期样本。

第二，萨拉菲主义在撒哈拉以南非洲的传播经历了从温和经院主义到极端主义的发展。20世纪70年代以来，在沙特资金的资助下，萨拉菲主义在撒哈拉以南非洲的传播手段日益多元，其传播呈现出"井喷"之势。域外大国对中东事务的介入和中东地区穆斯林的反叛，共同催生出极端化的萨拉菲主义。它以撒哈拉以南非洲各国的"圣战"分子为载体，并在"基地"组织和"伊斯兰国"组织的影响下，最终完成了在该地区的新一轮传播。究其原因，首先应注意的是世界范围内"伊斯兰"与"非伊斯兰"的对立以及伊斯兰世界内部的正统之争；而撒哈拉以南非洲普遍存在的国家治理困境则成为萨拉菲主义传播的突破口；泛非主义、部落主义、跨界民族主义的某些诉求也通过萨拉菲主义得到了体现。

第三，极端化的萨拉菲主义在撒哈拉以南非洲产生的影响极其复杂。目前在撒哈拉以南非洲，以极端化萨拉菲主义为核心的宗教思潮产生了内外两方面的影响。在内部，以苏菲主义为主流的传统伊斯兰格局受到挑战；撒哈拉以南非洲的青年成为冲突常态化与职业化的牺牲品；地区国家

---

① Conor Gaffey, "What Next for Boko Haram's Forsaken Leader, Abubakar Shekau?" *Newsweek*, August 10, 2016, http://www.newsweek.com/what-next-boko-harams-forsaken-leader-abubakar-shekau-488840，登录时间：2018年1月8日。

也被进一步削弱。尤为重要的是，某些宣扬萨拉菲主义的极端组织在辖区内进行社会控制，灌输超越国界的"乌玛"理念，共同挑战了当前非洲本已困难重重的民族国家建构。在外部，"动荡弧"所产生的外溢效应不仅造成巨大的人员与物资损失，而且为域外极端组织的渗透提供了机会，使地区安全局势进一步复杂化。

第25章

欧洲伊斯兰极端主义的
性质和结构分析

　　21世纪以来，从2004年3月11日西班牙发生的与"基地"组织有关联的马德里爆炸案，到2014年至2015年数千名欧洲国家公民作为"圣战者"前往中东地区参加"伊斯兰国"武装，欧洲伊斯兰极端主义的兴盛和扩展已经成为欧洲国家乃至整个国际社会严重关切的重大问题。"伊斯兰国"的一系列恐怖主义行径，特别是2015年11月15日发生的巴黎恐怖袭击事件，不但使得欧洲国家政府和社会深感震惊和恐惧，而且也使得国际反恐形势变得更为复杂。面对欧洲伊斯兰极端主义的影响不断扩大和威胁日益严重，欧洲国家政府提高了安全戒备等级并全面加强了打击恐怖主义的力度，同时政府和学者也开始密切关注和探讨欧洲伊斯兰极端主义问题。然而，从目前的情况来看，欧洲伊斯兰极端主义这一问题虽然得到了广泛重视，但对这一问题的性质和深层原因的研究还明显不足，以至对于极端主义这一广泛运用的概念究竟是指思想意识还是行为方式，或是两者兼而有之，人们也没有共同的认识。为此，本书尝试运用一种新的视角，通过内在结构来剖析欧洲伊斯兰极端主义的性质和内涵。具体来说，这一研究主要是从问题的性质入手，然后从结构上把欧洲伊斯兰极端主义这座金字塔分解为"伊斯兰圣战士"的恐怖主义行为体、宣扬"非暴力"的伊斯兰极端主义政治势力、伊斯兰极端主义意识形态传播和动员运动三个层面来分析其中的具体内容，希望能为全面深化对欧洲伊斯兰极端主义问题的认识和研究开辟一条新的路径。

一、欧洲伊斯兰极端主义的性质

在谈及欧洲当前面临的伊斯兰极端主义这个问题的性质时，必然首先要涉及极端主义与恐怖主义之间的区别和联系问题。从理论上来说，人们通常的观点是：所有恐怖分子都是极端主义分子，但并非所有极端主义分子都是恐怖分子。[①] 在这里，对极端主义概念的理解显然涉及的主要是其性质，而非内涵。但要探究当前欧洲伊斯兰极端主义的性质，就必须联系到这一问题产生的社会背景，同时还要联系到对这一问题进行研究的方法。近年来，由于欧洲地区恐怖主义事件频频发生，才引起了人们对伊斯兰极端主义问题的密切关注。然而，如果不能明确恐怖主义和极端主义的关系，就会导致一些难以证明的假设。其中最为关键的问题就是为了制止和打击恐怖主义，是否必须首先制止各种形式的极端主义。对此，一些欧洲学者强调，极端主义只是一个可能导致恐怖主义的过程，两者之间的关系存在两种可能性。他们认为，极端主义有两种类型，一种是"恶性的"极端主义，它会把个人直接推入恐怖主义；而另一种则是"良性的"极端主义，它并不一定会导致恐怖主义。因此，打击恐怖主义并不意味着要消除极端主义。

欧洲学者提出这种假设的原因，是因为他们在研究伊斯兰极端主义问题时，特别重视认知因素的作用，也就是信仰和价值观与伊斯兰极端主义之间的联系。[②] 但在他们当前的研究结果中，未能对信仰和价值观与行

---

① Edwin Bakker and Beatrice de Graaf, "Lone Wolves: How to Prevent This Phenomenon?" *Studies in Conflict and Terrorism*, 2014, http://www.academia.edu/8852299/_Explaining_Lone_Wolf_Target_Selection_in_the_United_States_Studies_in_Conflict_and_Terrorism_2014.

② Max Taylor and John Horgan, "The Psychological and Behavioural Bases of Islamic Fundamentalism," *Terrorism and Political Violence*, Vol.13, No.4, 2002, pp.37-71.

为方式之间的联系做出合理的解释。正如菲什曼（Shira Fishman）所指出的："人们似乎可以确定那些致力于极端行为方式的个体必然拥有极端的信仰。但事实上，现在还不能确定每个个体的生活态度或信仰就一定是他们行为方式的基础，而且接受激进的信仰并不必然会导致激进的行动。"[①] 与此同时，巴特利特（Jamie Bartlett）和米勒（Carl Miller）也进一步提出应区分暴力极端主义和非暴力极端主义。他们认为前者是"一种直接从事、资助或煽动恐怖主义行动的过程"，而后者则是"一种对现状采取激进主义观点的过程，但并不一定会采取或煽动恐怖主义行动"。[②] 在这里值得注意的是，欧洲研究者们尽管更加注重行为方式，但他们也不得不承认暴力极端主义中包含了思想观念和行为方式两个方面，而且恐怖主义的行为方式和激进主义的意识形态必然会在暴力行动中同时存在。

对于欧洲伊斯兰极端主义问题，欧盟官方的认识与学者也大致相似，只是更加关注两者之间的演变过程。对此，欧盟内政部（EU Home Affairs）的官方网站上就有这样的说明："极端主义在某种情况下可以理解为一种复杂的现象。人们因为拥有激进的意识形态，因而导致了他们采取恐怖主义行动。"[③] 但在说到"恐怖主义的极端主义"以及"可能导致恐怖主义行动的极端主义"时，欧盟官方网站又明确表示还存在着其他类型的极端主义，而且它们从根本上不同于那些会导致恐怖主义的极端主义。因此，欧盟官方重视的只是会导致恐怖主义的极端主义，而且特别关注其导致恐怖主义的过程以及在何种情况下会导致恐怖主义。为此，欧盟强调制止恐怖主义的关键是停止这个过程，这样才能避免其产生的结果。

其实，关于极端主义在何种情况下会导致恐怖主义的问题，所涉及的

---

① Shira Fishman, "Community-Level Indicators of Radicalization: A Data and Methods Task Force," Report to Human Factors and Behavioral Sciences Division, Science and Technology Directorate, U.S. Department of Homeland Security, College Park, MD: START, 16 Feb. 2010, p.10.

② Jamie Bartlett and Carl Miller, "The Edge of Violence: Towards Telling the Difference between Violent and Non-Violent Radicalization," *Terrorism and Political Violence*, Vol.24, No.1, 2012, pp.1-21.

③ European Commission Home Affairs, "Countering Radicalization and Recruitment," http://ec.europa.eu/home-affairs/policies/terrorism/terrorism_radicalization_en.htm.

不仅是极端主义如何导致恐怖主义，而且还关系到持激进主义观点的个体在何种情况下会采取恐怖主义的方式，这就牵涉到个体采取恐怖主义行动的决定过程和促使其行动得以实施的潜在依据。经验主义的研究表明，各种因素对于个人决定过程的不同阶段会有不同的影响，包括采取恐怖主义行动的决定。① 因此，制止恐怖主义本身对于制止极端主义的作用有限。② 实际上，制止极端主义从广义上来说几乎是不可能的，因为极端主义只是一种表达信念的态度和行为方式。另外，从某种意义来说，"极端主义只是一种不断增强的意愿，其目标是支持和推动深远的社会变革，而这种变革必将和现存的制度产生冲突或带来直接威胁。"③ 从历史的观点看，基于信念和行为方式的极端主义的性质取决于所涉及事件的合法性程度，并将与现实社会和政治环境相联系，因而在某些情况下甚至具有合理性。通常来说，意识形态可能会受到挑战，但却无法加以禁止或将其摧毁。更何况伊斯兰极端主义的意识形态只是泰勒（Max Taylor）和霍根（John Horgan）所说的那种"建构和影响行为方式的过程"，而不是"某种具体意识形态的内容"。④

另外，关于极端主义和伊斯兰之间联系的问题，其本身就是一个具有争议的话题。对此希尔克（Andrew Silke）认为，在"基地"组织出现之前，很少有人把极端主义与伊斯兰联系在一起。⑤ 直到"基地"组织出现后，极端主义这个概念才开始被频繁用来解释和说明伊斯兰主义者的行为方式。这主要是因为人们已经无法用"激进主义"来概括穆斯林极端主义

① John Horgan, *The Psychology of Terrorism*, New York: Routledge, 2005.

② Max Taylor and Gilbert Ramsay, "Violent Radical Content and the Relationship between Ideology and Behaviour: Do Counter-Narratives Matter?" in National Coordinator for Counter Terrorism, ed., *Countering Violent Extremist Narratives*, The Hague: Netherlands, 2010, p.106.

③ Anja Dalgaard-Nielsen, "Violent Radicalization in Europe: What We Know and What We Do Not Know," *Studies in Conflict and Terrorism*, Vol.33, No.9, 2010, pp.797-814.

④ Max Taylor and John Horgan, "The Psychological and Behavioural Bases of Islamic Fundamentalism," *Terrorism and Political Violence*, Vol.13, No.4, 2001, p.48.

⑤ Andrew Silke, "Disengagement or Deradicalization: A Look at Prison Programs for Jailed Terrorists," *CTC Sentinel*, Vol.4, No.1, 2011, p.20.

分子的极端行为方式。因此，无论对"极端主义"的确切内涵是否有明确或一致的理解，但西方学界对"激进的穆斯林"所具有的超越政治范畴的宗教意义已经有了一致的认识，并将其宗教内涵视为必要的组成部分。但在伊斯兰极端主义意识形态的来源问题上，欧洲学者并没有一致的看法。有关极端主义是伊斯兰某种特定性质的假设，也难以在各种不同分支的伊斯兰主义意识形态中找到依据。[①] 例如，黑尔米西（Christina Hellmich）就反对用瓦哈比主义（Wahhabism）和萨拉菲主义（Salafism，主要含义为复古主义）来解释"基地"组织的意识形态。他认为，"瓦哈比主义产生于伊斯兰的传统教义，在过去的世纪中其性质已经在某种程度上趋向温和。"同时他还指出，萨拉菲主义是一种多样性的宗教意识，其自身内部就充满矛盾。[②] 阿特兰（Scott Atran）和戴维斯（Richard Davis）也认为："任何已有的意识形态和教义，无论经典或圣训，都无助于理解伊斯兰极端主义网络形成和发展的动力。"[③] 其他一些研究者则强调，应该用"微观层面的心理因素和个人经验"，而不是"宗教信仰和意识形态的原则"来理解伊斯兰极端主义"倡导者"和"践行者"之间的区别。[④] 韦斯利（Robert Wesley）甚至明确指出，很多恐怖分子其实并没有明确的意识形态倾向，因为将极端主义等同于恐怖主义的观念是从一个相反的逻辑推导出来的。[⑤]

从性质上来说，通常所说的极端主义是对一切具有过度激进主义倾向

---

① Lorenzo Vidino, "Europe's New Security Dilemma," *The Washington Quarterly*, Vol.32, 2009, pp.61-75.

② Christina Helmich, "Creating the Ideology of Al Qaeda: From Hypocrites to Salafi-Jihadists," *Studies in Conflict & Terrorism*, Vol.31, No.2, 2008, p.114.

③ Scott Atran and Richard Davis, "Executive Summary," in *Theoretical Frames on Pathways to Violent Radicalization*, August 2009, http://www.artisresearch.com/articles/ARTIS_Theoretical_Frames_August_2009.pdf.

④ Jonathan Githens-Mazer and Robert Lambert, "Why Conventional Wisdom on Radicalization Fails: The Persistence of a Failed Discourse," *International Affairs*, Vol.86, No.4, 2010, p.896.

⑤ Robert Wesley, "Combating Terrorism Through a Counter-Framing Strategy," *CTC Sentinel*, Vol.1, 2008, pp.10-12.

的政治和社会思潮的统称。但就当前欧洲出现的伊斯兰极端主义这一特定问题而言，则是一种包含两个层面、有着明确限定的概念。从意识形态层面来说，伊斯兰极端主义是一种激进的宗教政治思潮，其最终目标是要推翻世界上现有的一切非伊斯兰的政治制度，建立一个以伊斯兰教法为主导并包含整个世界的伊斯兰神权国家。在当前的政治思潮中，这种带有宗教意识的政治目标正是近来出现的宗教政治的范畴。在宗教政治思潮的利益观中，利益的范围不是按照世俗的观念，而是根据宗教的信念来界定的。所以从意识形态的性质来说，伊斯兰极端主义设定的要推翻当今世界上一切政治制度、建立大一统的伊斯兰国家的终极目标本身，就是一种具有过度激进性质的宗教政治的意识形态。另外，从行为方式的层面来看，伊斯兰极端主义强调应使用包括恐怖主义和非暴力方式在内的一切手段来实现这一目标。因此，尽管崇尚这一宗教意识形态目标的群体也赞同采用非暴力的和平方式，甚至一些欧洲伊斯兰政治团体还致力于融入欧洲当前的政治体制，但这些方式都是实现其最终目标的辅助手段，它们在必要的时候都会转化为恐怖主义的暴力方式，因而其性质也是极端主义的。

二、欧洲伊斯兰极端主义力量中的恐怖主义行为者

在欧洲伊斯兰极端主义这座金字塔结构的顶层，是那些直接参与"圣战"的行动主义者，这些人主要来源于20个世纪80年代中期欧洲出现的一批崇尚"圣战萨拉菲主义"或是用好战观点来解释伊斯兰教义的人。20世纪80年代末和90年代初，这个群体的人数开始急剧增加，并出现了所谓"阿富汗阿拉伯人"这样的团体。参加这些团体的人，主要是那些曾在阿富汗参加过反抗苏联入侵的"圣战"分子，还有那些为逃避本国政府打击从中东和北非流亡到欧洲的圣战主义者。这些伊斯兰极端主义分子利用欧洲国家的自由环境，通过宣传、筹款和招募人员来支持其国内的伊斯兰激进组织进行暴力活动，并把欧洲作为这些激进组织的后勤基地。在这些团体中最有影响的主要有来自埃及的"伊斯兰团"、来自阿尔及利亚的"武

装伊斯兰团"以及"萨拉菲宣教与战斗团"等，他们很快就在整个欧洲建立了圣战网络。

起初，这些团体之间的关系仅限于对相互的行动进行一些言论上的支持，但依旧保持在各自不同的国家开展"圣战"。到了20世纪90年代后半期，其中一些团体在"基地"组织的影响下，开始宣传全球"圣战"观念。此后，来自波斯尼亚、车臣、阿富汗和其他国家的"圣战主义"团体之间开始增加接触并决定把他们的力量联合起来。这支联合力量打击的目标不仅有传统伊斯兰国家的世俗化政权和外国占领者，而且也扩大到整个西方世界。在这些"圣战主义"团体相互交流思想和斗争方式的过程中，欧洲各地那些著名的清真寺和宗教团体也发挥了重要作用。其中影响最大的主要有伦敦芬斯伯里公园清真寺（London's Finsbury Park）、米兰伊斯兰文化学院（Milan's Islamic Cultural Institute）、维也纳先知伴侣（Vienna's Sahaba）、汉堡圣城旅（al-Quds）等，这些清真寺常常就是伊斯兰圣战主义者汇集的地点。同时，伊斯兰"圣战主义者"在欧洲建立的网络，也很快变成了"基地"组织的分支。而"基地"组织则为这些分支提供人力、财力和后勤支持，推动这些分支的扩大和发展。①

"9·11"事件后，欧洲"圣战主义者"的网络与"基地"组织的关系发生了很大变化。美国入侵阿富汗以及全球范围内对"基地"组织展开的打击，限制了"基地"组织核心机构对其分支以及世界范围内从属团体的控制和影响。"基地"组织领导人忙于逃亡或藏匿，已无法像原来那样发挥领导作用，因而被迫放弃了对全球伊斯兰激进主义网络的实际控制。②在这种情况下，欧洲伊斯兰"圣战主义者"的网络只能利用其内部原来建立的相互协调关系，开始独立自主地展开行动。他们虽然依旧忠于"基地"组织的"圣战"观念，但其行动则更为独立。与此同时，欧洲"圣战主义者"也开始调整他们关注的焦点，把关注目光转向阿富汗、巴勒斯

---

① Lorenzo Vidino, *Al Qaeda in Europe: The New Battleground of International Jihad*, Buffalo, NY: Prometheus, 2005.

② Bruce Hoffman, "The Changing Face of Al Qaeda and the Global War on Terrorism," *Studies in Conflict and Terrorism*, Vol.27, No.6, 2004, pp.551-552.

坦、伊拉克等冲突地区，很多人甚至前往这些地区参加伊斯兰武装与美国军队的战斗。

不仅如此，欧洲伊斯兰"圣战主义者"在"9·11"事件后还提出了"圣战重新本土化"的主张。为此，欧洲的伊斯兰"圣战"网络一面强调自己是全球"圣战"运动的一部分，同时又像他们在世界上其他地区的同伙一样，开始加强在所在地的行动。在这种观念的影响下，这些"圣战主义者"在欧洲国家制造了从2004年3月西班牙马德里爆炸案到2015年11月法国巴黎巴塔克兰剧院枪击案等一系列恐怖主义袭击。他们把包括欧洲国家在内的所有西方国家都看成是伊斯兰世界的敌人，无论这些国家是否参与了美国发动的阿富汗战争和伊拉克战争。随着欧洲"圣战者"把目标转向所有西方国家，他们还开始制造和激化欧洲国家穆斯林群体与本土居民之间的紧张关系。在欧洲"圣战主义者"眼中，西班牙、英国和意大利都犯下了同样的罪行，这些国家不但歧视穆斯林群体，而且还派军队去伊拉克。即使那些没有参与美国在中东军事行动的国家，同样也被视为伊斯兰的敌人，因为它们的媒体批评伊斯兰，而且他们也不是伊斯兰主导的社会。

另外，欧洲"圣战主义者"的思想观念近年来也出现了一些变化。在今天的欧洲，大多数伊斯兰激进分子，尤其是北欧国家的激进分子，主要都是中东穆斯林移民的第二代以及少数欧洲本土的伊斯兰教皈依者。对于这些年轻的"圣战者"来说，他们虽然感到在自己出生和生长的欧洲社会中有一种被排斥感，但他们与欧洲国家的联系毕竟比和他们父辈祖国之间的联系更加密切，因为他们对那里的生活和语言并不了解。因此，他们在关注伊斯兰世界的困境时，也会把自己生活的欧洲国家纳入其中。当他们用最极端方式解释的伊斯兰教义来观察世界时，他们相信伊斯兰正在遭受全球性攻击，因此无论伊斯兰国家还是西方国家的穆斯林，都要以同样"正当的"理由和方式来进行抵抗。对于这种观点，荷兰内政部安全与情报总局（AIVD）2004年发布的名为《从达瓦党到圣战者》的报告中有这样的总结："在西方国家，尤其是欧洲国家的伊斯兰圣战网络中，它们宣扬的伊斯兰极端主义观点甚至比'基地'领导人更加激进。圣战网络的成员并不按照理性的观点进行思考，而是把自己视为一场与西方世界所代表的恶魔之间神圣的末世战争的参与者。在这场战争中，所有恶魔的体现者，也就是西方公民都要被消灭。"[1]

目前，尽管大多数欧洲国家都采取了重大安全举措，制定了相关法律来应对恐怖主义，但"圣战主义者"的人数依然呈现出快速增长的趋势，并对欧洲国家的安全构成了难以应对的压力。据英国军情5处（MI5）的调查，仅仅在英国就有大约4000名恐怖分子嫌疑人和200个"圣战"网络遍布全国各地。[2] 在欧洲的其他国家，也有相当数量的"圣战主义者"在积极活动，其中包括传统上比较"平静"的斯堪的纳维亚和东欧地区。如今，欧洲"圣战"网络也在按照某种连续性继续发展，并造成了两种现象。一方面，欧洲本土伊斯兰极端分子组成的团体之间或是和外部的"圣战"团体之间并没有什么实际联系，他们几乎都是独立地采取行动。另一方面，在"圣战"网络建构的虚拟世界中，极端主义个人和团体都完全服从于这个伊斯兰极端主义意识形态建立的等级制结构。在这种模式下，伊斯兰极端主义个人或是团体采取恐怖主义行动的方式，通常会像欧洲近年来出现的多次恐怖主义袭击一样，由一小撮青年极端分子独立进行。这些人大多出生或成长在欧洲，主要通过当地的清真寺或邻里关系相互认识，而且都是在欧洲的社会环境中蜕变为伊斯兰激进分子。[3]

不仅如此，近年来一些欧洲本土成长的伊斯兰"圣战主义者"还开始走向国外，他们与外界联系的途径都是通过网络。起初，这些"圣战"分子主要是去国外向那些与"基地"组织有关的团体学习恐怖攻击方式和炸弹制造技术。近年来，随着中东地区动荡局势加剧，特别是伴随"伊斯兰国"（ISIS）的崛起和扩张，曾经有数千名来自欧洲国家的青年"圣战"

---

① AIVD, *From Dawa to Jihad: The Various Threats from Radical Islam to the Democratic Legal Order,* The Hague: AIVD, 2004, p.28.

② Kevin Sullivan, "At Least 4,000 Suspected of Terrorism-Related Activity in Britain, MI5 Director Says," *Washington Post*, November 6, 2007.

③ Government of Great Britain, House of Commons, "Report of the Official Account of the Bombings in London on 7th July 2005," May 11, 2006, pp.13-21.

分子前往中东地区加入其武装力量。据估计，在这些人当中来自英国的有近千人，来自奥地利和德国的有1500人，来自法国的有700人。同时，"伊斯兰国"还通过网络从欧洲国家招募了一批具有伊斯兰极端主义思想的年轻女性加入，成为所谓"圣战士新娘"和"性爱圣战士"。据报道，曾经有数百名西方女性加入"伊斯兰国"。面对这种情况，欧洲国家的应对措施主要是提高国内的反恐级别。同时，还宣布取消这些参与"伊斯兰国"人员的国籍，以防他们回到欧洲进一步发动恐怖主义袭击。不过，欧洲国家采取的这些措施显然未能阻止伊斯兰极端主义"圣战"分子回流的势头。2015年11月巴黎巴塔克兰剧院枪击案中的主犯阿卜杜勒·哈米德·阿巴乌德（Abdel-Hamid Abu Oud），就是一名摩洛哥裔比利时人。此人不但是"伊斯兰国"内部的活跃策划者，而且还潜回欧洲组织和发动了欧洲最极端的恐怖主义袭击。

三、欧洲伊斯兰极端主义的中间力量

在欧洲伊斯兰极端主义的金字塔结构中，第二个层次是那些宣扬非暴力的伊斯兰极端主义势力。对于这些强调非暴力的伊斯兰极端主义来说，彻底拒绝西方的价值观并推翻一切非伊斯兰的世俗政治制度和政府，不仅是伊斯兰极端主义者的奋斗目标，而且也是他们的最终目的，只不过他们在公开场合特别宣称要用非暴力的方式来实现这一目标。在这些号称非暴力的欧洲伊斯兰团体中，最有代表性、组织最完善的当属"伊斯兰解放党"（Hizb al-Tahrir al-Islami，简称"HT"，中文也译作"伊扎布特"）。伊斯兰解放党于20世纪50年代初成立于当时处于约旦控制下的东耶路撒冷。如今，它已经发展成一种全球性的伊斯兰运动，在欧洲以及世界其他各大洲都有其分支机构。伊斯兰解放党虽然公开反对一切非伊斯兰的政治制度和政府，但并未公开鼓吹要通过"圣战"来实现其建立全球伊斯兰国家的目标。在此基础上，伊斯兰解放党提出了三个明确的基本观点：首先，人类一切的政治、经济、文化和社会问题，只有通过伊斯兰才能解决；其次，人类实现正义的唯一道路，就是放弃一切人为的制度，包括西方的民主制度，建立一个伊斯兰的哈里发政权；最后，伊斯兰的哈里发政权不仅要包括所有伊斯兰国家，而且要包括全世界所有国家。[①]很明显，这些观点同样表现出鲜明的伊斯兰极端主义特性。只不过伊斯兰解放党强调他们不会使用暴力来实现他们的目标。

伊斯兰解放党实现其目标的方式主要是在穆斯林社会中广泛传播伊斯兰信仰和政治思想，从而动员穆斯林群体对他们当前生存的社会环境发出挑战。因此，他们使用的宣传术语，都是为欧洲穆斯林群体精心设计和专门准备的。在实际行动中，伊斯兰解放党不仅致力于对欧洲那些未能与主流社会融合因而对现状不满的穆斯林民众发挥影响，而且还特别关注欧洲穆斯林第二代移民中那些受过高等教育并具有专业技术的年轻穆斯林，同时还积极劝导欧洲本土人士皈依伊斯兰教来不断扩大他们的组织。为了通过宣传活动来广泛传播伊斯兰解放党的思想，他们采用的方式主要是建立网站和出版各种欧洲语言的出版物，并在穆斯林社区以及当地的清真寺散发传单，甚至还在YouTube这样的视频网站上发布各种视频资料。同时，他们还定期在英国、丹麦、奥地利和德国举行有成千上万名支持者参加的伊斯兰解放党大会。目前，伊斯兰解放党这个看似并不明显但实际却广泛存在的组织在欧洲已非常强大。除了在欧洲展开宣传外，其成员还前往中东地区传播这个政党的思想，号召中东地区民众起来推翻世俗化国家，使政权重新伊斯兰化。[②]

从策略上来说，伊斯兰解放党之所以宣称不使用暴力，主要还是为了避免受到当局的密切监视和打压。但其发表的言论和信息同样带有浓厚的伊斯兰极端主义色彩，主要是宣扬伊斯兰正在受到西方的攻击，穆斯林有责任来维护他们共同的信仰，而且必须建立哈里发政权来维护他们的生存方式。不过，伊斯兰解放党并没有说明穆斯林应该采取什么具体行动来实

---

① Zeyno Baran, *Hizb ut-Tahrir: Islam's Political Insurgency*, report published by the Nixon Center, December 2004, http://www.nixoncenter.org/Monographs/HizbutahrirIslamsPoliticalInsurgency.pdf.

② "Britons' Trial in Egypt Begins," *BBC News*, March 29, 2003, http://news.bbc.co.uk/2/hi/uk_news/england/2899605.stm.

现这一目标。同时，伊斯兰解放党虽然没有公开宣扬暴力，但却为伊斯兰极端主义提供了强有力的意识形态工具。实际上，从推行伊斯兰解放党的极端主义观点到采取暴力行动来实现其目标，只不过是一步之遥。为此，伊斯兰解放党常常被视为通向恐怖主义的"传送带"。[①]

不仅如此，伊斯兰解放党在穆斯林群体的小团体内也会宣传暴力，但他们会尽力避免受到媒体和情报机构的关注。伊斯兰解放党一位前英国地区负责人马赫（Shiraz Maher）在脱离这个政党后，曾为BBC拍摄了一部纪录片来介绍这个政党的情况。马赫在其纪录片中指出，伊斯兰解放党口头上拒绝暴力，但实际上"藐视民主政治，认为伊斯兰教法必须推行到全世界，而且在必要的情况下可以使用武力"。[②] 伊斯兰解放党另一位前高级成员纳沃兹（Majid Nawaz）也声称："伊斯兰解放党已经做好准备，一旦他们建立起伊斯兰国家，就要和其他国家进行征战并屠杀这些国家的民众，并最终把这些国家联合成一个伊斯兰国家。"纳沃兹还强调，这个组织传播的思想已经对全社会造成破坏性影响，因为"这些思想不仅危害了英国社会和穆斯林的关系，而且还破坏了穆斯林在这个社会中作为英国公民的地位，如今这种思想正在危害整个世界"。[③]

然而，欧洲国家政府在处理伊斯兰解放党的问题上却面临着一些难以克服的困难。例如，英国和其他一些国家都曾试图禁止这个政党，但最后却不得不放弃这一决定。这主要是因为他们缺乏这个党与恐怖主义之间联系的证据，因而禁止这个政党的决定会引起严重的合法性问题。[④] 其他一些欧洲国家虽然更为坚决，宣布伊斯兰解放党为非法，但产生的实际效果却很有限。例如德国于2003年1月以伊斯兰解放党散布反犹太主义言论为由，宣布禁止这个政党继续活动。德国政府宣称的理由是："这个政党反

---

① Zeyno Baran, "Fighting the War of Ideas," *Foreign Affairs,* Vol.84, No.6, 2005.

② Tom Harper, "Islamists Urge Young Muslims to Use Violence," *Telegraph*, October 10, 2007.

③ Interview with Maajid Nawaz, *BBC Newsnight*, September 11, 2007.

④ Nigel Morris, "PM Forced to Shelve Islamist Group Ban," *The Independent*, July 18, 2006.

对国际社会相互理解的原则，而且赞同用暴力方式来达到其政治目的。"①
不过，尽管有这项禁令，伊斯兰解放党依旧在德国继续进行活动，并经常
以不同的名义组织支持者采取行动。

四、欧洲伊斯兰极端主义的意识形态传播和社会动员

欧洲伊斯兰极端主义这座金字塔的第三个层次，是欧洲原先那些与中
东穆斯林兄弟会（Muslim Brotherhood）有联系的组织，以及其他伊斯兰
运动在欧洲穆斯林群体中广泛传播伊斯兰主义意识形态，并推动穆斯林群
体激进化的网络。这些组织中有英国巴基斯坦移民建立的巴基斯坦伊斯兰
党（Pakistani Jama'at-e Islami），还有总部设在德国，但活跃于欧洲各国
土耳其人口较为集中地区的"土耳其民族视野"（Turkish Milli Görü）等。
这些组织既不同于直接参与恐怖主义行动的"圣战主义者"，也不同于伊
斯兰解放党那样声称"非暴力"但坚持推翻非伊斯兰政治制度的势力。这
些原来与中东穆斯林兄弟会有联系的伊斯兰组织，主要是以温和的政治外
表出现，并采取和欧洲社会进行接触的方式，而且表示赞同和支持西方的
民主制度。不过，这些伊斯兰主义团体和前两个层次一样，同样坚持建立
普世性伊斯兰国家的极端主义目标。为了实现这一目标，他们主要通过各
种方式在欧洲穆斯林的基层民众中传播伊斯兰极端主义意识形态，推动欧
洲穆斯林群体中青年一代走向激进。

欧洲伊斯兰主义者建立的组织大约在50年前就开始出现，当时很多成
员都来自于中东地区的穆斯林兄弟会。这些人为了逃避在中东地区遭受的迫
害，长期流亡欧洲并最后定居于欧洲的不同国家。伊斯兰主义者在西方最初
建立的组织，其形式和一般的学术机构相似。在初期阶段，这些组织只是
向欧洲的穆斯林群体传播穆斯林兄弟会的意识形态，并致力于在政治上影响

---

① Bundesrepublik Deutschland, Bundesamt für Verfassungsschutz, *Verfassungsschutzbericht 2004*, p.204.

他们在中东和北非地区的祖国。[①] 20世纪80年代末之后，欧洲的伊斯兰主义者开始用不同眼光看待穆斯林在西方的存在。当时在法国举办的各种研讨会上，伊斯兰主义组织的一些著名学者们开始重新界定一些已经有着数个世纪历史的伊斯兰教教义，声称传统上关于"伊斯兰之地"（dar al-Islam）与"战争之地"（dar al-harb）的区分已经不能反映当前欧洲的现实情况。他们认为，当前的欧洲虽然不能被视为"伊斯兰之地"，因为这里还没有实行伊斯兰教法，但也不能被视为传统上的"战争之地"，因为穆斯林已经被允许在这里自由地信仰伊斯兰教而不会受到迫害。因此，这些伊斯兰学者们认为应该创造一种新的解释来说明这种情况。经过广泛协商后，他们一致同意欧洲可以被视为"布道之地"（dar al-da'wa），因为在这块穆斯林作为少数群体居住的土地上，穆斯林有义务以和平的方式传播他们的宗教。[②]

在重新定义了欧洲穆斯林存在的性质后，这些伊斯兰主义组织也开始重新确定它们的作用。对于伊斯兰主义组织在欧洲的作用，来自埃及的伊斯兰神学家，也是穆斯林兄弟会思想家的优素福·格尔达维（Yusuf al-Qaradhawi）在1990年出版的著作《下一阶段伊斯兰运动的重点》（Priorities of the Islamic Movement in the Coming Phase）中做了明确阐述。格尔达维指出，穆斯林少数群体在欧洲国家存在的意义，在于能够为伊斯兰主义运动提供一种空前发展的机会。他认为，伊斯兰主义可以"在这个各种宗派和团体组成的缺少主导力量的欧洲穆斯林群体发挥领导作用"，可以引导和规范那些居住在欧洲国家的穆斯林群体的思想。格尔达维还认为，伊斯兰主义运动在中东伊斯兰国家只能发挥有限的影响，因为这些国家带有敌意的政权对其进行遏制。但穆斯林兄弟会的意识形态却可以在欧洲自由宣扬，这一方面是由于欧洲多元文化的自由环境，另一方面得益于欧洲伊斯兰主义者的行动主义特点和充足的资金来源。格尔达维还提出要使伊斯兰主义运动成为穆斯林社区的动员方式，主导欧洲穆斯林群体的思想潮流。

---

① Lorenzo Vidino, "The Muslim Brotherhood's Conquest of Europe," *Middle East Quarterly,* Vol.12, No.1, Winter 2005, pp.25-34.

② Xavier Ternisien, *Les Frères musulmans,* Paris: Fayard, 2005, pp.190–92.

为此，穆斯林要在每个欧洲国家的社会中建立自己的社区，也就是穆斯林自己的居住区。不仅如此，还要建立传播伊斯兰主义运动的网站、智库、杂志和清真寺，并举办各种会议，这样就可以在欧洲穆斯林群体中更加广泛地传播伊斯兰主义运动的政治观点。格尔达维还要求穆斯林与非穆斯林接触时应采取温和的方式和开放的态度，因为在初期阶段任何冲突都会破坏整个伊斯兰主义运动。但如果能表现出一种温和的面貌，就可以让伊斯兰主义运动在不知不觉中全面开展起来。[①]

进入20世纪90年代后，欧洲国家这些与中东穆斯林兄弟会相关的伊斯兰主义组织开始正式实施其新战略。首先，他们切断了和中东穆斯林兄弟会的所有联系，因为这种联系已经成为一种不利因素。不过，欧洲国家的伊斯兰主义组织与中东地区的穆斯林兄弟会在意识形态的共性并没有改变，切断联系主要是为了更有效地采取行动并避免引起不必要的监视。实际上，欧洲国家这些原来和穆斯林兄弟会相关的伊斯兰团体在运行方式上也不是一个由持卡会员组成的结构严密的组织，而是一种超越了正式组织形式的意识形态运动。正如穆斯林兄弟会埃及分支的最高领导人穆罕默德·阿基夫（Muhammad Akif）所说的："穆斯林兄弟会是一种全球运动，其成员在世界各地相互合作。他们基于同样的宗教世界观，积极致力于传播伊斯兰教，直到统治整个世界。我们没有一个国际性的实体组织，我们只是一个对事情看法相同的虚拟组织。"[②]

在规避了正式组织结构的束缚之后，欧洲国家的伊斯兰主义者开始致力于实施他们双管齐下的计划。在接触欧洲国家的政治家、学者和媒体等精英阶层时，他们会展现出一幅温和的政治面貌，声称他们支持欧洲社会的一体化融合和民主政治体制。他们还通过积极的政治参与，对欧洲现行的政治体制进行渗透。这些伊斯兰主义组织的领导人懂得，对欧洲国家现存政治体制进行渗透而非与其冲突是实现他们长远目标的最好方式。不

---

① Yusuf al-Qaradhawi, *Priorities of the Islamic Movement in the Coming Phase,* Swansea: Awakening Publications, 2000.

② "Wie'n zweiter 11. September," *Frankfurter Allgemeine Zeitung*, October 11, 2008, http://www.faz. net/aktuell/politik/inland/terrorbekaempfungwie-n-zweiter-11-september-1713161.html.

过，当他们用阿拉伯语、乌尔都语或土耳其语对穆斯林民众说话时，就会摘下温和的面具，积极传播伊斯兰主义的意识形态，同时按照格尔达维的要求，广泛建立清真寺以及各种网络。他们还借助来自海湾阿拉伯国家的大量财政支持，努力推动欧洲各地迅速发展的穆斯林社区走向极端伊斯兰化。其结果就是，这些组织的代表一面在电视上大谈文明之间的对话和融合，一面又在清真寺的布道中煽动仇恨并警告其信徒不要与西方社会融合。他们在公开谴责马德里地铁爆炸案和巴黎巴塔克兰剧院枪杀案的同时，又在为某些极端组织筹集款项。他们这样做的原因，是因为他们看到像"基地"组织那样的"圣战萨拉菲"团体采用的公开对抗方式，在欧洲内部到目前为止并没有产生任何有利于其长远目标的结果。因此，这些伊斯兰组织的领导者们意识到，当前最有成效的策略就是获取欧洲国家社会精英阶层的信任。因为只有成为欧洲社会结构中正式的组成部分，他们才能获得必要的政治权力来实现他们自己的目标。

与此同时，欧洲这些原来和中东穆斯林兄弟会有联系的伊斯兰主义组织还采用了一些学术性的中性名称来淡化其宗教政治色彩。例如，法国的伊斯兰主义组织称为伊斯兰组织联盟（UOIF）、德国的称为伊斯兰学会（IGD）、英国则称为伊斯兰理事会（MCB）。这些得到欧洲国家政府认可的伊斯兰组织，如今已经在这些国家的穆斯林群体中占据了主导地位。尽管欧洲国家穆斯林群体对这些组织保守并带有政治色彩的宣传尚未广泛接受，但这些组织会继续通过各种宣传活动和外国基金的支持来不断扩大其在穆斯林群体中的影响。目前看来，这些伊斯兰主义组织通过他们在欧洲社会中的合法地位，已经成为欧洲国家穆斯林群体利益的实际代表。

客观地说，欧洲这些伊斯兰主义团体尽管主要致力于在穆斯林群体中传播伊斯兰主义运动，但他们产生的影响可能比那些公然反对西方政府和价值观的圣战主义网络造成的威胁更为深远。多年来，这些伊斯兰主义团体通过在公开场合的温和言论，不仅赢得了欧洲社会精英阶层的信任，而且在某些情况下还被欧洲国家政府视为反对伊斯兰极端主义斗争的"合作伙伴"。而他们则利用从政府那里获得的合法身份和权利来加强他们在欧洲穆斯林群体中的地位，并不断推动欧洲穆斯林群体走向伊斯兰极端化。

然而，欧洲国家政府目前似乎尚未充分意识到这些伊斯兰主义组织构成的潜在威胁，甚至对他们的认识也处于一种混乱状态之中。英国政府内部对这些伊斯兰主义组织的性质和危害的矛盾看法，就是一个明显的例证。多年前，在布莱尔（Tony Blair）担任英国首相期间，就曾在涉及这些伊斯兰主义组织问题的辩论中，将穆斯林兄弟会视为现代伊斯兰恐怖主义意识形态的根源。英国安全部门的多位高级官员也指出，这些与穆斯林兄弟会有联系的伊斯兰组织传播的政治哲学对英国穆斯林青年的极端主义思想具有重要影响。[①] 但是，英国政府内部的其他官员却坚持不同的立场。2005年，英国外事办公室官员和前来伦敦访问的穆斯林兄弟会思想家格尔达威之间的谈话，就明确表明了这些人的看法。在当时的谈话中，英国外事办公室官员虽然承认格尔达维公开支持伊拉克和巴勒斯坦的自杀式炸弹袭击让人困扰，但同时又对这位伊斯兰教士对英国的访问表示赞赏。他们不仅赞扬格尔达维在"促进主流伊斯兰"方面发挥的作用，而且宣称"能让格尔达维这样的人士和我们站在一起就是我们的成功"。[②] 这种情况表明，英国政府像大多数欧洲国家政府内部一样，对待穆斯林兄弟会的态度也是两极分化。正因为如此，当这些与穆斯林兄弟会相关的欧洲伊斯兰主义组织一面麻痹欧洲社会精英阶层并向欧洲国家政治体制内渗透，一面又全力推动欧洲穆斯林群体极端化之际，欧洲国家和社会却无法对构成欧洲伊斯兰极端主义金字塔底座的伊斯兰主义意识形态传播运动造成的潜在威胁达成统一认识，因而更谈不上制定有效的措施来加以阻止。

本章对欧洲伊斯兰极端主义这座金字塔的结构从三个层面所做的分析，是为了系统说明当前欧洲伊斯兰极端主义的存在形式和特点。从意识形态和行为方式的联系来说，笔者总结了欧洲伊斯兰极端主义概念的内在逻辑。那就是极端主义的行为方式必然包含极端主义的意识形态动机，而

---

① Tony Blair, "A Battle for Global Values," *Foreign Affairs,* January/February 2007, p.80.

② "Restricted," internal memo prepared by Mockbul Ali of the British Foreign Office on Yusuf al-Qaradhawi, July 14, 2005, http://image.guardian.co.uk/sys-files/Observer/documents/2005/09/04/Document1.pdf.

极端主义意识形态的动机在一定条件下必然会导致极端主义的行为方式。因此，欧洲伊斯兰极端主义这座金字塔的三个层次之间并非一成不变，而是会在一定条件下向上转化。第一个层次是伊斯兰极端主义意识形态和极端主义行为方式的结合，表现为以"圣战"和恐怖主义暴力方式向欧洲国家和国际社会发起的挑战。在目前的欧洲，属于这个层次的人数有数千人乃至近万人。在第二个层次中，可以看到的是伊斯兰解放党所代表的伊斯兰主义势力。他们虽然为避免受到监控和打击因而宣称采用"非暴力"方式来实现其宗教政治意识形态目标，但实际上这个势力中包含的那些深受极端主义宗教意识形态影响的个体，在条件许可的情况下随时可能转变成第一个层面中的暴力恐怖分子。一种情况是外部环境发生变化，也就是伊斯兰与西方国家之间冲突加剧，甚至爆发像"伊斯兰国"与西方国家的直接武装冲突时，那些已经具备伊斯兰极端主义思想的个体，就会响应"圣战"的号召走上战场。在当年的阿富汗战争和伊拉克战争和当前的叙利亚内战中，都有大批欧洲伊斯兰极端主义分子投身其中。另一种情况是内部环境发生变化，也就是欧洲社会内部文明冲突加剧，而安全部门的防范又出现疏漏时，他们就可能利用各种机会发动恐怖主义袭击来显示伊斯兰极端势力对欧洲社会的报复。2004年的马德里爆炸案和2015年的巴黎巴塔克兰剧院枪击案，其实都属于这种情况。在第三个层次中，主要是那些原来与穆斯林兄弟会有联系的伊斯兰主义组织在欧洲广大穆斯林基层民众中进行的宗教意识形态宣传和社会动员。这些人一面通过他们的温和言论来赢得欧洲国家政府和社会精英的信任，一面又始终不渝地在穆斯林群体中传播激进的穆斯林兄弟会的宗教意识形态，煽动欧洲各国的穆斯林群体走向极端化。通过对穆斯林群体长期的伊斯兰主义意识形态传播，这种带有极端主义倾向的意识形态已经逐步成为伊斯兰思想的主流。特别是对于欧洲穆斯林群体中的年轻一代，这种影响也尤其明显。这些在欧洲出生的穆斯林青年一代，在其成长的过程中目睹了欧洲城市生活中的暴力、歧视和虚无。这就使得他们对自己生存的社会即使不是深恶痛绝，但也充满了一种试图从其中脱离的强烈愿望。在这种情况下，他们自然很容易接受各种对抗甚至暴力的思想。在这种思潮的影响下，他们当中一些人可能去崇尚那些令人困惑而且含义不清的反主流文化，另一些人则会倾向于"圣战萨拉菲主义"的暴力观念。这些伊斯兰组织正是通过极端宗教意识形态的传播和教化，来煽动年轻穆斯林不断加剧对欧洲社会的仇视，并逐步接受宗教意识形态中的极端主义思想，最终成为"圣战"和恐怖主义行动的后备有生力量。由此可见，这个层次构成的威胁更具有潜在性和长远性。

　　对于欧洲国家和社会来说，目前最大的问题是他们正面临着一种难以全面应对不同层面的伊斯兰极端主义威胁的局面。对于金字塔的顶层那些试图以恐怖主义方式发动袭击的"圣战主义者"，欧洲国家政府当然可以动用国家机器进行打击并制定各种反恐法律来进行防范。近年来，很多欧洲国家提高了反恐级别，其国家情报机构在破解恐怖主义网络和防止恐怖主义袭击方面也取得了很大成功。然而，这种"打击—反应"式的临时解决方式，却难以应对欧洲伊斯兰极端主义金字塔中另外两个层面的潜在和长期威胁。目前看来，欧洲国家政府还无法制定出有效的政策和措施来解决这两个层面带来的问题。对于金字塔的第二个层面，他们既无法确定这些宣扬"非暴力"的伊斯兰主义势力何时会以何种方式对欧洲的社会安全构成威胁，也无法采取措施来阻止这些具有伊斯兰极端主义趋向的势力从"非暴力"方式向暴力方式转变。对于金字塔的第三个层面，也就是所谓的温和伊斯兰势力在欧洲穆斯林社会基层中传播伊斯兰主义意识形态的问题，欧洲国家政府甚至无法确定这些原来和穆斯林兄弟会有联系但如今又自我标榜为"温和的"伊斯兰主义者建立的伊斯兰组织和社团，究竟是欧洲社会精英和专家们所说的有助于解决伊斯兰极端主义的可靠"合作伙伴"，还是他们开展的传播伊斯兰主义意识形态的运动本身就是促成欧洲穆斯林群体中青年一代走向极端主义的鼓动者，因而更无法阻止他们的意识形态传播在穆斯林群体中所造成的潜在和深远影响。

　　总的来说，欧洲伊斯兰极端主义的出现有其深远的历史根源和复杂的现实原因，涉及一个多元文化社会中如何通过社会公平、公正和文化融合来解决那些来自不同文化背景的不同族群之间相互关系的社会问题。欧洲国家政府和社会唯有为这些问题找出答案，才能消除欧洲穆斯林群体与主流社会的矛盾，进而从根本上阻止伊斯兰极端主义在欧洲穆斯林群体中的蔓延及其对西方多元社会构成的威胁。从当前情况看，为了维护欧洲国家和社会的安全与社会和谐，欧洲国家在全力打击伊斯兰极端主义金字塔顶层的恐怖主义分子的同时，还要同样重视这座金字塔下面两个层面的问题。无论是可能向第一个层面输送"伊斯兰圣战者"的第二个层面，还是用伊斯兰极端主义意识形态推动穆斯林群体激进化的第三个层面，都必须采取适当的措施加以制止和根除，这样才可能从源头上阻止欧洲伊斯兰极端主义的进一步发展和蔓延。

第26章
圣战萨拉菲主义对欧洲青年
的影响及应对

    青年受极端思潮影响的议题一直以来被广泛关注，近年来欧洲成为受极端思潮影响的重灾区，一些欧洲青年受极端思潮影响前往中东地区参加"圣战"并回流，对欧洲社会安全和稳定构成挑战。圣战萨拉菲主义作为伊斯兰极端思潮的典型代表，在欧洲青年中有较大影响，并且人数呈大幅增长态势。欧洲经济高度发达、社会福利制度完善，部分青年却受到极端思潮的影响，走向社会对立面，这一现象隐藏的深刻社会动因值得思考。本章主要以英、法、德、比（比利时）等欧洲国家为具体案例，探讨圣战萨拉菲主义对欧洲青年的影响及其原因和路径，分析去极端化的有效手段，以期对各国预防、打击极端主义和恐怖主义提供借鉴。

一、圣战萨拉菲主义的界定及对欧洲青年的影响

    "萨拉菲"（salafi）在阿拉伯语中的原意为"祖先""先辈"，主要指信仰伊斯兰教的"前三代"信徒，即先知和"梭哈伯"（圣门弟子）、"塔比

吾尼"（再传弟子）、"台班塔比吾尼"（三传弟子）。[①] 萨拉菲主义（Salafism）主张，伊斯兰教前三代信徒距离先知生活的年代最近，对《古兰经》和《圣训》的理解更准确，应遵循他们的遗训。萨拉菲主义的理念更趋于封闭与保守，将创新和创制视为最大的敌人，被外界视为伊斯兰复古主义思潮。圣战萨拉菲主义的三项基本主张是坚守"认主唯一"（tawhid）观念，主张"塔克菲尔"（Takfir，判定穆斯林为叛教者，简称"定叛"）以及通过"圣战"（jihad）实现宗教净化。[②] "认主唯一"观念坚持认为"真主是世界的唯一创造者与主宰，它至高无上且独一无二，不享有任何人类及其他创造物的能力与特质"。真主是唯一的"立法者"，人类都需要服从伊斯兰教法。这是萨拉菲主义绝对遵守的信条，任何思辨、逻辑和演绎都要彻底摒弃。"定叛"强调用行动捍卫正统，对"叛教者"和"异教徒"实施肉体消灭。"异教徒"指不信奉伊斯兰教的人，"叛教者"指"不纯洁的穆斯林"，如什叶派和苏菲派。"圣战"即对异教徒和叛教者实施武力打击，它被视为圣战萨拉菲主义者应尽的宗教义务。

按照美国伊斯兰问题专家昆坦·维克托罗维茨（Quintan Wiktorowicz）的观点，萨拉菲主义包括三个主要派别——静修派（Purists）、政治派（Politicos）和圣战派（Jihadis）。[③] 静修派，也称传统派，他们注重个人功修，远离世俗政治，要求个人潜心履行纯正的伊斯兰教义和教规。其重要使命是传播萨拉菲主义的思想，纠正穆斯林对宗教的"错误"实践。政治派，注重将宗教理念和现实政治结合，通常会组建政党，凭借其宣传的宗教理念进行社会组织和动员并参与选举，谋求在国家政治生活中的合法地位。圣战派，也称极端派，他们主张通过发动"圣战"的形式，建立以伊斯兰教法为基础的"政教合一"政权，基本目标是将腐败低效的政治制度

---

① 蒋海蛟、曹伟:《中亚圣战派萨拉菲：概念、过程、网络》，载《新疆社会科学》2014年第5期，第75页。

② 王涛、宁彧:《萨拉菲主义的多维透析——兼论萨拉菲主义与恐怖主义的关系》，载《俄罗斯东欧中亚研究》2018年第1期，第100页。

③ Quintan Wiktorowicz, "Anatomy of the Salafi Movement," *Studies in Conflict & Terrorism*, Vol.29, No.3, 2006, pp.207-239.

改造成一个"公正的"哈里发制度，实现方式是通过暴力手段推翻现存的伊斯兰国家政权，颠覆腐败的政治体制。

圣战萨拉菲主义可以被理解为极端思潮和运动，其突出特点是主张通过暴力"圣战"建立实施伊斯兰教法的"哈里发国家"。[①] 作为宗教极端理念的"实践者"，极端组织"伊斯兰国"在中东地区用行动实践圣战萨拉菲主义的核心理念和信条，并用军事手段证实其可以成为现实。圣战萨拉菲主义者造成的社会危害是传播宗教极端主义，提倡采取暴力手段。在其观念中，世界是绝对"二元对立"，只有信教者和不信教者，不信教者都应该从肉体上被消灭。近年来西方学者发现，圣战萨拉菲主义者不再一味推崇暴力，但不放弃使用暴力，他们卷入到社会运动中，成为萨拉菲主义的主流，这使得很难对圣战萨拉菲和温和萨拉菲进行区分。[②]

2017年美国皮尤研究中心（Pew Research Center）发布的数据显示，截至2016年，整个欧洲国家的穆斯林人数达到2577万，占欧洲总人口的4.9%。[③] 由于出生率高，穆斯林人口还表现出年轻化的趋势。以英国、法国、德国和比利时为例，青年穆斯林是受到圣战萨拉菲主义影响的主要群体，其极端化倾向明显，已成为欧洲社会的不安定因素，引起各国政府的高度关注。

英国打击极端主义项目（Counter Extremist Project）发布的《极端主义和反极端主义报告》统计数据显示，截至2016年10月，英国前往叙利亚参加"圣战"的人数约为850人。前外交及联邦事务部大臣菲利浦·哈蒙德（Philip Hammond）也认为，在土耳其的配合下，英国从2012年至

---

① ［美］哈依姆·马尔卡:《圣战萨拉菲主义运动的领导权危机》，刘中民译，载《阿拉伯世界研究》2016年第5期，第17页。

② Haim Malka and William Lawrence, "Jihadi-Salafism's Next Generation," https://csis-prod.s3.amazonaws.com/s3fs-public/legacy_files/files/publication/131011_MalkaLawrence_JihadiSalafism_Web.pdf

③ "Europe's Growing Muslim Population," November 29, 2017, http://www.pewforum.org/2017/11/29/europes-growing-muslim-population/

2016年共拦截近600名赴叙利亚参加"圣战"的英国公民。[①] 法国前总理曼纽尔·瓦尔斯（Manuel Valls）认为，要对萨拉菲分子提高警惕，虽然他们只是法国穆斯林当中很小的一部分，但是却可能赢得意识形态领域的战争。[②]

德国宪法保卫局称，从2016年12月到2017年12月，德国境内崇尚萨拉菲主义者数量从9700人上升到1.8万人，人数增加了近一倍。[③] 萨拉菲主义在德国已经成为"危险"的代名词。本着将危险降到最低的理念，德国安全机构将所有萨拉菲主义者都视为极端分子，他们认为静修派和圣战派之间存在一定的联系，静修派在某些情况下会转向宗教狂热，也是伊斯兰极端分子的潜在来源。

有专家认为，比利时不仅是欧盟的中心，也是"伊斯兰国"在欧洲的中心。从2012年至2015年，有将近500名比利时公民前往伊拉克和叙利亚参加"圣战"，其中至少150名回流到国内。比利时此前存在的极端组织"比利时沙里亚"（Sharia Belgium）在一些犯罪率、失业率"双高"的社区很有吸引力。[④]

此外，受到圣战萨拉菲主义影响，极端分子不断发动袭击。2016年至2017年间成为欧洲恐怖袭击的增长期，巴黎、尼斯、伦敦、曼彻斯特、布鲁塞尔、柏林等地连续遭受恐怖袭击，恐怖袭击在欧洲正呈不断上升之势。[⑤]

---

① "United Kingdom: Extremism & Counter-Extremism," https://www.counterextremism.com/sites/default/files/country_pdf/GB-11092018.pdf

② Erasumus, "As Europe Authorities Target Salafism, the Word Needs Parsing," https://www.economist.com/blogs/erasmus/2016/11/europe-islam-and-salafism.

③ 《在德极端穆斯林人数创新高，萨拉菲主义成安保难题》，http://www.oushinet.com/europe/germany/20171213/279934.html。

④ Ray Sanchez, Nima Elbagir and Deborah Feyerick, "Why Belgium? Five reasons terrorists struck heart of Europe," https://edition.cnn.com/2016/03/24/europe/belgium-why-terrorists-struck/index.html。

⑤ 史志钦:《欧洲为什么越来越不安全》，https://carnegietsinghua.org/2018/04/03/zh-pub-76056。

二、圣战萨拉菲主义吸引欧洲青年的社会动因

　　萨拉菲主义能够吸引很多穆斯林青年，与穆斯林青年的社会生活状况存在密切关联。在欧洲生活的很多穆斯林青年都面临三重危机，即认同危机、生存危机和发展危机。认同危机即穆斯林身份和国家公民身份无法融为一体，具体表现是认同穆斯林身份后会在社会中受到歧视。生存危机，作为少数族群无法在社会中体面生活，具体表现为欧洲穆斯林青年存在一定程度的认同危机，加之受到家庭经济条件影响，受教育程度一般较低，很难找到一份收入较高且受尊重的工作。发展危机，是个体无法通过个人努力改变生存状况。发展危机与生存危机存在密切关联性。没有好工作，收入过低，社会地位必然不高，自然会产生挫败感。而青年自身又存在易于冲动的特点，使其极易会受到宗教极端思想的影响。上述三种危机是欧洲青年穆斯林内心产生不满、行为表现出极端化倾向的重要动因。

　　认同危机、生存危机和发展危机给欧洲穆斯林青年带来情感上的困惑，圣战萨拉菲主义正契合了他们的一些诉求，他们对很多状况表达出一定程度的不满和愤世嫉俗，并期望通过自身的行为去改变现状。很多欧洲穆斯林青年感觉到因自己的宗教信仰而被社会排斥，自身社会生存空间狭小，内心充斥不满和怨恨，倾向选择支持反对西方价值观的极端理念，以表达自身的不满和抗议。同时，圣战萨拉菲主义在西方社会被过度渲染，比如德国某些媒体为了获得收视率，会邀请青年萨拉菲派教士和几个代表西方主流价值的专家辩论。青年教士能言善辩，表达出青年穆斯林的一些真实想法，使其更加契合受挫青年的需求，受到了青年穆斯林的广泛欢迎，他们想象可以因此成为社会的焦点，甚至是"殉道英雄"。

　　家庭教育是欧洲穆斯林青年极端化的重要因素，尤其是缺乏教育和情感疏离，都会给圣战萨拉菲主义分子提供可乘之机，向青年提供承认、接

纳、认同和集体感。[①] 作为一种重新接纳，穆斯林青年在新的群体中被赋予宗教身份，其价值和理念会随之发生变化。一些西方国家研究机构开展的调查发现，对很多穆斯林青年而言，以萨拉菲主义为纽带构建的群体类似于一个"大家庭"，他们在这里可以找到认同和安全。此外，萨拉菲群体是一个平等的群体，无论来自哪里、家庭背景如何，都是普通一员。事实上，基于血统、宗教等方式确定身份对很多移民的下一代而言过于复杂，而圣战萨拉菲主义带给他们的是最简单的认知，即所有人都只是穆斯林。在这个新群体中，评价个人价值的标准不再是血统、金钱、地位等因素，而是信仰的虔诚度和对群体规则的遵从度。虔诚和顺从也能够在一定程度上摆脱他们对复杂社会表现出来的不适应。在新的团体中，伊玛目（Imam）成为年轻人仿效的榜样和倚重的领袖。伊玛目传教和招募的方式也发生了改变。他们谈及的议题都是和年轻人生活息息相关的问题，比如关于婚恋问题、工作环境问题、生涯规划问题，但会赋予这些问题以宗教意义。

在信息网络时代，绝不能忽视互联网为圣战萨拉菲主义提供的平台。现实生活中，年轻人是网络空间的主要参与者和受众群体，他们可以在网络上接触到不同的社会思潮。圣战萨拉菲主义分子十分注重利用互联网传播其极端理念。比如，极端组织"伊斯兰国"会通过社交媒体"脸书"寻找对社会不满的穆斯林青年，并和其建立联系、组成网络，并不断认识更多的人结成小团体，使有极端倾向的青年汇聚到一起，通过社交软件，强化个体的极端意识。

外界对圣战萨拉菲主义存在一些刻板印象，比如他们十分封闭、保守，很少使用和接受新事物。事实上，圣战萨拉菲主义者早已走出封闭的小圈子深入到穆斯林信众中，广泛借助社交媒体的传播功能进行宣传。脸书、推特、聊天论坛已成为其传播极端思想、接触广大受众的有力工具。虽然他们传播的内容极端保守，但却借助流行文化的外在形式进行包装，

---

① 《是什么吸引年轻人走向圣战？》，https://www.deutschland.de/zh-hans/topic/zhengzhi/shishenmex iyinnianqingrenzouxiangshengzhan。

包括视频、电脑游戏、网络电影等，使传播的极端理念更形象、更鲜活，也更能激发受众群体的参与热情。同时，视频中出现的人物和受众群体之间的年龄也极为相近，对受众更具感染力。他们也会开展与其他传统派别伊斯兰思潮的公开辩论，使圣战萨拉菲主义的极端理念更具说服力。

此外，外部因素的影响也是圣战萨拉菲主义影响力扩展的重要原因。例如，部分中东国家在清真寺建设、著作出版、国外培训等方面对萨拉菲派提供了强有力资金支持。另外，美国等西方国家在中东问题上采取的不公正立场和中东长期动荡，都会引发欧洲青年穆斯林的反思，很多不同的派别会抛弃分歧、达成和解，进而聚合为反对西方的社会力量。[①]

三、圣战萨拉菲主义对欧洲青年的渗透方式

圣战萨拉菲主义对欧洲青年的渗透方式主要有四个层面，即家庭层面、社会层面、国家层面和互联网的虚拟空间。

第一，家庭层面，主要表现在直系亲属之间在理念上影响十分巨大。在受圣战萨拉菲思想影响的家庭内，父母会将圣战萨拉菲主义理念传递给子女。如果父亲是"圣战者"，儿子成为"圣战者"的可能性极大。兄弟之间理念的相互影响也十分巨大，并会形成一个关系密切的"圣战"团体。如"伊斯兰国"和"基地"组织，为了保证组织成员的忠诚度和纯洁性，明确要求加入的新成员必须得到老成员的推荐和担保。后来披露的极端组织的招募文件显示，很多新成员的推荐人都是直系血亲，父亲和兄弟成为最主要的推荐人。

穆斯林青年所在家庭的状况也会对其产生间接影响。不稳定的家庭状况，比如家庭关系破裂、家庭虐待、家庭暴力和关键家庭成员缺失等，都会加速极端化的进程。有研究认为，缺少父母的教育和监管，或者失去

① Sadek Hamid, "The Attraction of 'Authentic' Islam Salafism and British Muslim Youth," in Roel Meijer, ed., *Global Salafism: Islam's New Religious Movement*, London: Hurst & Company, 2009.

了家庭成员都可能会使年轻人选择参加圣战萨拉菲团体。① 也有研究指出，极端团体很多成员的加入是因为他们和家庭成员的关系不和谐，很多年轻人的加入是为了寻找缺失的"父亲形象"（father figures）和"家庭温暖"。② 另外，也有案例表明，父母发现子女极端化倾向后，采取了坚决反对的态度，却致使双方关系发生破裂。由于双方关系破裂，父母不再监管子女思想动向，年轻人更易出现极端化倾向。

第二，社会层面，主要是学校或者青少年机构对青少年的影响。圣战萨拉菲组织经常把学校作为其传播极端理念的重要社会场所，尤其是针对很多学业较差和受到同伴孤立的青少年，因为他们会因集体认同感低、个人价值得不到承认而产生强烈的挫败感。缺少集体身份、个人价值得不到承认，必然驱使其寻找其他路径和方式来弥补缺失，极端思潮和组织便趁虚而入，打着"公正、自由"的旗号吸引其加入圣战者队伍。与此同时，很多年轻人离开了政府资助的世俗学校，改为在家自修或者去宗教学校就读。法国总理爱德华·菲利普（Edeuard Philippe）曾对媒体表示，2017年有7.4万名学生进入政府教育体系以外的学校读书，其中一部分进入宗教学校学习，并且这类学生在逐年增加。

圣战萨拉菲主义得以广泛传播与宗教机构在教育中的影响有很强的关联性。例如，在荷兰乌德勒支的萨拉菲宗教学校中，学生们接受了萨拉菲主义思想，拒绝西方的社会准则。在阿姆斯特丹，老一代温和的穆斯林和年轻一代保守穆斯林之间经常发生冲突甚至是暴力冲突。又如，在埃因霍温的萨拉菲组织被指责和"基地"组织保持着资金联系，而该组织负责管

---

① "Vulnerable Children Who Are Brought up in An Extremist Environment," https://ec.europa.eu/home-affairs/sites/homeaffairs/files/what-we-do/networks/radicalisation_awareness_network/about-ran/ran-yf-and-c/docs/ran_yf-c_vulnerable_children_who_brought_up_extremist_environment_21-22_06_2018_en.pdf.

② Elga Sikkensa, Marion van Sanb, Stijn Sieckelinckc, Micha de Winterd, "Parental Influence on Radicalization and De-radicalization according to the Lived Experiences of Former Extremists and their Families," http://journals.sfu.ca/jd/index.php/jd/article/view/115/96.

理埃因霍温最大的清真寺。^①有学者指出，法国的萨拉菲主义者力图在伊斯兰教领域进行"隐性"夺权，其目标是首先控制清真寺，不断发展信徒，然后开始谴责传统的伊玛目，以获得对信仰领域的有力控制，而青年人最容易受到这种思想的蛊惑和影响。^②

第三，国家层面，主要指伊斯兰文化和主流文化未能实现良好融合。在"伊斯兰恐惧症"在欧洲不断蔓延的背景下，关于穆斯林群体是否被视为普通公民的讨论会使穆斯林青年产生不适感。事实上，虽然很多穆斯林青年享有公民权，但他们由于所处的边缘化处境而存在深刻的被剥夺感。在讨论和思考上述问题时，宗教身份和公民身份很容易被对立起来。宏观层面的国家和社会环境如果对穆斯林群体存在一定的理解偏差，会使其内心产生更大的反感和不适。事实上，萨拉菲主义在伊斯兰世界一直都有影响力，很重要的原因是很多神学家将先辈的虔诚信仰和伊斯兰文明的辉煌成就相联系。每当穆斯林社会遇到政治、经济和社会危机时，伊斯兰教的改革者都会呼吁重新遵循早期伊斯兰方式。欧洲社会面临的严重问题使青年对国家的忠诚度在不断弱化，萨拉菲主义思想的影响使他们更加强调自身的宗教身份，而忽视其公民身份。因此，他们和社会形成一种双重关系。一方面，他们生活在一个与世俗世界平行和分离的世界中；另一方面，他们又与世俗世界互动并受其影响。如果将两个世界对立起来，萨拉菲主义者就会具有很强烈的防范性和进攻性。

第四，互联网虚拟空间，指圣战萨拉菲分子通过虚拟的网络空间传播极端主义意识形态。在互联网上，圣战萨拉菲分子往往使用加密的社交媒体，将极端理念以容易理解和操作的形式传播给青年。同时，传播圣战萨拉菲主义的宣传网站、社交媒体等会组成一个相互关联的体系，以满足不同受众的不同需求。圣战萨拉菲的追随者很多都是15到20岁的年轻人，他们接触到的宗教知识并不多，更容易受到极端思想的诱导，并诱

① "Beyond ISIS: Europe Salafists Nurturing Jihad," https://www.investigativeproject.org/5746/beyond-isis-europe-salafists-nurturing-jihad.

② Elaine Ganley, "An Austere Brand of Islam Is on The Rise in Europe," http://www.businessinsider.com/an-austere-brand-of-islam-is-on-the-rise-in-europe-2015-6.

发暴力倾向。一些年轻人在Youtube上接受了极端分子的说教后，会选择追随"基地"组织和"伊斯兰国"等极端组织。这种方式被称为通过网络的"自我极端化"（self-radicalization），因此，有很多"自我极端化"的青年前往叙利亚和伊拉克加入极端组织"伊斯兰国"并直接参战。例如，荷兰的网站"De Ware Religie"，给人第一感觉是这是一个主流伊斯兰网站，但如果详细阅读其文章，就会发现其传播圣战萨拉菲主义思想。[①] 有学者指出，网络已经成为青年接受"圣战"思想的"开放大学"（the Open University），其运作的特点主要有两个方面：首先，"圣战"团体通过互联网建立牢固的纽带和兄弟情义，逐步形成"虚拟圣战"（virtual jihad）团体。其次，极端组织的"网络学者"（internet scholar）利用互联网，向青年灌输圣战萨拉菲主义思想，并指导他们的实践。[②]

有学者担心，极端萨拉菲主义未来可能会在欧洲社会成为一种亚文化，并具有自发性强、活跃程度高的特点，更重要的是其传播方式遵循了流行文化的方式。极端主义是圣战萨拉菲主义的核心内核，但其外在的表现形式却包含着流行文化因素。比如，利用社交媒体、进行网络搭讪、使用可视化语言、电脑游戏和末日电影等。这种方式的策划者和目标对象都是青年，因此相互之间不会出现代际差异，更容易进行交流和传播。

四、欧洲国家应对圣战萨拉菲主义蔓延的手段

从法国、德国、荷兰、比利时等国家的反恐与去极端化实践看，防止

---

① General Intelligence and Security Service (AIVD), "The transformation of jihadism in the Netherlands: Swarm dynamics and new strength," https://www.aivd.nl/binaries/aivd_nl/documenten/publicaties/2014/06/30/the-transformation-of-jihadism-in-the-netherlands/jihadisme_eng_definitief_b5_formaat_webversie.pdf.

② Reuven Paz, "Debates within the Family: Jihadi-Salafi Debate on Strategy, Takfir, Extremism, Suicide Bombings, and the Sense of the Apocalypse," in Roel Meijer, ed., *Global Salafism: Islam's New Religious Movement,* Hurst & Company, London, 2009.

圣战萨拉菲主义在欧洲的传播，主要借助一些预防和消除极端化的方式和手段。主要包括：（1）预防。主要是针对穆斯林青年的成长环境实施干预，对其家庭成员实施帮助和引导。（2）宣传。应对宗教极端思潮的最有效方式还是使温和的宗教理念被更多青年信众接受，倡导平等与和谐。（3）引导。借助学校、温和宗教机构、去极端化服务中心对年轻穆斯林进行思想引导，关注其生活和思想状况，使其认识到自身价值，积极融入主流社会。（4）反制。通过各种手段清除极端思潮的影响。比如，在网络上清理极端言论，攻击极端组织使用的服务器，对宣传极端思想的清真寺和伊玛目进行约束等。

英国政府出台了一项法规，要求大学必须对疑似的极端主义宣传演讲者采取限制措施。同时，对可能受极端思想影响的学生需加强辅导。为打击青少年加入极端组织的现象，英国重视综合利用各种手段同极端组织开展斗争。比如，为提高获取相关情报的能力，拦截相关的有线及无线电子通信信息；英国内政事务特别委员会（Home Affairs Select Committee）要求社交媒体必须监管平台发布的内容并发布公开的报告。①

法国政府宣布了一项包含60项措施的新计划，通过在监狱、社交媒体及学校等多个领域采取措施，进一步预防极端思想传播。在监狱中，主要是对有极端倾向的囚犯进行隔离，防止其在监狱中传播极端思想，同时指定国内12所大学对在监狱中从事去极端化工作的神职人员进行培训，要求监狱只能雇佣获得结业证书的伊玛目。②法国政府还表示将会和大型的社交媒体网络平台加强合作，及时确定和删除网络上宣传极端主义和恐怖主义的信息，并加强校园内主流价值观教育。同时，政府还通过培训等手段，加强教育机构识别受极端思想影响青年的能力。

德国特别重视利用社会力量加强去极端化工作，防止极端化的社会组织通过加强服务，进而建立起父母、孩子、学校和伊玛目之间联系的桥

---

① 《欧洲严防青少年滑向极端化》，《人民日报》，2016年04月19日，第23版。

② 王洪一：《法国与摩洛哥"去极端化"合作的分析》，http://iwaas.cssn.cn/xslt/fzlt/201601/t20160108_2818183.shtml。

梁，他们还经常和政府机关保持联系。例如，反极端化的社会组织"哈亚特"（Hayat）采取的最主要方式是动员圣战萨拉菲主义者的亲人和朋友，利用亲情和友情等因素说服"圣战者"重回家庭。

荷兰安全机构强调将正统的萨拉菲主义和圣战萨拉菲主义进行区别对待，认为萨拉菲主义不会自动滑向圣战萨拉菲主义。荷兰本土的萨拉菲主义伊玛目也反对年轻穆斯林追求极端萨拉菲主义理念，并力图使其转向更加非政治、非暴力的模式，甚至也会及时向警方通报相关情况。[①]

比利时政府防范极端化的主要方式是强化对宗教场所和伊玛目的管理。只有经政府认可的清真寺才可以从事宗教活动，伊玛目也需在获得政府认可后在清真寺工作。同时，很多地区还专门成立了特殊的警察队伍，定期走访疑似有激进化倾向的青年家庭，并提供及时的援助。[②] 与此同时，比利时社会也更加关注青年的思想动态，并成立相关的去极端化中心。社区中心的重要工作是帮助年轻人寻找工作岗位，培养其国家归属感，探寻生活的意义和人生的价值。

除此之外，针对极端组织利用网络宣传圣战萨拉菲主义，欧洲各国加强了在该领域的合作力度。2016年以来，欧洲国家之间已经连续对"伊斯兰国"所属的网络媒体阿玛克（Amaq）实施三次进攻。主要进攻的方式是对手机客户端和网页实施攻击，并通过截获服务器的地址，确认欧洲多个国家极端个体的身份。2018年，由比利时牵头，包括美国、法国、英国等八个国家的联合执法团队，在欧洲刑警组织（Europol）和欧洲司法合作组织（Eurojust）的协助下，截获了"伊斯兰国"使用的服务器并注销了其使用的域名。[③]

---

① Beatrice de Graaf, "The Nexus between Salafism and Jahadism in the Netherlands," https://ctc.usma.edu/app/uploads/2010/08/CTCSentinel-Vol3Iss3-art6.pdf.

② 《欧洲严防青少年滑向极端化》，《人民日报》，2016年04月19日，第23版。

③ "US-EU operation deals blow to Isis propaganda machine," https://www.theguardian.com/world/2018/apr/27/isis-media-outlets-immobilised-us-eu-amaq.

第五编

国别研究

第27章
"伊斯兰国"对沙特政权的挑战
及沙特的应对之策

　　有学者指出，"'9·11'事件后，中东地区的恐怖主义经历了三次革新，即'基地'组织的1.0版、伊拉克战争后的2.0版和'伊斯兰国'的3.0版。"[①] 这三次革新具有一个共同点，即它们的极端思想都是在战争和战乱中滋生的，其结果都是恐怖活动的不断升级。2011年以来不断升级的叙利亚危机为"基地"组织伊拉克分支的壮大创造了机会，该组织潜入叙利亚境内后成立了"支持阵线"，并逐渐发展成为叙利亚战场上最重要的极端势力之一。2013年4月，该分支头目阿布·巴克尔·巴格达迪（Abu Bakr al-Baghdadi）正式宣布将"伊斯兰国"伊拉克分支和"支持阵线"合并为"伊拉克和沙姆伊斯兰国"（Islamic State of Iraq and al-Sham）。该组织以第一沙特王国时期（1744年至1818年）的瓦哈比派的真正后继者自居，其意识形态不但继承和发展了历史上不同时期的极端主义思想，而且深受圣战萨拉菲主义的影响。2014年6月29日，巴格达迪自称"哈里发"，将组织更名为"伊斯兰国"，并宣称自己是先知穆罕默德的后裔，对整个伊斯兰世界拥有权威地位。"伊斯兰国"组织在伊拉克境内攻击库尔德人和什

---

　　① 李伟：《"伊斯兰国"溃败对国际恐怖主义生态的影响》，载《现代国际关系》2017年第8期，第44页。

叶派政权，对除逊尼派以外的"异教徒"进行残忍迫害；在叙利亚境内以推翻阿萨德政权、建立"伊斯兰国"政权为目的进行武装活动；在政治抱负上，"伊斯兰国"意欲建立一个不仅包括伊斯兰世界，还涵盖意大利、西班牙等地区的"哈里发帝国"，企图统治全世界的穆斯林。

作为逊尼派极端组织的"伊斯兰国"最早起源于1999年建立的"认主独一和圣战组织"（Organisation of Monotheism and Jihad），其后历经"圣战士协商委员会"（Mujahideen Shura Council）、"伊拉克伊斯兰国"（Islamic State of Iraq）、"伊拉克与沙姆伊斯兰国"等阶段而最终形成。早在"伊拉克伊斯兰国"时期，它就妄称"建立一个逊尼派伊斯兰国家，摆脱什叶派和十字军占领者的压迫……使真主之言成为世界至伟，并恢复伊斯兰教的荣耀"。[①] 该组织提出了重新划分中东版图的总体目标，意欲在叙利亚沿地中海沿岸到伊拉克一带建立一个逊尼派掌权的跨两河流域和地中海东岸的"伊斯兰酋长国"。[②] 为此，"伊斯兰国"组织通过各种手段把自己包装成为逊尼派的捍卫者与代言人，招募了众多年轻的穆斯林追随者。2014年6月29日，该组织改名为"伊斯兰国"并宣告其头目巴格达迪为"哈里发"，不但号召世界各地的穆斯林向巴格达迪宣誓效忠，而且宣称为多起恐怖袭击事件负责，引起了全世界的广泛关注。本章着重分析"伊斯兰国"组织挑战沙特政权过程中沙特的应对之策，旨在揭示中东极端组织的蛰伏性、复杂性与持久性等特点。

一、"伊斯兰国"挑战沙特政权合法性的"政治宣言"

近年来，"伊斯兰国"组织的快速发展在一定程度上源于2011年阿拉伯大变局导致的中东局势动荡，这给了该组织喘息和投机的机会；而该组

---

① Andrew Tilghman, "The Myth of AQI," *Washington Monthly*, October 2007, pp.22-34.

② Gareth Stansfield, "Explaining the Aims, Rise, and Impact of the Islamic State in Iraq and al-Sham," *The Middle East Journal*, Vol.70, No.1, 2016, pp.146-151.

织的迅速扩张又进一步加剧了中东地区的混乱局面，各类极端暴恐组织在西亚和北非地区迅速扩散，甚至形成了"阿富汗—巴基斯坦、叙利亚—伊拉克、阿拉伯半岛"和"北非马格里布国家、非洲之角索马里、西非尼日利亚"两个大三角，严重威胁地区稳定及世界安全，为国际反恐行动带来不少困难。在沙特，"伊斯兰国"组织不断激化沙特国内的教派矛盾，使其面临近十年来最严重的恐怖主义威胁。

2011年中东剧变以来，"伊斯兰国"组织乘机利用极端意识形态招募新成员，逐步发起对沙特政权合法性的挑战。该组织认为，伊斯兰教圣地麦加和麦地那不能由腐败堕落的沙特王室执掌，必须尽快恢复伊斯兰哈里发时代的"无上荣光"。因此，"伊斯兰国"组织不断表达对沙特王室的诸多不满，特别是面对伊朗在中东地区的扩张，该组织认为"沙特已经失去了执行文明防御所需的正当性和合法性"，自己比沙特政府更有资格成为逊尼派教义的捍卫者。[1] 除了通过战略战术和恐怖活动来扩大影响力或实现政治目标外，"伊斯兰国"组织还擅长通过新媒体和网络来赢取更大范围的支持。它将意识形态、战略诉求等信息通过网络传达给追随者或反对者，这一方面有助于塑造自身行为的正当性和合法性，另一方面也起到警示或胁迫对手的作用。有分析指出，"伊斯兰国"是最擅于进行网络宣传的恐怖组织之一，它借助网络和新媒体，发布英语、阿拉伯语、俄语、法语、德语、土耳其语和库尔德语等多语种的音频或视频，用以招募人员和鼓动恐袭，其宣传效果显著。[2] 在意识形态的"正统性"上，"伊斯兰国"组织通过媒体宣传对沙特王室提出的质疑与挑战主要体现在巴格达迪发表的三次重要演讲中。在演讲中，他均以沙特政权作为主要攻击对象，基本上反映了"伊斯兰国"组织对沙特的主要立场。

第一次演讲是巴格达迪于2014年6月宣布建立"伊斯兰国"后不久发表的，它明确地将沙特定性为"伊斯兰国"组织及其追随者斗争的对象之

---

① 韩晓明、刘皓然:《"伊斯兰国"连环爆炸袭击血洗也门500多人死伤》，载《环球时报》2015年3月21日，第3版。

② 李伟:《"伊斯兰国"溃败对国际恐怖主义生态的影响》，第47页。

一。为了将沙特政府的注意力从攻击"伊斯兰国"组织上引开，巴格达迪为"伊斯兰国"组织的拥护者们制定了一系列"待办事项"，策划了在沙特国内的恐怖活动，并呼吁攻击沙特的什叶派和沙特王室家族。① 很明显，巴格达迪十分担心叙利亚境内的"伊斯兰国"受到来自沙特空军及其他海湾国家联合部队的空中打击。他对沙特境内的支持者承诺"伊斯兰国"的领导者将很快与他们会合，并宣称该组织把美国拉入地面战争的策略在有条不紊地推进。为此，"伊斯兰国"率先宣布在沙特境内建立三个"省份"（汉志、内志和巴林），彰显出该组织意欲掌握国土控制权的野心，它企图占领包括沙特和伊拉克交界地带的广大领土，从而实现"哈里发帝国"的梦想。

巴格达迪在这个阶段的演讲和行动充分表明，"伊斯兰国"把什叶派穆斯林当作敌人，并通过削弱什叶派伊朗在中东的扩张，妄图取代逊尼派领导力量沙特的地位。作为逊尼派极端组织，"伊斯兰国"的核心成员视什叶派为"异端"。在其发行的电子刊物《达比克》（*Dabiq*）中曾有这样的论述："什叶派针对逊尼派犯下了诸多罪行，他们杀害了许多圣战士、学者、知识分子、医生、工程师。他们是背叛者，也是胆小鬼，他们只会恃强欺弱，专门攻击无依无靠者。他们是比美国人还要巨大的障碍，也是更危险的敌人。"② 鉴于此，巴格达迪将另外一个关注点集中在也门胡塞什叶派武装组织上，他在这次演讲中号召"伊斯兰国"的战士要与胡塞武装组织斗争到底，直到消灭胡塞武装。2015年3月23日，"伊斯兰国"在也门的武装人员对胡塞武装组织发动了袭击，他们发起了四起针对清真寺和政府机构的爆炸袭击，造成至少137人死亡、350人受伤。不仅如此，"伊斯兰国"还袭击了伊拉克、阿富汗等国的什叶派目标。

第二次演讲于2015年5月发表，巴格达迪把批判的矛头主要指向沙特的外交政策，特别是沙特对也门军事行动的失利。2015年3月26日，沙

① Nibras Kazimi, "Saudi Arabia's 'Islamic Alliance': Major Challenge for Al-Baghdadi's Islamic State, or Potential Opportunity?" *Current Trends in Islamist Ideology*, No.20, April 2016, p.17.

② "The Rafidah: From Ibn Saba' to the Dajjal," p.41.

特以捍卫也门总统哈迪领导的合法政府的名义，率领10国联军向也门发动代号为"决断风暴"（Decisive Storm）的军事行动，对胡塞武装的什叶派民兵进行空中打击。巴格达迪认为，沙特将这次军事行动称为"决断风暴"，其实暗示了沙特政府并没有做好战争的准备，更何况沙特的真实目的是要在"伊斯兰国"之前在也门夺取先机。

"伊斯兰国"认为，只有削弱和颠覆沙特政权才有可能在伊斯兰世界确立自己的地位。巴格达迪罗列了近年来在伊拉克、叙利亚、缅甸、印度、印度尼西亚、高加索、巴勒斯坦和阿富汗等国家和地区发生的冲突，并质问沙特政府为何在军事上花费如此庞大，却不能维护穆斯林社会的稳定。巴格达迪进一步分析称，沙特的无能是因为沙特王室长期以来听命于"犹太人和十字军的主人"，而沙特在也门作战的决定是为了再次向他们的"主人"效忠的无用的"垂死挣扎"，这就是沙特把军事行动放在也门而不是叙利亚的主要原因。[①] 鉴于此，"伊斯兰国"组织列出了攻击对象的顺序：首先要打击什叶派，然后再针对沙特王权，最后轮到十字军及其支持者，显然它已经做好随时与沙特作战的准备。

第三次演讲于2015年12月26日发表，巴格达迪对沙特的"伊斯兰军事反恐联盟"宣言进行了强烈抨击。伊斯兰反恐联盟于2015年12月15日成立，它是沙特推动组建的一个国际军事联盟。这个由34个伊斯兰国家（后增至41个国家）组成的反恐军事联盟一致决定就打击极端主义、恐怖主义和消灭恐怖分子进行合作，加强在军事、财政、情报和政治领域的反恐合作。巴格达迪在演讲中指出："我们看见基督教的十字军和无信仰的国家及其追随者，以及在犹太人支持下的势力，他们不敢正面对抗圣战士，他们因为内心充满恐惧而互相推搡。他们知道等待他们的将会是战败、衰竭和毁灭，而我们将把他们消灭殆尽，伊斯兰教将再一次君临世界直到永远。这就是为什么他们想尽一切办法阻止我们……直到沙特最近宣布成立伊斯兰联盟。如果有真正的伊斯兰联盟，那么它一定会为在叙利亚遭受压迫和抛弃的人民提供帮助和救援，向阿拉维派教徒和俄罗斯宣战；

如果有真正的伊斯兰联盟，那么它一定会向杀害、抛弃、掠夺逊尼派穆斯林的什叶派和无信仰的库尔德人宣战；如果有真正的伊斯兰联盟，那么它一定会远离犹太人和十字军的主人，将打击犹太人、解放巴勒斯坦作为它的目标。"①

巴格达迪发表的三篇演讲体现了"伊斯兰国"对沙特政策的变化。有学者指出："对'伊斯兰国'来说，沙特王国是最重要的终极目标，因为它对穆斯林来说意义重大。"② 巴格达迪不再只是嘲讽沙特王室的顺从和堕落，其语言充斥着蔑视和警告，甚至是危言耸听的威胁。他号召全世界的穆斯林保卫"伊斯兰国"，声称该组织在诸多方面已经超越了沙特政府，并将沙特确定为他们推翻的终极目标之一。在第三篇演讲公布之前，"伊斯兰国"属下多个媒体分支同时在多个社交网络平台上发布了二十多个视频、文章、诗歌和海报，均以反对沙特现政权为主题，包括：沙特政府忽略"效忠与拒绝"（al-wala'wel bara'）的做法；听从联合国等人为的法律和行政机构的指使；颁布与伊斯兰教法矛盾的法律；允许银行业中高利贷和利息等商业行为；允许什叶派等"异教徒"在阿拉伯半岛或圣城麦加和麦地那公开举行宗教仪式；雇佣顺从的宗教人员论证其暴行的合法性；与国际社会合作打击其他穆斯林和"圣战"分子等。③ 作为一个特殊的极端组织，"伊斯兰国"在规划、建构并公开宣传其叙事的过程中，不但利用了伊斯兰教中既有的社会或宗教观念，而且紧密结合事态的演变和自身的发展状况，调整具体的内容。在此过程中，"伊斯兰国"组织有选择性地针对沙特政府的相关事务进行解读，从而构建出契合自身政治诉求、社会基础、思想理念以及发展方向的宣传内容，形成了极具蛊惑性和号召力的现代宣传模式。

---

① "Al-Baghdadi Audio Speech," in Nibras Kazimi, "Saudi Arabia's 'Islamic Alliance': Major Challenge for Al-Baghdadi's Islamic State or Potential Opportunity?" p.17.

② ［加拿大］阿亚·巴特维：《"伊斯兰国"开始将沙特作为目标》，载《多伦多星报》2015年11月9日。

③ Nibras Kazimi, "Saudi Arabia's 'Islamic Alliance': Major Challenge for Al-Baghdadi's Islamic State, or Potential Opportunity?" p.18.

二、沙特打压"伊斯兰国"的多重举措

2011年中东剧变以来，沙特反恐局势日益严峻。"伊斯兰国"组织兴起之后，有学者预测"该组织的发展将会给沙特带来更严重的安全威胁"。[①] 特别是"伊斯兰国"组织把沙特作为主要的攻击目标之一，使本来就频频告急的沙特安全局势雪上加霜。仅2016年一年，沙特境内就发生了34起恐怖袭击事件，沙特政府逮捕了近200名"伊斯兰国"组织的恐怖分子。沙特王储穆罕默德·本·萨勒曼曾指出："恐怖主义和极端主义最大的威胁不仅是杀害无辜民众并传播仇恨，而且破坏我们宗教的名誉并扭曲我们的信仰。"[②] 为此，沙特政府施展软硬两手，通过去极端化、军事打击和出台反恐法等方式来应对"伊斯兰国"等恐怖组织的威胁。事实上，从沙特的经验来看，预防性措施必须注重打击宗教极端主义的意识形态，仅靠军事措施打击极端组织还不够，还要实施有效的政治解决方案，从而阻止"伊斯兰国""基地"组织或其他恐怖组织"东山再起"。

（一）军事举措：组建伊斯兰军事反恐联盟

因为担心受到极端主义的影响，沙特明令禁止人们到国外参加战争，也禁止任何鼓励参战的行为。自1932年王国成立以来，沙特统治者一直避免采取大规模军事行动。但近年来，沙特政府不断塑造自身致力于领导伊斯兰国家军队维护地区秩序的形象：2011年3月，巴林发生严重骚乱，沙特派遣1000名沙特士兵进驻巴林，协助巴林王室镇压骚乱并维护安全局势；2015年3月，国王萨勒曼登基后不久，沙特就对也门胡塞武装进行了军事打击。可见，沙特的地区政策和对外政策表现得越来越激进。

2015年4月29日，沙特国王萨勒曼将穆罕默德·本·纳伊夫

---

① Hal Brand and Peter Feaver, "Was the Rise of ISIS Inevitable?" *Survival*, Vol.15, May 2017, p.8.
② 《沙特发起"伊斯兰反恐军事联盟"40多国参与》，载《参考消息》2017年11月28日。

（Muhammad Bin Nayef）立为王储，后者在反恐问题上以"铁拳政策"著称，被称为"反恐王子"和"间谍专家"，曾领导打击"基地"组织的反恐行动。穆罕默德·本·纳伊夫认为，恐怖主义"必须被当作一种很严重的犯罪行为，予以无情打击"。[①] 为此，沙特积极推进国际反恐合作，并于2015年12月15日宣布组建伊斯兰军事反恐联盟。这一联盟宣称要保护伊斯兰国家免受各类恐怖团体或组织的威胁，不论其来自于何种教派或打着何种旗号。不仅如此，沙特官员还于2016年密集访问了亚洲多国，旨在促进与亚洲国家之间的反恐合作。2017年1月，沙特任命巴基斯坦前陆军参谋长拉希勒·沙里夫（Raheel Sharif）为反恐联盟的首任军事统帅。与此同时，孟加拉国、巴基斯坦、土耳其和阿联酋等国均承诺在需要时提供武力支援。美国和德国等国家也在该联盟成立之初就表达了合作反恐的意愿。到2017年11月，沙特领导的反恐联盟几乎涵盖了所有逊尼派伊斯兰国家。该联盟允许成员们互相请求援助以打击武装分子，不但要反击"恐怖主义和极端主义"，而且要无情打击极端主义组织直至其彻底消亡。据悉，联盟成员之间除了互相提供军事援助、财政支持、技术设备和专业知识外，还将集中力量打击恐怖主义融资渠道和意识形态。

（二）社会举措：对极端分子实施"再改造"计划

早在21世纪初期，由极端组织实施的恐怖袭击已经严重威胁到沙特的国家安全，不断影响着沙特国内的经济发展与社会稳定。然而，要打败恐怖主义仅靠军事手段还不够，还要从根本上遏制赋予其活力的极端思想。为此，2003年后，沙特政府发起了一个全称为"预防、康复和善后关怀"（Prevention, Rehabilitation and After-Care）的针对极端分子的"再改造"计划（Rehabilitating Terrorists）。这是一项综合治理战略，它着力从思想观念上肃清极端主义影响，采用去极端化措施对极端分子进行再教育和改

---

① 战扬：《沙特新王储：以反恐知名》，载《中国国防报》2015年5月5日，第5版。

造，辅之以监督手段使被改造者重新融入社会。[①] 这一柔性反恐战略由沙特内政部全权负责，为此，沙特内政部于2004年专门设立了"咨询委员会"（Munasaha），通过一系列康复计划，借助温和宗教人士的宣讲、宗教辩论和心理咨询等方式，对暴力极端分子进行康复再教育，旨在从根源上铲除极端主义的毒素与危害。不仅如此，沙特还修建了专门的极端分子思想改造中心，由神职人员和心理学家督导，其目的是通过宗教咨询和思想"戒毒"，防止罪犯在服刑完毕后重返圣战组织。为了有效推行去极端化措施，沙特政府还声称向普通民众和世界各国人民传播温和的伊斯兰教义，并特设公共关系部（Public Relation Department），通过在国内外举办展览、召开会议、组织研讨会等一系列活动，一定程度上缓解了政府和民众之间的紧张关系。在这些活动中，沙特政府与各国宗教领袖密切合作，向国内外穆斯林揭露宗教极端思想的谬误，不断强化沙特官方宗教的权威性，从而压缩极端思想的活动空间。尤为重要的是，通过组织和参与一系列会议，沙特政府向国内外传达了一个信号，即"唯有官方的、正式的宗教人士给出的宗教解释才具有权威性"。[②]

从沙姆周边地区局势来看，随着极端组织"伊斯兰国"在伊拉克的膨胀，恐怖分子不断越过伊拉克与沙特的边境，屡屡对沙特的国家安全构成严重威胁。近年来，也门的胡塞武装组织更是异军突起，"从原来小规模反政府行动发展到当下的武装夺权，也门的恐怖主义活动进入活跃期"。[③] 不仅如此，埃及、叙利亚、伊拉克等国的安全局势频频告急，使沙特的周边安全环境日益恶化，它们与沙特境内的恐怖组织形成呼应之势，严重威胁了沙特国内安全和政权稳定。为了应对"伊斯兰国"组织的

---

① Christopher Boucek, "Saudi Arabia's 'Soft' Counterterrorism Strategy: Prevention, Rehabilitation and After-Care," *Carnegie Papers*, No.97, Washington, D.C.: Carnegie Endowment for International Peace, September 2008, p.11.

② Hamed El-Said and Jane Harrigan, *De-radicalizing Violent Extremist: Counter-radicalization and De-radicalization Programs and Their Impact in Muslim Majority States*, London: Routledge, 2013, p.209.

③ 王琼：《也门的恐怖主义与政治动荡》，载《现代国际关系》2015年第6期，第57页。

威胁，沙特政府发布了禁止参加支持恐怖组织活动的宗教法令即"法特瓦"（Fatwa），[①] 强化在国内开展去极端化工作。2012年时任沙特内政大臣的穆罕默德·本·纳伊夫曾经领导并打击"基地"组织，他不但精通打击恐怖组织的相关技术，而且掌握改造极端分子思想的主要方法。在他的主持下，沙特内政部已修建五座改造中心，总共关押了3500名极端组织的成员。据悉，从这些改造中心释放的成员，仅有20%重返恐怖组织，这一比例已远低于美国和欧洲。本着对这些成员进行改造并真正促进去极端化的目的，这些被关押者享受一定的津贴，有的被允许亲戚探望，甚至可以在监督下参加婚礼和葬礼。与此同时，他们的家人也会得到政府相应的照顾。[②]

（三）法律举措：实施新反恐法

近年来，沙特政府不断加大打击恐怖活动的力度，除了破获恐怖袭击阴谋、改造恐怖分子等措施外，还以法律形式在全国范围内强调去极端化工作的重要性，通过立法彻底阻断沙特境内的极端组织支持或参与恐怖活动。2013年12月16日，沙特内阁会议通过了一项由协商会议和内政部联名提交的新反恐法案，内容包括对恐怖活动的界定和对资助者、恐怖分子以及相关组织进行严厉制裁。沙特新的反恐法对恐怖主义行为进行了清晰的界定，其中包括教唆他人实施恐怖犯罪的行为，任何质疑伊斯兰宗教的行为，任何煽动颠覆政权的行为（包括批评王室）。[③] 根据该法案，恐怖活动是指个人或组织实施的，具有犯罪动机，直接或间接损害公共秩序、国家安全和稳定的行为，具体包括危害国家统一、违犯国家基本法律、诋毁

---

① 伊斯兰教法用语，意为"教法判例"或"教法新解"，指权威的教法学家就经训或法典未作规定的问题，或法典虽有规定但不全面或在事实上已难于执行或对如何执行有争议的问题，根据经训精神和教法原理，经过审慎推理引申出的法律处理意见，或补充见解或裁断说明。

② 查希：《沙特国王废除侄子王储身份 任命儿子为新王储》，凤凰网，2017年6月21日，http://news.ifeng.com/c/7fahMoShDws，登录时间：2019年4月8日。

③ "Saudi Anti-terrorism Law Casts Wide Net," *Al-Monitor*, http://www.al-monitor.com/pulse/originals/2014/06/saudi-arabia-human-rights-activist-detained,html#，登录时间：2018年10月9日。

国家名誉、破坏国家基础设施和资源的行为，以及为达到上述目的进行威胁，教唆他人实施上述犯罪的行为。[①] 伊斯兰教法中关于侵犯人权的犯罪也被纳入该项法案。法案还规定了审理和处置恐怖嫌疑人和资助者的具体程序。

沙特新反恐法主要针对"伊斯兰国"组织等在沙特境内活动的极端组织。在叙利亚局势较为严重期间，当地"基地"组织得到了更多的人员支持和物质补给，在沙特国内大有卷土重来之势。"伊斯兰国"势力及其成员也不断越过边境向沙特境内渗透，利用互联网等新兴科技手段，在沙特境内进行极端主义宣传、成员招募和资金筹集等活动。[②] 为了通过实施新反恐法有效遏制国内恐袭事件的高发态势，沙特政府切实赋予了负责反恐事务的内政部和安全部队以更大的权力，允许军警逮捕、关押恐怖嫌疑分子，还以重金奖励提供重要反恐情报的公民，不仅严厉打击了向恐怖分子和组织提供资金支持的团伙，在防范沙特公民赴境外参与恐怖活动方面也取得了一定成效。

通过前文的分析可以发现，从2013年4月到2017年7月，"伊斯兰国"组织经历了由盛转衰的历程，其间沙特的相关政策调整一直贯穿始终。借助2011年以来的中东乱局，"伊斯兰国"组织用极端意识形态招揽新成员，大肆扩大恐怖袭击的范围，并以取代沙特政府成为逊尼派捍卫者为目标，逐步发起对沙特政权合法性的挑战。由此，沙特成为"伊斯兰国"组织的主要攻击目标之一，其反恐形势日益严峻。为此，沙特政府通过软硬两手展开反恐斗争：在军事层面，沙特发起组建伊斯兰军事反恐联盟；在社会层面，沙特采用柔性的针对极端分子的"再改造"计划；在法律方面，沙特大力推行新反恐法。这一系列举措有效控制了"伊斯兰国"组织的恐怖

---

① 驻沙特阿拉伯使馆经商处：《沙特内阁会议通过新反恐法案》，中国驻沙特阿拉伯使馆经商处，2013年12月17日，http://sa.mofcom.gov.cn/article/d/201312/20131200428600.shtml，登录时间：2018年10月12日。

② Ahmed AI-Rawi, "Video Game, Terrorism and ISIS's Jihad 3.0," *Terrorism and Political Violence*, Vol.30, No.1, 2016, p.8.

活动。

目前，国际社会打击"伊斯兰国"组织的反恐斗争取得了重大进展。"伊斯兰国"组织实体瓦解，其有形的"哈里发国家"逐步解体。"伊斯兰国"已经从有独立军队、地盘和行政体系的半军事化新型恐怖组织，回归到传统的常规恐怖组织。法国国家安全事务顾问阿兰·鲍尔（Alain Bauer）指出，尽管实力受到严重削弱，但"伊斯兰国"的外溢威胁将使地区安全形势变得更加复杂多变，其成员有可能不定点、不定时地采取任何形式制造恐怖袭击，标志着全球恐怖主义进入了"微恐怖主义"时代。[①]"伊斯兰国"组织分散的组织结构网络即便在被摧垮后依然拥有较强的生命力，从伊拉克、叙利亚、利比亚、阿富汗、也门、埃及西奈半岛恐怖袭击频发，到巴格达迪《呼吁支持者坚持下去》的录音重现，都表明"伊斯兰国"组织的战略重心已从叙利亚和伊拉克向外围转移。从长远来看，"伊斯兰国"组织分支机构及其极端主义意识形态的威胁依然存在，值得国际社会进一步关注。

---

① ［法］阿兰·鲍尔：《"伊斯兰国"死期已到了吗？》，马明月译，载《宗教与美国社会（第17辑）》，北京：时事出版社2018年版，第312页。

第28章
海合会国家青年的宗教极端化
与去极端化研究

　　宗教极端组织在全球范围内频频制造暴恐事件，严重威胁世界和平与安全。近年来，全世界有不少青年加入极端组织，参与策划、实施暴恐事件，青年极端化问题业已成为当前许多国家政府面临的棘手难题。

　　海湾合作委员会国家（简称海合会国家）是指1981年成立的海湾合作委员会的六个成员国，分别是沙特、科威特、阿联酋、卡塔尔、巴林、阿曼。阿拉伯国家是世界上人口平均年龄严重偏低的国家，海合会国家的情况更加严重。在海合会国家人口构成中，青年占较大比重，其中15岁至29岁的青年人口占巴林、阿曼和卡塔尔总人口的1/3，占科威特、阿联酋总人口的1/4，占沙特总人口近1/5。2011年中东剧变以来，阿拉伯国家社会转型过程中的青年问题更趋严重，并使青年成为极端组织传播极端思想、招募人员的重点对象。2014年"伊斯兰国"宣布建立"哈里发国"，进一步加剧了青年极端化问题的集中爆发，使实行政教合一君主制政体的海合会国家深受极端主义所困，海湾地区安全也因此受到严重威胁。

　　长期以来，学界对青年的宗教极端化问题虽有关注，但却缺乏系统深入的研究。因此，本章拟对海合会国家青年宗教极端化问题的现状、成因、特点，以及海湾各国对青年去极端化的举措及成效进行梳理和分析，以引起学界对青年宗教极端化问题这一特殊领域的重视。

一、海合会国家宗教极端化问题的产生

极端化是社会发展过程中特定矛盾的产物，在人类历史上的不同阶段都曾出现过不同形式的极端化，其中就包括宗教极端化现象。对于宗教极端化的定义，目前学术界尚未形成统一的说法。有学者认为，宗教极端主义是"宗教"与"极端主义"的复合概念，它是与宗教有关的、具有由偏激而致极端的主张要求，或以偏激的手段实现其主张要求的行为活动。[①]宗教极端主义的产生，是宗教经由它的狂热化、政治化，从而极端化、非理性化，最终蜕变为宗教极端主义的。[②]值得注意的是，宗教极端化往往与政治极端化相伴而行。宗教狂热并不一定会演变为宗教极端主义，但其一旦与宗教政治化相结合，其结果必定发生演变，从而异化、蜕变为宗教极端主义。自2011年中东剧变以来，"基地"组织的卷土重来与"伊斯兰国"的乘势坐大，均表明宗教极端主义泛起的不争事实。

海合会国家在中东地区和阿拉伯世界有其特殊性，从政治上讲，它们国情特殊，都是逊尼派领导的君主制国家，但其国内均有一定比例的什叶派人口，甚至有个别国家什叶派人口占多数（如巴林），这些国家都存在不同程度的教派矛盾。从经济上讲，它们绝大多数都是石油输出国，随着20世纪石油资源的大量开采，海合会国家成为阿拉伯国家中财力最为雄厚的国家，但也存在经济结构单一、严重依赖能源的弊端。近年来，海合会在地区事务中的作用持续上升，影响力不断扩大，并积极介入利比亚战争、叙利亚内乱、对抗伊朗等诸多地区重大问题。

新世纪以来，尽管海合会国家经济实力迅速提升，在地区、国际事务中的地位与影响日渐扩大，但伴随"9·11"事件、全球反恐战争、中东剧变、"伊斯兰国"兴起等重大事件的发生，海合会国家也面临着巨大的

① 金宜久:《当代宗教与极端主义》，北京：中国社会科学出版社2008年版，第164页。
② 金宜久:《宗教极端主义的产生和特点》，载《中国宗教》2014年第6期，第20页。

内外压力。国家内部转型压力陡增、美国和西方的反恐压力、极端组织不断进行渗透扩张并制造暴恐袭击、逊尼派与什叶派矛盾纷争加剧等诸多内外因素的共同作用，使得海合会国家成为宗教极端化现象的频发之地。有阿拉伯学者将这一现象称为"阿拉伯的灾难"，而"越来越多青年群体的加入大大增加了这一现象的危险与威胁，使宗教极端化如同传染性极强的病毒一样肆意扩散"。[①]

中东剧变的爆发把海合会国家的青年群体推到了历史舞台的前沿。在这场剧变中，青年人表现出了对社会民生矛盾的强烈不满，对"老人政治"的极端厌恶，以及前所未有的政治参与意识的觉醒。海合会国家虽未受到大规模波及，但巴林爆发了较大规模的示威游行。在海合会的支持下，由沙特和阿联酋的1500名军警组成的海合会安全部队——"半岛之盾"直接进入巴林平息内乱，此举是海合会成立30年来首次调动其安全部队。

在中东剧变的冲击下，海合会国家也进行了一定的政治、经济与社会改革。巴林释放了部分政治犯并解除了所有部长的职务；阿曼解除了所有部长的职务，并宣布实行选举以产生立法机关；沙特国王进行了经济方面的让步，并批准妇女在2015年的舒拉（协商）议会和市政府选举中拥有投票权；科威特内阁宣布辞职，首相纳赛尔下台。2014年6月，"伊斯兰国"宣布"建国"，称其终极目标是要在包括巴勒斯坦、约旦、黎巴嫩、叙利亚的沙姆地区和伊拉克的领土上建立政教合一的"哈里发国家"。但其实质却是打着宗教旗号的极端组织，并在全球各地制造了不计其数的暴恐事件。在海合会国家，"伊斯兰国"的兴起进一步激化了中东剧变所凸显的社会矛盾，在宗教极端化与政治极端化的共同作用下，海合会国家不仅成为极端组织恐怖袭击的对象，同时也成为极端主义意识形态泛滥的重灾区，而青年则扮演着极端化的受害者与参与者的双重角色，既有不少青年在暴恐事件中无辜伤亡，也有许多青年被招募进入极端组织为其服务。

---

①　阿里·赛伊德·穆罕默德·伊玛目：《阿拉伯世界的极端主义、恐怖主义与去极端化思想机制》（阿拉伯文），开罗：学术出版社2016年版，第10页。

宗教极端化不但对所在国的国家安全、社会稳定和日常生活造成破坏，更是对倡导中正、和平的伊斯兰教的极大玷污。事实上，伊斯兰教主张和平、中正，反对任何形式的极端主义，号召穆斯林"谨守中道"（《古兰经》25:67），"寻求一条适中的道路"（《古兰经》117:110）。穆斯林的"自杀"行为完全背离伊斯兰教义，可见，宗教极端主义实为伊斯兰教被异化的产物。[①]

二、海合会国家青年宗教极端化的特点

早在"9·11"事件之后，海合会国家尤其是沙特，就制定了一系列特别针对青年群体的去极端化政策，但目前看来，这些措施的成效尚十分有限，因为自2014年"伊斯兰国"宣布建立"哈里发国"后，有越来越多的包括沙特在内的海合会国家青年加入极端组织，从事恐怖活动，给海合会各国带来了严峻的现实挑战。

（一）青年群体中从事宗教极端活动的人数上升

根据伦敦大学国王学院极端化与政治暴力国际研究中心（ICSR）的统计数据，2015年1月，"伊斯兰国"组织的成员中大约有2600名来自海湾国家，大部分是青年。其中来自沙特的成员人数在2500名左右，在海合会国家中排第一，在阿拉伯国家中排第二，仅次于突尼斯的3000人，其他海湾国家的情况是科威特80名，卡塔尔和阿联酋各15名，巴林12名。而到了2016年5月，"伊斯兰国"组织的成员中有5500名来自海湾国家。[②]

---

① 马丽蓉、李景然：《宗教极端主义思想根源与"去极端化"领域国际合作》，载《西亚非洲》，2016年第3期，第21页。

② 伊曼努·拉吉布、优素夫·瓦尔达尼：《极端主义日趋严重 海湾国家稳定遭受威胁》（阿拉伯文），阿拉伯研究中心网站，2015年6月28日，http://www.acrseg.org/39217.

（二）从事宗教极端活动的青年更趋低龄化

沙特与科威特政府发布的官方报告显示，越来越多的年龄低于20岁的青少年正在从事宗教极端活动。十多年前，沙特在海合会国家中首推去极端化政策时，在海合会国家发生的自杀式爆炸事件的主谋年龄均在三四十岁左右。如今，青年群体从事宗教极端活动更趋低龄化。2016年5月至6月间发生在沙特和科威特的恐怖事件都具有这种特点。2016年5月，沙特警方在盖提夫省逮捕了21名恐怖分子，其中有3人的年龄不到18岁。利雅得一名19岁青年杀害其舅舅，达曼市一名20岁青年在清真寺制造爆炸事件，都体现了极端分子的低龄化趋势。在科威特，一名24岁的沙特青年在市中心萨瓦比尔区制造了一起自杀式爆炸袭击，袭击目标是科威特最古老的什叶派清真寺伊玛目萨迪克清真寺。

（三）青年加入的极端组织规模微型化、成员跨国化

海合会国家青年多加入人数在百人左右的微型化极端组织，这表明"伊斯兰国"、"基地"组织、"支持阵线"等恐怖组织在海湾各国的分支机构发展十分迅速。2014年12月，沙特政府逮捕了一个极端组织的135名成员，他们在沙特各地从事恐怖活动，其中109名是沙特人，另外26名外籍人士大部分来自叙利亚。2015年4月，沙特政府又逮捕了两个小型极端组织的80名成员，除沙特本国青年外，还有来自也门和巴勒斯坦的青年。

（四）女性青年的极端暴力活动日益凸显

据资料显示，有数名沙特女青年加入了也门的"基地"组织阿拉伯半岛分支，另有科威特女青年加入叙利亚的"伊斯兰国"分支机构。2014年12月，阿联酋高等法院判处一名阿联酋女青年艾莱·巴德尔死刑，此前她身穿黑色长袍，携带自制炸弹实施了数起针对生活在阿联酋的外国人的恐怖行动。

（五）青年担任极端组织的宣传骨干

加入"伊斯兰国"的青年除了作为成员为组织效力外，还有部分青年

被选中担任组织的宣传骨干，他们的任务是在各地招募宗教"领袖"，并通过宗教游说的方式吸引更多的青年加入。巴林青年图尔基·比纳利就是典型代表人物。他曾经是巴林一家清真寺的伊玛目，2014年，30岁的他加入了"伊斯兰国"组织，成为宣传骨干，负责"伊斯兰国"在北非地区的人员招募。他在巴林的弟子后来都在叙利亚加入了"伊斯兰国"。

三、海合会国家青年极端化的原因分析

青年是中东剧变的重要参与者，其内在根源在于青年失业率高、政治参与度较低等。在中东剧变中，尽管青年是抗议示威的主体，但在阿拉伯国家政治转型的过程中，青年人大多仍被排斥在政治进程之外，其在内部矛盾与外部因素的刺激下极易走向极端。

（一）对社会现实的失望与安全感的缺乏

如果对博雅公关（Burson-Marsteller）每年出版的《阿拉伯青年报告》（Arab Youth Survey）做一纵向梳理，可以清晰地看到这样一条轨迹：中东剧变以来的几年间，阿拉伯青年经历了希望、观望直至失望的过程。2013年，"绝大多数阿拉伯青年认为他们将迎来最好的日子"，"阿拉伯青年更有民族自豪感了"。[1] 到了2015年，"阿拉伯青年并不确定民主是否能在中东行得通"，只有"低于半数的青年认为政府有能力应对'伊斯兰国'"。[2] 2016年，"伊斯兰国"与恐怖主义的威胁成为阿拉伯青年最为关注的两大话题。在海合会国家，2/3的青年认为"稳定"要远比"民主"重要。[3] 2017年，海合会国家80%的青年认为"他们的国家应该更多考虑青年的需求"；超过1/3的阿拉伯青年认为"失业、'伊斯兰国'与恐怖主

---

① "Arab Youth Survey 2013," http://www.arabyouthsurvey.com.
② "Arab Youth Survey 2015," http://www.arabyouthsurvey.com.
③ "Arab Youth Survey 2016," http://www.arabyouthsurvey.com.

义是当前中东地区所面临的三大主要障碍；41%的海合会国家青年对他们所能接受到的教育质量极为关注"。[①] 这些现象反映出青年对当前所处环境的失望与极度不满，他们甚至希望能有另一个国家来取代现有的政体。这就使得海合会国家的青年陷入了一种恶性循环，一方面青年希望远离极端行径而获得安全，另一方面由于他们缺乏知识与经验，又容易被极端组织宣扬的所谓"理想"与"公平"所诱惑，并加入极端组织，成为国家与地区稳定的破坏者。

（二）尊严感与身份认同的缺失

海合会国家经济发展水平较高、青年生活现状较好，显然与埃及、突尼斯、也门等阿拉伯国家不同，贫穷并不是他们从事极端活动的主要原因，而是尊严与身份认同的缺失。许多加入极端组织的青年并不是失业者，甚至出身于社会中上层家庭，他们希望通过加入极端组织获得认同感以及与之相匹配的地位。在实行君主制的海合会国家，统治阶层的传统观念认为年轻人应该与政治隔绝，其许多政策缺少对青年诉求的关切，各行各业都没有建立与青年沟通的有效机制，导致青年缺乏尊严感与认同感，并通过加入极端组织寻求自我实现。

此外，海合会国家的政教合一体制和宗教传统使得每一个公民同时具备了国家公民、民族身份、宗教和教派身份等多重角色，青年如果没有形成正确的"国家观"与"公民观"，极易被极端势力所利用，极端组织运用极端主义意识形态瓦解民众的国家认同，或者利用教派矛盾挑拨教派暴力冲突，从而危害国家安全与社会稳定。此外，对于海合会国家的女性而言，她们的权利与行为都受到严重限制，长期生活在男权主导的社会环境中，极度缺乏身份认同，面临着更大的困扰与压力，因而更容易受到极端组织的蛊惑与影响。

---

① "Arab Youth Survey 2017," http://www.arabyouthsurvey.com.

（三）教派纷争成为青年极端化的重要推手

海合会国家长期存在严重的教派矛盾，而中东剧变以来不断加剧的教派冲突，以及极端组织对教派矛盾的利用，都成为青年极端化的重要推手。近几年来，受沙特与伊朗教派对抗，叙利亚、也门和伊拉克教派矛盾激化，教派冲突加剧等因素的影响，以及极端组织"伊斯兰国"对教派矛盾的挑拨，海湾国家内部的教派纷争与宗教极端主义交互影响的态势日趋严重。有资料显示，有近3/4的海合会国家青年认为教派矛盾加剧是导致极端主义和恐怖主义滋生的主要原因。在海合会国家教派矛盾加剧的背景下，因教派问题而无辜受到不公正对待的青年，极易把其他教派作为暴力攻击的对象。例如，科威特伊玛目萨迪克清真寺爆炸案的实施者是一名24岁的沙特瓦哈比派青年，其袭击目标则是科威特最古老的什叶派清真寺。此外，当前的伊拉克，教派冲突引发的暴力恐怖活动也多与宗教极端主义密切相关，在本质上是宗教极端主义排他性特征的表现。[1] 为淡化教派矛盾，巴林和科威特政府曾经试图召集逊尼派、什叶派人士一起参加每周五的聚礼，通过这种努力尽量缓和教派间的关系，但许多青年认为这些手段过于"政治化"，实际成效不大。

（四）极端组织网络宣传的影响

由于青年人热衷于使用Facebook、Whatsapp、YouTube等社交媒体，因此宗教极端组织一直重视通过网络空间对青年人施加影响。第一，网络是极端组织宣扬极端思想、招募成员、训练骨干的重要平台。据布鲁金斯学会的调查统计，仅2014年9月至12月，"伊斯兰国"的支持者就控制了超过4.6万个推特账户。据一份对支持"伊斯兰国"的推特用户进行的抽样调查显示，3700名用户中分别有23.8%、8.2%的用户来自海合会国家的沙特和科威特。此外，"伊斯兰国"还经常利用"脸谱"等西方社交媒体发布"圣战"号令。第二，在网络空间中活跃着许多"无领导的恐怖主义"

---

① 金宜久：《宗教极端主义的产生和特点》，载《中国宗教》2014年第6期，第22页。

（leaderless terrorism）。2015年4月，沙特军方逮捕了一名青年，因为这名青年在网上同时使用六个推特账号招募沙特青年加入"伊斯兰国"，并策划针对沙特平民的恐怖袭击。

（五）美国在中东推行霸权主义政策的恶果

"9·11"事件之后，以美国为首的西方不断渲染伊斯兰的负面形象，宣扬所谓的"伊斯兰恐惧症"。在欧美社会，"一旦人们谈论起伊斯兰，就必然会引起无法控制的情绪，尤其是恐慌和拒绝这样的反应"。[1] 2017年年初，刚上任不久的美国总统特朗普便发布了对七个伊斯兰国家公民入境美国的禁令。特朗普的反穆斯林政策不仅会进一步加剧人们对穆斯林的恐惧，也给极端组织进行思想和组织动员提供了口实。[2] 根据2017年《阿拉伯青年调查》的数据，近一半的阿拉伯青年认为特朗普此举将有利于极端组织招募更多的穆斯林青年，而在海合会国家范围内，阿联酋、卡塔尔、沙特青年对此认同的比例分别高达68%、55%和53%。[3]

四、海合会国家针对青年的去极端化政策

宗教极端主义绝不是宗教，相反它是对宗教的歪曲和曲解，它有体现其思想观念的承载者（极端分子、极端势力）、从事有组织活动的团体（极端组织），由于它对社会造成的危害日趋严重，世界各国都对它进行预防、遏制和打击，这些相关的举措被称为"去极端化"（De-radicalization）。"极端化"是一个以极端思想、信仰来蛊惑民众长期以极端暴力改变社会

---

[1] 《"伊斯兰恐惧症"：被误解和受损害的穆斯林》，http://news.163.com/15/0109/09/AFGQEOP700014AED.html。

[2] 《特朗普对穆斯林七国发布禁令是美国的一种耻辱》，http://www.woboss.com/1703.html。

[3] "Arab Youth Survey 2017," http://www.arabyouthsurvey.com.

状态的过程。① 因此，去极端化是指反击极端观念特别是以非法暴力改变社会状态等观念的过程。它的打击目标主要包括三类群体：极端组织及极端分子、高危极端化人群（包括极端分子的亲属、朋友以及极端分子聚集地区的民众）、流动人群。目前青年在这三大群体中的参与度与活跃度都较高。近年来，海合会国家纷纷开始着手制定青年发展政策，各国都采取了思想观念改造与职业培训、社会监督有机结合的方式，加强对极端青年、高危人群的去极端化工作，力求使已经极端化的青年迷途知返，重返中正，同时加强了地区合作和国内相关机构建设。

（一）酝酿把反恐和去极端化纳入海合会的合作框架

在每年召开的海合会峰会期间，各国领导人都纷纷表达对青年受到极端思想毒害的担忧。在2014年海合会峰会开幕式上，卡塔尔埃米尔塔米姆·本·哈马德·阿勒萨尼呼吁阿拉伯世界一定要避免遭受恐怖主义这场瘟疫，那些加入极端组织的青年并不是天生就是极端分子，同时也强调了加强对青年进行去极端化工作的重要性。2015年6月，阿联酋副总统穆罕默德·本·拉希德·阿勒马克图姆呼吁要将极端思想在青年中连根拔除。在科威特萨瓦比尔区爆炸事件发生后，科威特埃米尔谢赫萨巴赫·艾哈迈德指出，必须要将思想迷失、行为出现偏差的青年拉回到中正、公平的伊斯兰教信仰中。2015年12月，沙特国王萨勒曼也发出了同样的呼吁，强调必须要注意到新媒体对于青年的负面作用，防范极端主义通过新媒体对青年进行侵蚀。此外，海湾合作委员会也一直在强调加强各国的反恐合作，2015年12月第36届海合会峰会的重要议题就是反恐合作，在闭幕宣言中还特别倡议阿拉伯各国青年回归理性，在黑暗和恐怖势力面前不随波逐流。但是，2017年沙特与卡塔尔断交事件发生后，海合会内部的分裂加剧，加之海合会内部在反恐问题上分歧严重，海合会的去极端化合作并未

---

① Charles E. Allen, "Threat of Islamic Radicalization to the Homeland," written testimony to the U. S. Senate Committee on Homeland Security and Governmental Affairs, Washington D. C., March 14, 2007, p.4.

取得实质性收效。

（二）制定专门针对青年群体的去极端化策略

去极端化策略的实施主要有四大目标，一是对极端组织采取限制措施；二是防范极端思想的扩散；三是密切关注极端思想在青年人口中的蔓延；四是关注极端分子去极端化后的"康复"情况。因此，在对青年去极端化的进程中，海合会各国都十分注重思想观念的改造，通过修改各教育阶段的教学大纲，加强对极端青年的教育改造，同时对带有宗教极端色彩的公开演说加以控制监督。

在海合会国家中，沙特是最早启动去极端化的国家，其主要思路是通过改造极端分子的思想观念，促使极端分子回归社会，阻止极端主义和恐怖主义在沙特蔓延。在"9·11"事件后，沙特在使用柔性政策去极端化方面积累了不少经验。2006年沙特政府成立了去极端化的专门机构——"劝诫中心"，截至2016年1月，共计成功改造了2820名被拘捕人员中的2452人，成功率达87%。[①] 2015年，沙特教育部联合内政部、社会事务部、伊斯兰事务部、卫生部、大学等机构推出了"启智计划"，主要是对在校学生宣传极端化对安全、经济、社会、文化、思想等各方面的危害，并实施形式多样的去极端化举措，具体的办法包括举办更多的文体活动和夏令营等，发放去极端化方面的书籍和宣传资料等。

阿联酋政府主要通过发挥网络的作用，建立了一些网站与类似咨询机构的中心。2015年，阿联酋与美国联合推出了以中东为基地的社交媒体中心"萨瓦布"，在阿拉伯语中，"Sawab"的意思是"正确的道路"。这一中心利用"直接在线互动"来对抗"伊斯兰国"强大的宣传攻势。科威特政府在2015年6月萨迪克清真寺自杀式爆炸事件发生后，立即成立了反恐委员会，加强对反恐和去极端化工作的领导。[②]

---

① 伊曼努·拉吉布、优素夫·瓦尔达尼：《极端主义日趋严重 海湾国家稳定遭受威胁》（阿拉伯文），阿拉伯研究中心网站，2015年6月28日，http://www.acrseg.org/39217。

② 同上。

第29章
也门极端组织的演变、成因及其影响

　　"9·11"事件以来，极端组织在也门迅速发展，使也门逐渐成为极端组织新的"策源地"，并形成了以"基地"组织和"伊斯兰国"组织为源头的两大极端组织谱系。在美国和沙特等国的支持下，也门政府虽持续打击极端组织，但收效甚微，各种极端组织反而在也门乱局中不断发展壮大，给也门乃至地区安全局势带来了深刻影响。

一、也门主要极端组织的演变

　　以2001年"9·11"事件和2011年中东剧变为界，也门极端组织的演变经历了三个阶段。

（一）"9·11"事件之前
也门极端组织由来已久，最早可以追溯至冷战时期。[①] 从总体上看，

---

　　① Michael D. Rettig, "International Institutions, Institutional Duality, and State Fragmentation: The Case of Yemen," December 15, 2012, SSRN, http://ssrn.com/abstract=2201920, 登录时间：2016年10月28日。

在"9·11"事件发生前，也门极端组织的实力相对弱小，影响有限。

　　1990年也门统一后，极端组织主要活跃于该国南部地区。南部地区分裂势力反对国家统一，谋求通过暴力手段建立独立的"伊斯兰政权"。1993年秘密成立的"亚丁—阿比扬伊斯兰军"（Aden-Abyan Islamic Army）[①]是南部地区一个重要的极端组织，系"伊斯兰圣战运动"（Islamic Jihad Movement）的分支，据说是由本·拉登亲自领导建立的，曾密谋推翻也门政府，发动过多起针对西方和美国的暴力袭击事件。1998年8月，该组织参与袭击了美国驻肯尼亚和坦桑尼亚大使馆；12月28日，该组织绑架了16名西方游客，在政府的营救行动中，4名游客身亡，两名该组织成员被打死。[②]1999年3月，该组织警告美国和英国大使馆撤离也门。2000年10月，该组织参与袭击了美国"科尔"号军舰，其中一个头目阿布德·拉希姆·纳希里（Abd al-Rahim al-Nashiri）被美国抓获后关押在古巴的关塔那摩监狱。在思想上，"亚丁—阿比扬伊斯兰军"的成员信奉圣战萨拉菲主义，多为苏联入侵阿富汗时期参与对抗苏联的游击队成员，目标是在"圣战"的旗帜下，在也门和阿拉伯国家建立反对世俗主义的"伊斯兰国家"，[③]其头目载恩·阿比丁·梅赫达尔（Zein al-Abideen al-Mehdar，又名Abu el-Hassan el-Mohader）公开要求也门议会全体辞职，并实行伊斯兰教法。后来，该组织在也门政府的打击下被收编，并宣布放弃暴力和恐怖主义。[④]

　　也门"伊斯兰圣战组织"是南部地区另一个重要的极端组织，其主要成员多来自阿尔及利亚、埃及、也门和沙特等国，都是参与过1979年阿富汗战争的老兵。1994年，他们跟随塔里克·法德赫利（Tariq al-Fadhli）返回也门，支持萨利赫政府同南部的社会主义者进行斗争。在1994年夏季的内战中，萨利赫政府在战胜南方势力后并没有履行吸收他们加入军队

①　"Aden-Abyan Islamic Army," Terrorism Research & Analysis Consortium, http://www.trackingterrorism.org/group/aden-abyan-islamic-army,登录时间：2016年10月28日。

②　Ibid.

③　Ibid.

④　Ibid.

的诺言，导致其和极端分子同流合污，并要求在南部地区建立实行伊斯兰教法的"伊斯兰国家"。1995年，该组织曾试图暗杀埃及总统穆巴拉克；2000年，它与"亚丁—阿比扬伊斯兰军"一起参与袭击了美国"科尔"号军舰，但此后关于该极端组织的消息很少。

除上述极端组织外，也门的极端组织还包括"阿布·哈夫斯·马斯里旅"（Abu Hafs al-Masri Brigades）、"阿布·阿里·哈里西旅"（Abu Ali al-Harithi Brigades）等，其主要目标都是在也门建立实施伊斯兰教法的"伊斯兰国家"。在也门政府的打击下，这些组织的活动逐渐减少，其中一些组织或销声匿迹，或被也门政府"收编"。

20世纪末至"9·11"事件发生前是"基地"组织在也门的渗透阶段。萨利赫为加强对国内局势的控制，对一些宗教极端分子实行庇护政策，[①]加之也门政府难以有效控制偏远的部落地区，为"基地"组织提供了活动空间。[②]"基地"组织头目本·拉登早就对也门情有独钟，并曾长期在也门活动。1998年初，也门政府与美国商定建立军事基地，引发了"亚丁—阿比扬伊斯兰军"等极端势力与也门政府的对抗，为"基地"组织在也门"筑巢"提供了可乘之机。"基地"组织也门分支在本·拉登的扶持下得以创建，并着手策划针对美国军舰的袭击行动，其发展巅峰是2000年10月重创美国"科尔"号军舰的袭击事件。[③]

（二）从"9·11"事件至中东变局

"9·11"事件后，"基地"组织在也门不断集聚力量、更新换代，在诸多极端组织中脱颖而出，其演变主要经历了三个阶段，并先后在2006年和2009年形成两股恐怖袭击的高潮。

---

① George Joffé, "Something Wicked This Way Comes: Background to the New Extremist Challenge in the Middle East and North Africa: Case Studies," Norwegian Peacebuilding Resource Center, April 2015, p.9.

② Goldenmean, "Al-Qaeda Threat Grows in Yemen," Before It's News, http://beforeitsnews.com/media/2012/03/al-qaeda-threat-grows-in-yemen-1877768.html，登录时间：2016年11月3日。

③ 方金英等：《也门恐怖乱象解读》，载《现代国际关系》2010年第1期，第53—54页。

1. 2001—2006年：集聚力量阶段

也门因其便利的地理位置、混乱的国内局势而受到"基地"组织的青睐，"基地"组织通过在也门建立新的据点，号召分散于世界各地的极端分子加入其在也门的分支机构。

"9·11"事件后，美国与也门政府加强了对"基地"组织的打击力度，该组织多名头目被击毙或被捕，使其实力遭受重创。例如，仅在2003年就有92名重要恐怖嫌犯在也门被捉拿归案。[①] 伊拉克战争后，国际恐怖主义呈现出"基地化"趋势，即"基地"组织与当地极端组织结合，并为其提供资金、进行人员培训、思想指导和精神支持，以达到扩散恐怖主义的目的。[②] "基地"组织强调要在也门和索马里采用同样的策略，即"融入当地，随时准备发动袭击"，宣称要将"基地"组织也门分支建设成为"最具威胁的一个分支"。[③] 此后，大量极端分子纷纷从阿富汗、巴基斯坦、伊拉克、沙特和索马里等国涌入也门境内，其中尤以在阿富汗和伊拉克被打散的"基地"组织极端分子居多。[④] 这些极端分子实战经验丰富，极大地增强了"基地"组织也门分支的战斗力，使之发展成为也门国内最具影响力的极端组织。

2. 2006—2009年：活跃阶段

2006年以来，"基地"组织也门分支频频袭击也门的石油设施及西方目标，掀起了"基地"组织活动的又一轮狂潮。2006年9月15日，"基地"组织也门分支在亚丁湾主要石油出口港哈德拉毛省的达巴港（Dhabba）发动了针对两处西方石油设施的四起自杀式炸弹袭击。2007年6月，纳赛尔·阿卜杜·卡里姆·瓦海什（Nasir Abd al-Karim al-Wahayshi）正式接

---

① Michael Knights, "Jihadist's Paradise: Yemen's Terrorist Threat Reemerges," *Jane's Intelligence Review*, June 2008.

② 张金平：《国际恐怖主义与反恐策略》，北京：人民出版社2012年版，第81页。

③ Rukmini Callmachi, "Yemen Terror Boss Left Blueprint for Waging Jihad," USA Today, August 9, 2013, http://www.usatoday.com/story/news/world/2013/08/09/yemen-terror-boss/2636559/，登录时间：2017年1月19日。

④ Gabriel A. Dumont, *Yemen Background, Issues and Al Qaeda Role*, New York: Nova Science Publishers, pp.64-65.

管"基地"组织也门分支后，该组织继续向石油设施及西方目标频繁发动袭击；2008年3月和4月，"基地"组织先后向美国驻也门大使馆、美军驻地发射迫击炮弹；[①] 同年9月17日，"基地"组织也门分支再次袭击了美国驻也门大使馆，造成包括6名袭击者在内的16人死亡。[②]

3. 2009—2010年：重组和高潮阶段

2009年1月，"基地"组织沙特分支和也门分支正式合并为"阿拉伯半岛基地组织"（AQAP），主要在也门南部活动。在也门建立"基地"组织的根据地，推翻与美国结盟的沙特和也门政权，是当时"阿拉伯半岛基地组织"的核心目标。[③] 该组织分支头目瓦海什曾担任本·拉登的秘书，具有丰富的组织和策划恐怖袭击的经验，2006年在"基地"组织也门分支的帮助下，他曾与"基地"组织其他23名高级别恐怖分子从萨那的监狱集体越狱。[④] 2009年1月，瓦海什在网络视频中公开了其领导人身份，并宣称"阿拉伯半岛基地组织"的首要攻击对象是在也门和沙特的西方利益代言者，以及美国和西方国家在阿拉伯半岛特别是在也门的机构。[⑤] 同年3月，该组织在哈德拉毛省西部古城希巴姆（Shibam）附近袭击了韩国游客；同年圣诞节，一名尼日利亚籍的"基地"组织极端分子欧麦尔·法鲁克·阿卜杜·穆图拉布（Umar Farouk Abdul Mutullab）试图袭击从也门飞往美国底特律的航班；12月底，"基地"组织在亚丁公开洗劫军方装甲车并劫走50万美元。2010年，"基地"组织在也门驶往美国芝加哥的商船上安放了爆炸装置。上述事件表明，"基地"组织在该阶段的活动日趋活跃。

"9·11"事件后，除"基地"组织外，胡塞武装也成为影响也门安全

---

① 方金英等：《也门恐怖乱象解读》，第54页。

② "U.S. Condemns Terror Attack on Its Embassy in Yemen," Xinhua News Agency, September 17, 2008, http://en.people.cn/90001/90777/90852/6501555.pdf，登录时间：2017年1月19日。

③ 钱学文：《中东恐怖主义研究》，北京：时事出版社2013年版，第197页。

④ Gabriel A. Dumont, *Yemen Background, Issues and Al Qaeda Role*, p.66.

⑤ 钱雪梅：《基地的"进化"：重新审视当代恐怖主义威胁》，载《外交评论》2015年第1期，第122页。

局势的重要因素之一。2004年之前，胡塞武装与萨利赫政府虽有矛盾，但在政治上一直保持着同盟关系。2004年，因与萨利赫政府政见不同，侯赛因·胡塞发动了反政府武装叛乱。学界对于胡塞武装是否属于极端组织存有争议。一方面，胡塞武装确实是以宗教极端主义的名义号召在北部建立一个独立的"伊斯兰国家"；另一方面，它主要采取与政府军直接对抗、从事反政府活动等手段，并未采取爆炸、暗杀等恐怖袭击手段。也门政府对胡塞武装进行了多次打击，虽然取得一定进展，但未能对其形成致命打击。在侯赛因·胡塞被也门政府军击毙后，其弟弟马利克·胡塞全盘接管了胡塞武装，继续在北部地区从事反政府武装行动，但始终难以对也门政府构成致命威胁，也门政府也无法完全消灭胡塞武装。

（三）中东变局以来

2011年中东变局以来，也门极端组织发展的主要特点是"基地"组织和"伊斯兰国"组织的新发展以及二者的竞争。

1."基地"组织的新发展及其受挫

2011年以来，"阿拉伯半岛基地组织"借也门国内和地区动荡局势乘势崛起，掀起了新一轮恐怖主义活动的浪潮，其具体表现包括三个方面。

首先，借也门局势动荡攻城略地，大肆进行恐怖袭击活动。2011年1月，"阿拉伯半岛基地组织"夺取了也门南部一些城镇，在占领阿比扬省省会津吉巴尔市后，宣布以津吉巴尔为首都建立"伊斯兰酋长国"。同年5月，也门政府军与美军合作，加大了打击"基地"组织的力度，于9月10日夺回津吉巴尔。此后，也门政府军继续清剿津吉巴尔地区和其他被占城市的"基地"组织极端势力，双方均有伤亡。2012年2月，在哈迪宣誓就任也门总统之际，极端分子在哈德拉毛省省会穆卡拉市引爆汽车炸弹，导致28人死亡；3月，津吉巴尔市市郊两处军事基地发生自杀式炸弹袭击，导致近10人死亡；[①] 同年5月—8月，"基地"组织连续制造三起爆炸事件，导致170多人死亡。此外，恐怖分子还将也门政府安全人员作为暗杀的重

---

① 程星源：《也门新总统哈迪》，载《国际资料信息》2012年第4期，第33页。

点对象，仅2012年就有四十多名安全部门官员遭该组织暗杀。[①]

其次，调整活动策略，通过变换身份扩大生存空间。由于"基地"组织的活动日益引起普通穆斯林民众的反感，为适应中东剧变以来的形势变化，"阿拉伯半岛基地组织"企图通过改头换面的方式进行策略调整。受中东地区圣战萨拉菲主义兴起的影响，"阿拉伯半岛基地"组织开始以"伊斯兰教法支持者"（Ansar al-Sharia in Yemen）组织的新面目在也门出现，这是"阿拉伯半岛基地组织"为重塑形象而采用的一种策略。2011年4月，该组织头目艾布·祖拜尔·阿迪勒·阿巴布（Abu Zubair Adil al-Abab）表示，使用"伊斯兰教法支持者"的名称旨在明确该组织的行动领域和目标，其主要动机是在也门南部建立"伊斯兰酋长国"。"伊斯兰教法支持者"组织声称能够提供电力、水利、安全、司法、教育和通讯等也门政府无法提供的保障，迅速获得了一大批对政府失望的底层民众的支持。

最后，利用圣战萨拉菲主义进行意识形态宣传。"阿拉伯半岛基地组织"一方面利用地区动荡局势和热点问题加紧对也门的渗透，另一方面也加大了意识形态宣传和渗透的力度。圣战萨拉菲主义是"基地"组织意识形态的主要来源之一。尽管传统萨拉菲派和政治萨拉菲派不主张使用暴力，但"基地"组织等各类圣战萨拉菲组织打着"圣战萨拉菲主义"旗号，号召使用暴力手段推翻独裁政权，建立以伊斯兰教法为主要法源的"伊斯兰政权"（如"伊斯兰酋长国"），不断通过极端主义意识形态扩大自身的影响力，并以此吸引和招募极端分子。

"阿拉伯半岛基地组织"的活动引起了美国的高度关注，美国于2013年5月发布的《2012年恐怖主义国别报告》（Country Reports on Terrorism 2012）指出，2012年春，也门政府发动军事攻势，恢复了对"阿拉伯半岛基地组织"2011年占领的南部地区的控制权，但这种控制依然很脆弱，其威胁并没有根除。该组织转而采取非对称作战策略，将政府、亲政府的部落武装、外国外交人员作为主要的攻击目标。[②]

---

① 张金平：《全国对话会议与也门政治过渡》，载《西亚非洲》2013年第2期，第95—96页。

② United States Department of State, *Country Reports on Terrorism 2012*, United States Department of State Publication, 2013, p.105.

2012年2月哈迪出任总统后，也门政府和美国都加大了对"阿拉伯半岛基地组织"的打击力度，使该组织再次遭到重创。同年2月，"基地"组织负责海外事务的头目安瓦尔·奥拉基（Anwar al-Awlaki）在也门南部被美国炸死；[①]5月，也门政府军大规模清剿阿比扬省的"阿拉伯半岛基地组织"势力，击毙了数百名武装分子，并控制了津吉巴尔市；9月，"基地"组织二号头目、沙特人赛义德·什赫里（Saeed al-Shihri）及其6名保镖在哈德拉毛省瓦迪地区被也门政府军击毙。2015年以来，在支持也门政府打击胡塞武装的同时，美国加大了空袭也门极端组织的力度。截至2015年2月2日，美国出动了120次无人战斗机，炸死了数百名武装分子，其中绝大部分是"基地"组织成员。[②]同年6月17日，美国在哈德拉毛省炸死了"阿拉伯半岛基地组织"头目瓦海什。

2."伊斯兰国"组织在也门的扩张

2014年6月29日，"伊斯兰国"组织在伊拉克和叙利亚交界处宣布"建国"，形成了具有准国家性质的极端组织。在伊拉克和叙利亚站稳脚跟后，"伊斯兰国"组织加速了对中东各国的渗透，也门和土耳其尤其受到青睐。[③]"伊斯兰国"组织选择将哈德拉毛省西部作为在也门的主要据点，也是出于无奈。哈迪政府在胡塞武装的进攻下虽已流亡沙特，但仍然控制着南部亚丁及其周边地区；胡塞武装控制了包括首都萨那在内的北部和西部地区；"基地"组织控制着哈德拉毛省东部地区。在此情形下，各派力量相对薄弱的哈德拉毛省西部地区便成为"伊斯兰国"组织首选的据点。

自2015年起，"伊斯兰国"组织开始在也门招募新成员。[④]此后，该

---

① "'Local Al-Qaeda Chief' Dead in Yemen Clashes," Al Jazeera, http://www.aljazeera.com/news/middleeast/2012/02/2012216104619495628.html, 登录时间：2016年9月16日。

② American Security Project (ASP), *Fact Sheet: Yemen*, February 2015, p.4, https://www.americansecurityproject.org/wp-content/uploads/2015/02/Ref-184-Yemen-Fact-Sheet-Jan-2015.pdf, 登录时间：2017年1月5日。

③ James Brandon, "Terrorism Monitor: In-depth Analysis of the Way and Terror," *Jamestown Publication*, Volume XIII, Issue 23, December 2, 2015, p.8.

④ American Security Project(ASP): *Fact Sheet: Yemen*, February 2015, p.1.

组织迅速扩大了势力范围。[①] 虽然没有像在叙利亚和伊拉克那样在也门攻城略地，但"伊斯兰国"组织在策划行动方面具有高度的专业性，其领导层具备丰富的领导经验和组织能力，因此该组织具有极强的扩张和渗透能力。[②]

进入也门后不久，"伊斯兰国"组织就多次发动造成大规模杀伤的恐怖袭击。例如，2015年3月20日，"伊斯兰国"组织派遣5名武装人员袭击胡塞武装，其中4名武装人员在萨那的两座清真寺实施自杀式爆炸袭击，1名武装人员在胡塞武装大本营萨达省省会萨达市实施自杀式爆炸袭击，事后胡塞武装宣布这两次袭击造成了至少137人死亡和350人受伤，这是该组织在也门实施的首次大规模恐怖袭击。同年5月23日，"伊斯兰国"组织同时袭击了亚丁的政府军事基地和军队征兵处，导致40余人遇难；6月20日，该组织在萨那旧城外的一座清真寺发动汽车爆炸袭击，造成2人死亡；9月2日，该组织在萨那北部的另一座清真寺门口发动了两起爆炸，造成至少30人死亡和近百人受伤；11月20日，"伊斯兰国"组织又袭击了哈德拉毛省的两个边境检查站。

进入2016年以来，"伊斯兰国"组织袭击的目标对准了也门政府。3月25日，"伊斯兰国"组织几乎同时在亚丁和以沙特为首的联军基地附近发动了三起汽车自杀爆炸袭击，造成至少22人死亡；5月12日，该组织利用汽车炸弹突袭穆卡拉市的一个军队检查站，造成10名士兵死亡；6月28日，该组织又在穆卡拉发动自杀式袭击，炸死40多名政府军士兵。这些袭击事件表明，"伊斯兰国"组织发动的恐怖袭击在规模和烈度上都远超"基地"组织，成为继"基地"组织之后在也门最具影响力的极端组织。

---

① Gregory Johnsen, "Al-Qa'ida and the Islamic State Benefit as Yemen War Drags on," *CTC Sentinel*, No.1, Vol.9, 2016, p.14.

② Mohammed Sinan Siyech, "A Comparative Analysis of 'Islamic State' & Al Qaeda in Yemen," Unpublished, September 2016, ResearchGate, https://www.researchgate.net/publication/308028420, 登录时间：2016年10月28日。

二、也门极端组织的发展成因

近年来，也门极端组织之所以能够迅速发展，既有国内政局长期动荡、经济发展失败的因素，又有周边环境和反恐投入不足的因素，还有极端组织自身策略调整等因素。

（一）国内因素

第一，在政治方面，也门政局长期动荡造成部分地区出现权力真空，为极端组织的发展提供了巨大空间。

一方面，也门国内派系林立，政治危机频发，为极端组织发展壮大提供了空间。也门统一后，该国实行了无限制的多党制，四十多个政党先后建立。这些政党代表不同的政治势力，相互之间争权夺利，导致从1993年4月统一后首届议会成立到2007年年中，也门先后更换了九届政府。[1]也门政府频繁更迭的背后是各派力量角逐权力的政治危机，连萨利赫也称自己是一个"在蛇头上跳舞的人"。[2]在此情况下，也门政府根本无法有效铲除极端组织。卡内基国际和平基金会中东项目专家克里斯托弗·布切克（Christopher Boucek）曾指出，对于政治危机频发的也门来说，打击极端组织和恐怖活动并不是也门政府的首要任务。[3]中东剧变后，执政三十多年的萨利赫下台，新上台的哈迪政府对全国局势的控制能力大幅下降，导致南部地区分离主义力量和一度消亡的极端组织再度抬头。胡塞武装和萨利赫家族、流亡国外的哈迪政府、南部分离主义力量之间相互对抗，为极

① 林庆春、杨鲁萍：《列国志·也门》，北京：社会科学文献出版社2009年版，第118—120页。

② Mokhtar Al-Zuraiki, "Dancing on the Heads of Snakes: An Intertextual Analysis of Political Metaphor in Yemen," Ph.D. Dissertation, Oklahoma State University, 2013, p.47.

③ Christopher Boucek, "A Fraying Yemen's Terrorism Problem," December 29, 2009, Carnegie Endowment for International Peace, http://carnegieendowment.org/2009/12/29/fraying-yemen-s-terrorism-problem-pub-24407, 登录时间：2016年12月21日。

端组织的发展壮大提供了巨大的政治空间。

另一方面，也门政府对部落地区的控制能力有限。也门统一后建立了以萨利赫为首的威权政府，但长期以来，部落在也门政治和社会中一直占据着重要地位。部落不仅是也门的基本政治单位，更是各派政治力量尤其是中央政府十分倚重的对象。为维护国家统一，出身北部哈希德部落的萨利赫十分注重同国内各部落之间的关系。在议会组成、政府阁员、政治权力的分配上，萨利赫不得不把部落首领引入政府中，使政府权力受制于部落首领。由于缺乏对部落地区的有效控制，"基地"组织等极端组织均选择部落地区作为逃避打击的藏身之地，并不断进行组织扩张和极端意识形态的渗透。

2012年上台的哈迪政府对局势的掌控更为有限。2015年哈迪政府流亡沙特后，忙于与萨利赫家族、胡塞武装等争夺政治权力和控制区域，导致东部地区出现权力真空地带，"基地"组织和"伊斯兰国"组织则在这些地区落地生根，并向西部地区扩展力量。2015年12月，在沙特向胡塞武装进攻的同时，"基地"组织乘机重新占领了曾在2011年和2012年两度占领过的阿比扬省。[①]

第二，经济社会发展的失败是也门极端主义产生的重要根源。

也门统一后，政府借鉴了社会主义国家和资本主义国家的经验，在保留自由竞争的前提下制订了三个"五年计划"，力图使也门摆脱世界最贫穷国家的处境，但效果不佳，其经济与社会发展一直处于世界最低水平之列。特别是在南部地区，由于经济发展滞后，基础设施匮乏，民众生活困苦，该地区成为"阿拉伯半岛基地组织"的大本营。

中东剧变以来，政局动荡和混乱使也门基础设施遭到严重破坏，经济形势进一步恶化，失业率居高不下，经济社会秩序濒临崩溃，但军火生意却十分兴旺，正如法国反恐专家安德鲁·李·巴特尔斯（Andrew Lee Butters）所言，"去过也门的人就会知道，自动步枪、爆炸品甚至是火箭弹都可以在大街上公开售卖，人们毫不掩饰他们与各种伊斯兰极端组织之

---

① Gregory D. Johnsen, "Al-Qa'ida and the Islamic State Benefit as Yemen War Drags on," p.14.

间的关系"。① 对于也门的年轻人而言，加入极端组织已经成为一种谋生手段，这为极端组织在也门招兵买马提供了便利条件。

第三，也门盛行的部落暴力文化为极端组织发展提供了社会文化土壤。

在也门长期的历史发展过程中，尚武文化十分盛行，部落之间为了争权夺利，经常发生暴力冲突。为维持本部落的生存和利益，几乎每个部落都拥有自己的武装力量，"枪支在也门的泛滥就像儿童玩具一样"。② 因此，"枪支文化"与部落文化紧密结合，成为也门部落文化的独特风景线。③ 也门全国有二百多个部落，"每个部落都保有自己的领地，对政府保持一定的独立性"。④ 长期以来，以血缘为纽带的部落地区对"自己人"的保护意识极强，甚至不惜为极端分子提供庇护。在也门，许多部落对也门政府联合西方国家尤其是美国进行的反恐斗争怀有极强的抵触和排斥心理，甚至还偷袭进入本部落势力范围内实施反恐行动的政府军部队。

（二）国际因素

第一，索马里、厄立特里亚等也门周边国家长期动荡不安，为极端分子藏匿、周转提供了得天独厚的条件。

索马里"青年党"（Al-Shabaab）和"阿拉伯半岛基地组织"一直保持着密切关系。⑤ "青年党"活跃于地处东非之角的索马里，与"阿拉伯半岛基地组织"所在地也门隔亚丁湾相望，"青年党"与索马里海盗的猖獗活动对地区安全乃至全球安全构成了严峻威胁。据美国司法部门消息称，75%以上来自也门、巴基斯坦、伊朗等地的"基地"组织活跃分子，最终

---

① Andrew Lee Butters, "The Most Fragile Ally," *Time*, Vol.175, Issue 2, 2010, p.34.

② "Yemen: Gun Culture Takes Its Toll on Boys," Irin Middle East English Service, August 29, 2010, https://www.highbeam.com/doc/1G1-235980227.html，登录时间：2016年9月16日。

③ Marie-Christine Heinze, "On 'Gun Culture' and 'Civil Statehood' in Yemen," *Journal of Arabian Studies*, Vol.4, Issue 1, 2014, p.70.

④ 林庆春、杨鲁萍：《列国志·也门》，第17页。

⑤ Ioannis Mantzikos, "Somalia and Yemen: The Links Between Terrorism and State Failure," *Digest of Middle East Studies*, Vol.20, No.2, 2011, p.252.

都逃到了索马里。① 2010年年初，"青年党"头目之一阿布·曼苏尔（Abu Mansur）曾宣称，"青年党"将向也门派出更多武装分子，以加强"阿拉伯半岛基地组织"的实力。②

此外，美国的反恐战争也导致更多极端分子流窜至也门及其周边地区。美国在阿富汗的反恐行动导致"基地"组织的极端分子四散溃逃至西亚、北非、南亚、东南亚等地区，③ 尤其是也门和索马里等动荡国家，③ 使也门不仅成为极端分子策划国际恐怖活动的基地，④ 同时也成为"阿拉伯半岛基地组织"的大本营。

第二，美国领导的反恐联盟在也门的投入严重不足，其功利化的反恐手段难以奏效。

美国、也门和沙特组成的反恐力量十分有限，且在不断遭到削弱。萨利赫政府时期，也门主要依靠美国和沙特等国的支持进行反恐行动，取得了一些效果；哈迪政府上台后，恰逢美国推出"亚太再平衡战略"，对中东的战略投入大幅度降低，对也门反恐的支持力度大不如前。尤其是2014年以来，在哈迪政府面对胡塞武装和极端主义势力等多重威胁的情况下，美国却选择了撤走驻萨那的工作人员，足见美国已无心深度介入也门事务，当然更无法在反恐问题上对哈迪政府提供大力支持。

在反恐手段上，奥巴马政府的重大变化突出表现为改变小布什政府反恐战争和政权更迭等战争手段，转而选择更加灵活、机动的反恐手段，尤其是运用无人机打击和特种部队定点清除等手段，以增强反恐的实战效果。为此，美国在非洲、阿拉伯半岛和也门秘密修建了无人机基地，重点打击索马里和也门的"基地"组织。尽管"阿拉伯半岛基地组织"头目奥

---

① Alex Thurston, "Al Qaeda in Somalia and Yemen," *World Post*, May 25, 2011, http://www. huffingtonpost.com/alex-thurston/yemen-somalia-and-al-qaed_b_407980.html，登录时间：2016年10月16日。

② 张家栋、毛春伟：《也门恐怖活动近况与美国的反恐对策》，载《阿拉伯世界研究》2010年第2期，第39页。

③ Gabriel A. Dumont, "Yemen Background, Issues and Al Qaeda Role," p.63.

④ 张金平：《也门动荡转型中的恐怖活动与反恐策略》，载《阿拉伯世界研究》2014年第4期，第69页。

拉基等人相继在也门被击毙,但美国运用越境打击、无人机轰炸等违反国际法的手段进行反恐,造成了大量无辜平民伤亡,遭到了中东伊斯兰国家和穆斯林民众的强烈反对,进一步加剧了穆斯林民众的反美、仇美情绪,并为极端主义的生存发展提供了社会土壤。[①]

(三)极端组织自身的因素

第一,"基地"组织等极端组织的策略改变,增强了其生存能力。

近年来尤其是中东剧变以来,"基地"组织在意识形态、活动策略等方面都进行了一系列调整,增强了其生存能力。在意识形态上,"基地"组织对中东剧变的反应有四个特点:首先,强调穆斯林应将"阿拉伯革命"视为"实现更伟大社会正义的漫长斗争的开始",其最终目标是重建"乌玛"和"伊斯兰国家";其次,"基地"组织声称支持阿拉伯民众推翻独裁政权的斗争;再次,警告"阿拉伯革命"如偏离"基地"组织设计的道路,将面临"误入歧途"的危险,尤其是批判埃及穆斯林兄弟会的变质;最后,"基地"组织重申致力于为阿拉伯民众提供摆脱其他势力诱惑和影响的替代方案和未来蓝图,即通过"圣战"实现伊斯兰教法的统治。[②] 实践证明,"基地"组织不断根据形势变化进行意识形态和行动策略的调整,极端主义意识形态的传播和渗透构成了其核心影响力的一部分。而转型阿拉伯国家经济与民生问题的持续恶化、宗教与世俗势力的对抗、教派矛盾的激化、利比亚战争和叙利亚内战的灾难性影响,也为"基地"组织意识形态的渗透提供了有利的社会环境。

"基地"组织的意识形态调整在"阿拉伯半岛基地组织"的活动策略中得到了具体的体现,其重要特征是采取"本土化"策略向哈德拉毛省渗透和发展,积极通过与地方部落开展合作,巩固和扩大自己的势力范围。"基地"组织于2015年4月占据哈德拉毛省首府穆卡拉后,淡化了过去采

---

① 刘中民:《奥巴马政府中东反恐政策述评》,载《国际观察》2013年第4期,第6页。

② Brian Michael Jenkins, "Al Qaeda in Its Third Decade: Irreversible Decline or Imminent Victory?" Santa Monica, CA: RAND, 2012, p.7.

用的暴力激进手段，转而采取相对温和的手段，通过与当地部落或地方实力派联合来维系生存。"基地"组织头目甚至允许当地的穆斯林饮用含有酒精的饮料，同时不断告诫下属要善待民众，尽量避免用伊斯兰教法惩罚他人等。"基地"组织还帮助哈德拉毛省的一些部落组建自己的"小自治政府"，并把维持地方治安作为活动重点，[①] 进而赢得当地民众的支持。

与此同时，"基地"组织极力对民众进行笼络，以便更好地融入也门社会。[②] 在"基地"组织占领的部落地区，甚至还提供基础设施和公共服务，而这恰恰是当地部落领导人和政府所无法提供的公共产品。在当地，"基地"组织通过兴建输水管道及电力设施和开垦农田来收买人心。也门各地区的部落首领为获取"基地"组织提供的水利设施和粮食，甚至允许该组织在当地招兵买马。[③] "基地"组织还在其控制地区设立伊斯兰教法法庭，解决当地纠纷，因其办事效率高于政府部门，使不少当地民众在遇到纠纷时选择求助于"基地"组织的伊斯兰教法法庭，而不是官方的法庭。极端组织的笼络策略不仅能吸引更多当地民众的参与，而且增强了其生存能力和对局部地区的控制能力。

第二，"伊斯兰国"组织和"基地"组织争夺圣战萨拉菲主义运动领导权的斗争，进一步刺激了也门极端组织的发展。

有学者指出，伴随"伊斯兰国"组织的崛起，"基地"组织和"伊斯兰国"组织在意识形态领域产生了深刻分歧，导致圣战萨拉菲主义运动内部发生了严重分裂。这种分裂对于重塑圣战萨拉菲主义运动的未来战略、策略、优先选择等方面均具有重要影响。圣战萨拉菲主义运动的分裂无法通过包容的方式实现和解，在可预见的将来，世界各地的圣战萨拉菲主义运动将围绕"基地"组织和"伊斯兰国"组织选边站队，二者的斗争将日

---

① 王晋：《揭秘也门乱局："基地"组织的扩张与各方势力争雄》，国际在线，http://gb.cri.cn/42071/2015/08/07/8211s5059136.htm，登录时间：2016年6月30日。

② Gregory D. Johnsen, "Al-Qa'ida and the Islamic State Benefit as Yemen War Drags on," p.14.

③ Christopher Swift, "Arc of Convergence: AQAP, Ansar Al-Shari'a and the Struggle for Yemen," *CTC(Combating Terrorism Center at West Point Sentinel)*, Vol.5, Issue 6, June 2012, p.3.

益导致圣战萨拉菲主义运动呈现出两极化的趋势。[①] 这一论断也基本上符合 "基地"组织和"伊斯兰国"组织在也门的矛盾。

为争夺对圣战萨拉菲主义运动的领导权，以"基地"组织和"伊斯兰国"组织为代表的极端势力，纷纷通过发动更大规模的恐怖袭击等方式，吸引更多的极端分子加入。在具体的竞争方式上，"基地"组织希望能够控制更多的领土，而"伊斯兰国"组织则首先着眼于在也门招募更多的极端分子。[②] "伊斯兰国"组织还要求也门的"基地"组织归顺和效忠于自己，虽然遭到了拒绝，但仍有大批"基地"组织武装分子投奔"伊斯兰国"组织。2014年12月，长期盘踞在也门南部地区的"阿拉伯半岛基地组织"下属的一个分支宣布加入"伊斯兰国"组织。尽管"伊斯兰国"组织"没有像在叙利亚、利比亚和伊拉克那样在也门建立稳固的落脚点"，[③] 但其制造恐怖袭击的能力已经远超过"基地"组织。从未来的发展趋势看，伴随"伊斯兰国"组织在叙利亚、伊拉克遭到沉重打击和"亡国"的灭顶之灾，动荡和混乱的也门很可能成为"伊斯兰国"组织外溢和扩散的重要对象。

三、也门极端组织的影响

极端组织的发展对也门国内形势和周边安全均产生了十分消极的影响。

第一，削弱也门政府的政治合法性。2012年上台的哈迪政府治国无方，国内局势一片混乱，其政治合法性不断受到削弱，并面临胡塞武装和极端组织的双重挑战。除胡塞武装形成割据政权外，"基地"组织等极端

---

① ［美］哈伊姆·马尔卡:《圣战萨拉菲主义的领导权危机》，刘中民译，载《阿拉伯世界研究》2016年第5期，第17页。

② Gregory D. Johnsen, "Al-Qaida and the Islamic State Benefit As Yemen War Drags on," p.14.

③ Mohammed Sinan Siyech, "A Comparative Analysis of 'Islamic State' & Al-Qaeda in Yemen," p.2.

势力也在其控制地区推行本土化策略，确立自己"准政府"的法律地位，[①]并通过提供基础设施和公共服务笼络民心，无疑进一步销蚀了哈迪政府本就十分脆弱的政治合法性。

第二，恶化也门的经济形势。极端组织发动的恐怖袭击活动严重影响了也门的经济发展，不仅破坏了原本就十分薄弱的基础设施，造成大量的人员和财产损失，更使也门经济雪上加霜。2010年也门经济增长率为7.7%，陷入动荡后的2011年经济呈现负增长12.7%。[②]据世界银行估计，2015年3月至10月间，也门四个主要城市的基础设施遭受破坏的损失达41亿至50亿美元之间，占2013年的GDP的13%。[③]与此同时，极端组织的恐怖活动导致也门安全局势严重恶化，致使外资不断出逃，其中2011年到2013年出逃的外资分别为5.18亿、5.29亿和1.33亿里亚尔，[④]进一步加剧了也门经济的困难。

第三，加剧也门的动荡和分裂。在西部地区，"基地"组织介入胡塞武装与哈迪政府的冲突，使局势更加混乱。当胡塞武装与政府军在西部塔伊兹地区激战之际，"基地"组织也向该地区派遣了武装分子，与当地的部落武装联合对抗胡塞武装，并以提供社会服务的方式笼络当地的部落和民众。[⑤]在亚丁地区，极端组织也同沙特领导的阿拉伯联军作战，"基地"组织和"伊斯兰国"组织都向该地区派遣了大量武装分子进行暗杀活动。在也门东部地区，极端组织对其所占领区域的控制不断加强，已形成联合

---

① Rukmmini Callmachi, "Yemen Terror Boss Left Blueprint for Waging Jihad," August 9, 2013, p.3, http://hosted.ap.org/specials/interactives/-international/-pdfs/al-qaida-papers-how-to-run-a-state.pdf, 登录时间：2016年10月30日。

② Anwar Salem Musibah et al., "Impact of Foreign Investment in the Yemen's Economic Growth: The Country Political Stability as a Main Issue," Asian Social Science, Vol.11, No.4, 2015, p.104.

③ The World Bank Group, "Global Economic Prospects: Divergences and Risks," June 2016, p.136, http://pubdocs.worldbank.org/en/842861463605615468/Global-Economic-Prospects-June-2016-Divergences-and-risks.pdf, 登录时间：2016年8月15日。

④ Anwar Salem Musibah et al., "Impact of Foreign Investment in the Yemen's Economic Growth: The Country Political Stability as a Main Issue," p.103.

⑤ Gregory D. Johnsen, "Al-Qa'ida and the Islamic State Benefit as Yemen War Drags on," p.14.

作战之势。2014年以来，"基地"组织和"伊斯兰国"组织在也门东部地区尤其是在哈德拉毛省的影响不断扩大。当前，胡塞武装成为沙特领导的阿拉伯联军和哈迪政府打击的重点，联军和哈迪政府对极端组织的打击却十分有限，因此极端组织在也门东部地区的影响有进一步增强的趋势。

第四，加剧也门的教派冲突。也门什叶派分支栽德派和逊尼派人口大致相当，分别占总人口的55%和45%。[①] 但历史上也门的教派矛盾并不突出，当前什叶派胡塞武装与逊尼派哈迪政府的矛盾主要是争夺国家政权的矛盾而非教派矛盾。但逊尼派背景的"伊斯兰国"组织进入也门后极力挑拨什叶派和逊尼派之间的矛盾。在"伊斯兰国"组织看来，"基地"组织并没有尽全力去杀戮什叶派，对什叶派胡塞武装的攻击远远不够。[②] 因此，"伊斯兰国"组织在意识形态和活动方式上都极力挑拨和激化逊尼派和什叶派的教派冲突。除频频袭击什叶派武装组织外，"伊斯兰国"组织还在2014年3月两次袭击萨那的两个什叶派清真寺，造成了130多人死亡。2015年3月2日，"伊斯兰国"组织再次袭击了萨那的一座清真寺，造成包括胡塞武装高级头目穆塔萨·马哈斯瓦（Murtatha al-Mahathwar）在内的100多人死亡，这是也门单次恐怖袭击造成的最大一次伤亡，[③] "伊斯兰国"组织甚至公开扬言袭击萨那清真寺的目的就在于挑起反对什叶派的教派斗争。未来，也门什叶派和逊尼派之间的教派冲突可能会随着"伊斯兰国"组织的挑唆而加剧。

第五，也门反恐形势更加严峻。随着极端组织影响力的增强和控制区域的扩大，也门反恐形势正面临"越反越恐"的困境。中东剧变以来，也门东部地区和南部地区成为权力真空地带，以"基地"组织和"伊斯兰国"组织为代表的极端势力在上述地区十分猖獗，不断积蓄力量，影响范围不断扩大，与当地部落之间的联系不断增强，这不仅使极端组织的本土化能力得到进一步提升，也给国际反恐力量进行有效识别制造了麻烦，加大了

① 郭宝华：《中东国家通史·也门卷》，北京：商务印书馆2004版，第8页。

② Hakim Almasmari and Asa Fitch, "Yemen Division of Islamic State Claims Suicide Bomb Attacks That Killed Scores," *Wall Street Journal*, March 20, 2015.

③ Ibid.

在也门反恐的难度。

第六，威胁周边国家安全。一方面，也门极端组织的兴起成为影响索马里局势的重要潜在威胁。也门处于阿拉伯半岛和非洲索马里之间，发挥着极端组织与极端分子大本营和中转站的重要作用。[①] 也门局势与索马里局势具有典型的互动性。"基地"组织遭受美国的打击后，该组织武装分子从阿富汗和巴基斯坦转移到阿拉伯半岛，转战于也门和索马里。据也门政府的情报显示，2010年5月，几名"基地"组织的高级领导人和极端分子为躲避政府的打击，逃到了索马里。然而，也门与索马里之间的恐怖组织网络仍然不为人所知。[②] 另一方面，也门极端组织的发展对亚丁湾的海运安全构成严重威胁。也门扼守的曼德海峡和濒临的亚丁湾是世界上最繁忙的航线之一，与也门隔亚丁湾相望的索马里是极端分子长期的栖身之所。极端组织在也门实力的增强，使来往于亚丁湾和曼德海峡的各国船只遭受海上恐怖袭击的可能性大增，从而威胁国际航道的安全。

长期以来尤其是"9·11"事件以来，也门已成为"阿拉伯半岛基地组织"的大本营。中东剧变发生后，也门局势动荡造成的政治碎片化、胡塞武装与哈迪政府的冲突、沙特的军事干涉等导致的也门乱局，为极端组织在也门的进一步发展创造了条件，并使"伊斯兰国"组织崛起成为也门的又一重要极端组织。相对而言，"基地"组织在也门根深蒂固，有着深厚的基础，虽然在美国、沙特和也门政府的联合打击下损失惨重，但仍然具有发动大规模袭击的能力；而"伊斯兰国"组织进入也门时间虽然不长，但发展十分迅速，连续发动了多起造成重大伤亡的恐怖袭击活动，成为目前也门最重要的极端组织。

也门在地缘政治上的重要战略位置，使其成为域内外大国地缘政治博弈的牺牲品，导致也门的安全局势持续恶化。在外部势力的干涉下，也门国内各种政治势力之间的矛盾更加尖锐，导致也门部分地区出现权力真

---

① Andrew Lee Butters *et al.*, "The Most Fragile Ally," p.34.

② Ioannis Mantzikos, "Somalia and Yemen: The Links Between Terrorism and State Failure," p.252.

空，为极端组织乘虚而入创造了条件。也门国内局势的混乱、经济与社会发展的失败是造成极端主义泛滥的主要因素，极端组织自身策略的调整也是其影响力不断增强的重要因素。极端组织的发展，不仅对哈迪政府的合法性构成重要挑战，而且进一步恶化了也门的经济和社会形势，激化了政治对抗和教派冲突，导致也门反恐形势更趋复杂，并严重影响地区安全局势。

第30章
埃及的主要极端组织
与塞西政府的去极端化战略

　　埃及既是当代伊斯兰极端主义思想和行动的重要发源地，也是至今深受伊斯兰极端主义困扰的国家。中东剧变以来，埃及的伊斯兰极端主义泛滥，频频制造暴恐事件，使得社会上下由个人恐惧演变为集体恐慌，进而危及国家和政权安全。塞西执政后，为了应对这种威胁，埃及政府发动了"埃及版"反恐战争，同时积极实施去极端化战略，以期彻底根除伊斯兰极端主义生存的土壤。

　　从研究角度看，学界给予更多关注的是埃及的军事反恐，对其去极端化战略缺少应有的探讨。[①] 有鉴于此，本章尝试对塞西执政以来埃及去极端化战略及实践作初步探究。本章主要分为三个部分。第一部分主要介绍中东剧变以来埃及的伊斯兰极端组织及其活动的情况；第二部分系统梳理

---

　　① 现有对埃及去极端化的探讨，主要包括对"伊斯兰团"和"伊斯兰圣战组织"两个恐怖组织去极端化案例的研究。参见Omar Ashour, "Lions Tamed? An Inquiry into the Causes of De-Radicalization of Armed Islamist Movements: The Case of the Egyptian Islamic Group," *Middle East Journal*, Vol.61, No.4, 2007, pp.596-625; Rohan Guanaratna & Mohamed Bin Ali, "De-Radicalization Initiatives in Egypt: A Preliminary Insight," *Studies in Conflict & Terrorism*, Vol.32, No.4, 2009, pp.277-291; Lawrence Rubin, "Non-kinetic Approaches to Counter-terrorism: A Case Study of Egypt and the Islamic Group," in *Terrorist Rehabilitation and Counter-Radicalisation: New Approaches to Counter-Terrorism*, edited by Lawrence Rubin, London: Routledge, 2011, pp.27-33.

埃及的去极端化战略；第三部分对埃及的去极端化战略及实践进行评价。需要说明的是，作者使用的"去极端化"系学术概念，指对打击有组织的极端主义或已犯下暴行的个人起到有效遏制和矫正作用的一个过程。该过程包括三个层面：在个人和组织行为层面，指终止个人或极端组织的极端行为；在宗教层面，指批驳极端思想对伊斯兰教的歪曲和滥用，树立伊斯兰教和平、中正的主流价值观；在社会层面，指成功引导个体放弃伊斯兰极端思想、重新融入社会。[①]

一、中东剧变后埃及的伊斯兰极端组织及其活动

2011年穆巴拉克政权垮台后，众多有预谋、有组织和政治目的明确的武装组织以革命之名攻击政府，一度造成恐怖主义泛滥、国家失序和社会动荡。穆尔西执政时期，埃及政府没有将极端主义和恐怖主义问题纳入国家安全战略范畴予以考量，且放弃使用军事手段，试图通过与盘踞在西奈半岛的恐怖分子谈判解决问题。[②]此举非但未能有效地遏制各类恐怖主义和极端主义蔓延的势头，反而使极端组织有恃无恐，甚至纷纷建立跨国网络，取道加沙，获取必要的财力和物力，进而提升了攻击国家机构和基础设施的能力。[③]塞西执政后，伊斯兰极端组织的恐怖活动依然猖獗，它们不断扩大社会影响，制造不同种族、族群、信仰以及政府同民众之间的紧张关系，并试图在埃及建立伊斯兰政权或以埃及为根据地建立大一统的所

---

① 参见 Angel Rabasa, Stacie L. Pettyjohn, Jeremy J. Ghez, and Christopher Boucek, "Deradicalizaing Islamist Extremists," Rand Corporation Monograph, 2010, xiii, Rand National Security Research Division, http://www.rand.org/content/dam/rand/pubs/monographs/2010/RAND_MG1053.pdf, 登录时间：2018年12月9日；胡雨：《国际反恐斗争中的去极端化研究——以沙特PRAC战略为个案分析》，载《国际论坛》2012年第5期，第19页。

② Salah Maksood, "The Crisis of Sinai between President Morsi and Field Marshal el-Sisi," Al-Jazeera, June 24, 2015.

③ Jeremy M. Sharp, "Egypt: Background and U.S. Relations," Congressional Research Service, RL33003, February 25, 2016, pp.5-7.

谓"乌玛"（穆斯林共同体）社会。由于在埃及活动的伊斯兰极端组织较多，① 下文仅对当前仍在活动或存在重要影响的伊斯兰极端组织进行介绍。

（一）耶路撒冷支持者

"耶路撒冷支持者"也被称为"圣城支持者"或"西奈省"（Waliyat），② 至今活跃在埃及全境。该组织是一个伊斯兰圣战者武装组织，也是埃及国内最危险、制造恐袭次数最多、造成伤亡人数最多的极端组织。

2011年1月，阿布·多阿·安萨里（Abu Doaa al-Ansari）③ 在极端组织"认主独一与圣战"（Tawhid wal-Jihad）④ 成员的帮助下，创建了"耶路撒冷支持者"，并随之公开活动。2012年极端组织"圣战军舒拉委员会"（Mujahideen Shura Council）的头目被以色列军方击毙，其在埃及的人员陆续投靠"耶路撒冷支持者"，该组织的队伍首次得到扩充。2013年7月，"耶路撒冷支持者"因极度不满埃及军方驱逐穆尔西的行为，开始将袭击

---

① 中东剧变以来埃及境内公开活动的伊斯兰极端组织至少有：1."定叛与迁徙"组织（Al-Takfir Wal Hijrah，2011年12月18日最后一次认领暴恐袭击）；2."全球圣战支持者"组织（Answar al-Jihad al-Alani，2012年12月25日最后一次认领恐怖袭击）；3."基地"组织（Al-Qaeda，至今仍在制造恐袭事件）；4."耶路撒冷支持者"组织（Answar Beit al-Maqlis，至今仍在制造恐袭事件）；5."埃及战士"（Ajnad Misr，2015年4月5日最后一次认领恐袭活动）；6."死亡小组"组织（The Death Cell，2015年1月25日最后一次认领恐袭活动）；7."革命惩罚"组织（Revolutionary Punishment，2015年1月25日发动首次恐袭活动，2017年至今没有公开活动记录）；8."利剑"组织（Hasam Movement，2017年9月30日最后一次认领恐袭事件）；9."革命旅"组织（Lewaa El-Thawra，2017年11月22日最后一次认领恐袭事件）；10."伊斯兰军"（Jund al-Islam，2017年10月11日与"耶路撒冷支持者"组织发生冲突，之后没有其公开活动记录）；11."伊斯兰教辅士团"（Jamaa Answar al-Islam，2017年10月20日最后一次认领恐怖袭击事件）；12."伊兹丁·卡桑旅"（Izz ad-Din al-Qassam Brigade，2015年1月15日最后一次认领相关袭击事件）；13."真主辅士军"（Jund Ansar Allah，2015年4月1日最后一次认领恐袭事件）。

② 为了避免陷入圈套，埃及官方在宣传上至今使用"耶路撒冷支持者"，而不使用"西奈省"。本章为了行文方便，统一沿用埃及官方的说法。

③ 此人原名为 Tawfik Muhammad Freij Ziyada。

④ 该组织由一对好友马萨德（Khaled Masaad）和马拉希（Nasr Khamees El-Malakhi）于1997年创建，曾是西奈的主要恐怖组织之一，经常在西奈半岛向以色列境内发射火箭弹。该组织鼎盛时期约有300人，大部分资金靠盗窃汽车和国家设备销赃所得，组织领导人艾哈迈德·哈马丹·哈尔卜·马尔基被埃及军方击毙后，该组织多数成员加入了"耶路撒冷支持者"。

目标转向了政府公职人员、安全机构和相关基础设施。2014年1月，埃及军方击毙极端组织"认主独一与圣战"领导人艾哈迈德·哈马丹·哈尔卜·马尔基（Ahmed Hamadan Harb Malki），令本已式微的组织面临瓦解，其部分成员转投"耶路撒冷支持者"，使该组织实力再增，并强化了对埃及政府的仇视。

2014年11月，"耶路撒冷支持者"宣布效忠极端组织"伊斯兰国"，接受巴格达迪的领导，并将组织名称改为"西奈省"，使其活动的地盘在名义上成为"伊斯兰国""建国"版图的一个省份。从意识形态和宣传上看，"耶路撒冷支持者"宣称，"这个国家（埃及）正遭受苦难，期盼一切能好起来"，因此要实现"真主的正义"，其目标是首先实现控制西奈半岛，进而控制埃及全境。"耶路撒冷支持者"将现任总统塞西视为"暴君""卖国贼"，反复宣称要持续攻击军事设施和警察机构，直至彻底消灭这些机构和人员，然后以"伊斯兰安全体系"取而代之。埃及政府认为该组织与穆斯林兄弟会联系紧密，但"耶路撒冷支持者"否认与穆斯林兄弟会或"基地"组织存在任何关联。

据估计，"耶路撒冷支持者"长期保持有600—1000名成员，其中不少受过良好教育，有过体面的职业，有的还拥有丰富的从军、从警经历，或至少接受过军事训练。"耶路撒冷支持者"的工程人员能够迅速制造出高爆炸弹、远程投射炸弹及发射器，如主持"工程工作坊"的胡萨姆·阿里·法尔哈利（Hossam Ali Farghali）拥有工程学专业学位，负责火箭发射器的设计和制造。穆罕默德·艾哈迈德·纳斯尔·穆罕默德（Muhammad Ahmed Nasir Muhammad）[1] 持有苏伊士运河开发专业博士学位，专门负责该组织的规划协调工作，协调和策划能力突出。此外，该组织部分成员的从军和从警经历保证了其行动能力，如前特种部队军官黑沙姆·阿里·阿

---

① 此人曾是埃及圣战组织"福尔坎营"的一名高级头目，后投靠"耶路撒冷支持者"。2013年8月，他曾策划并实施袭击正在苏伊士运河航行的中国万吨货轮"中远亚洲"，三名恐怖分子持机关枪和火箭炮袭击，后被埃及军方击退。

什马维·易卜拉欣[①]（Hisham Ali Ashmawy Ibrahim）任该组织的军事教官，此人拥有极为丰富的机动作战经验和军事反恐经验，他运用专业知识精心策划过多起严重的恐袭事件，如2013年埃及内务部长穆罕默德·易卜拉欣遇刺。阿什马维的副手哈米德（Emad al-Din Ahmed Abdel Hameed）曾是一名陆军上校，而该组织情报人员阿齐兹（Colonel Sameh Ahmed al-Azizi）[②]、穆罕默德（Muhammad Muhammad Eweis Muhammad）和阿穆尔（Ahmed Amr）[③]则分别为警察和退役海军军官。

"耶路撒冷支持者"组织最初仅招募埃及国内的青年人，在宣布效忠"伊斯兰国"后，开始接收从叙利亚、伊拉克和利比亚进入埃及的极端分子。该组织招募周期不定，程序严格，由副头目纳什夫（Muhammad Ali Afifi Bedawi Nasif）亲自审查，通过审查者需要改名换姓，断绝同组织外的一切联系，弃用手机和其他任何形式可被追踪到的通信工具，且避免到清真寺聚礼。为应对军方打击和防止组织在遭到重大破坏时不致瘫痪，该组织将成员分为若干个秘密小组（cell），每个成员仅隶属唯一小组，只有同组之人才知道彼此的真实身份。

"耶路撒冷支持者"协调程度高，行动高效。创始人安萨里为最高领导人（已被击毙，现该组织最高领导人的姓名不详），也是总指挥。副手纳什夫和陶克西（Muhammad al-Said Hassan Ibrahim al-Toukhi）是领导层核心人物，负责协调整个区域和所有功能领域的合作；希基尼（Ahmed Muhammad Abdel Aziz al-Sigini）、苏莱曼（Mahmoud Muhammad Suleiman）和哈拉布利（Ashraf Ali Hasanain al-Gharably）（已被击毙）为第

---

① 此人为埃及全球通缉的恐怖分子，后离开"耶路撒冷支持者"组织，创立了效忠于"基地"组织的"卫兵"组织。他长期潜藏在利比亚，2018年被利比亚国民军逮捕，2019年5月埃及政府将其引渡回国。参见 "Libyan National Army Hands Wanted Terrorist Hesham El-Ashmawy to Egypt," *Ahramonline*, May 29, 2019, http://english.ahram.org.eg/NewsContent/1/64/335406/Egypt/Politics-/Libyan-National-Army-hands-wanted-terrorist-Hesham.aspx, 登录时间：2019年5月29日。

② 此人在埃及内政部长受袭未遂事件中，为"耶路撒冷支持者"提供了部分警员的姓名和部长的家庭住址。

③ 此人在2014年11月"耶路撒冷支持者"袭击杜姆亚特海边的埃及海军舰船事件中起到关键作用。

二梯队关键人物，负责袭击各责任区目标，包括开罗、马特鲁省、伊斯梅利亚省、贝尼苏韦夫省、代盖赫利耶省、谢赫村省、东部省、法尤姆省、基纳省和吉萨省。"耶路撒冷支持者"有多个平行的行动机构，包括各类专业传媒、动力工程（简易爆炸装置的设计、火箭发射器和航空动力学）、化学工程（如生产高爆炸药）、武器储藏以及专门负责调动积极性、训练、公路侦测等辅助机构。上述机构将各地区的组织分支链接起来，形成了自上而下的垂直领导和行动上横向的协调合作，构成了一种高效联动的网络。

"耶路撒冷支持者"装备有轻型武器、便携式防空武器、火箭榴弹、60毫米口径迫击炮、喀秋莎火箭炮、考耐特反坦克导弹以及其他俄制武器。该组织的袭击手段多样，包括发射火箭弹、自杀性车载炸弹袭击、驾车枪击、刺杀、斩首、绑架、狙击、在路边安放自制爆炸装置等。虽然拥有多种先进武器，但最常用的还是普通的简易爆炸装置。该组织最初活动地点主要在北西奈省境内。2013年7月穆尔西下台后，该组织将活动范围扩展到大开罗地区、南西奈省、马特鲁省、代盖赫利耶省、南西奈省、新河谷省以及伊斯梅利亚省等。在效忠"伊斯兰国"组织后，该组织开始在开罗和吉萨建立"秘密小组"，实施恐怖袭击，同时将触角伸向西部沙漠地区，袭击前往绿洲和岩石地貌区的游客，并试图穿过西部沙漠区，与利比亚"伊斯兰国"极端势力形成呼应。

从袭击目标看，该组织可分为"耶路撒冷支持者"和"西奈省"两个不同时期。该组织最初主要袭击犹太人和以色列境内目标。穆尔西政权倒台后，该组织主要袭击埃及政府官员、军事设施、警察局等公职人员和政府机构。在效忠"伊斯兰国"组织后，该组织开始袭击普通公民和国际目标，如2016年的开罗两座科普特人教堂受袭事件（共死亡47人，数十人受伤）、2017年苏菲派清真寺遭袭事件（死亡311人，伤128人）、在塔巴袭击韩国游客、炸弹袭击意大利驻埃及大使馆、杀害美国石油工人亨德森（William Henderson）、斩首克罗地亚人萨罗佩克（Tomislav Salopek）以及制造2015年俄航客机坠毁事件（224人全部死亡）等。

（二）穆斯林兄弟会的极端派别

长期以来，穆斯林兄弟会内部存在着激进派与温和派之别，前者通常主张通过暴力夺取政权，实现政治目标，而后者往往更倾向通过合法政治参与获得政权。[①] 穆尔西政权瓦解后，穆斯林兄弟会温和派依然主张运用和平抗议等手段进行政治参与，而激进派却指责温和派懦弱，强调在埃及现行制度下使用武力是实现政治目标的必要条件。[②] 由于塞西政权对穆斯林兄弟会采取一刀切政策，大肆逮捕穆斯林兄弟会成员，使温和派的政治诉求幻灭，导致部分温和派和极端派成员共同采取暴力手段对抗埃及政府。当前，"人民联合抵抗运动"（Allied Popular Resistance Movement）、"利剑"（Hasam）、"革命旅"（Liwaa al-Thawra）和"埃及战士"（Ajnad Misr）等被认为是由埃及穆斯林兄弟会的极端派青年人组建的恐怖组织。

1. 人民联合抵抗运动

2015年1月24日，"脸书"网页上出现一份声明称，人民抵抗运动、决心运动（the Determination Movement）、革命惩罚运动（the Revolutionary Punishment Movement）、贝尼苏夫革命运动（the Movement for Revolution in Beni Suef）和"处决运动"（the Execution Movement）等五个组织共同组成"人民联合抵抗运动"。该组织有多个地区分支机构，各分支机构常以当地地名作为组织名称，如亚历山大人民抵抗运动、吉萨人民抵抗运动，等等。

"人民联合抵抗运动"主要活跃在大开罗地区、尼罗河三角洲地区、亚历山大、法尤姆和贝尼苏夫等地，策划并实施多起恐怖袭击。该组织主要袭击政府机构，包括警察局、军队和经济目标，使用的武器较为粗糙，如简易爆炸装置、手榴弹等。该组织也使用"脸书"和"推特"等社交媒体平台，但与"埃及战士"或"耶路撒冷支持者"等恐怖组织相比，协调

---

① 毕健康：《试论埃及穆斯林兄弟会的二重性问题》，载《世界历史》2004年第1期，第87—100页。

② 易小明：《政治伊斯兰和世俗政党关系研究——以埃及穆斯林兄弟会为例》，载《阿拉伯世界研究》2016年第3期，第40—41页。

能力明显不足。

"人民联合抵抗运动"不是一个组织有序的领导机构，也没有明确的行动纲领和指挥中心。在组织较大规模的运动时，该组织往往通过穆斯林兄弟会的社交媒体发布通告。从2015年起，该组织转向袭击国际经济目标，如阿联酋电信（Etisalat）、尼尔移动（Mobinil）、沃达丰（Vodafone）等国际通讯公司遭受过不同程度的攻击。

"人民联合抵抗运动"没有宗教教条式的意识形态立场，但显示出浓郁的"宗教民族主义"政治特征。他们不是纯粹的伊斯兰圣战分子，不是为了建立统一的"哈里发国家"。

2. "决断"组织

2016年7月16日，"决断"组织宣布成立，领导人和创始人始终不详。2016年和2017年两名穆斯林兄弟会高级成员达什沙（Muhammad Dashisha）和斯维利姆（Ahmed Muhammad Sweilim）被处以极刑后，该组织发布悼词哀悼。"决断"组织成立后，连续在互联网发布恐袭视频，认领恐袭事件。2017年7月26日，"决断"组织为庆祝成立周年活动，还发布了一年来恐怖袭击的总结视频。

"决断"组织的成员主要活跃在布海拉省、贝尼苏夫省、开罗、杜姆亚特、法尤姆、吉萨和代盖赫利耶省。该组织没有宣布任何正式的意识形态立场，依据其主要袭击军事目标、安全机构和政府高级官员，可以断定其目标不同于其他的埃及伊斯兰"圣战"组织。该组织虽然使用《古兰经》中的话语，要求实现伊斯兰权利，但显示出一种"宗教民族主义思想"：抨击塞西政权；强调司法公正；拒绝司法杀戮；反对塞西政府向沙特移交蒂朗岛和萨纳菲尔岛；抨击埃及糟糕的经济形势，等等。"决断"组织自称是抵抗组织，不反对在埃及的外国人。① "决断"组织曾策划刺杀埃及前大穆夫提祖玛（Ali Gomma）和埃及副总检察长阿齐兹（Zakaria Abdel Aziz）。截至2018年年底，"决断"组织认领了至少15次袭击事件，至少

---

① The Tahrir Institute for Middle East Policy, "Hassam," March 29, 2017, https://timep.org/esw/non-state-actors/hasam-movement/，登录时间：2018年12月20日。

杀害15名安全人员和1名平民。①

3. "革命旅"组织

"革命旅"成立于2016年8月21日，该组织的成立得到了"决断"组织的支持。"革命旅"并未发布明确的组织纲领，但明确反对埃及政府打压穆斯林兄弟会的政策，将塞西政权称为"罪恶政权"。2016年11月，穆斯林兄弟会高级领导人卡玛尔（Muhammad Kamal）在代盖赫利耶省被内务部击毙，"革命旅"组织发布悼词示哀，称赞其是"革命的殉道者"。该组织主要在代盖赫利耶省活动，曾在2016年10月22日刺杀了达舒尔第九装甲师师长勒加伊（Adel Regai）准将。"革命旅"组织自成立以来公开认领了三起恐袭事件。2017年11月22日，"革命旅"成员同埃及政府军交火，为其最后一次出现在公开报道中。

4. "埃及战士"

极端组织"埃及战士"是在埃及本土崛起的伊斯兰圣战组织，也是近二十年来大开罗地区建立的首个"圣战"组织。"埃及战士"创始人阿提亚（Hammam Attiya）②曾是"耶路撒冷支持者"成员，2013年离开该组织后创立了"埃及战士"组织。2014年1月该组织正式公开活动。

"埃及战士"有20名成员，均来自尼罗河流域，平均年龄26岁，个别成员拥有高学历（至少有一人在爱资哈尔大学受过教育）。时年24岁的前卡塔尔穆斯林兄弟会成员霍内姆（Wagdy Ghoneim）为该组织提供了首笔资金。

"埃及战士"成立之初，多在互联网"圣战"论坛上活动。该组织反对埃及军方及其同谋（埃及基督徒和世俗主义者）"占领"埃及，要求停止打压伊斯兰教，同时号召年轻人加入该组织发动"圣战"。2014年1月23日，"埃及战士"在推特上首次发布公告，并"以至仁至慈的真主之名，愿真主永远支持我们"开篇，声称对2013年11月20日开罗安全部队受袭

---

① The Armed Conflict Location & Event Data Project (ACLED), Africa-Egypt(2018), https://www.acleddata.com/curated-data-files/，登录时间：2019年3月10日。

② 阿提亚已于2015年4月6日被埃及安全部队击毙。

事件负责。伊本·泰米叶媒体中心（Ibn Tamiyyah Media Center）和巴塔尔媒体基金会（Al-Battar Media Foudation）等宣传极端思想的网站随之对此进行报道，使该组织迅速为大众所知。

"埃及战士"是埃及境内西奈半岛之外最为活跃的恐怖组织，主要在大开罗地区活动，抨击"埃及政府犯罪"，其袭击使用较为粗糙的自制简易爆炸装置。"埃及战士"主要袭击政府部门、军警和政府官员个人。2014年1月24日，"埃及战士"在"一·二五"革命四周年前夕，发动了连环爆炸，造成8人死亡，90多人受伤。2014年4月23日"埃及战士"暗杀了艾哈麦德·扎基（Ahmed Zaki）准将。在2014年下半年，埃及政府逮捕了"埃及战士"的大部分成员，该组织网络基本瓦解，但其影响至今未除。

"埃及战士"深受圣战萨拉菲主义思想影响，其声明经常引用中世纪保守思想家伊本·泰米叶（Ibn Tamiyyah）的思想言论，但该组织的思想与行动又明显区别于其他极端组织。第一，"埃及战士"认同埃及独立国家地位，反对重建"乌玛"和"哈里发国家"。这一点与"基地"组织和"耶路撒冷支持者"组织有着本质不同。第二，"埃及战士"鼓吹其最终目标是"一·二五革命"的目标，即"尊严、自由、正义和国家独立"，追求"民主""人权"，鼓吹建立伊斯兰政党主导下的埃及政权，清除社会丑恶现象。第三，"埃及战士"宣称同情普通百姓，仇视塞西政权、政府官员和国家机构。"埃及战士"在每次恐怖袭击中，如果造成平民死亡，都会发表道歉声明，声称将避免伤害平民，这也明显不同于"耶路撒冷支持者"（从未声称避免伤害平民，且经常认领造成大量平民死亡的恐怖袭击事件）。2014年6月，在穆尔西下台一周年的大规模抗议活动中，"埃及战士"计划在埃及总统府外实施系列炸弹袭击，内务部一名拆弹专家在拆除炸弹时被炸身亡，数十人受伤。一小时后，另一枚炸弹炸伤一名警察，第三枚炸弹炸死一名拆弹专家。"埃及战士"通过社交媒体承认安置了这些炸弹。之后，他们在社交媒体上宣布，为了减少平民伤亡，已拆除了其余的爆炸装置。

（三）"基地"组织派别

1."'基地'组织西奈半岛分支"

"'基地'组织西奈半岛分支"原名"西奈半岛圣战支持者"组织或"全球圣战支持者"组织，通常称之为"'基地'西奈半岛分支"。[①]

2011年11月1日，"西奈半岛圣战支持者"通过一个"圣战"网站宣布成立并效忠扎瓦赫里（Ayman al-Zawahiri）。莫瓦菲（Ramzi Mahmoud al-Mowafi）[②]是"西奈半岛圣战支持者"组织领导人和创始者。此人绰号"化学家"，曾是奥萨马·本·拉登的私人医生，在阿富汗期间也是"基地"组织的爆破专家和化武专家，之后被捕入狱，被判终身监禁，在埃及瓦迪·纳屯（Wadi al-Natroun）监狱服刑。2011年1月，莫瓦菲越狱出逃。同年8月，埃及情报机构发现莫瓦菲在西奈半岛任"伊斯兰军"和"定叛和迁徙"等极端组织的军事教官。之后，莫瓦菲自立门户，创建"西奈半岛圣战支持者组织"。该组织自认为是"基地"组织在西奈半岛的代表，莫瓦菲利用私人关系，与"基地"组织建立了密切联系。该组织号召对穆斯林土地上的外来人员和势力发动"圣战"，特别是对美国和以色列发动"圣战"。

"'基地'组织西奈半岛分支"约有7000—9000名成员，主要来自贝都因部落的萨拉菲派、埃及穆斯林兄弟会成员、巴勒斯坦"圣战者"、苏丹和也门的极端分子，拥有便携式防空系统和迫击炮等先进武器。该组织既袭击埃及政府机构、公职人员、军事和民用目标，也袭击犹太人和以色列境内目标。以色列认为该组织是西奈半岛上最大、最危险的恐怖组织。该组织对埃及输油管道、埃及中央安全部队等进行过多次袭击，但自2012

---

① 该组织的意识形态同"基地"组织基本一致，正式认领的袭击仅一次，即2017年10月20日巴哈里亚绿洲袭击安全部队事件，造成至少16名安全人员死亡，但2017年10月31日在法尤姆的一次安全行动中，其领导人哈米德（Emad al-Din Ahmed Mahmoud Abdel Hameed）被击毙，此后未见该组织公开活动的报道。

② 此人曾用名有Ramzi Mawafi, Ramzi Mahmoud Al Mowafi, Ramzi Muwafi, 2014年10月10日被美国国务院列为全球通缉恐怖分子。

年2月29日在埃及发动恐袭并认领后，至今未见其公开认领恐袭事件。[1]

2. "卫兵"组织

"卫兵"组织系前埃及特种部队官员阿什马维创立的极端组织，这名军官曾加入"耶路撒冷支持者"组织，在该组织效忠"伊斯兰国"后，他脱离"耶路撒冷支持者"创立了新组织。新组织效忠"基地"组织，与"基地"组织西奈半岛分支以及"伊斯兰辅士"等有着基本一致的主张和战略目标。2015年7月该组织通过发布录音宣布成立，它号召发动"圣战"，反对埃及塞西政权。"基地"组织领导人扎瓦赫里公开发表声明，支持该组织的行动。

2017年"卫兵"组织网站被关闭前，共发布了五份录音，录音要求人们进行一场"伊斯兰革命"，同时呼吁埃及宗教学者支持"圣战"分子打击塞西政权。2015年7月和9月发布的两份录音中，阿什马维抨击埃及政府，称塞西为"新法老"，呼吁人们"聚集起来对抗敌人"。而在2016年6月的一份录音中，该组织对塔利班已故领导人阿克塔尔（Mullah Akhtar）大加颂扬。[2]该组织不太活跃，公开认领的恐袭事件仅有2015年的卡尔纳克神庙袭击（Karnak Temple）事件和2017年10月的"巴哈利亚绿洲"袭击事件。

二、埃及的去极端化战略及实践

2017年6月21日，塞西在爱资哈尔庆祝开斋节期间，发表了"前定之夜"（Laylat Al-Qadr）演讲，系统提出了挫败极端主义和恐怖主义的四大战略：重释宗教话语；禁止区别对待恐怖组织；重建地区国家及其机

---

① The Armed Conflict Location & Event Data Project (ACLED), *Africa-Egypt (2018)*, https://www.acleddata.com/curated-data-files/，登录时间：2019年3月10日。

② The Tahrir Institute for Middle East Policy, "Al-Morabitoon," https://timep.org/esw/non-state-actors/al-morabitoon/，登录时间：2018年6月8日。

构（注：指利比亚和叙利亚）；切断恐怖组织资金链。① 按照此次讲话精神，结合以往的反恐和反极端主义的经验教训，除了军事反恐外，埃及政府一方面针对特定的个体施行去极端化，包括将在押极端分子改造成合法公民，消除他们的反政府、反社会性，培养他们的生存技能，使其重新融入社会；另一方面努力净化社会环境，动员社会各界共同抵御宗教极端思想的传播和危害，使主流社会对宗教极端思想具有免疫力。从政策制定及落实来看，为了减少恐怖袭击的恐怖主义追随者、阻断伊斯兰极端组织招募人员的渠道以及防止伊斯兰极端思想在民众中传播等，埃及政府出台了多项政策措施并加以实践。

（一）法律机制建设

塞西主政之前，埃及的《宪法》《刑法典》以及《紧急状态法》等是打击恐怖主义和极端主义的主要法律依据。随着反恐和去极端化形势日益严峻，原有的成文法出现了诸多不适应性，如恐怖组织、恐怖分子及恐怖活动等概念模糊问题日益凸显。有鉴于此，塞西执政期间，埃及政府集中出台或修订了多项涉及反恐和去极端化工作的法律法规。

根据2014年宪法第237条，埃及政府首先通过并实施《恐怖组织法》，对恐怖组织、恐怖分子及恐怖活动等概念、性质、特点做了明确界定，并依据该法陆续公布了恐怖组织的名单。2015年8月，埃及通过并实施《反恐怖主义法》，对恐怖组织、恐怖分子、恐怖犯罪以及从事恐怖活动的武器和资金做了进一步明确规定，同时将从事恐怖活动人员的惩罚措施与《埃及刑法典》相关条款实现对接。2017年10月，埃及议会通过了包括47个条款的《青年人机构法》，成为青年人建立各类组织或团体的法律依据。同年11月，埃及议会批准《工会组织法》，该法戒绝极端分子借助相

---

① "Reforming Religious Discourse Still Essential to Defeating Terrorism: Sisi," June 21, 2017, *Ahramonline*, http://english.ahram.org.eg/NewsContent/1/64/271370/Egypt/Politics-/Reforming-religious-discourse-still-essential-to-d.aspx，登录时间：2018年6月8日。

关条款组织非法集会和成立非法组织。[①] 2018年3月，埃及议会通过《埃及刑法典》修正案，规定"对恐怖犯罪中使用爆炸材料判处死刑"，[②] 对那些非法储藏和拥有、还未用于恐怖袭击的爆炸物质材料者施以强制刑罚，[③] 其中携带爆炸物被认定为恐怖行为的判处十年以上刑期甚至死刑。[④] 2018年4月，为打击极端分子和恐怖组织的融资渠道，埃及议会通过《关于规范没收、管理和处置恐怖组织和恐怖分子财产法》，该法案包括18项法律条款，旨在规范没收、管理以及处理恐怖组织资产。[⑤] 2018年5月，埃及政府正式实施了《2017年第70号法》，[⑥] 该法严格规范了埃及民间社会实体的注册和运作，以防止本土和国外人士通过非政府组织为极端组织提供庇护和资金。此外，在2015年至2018年，埃及司法部通过了多项有关网络犯罪的法案，并对刑法程序有关网络犯罪的定罪做出修正，旨在打击伊斯兰极端思想在广电领域和出版领域传播，以及打击污蔑埃及安全系统的流言。

2017年7月25日，塞西总统颁布法令，正式成立"全国打击恐怖主义和极端主义委员会"，该委员会为埃及最高反恐和去极端化的领导机构，

① "Armed Forces Grants 10 Training Courses to Labor Leaders," *Egypt Today,* August 19, 2018, http://www.egypttoday.com/Article/1/56272/Armed-Forces-grants-10-training-courses-to-labor-leaders，登录时间：2018年12月6日。

② 这是议会立法和宪法事务委员会首次通过由政府起草的《埃及刑法典》修正案。

③ Gamal Essam El-Din, "Egypt Parliament votes in Favor of Death Penalty for Using Explosive Materials in Terrorist Crimes," March 6, 2018, *Ahramonline*, http://english.ahram.org.eg/NewsContent/1/64/292262/Egypt/Politics-/Egypt-parliament-votes-in-favour-of-death-penalty-.aspx，登录时间：2018年12月6日。

④ "Parliament passes death penalty for using explosives in terror crimes," *Egypt Today,* March 7, 2018, http://www.egypttoday.com/Article/1/44713/Parliament-passes-death-penalty-for-using-explosives-in-terror-crimes，登录时间：2018年12月6日。

⑤ 该法原来名称为《关于规范没收、管理和处置穆斯林兄弟会及其附属组织资产的程序》，Gamal Essam El-Din, "Law Sequestrting Assets of Terrorist Organizations Approved by Egyptian Parliament," *Ahramonline*, April 2018, http://english.ahram.org.eg/NewsContent/1/64/297801/Egypt/Politics-/Law-sequestrating-assets-of-terrorist-organisation.aspx，登录时间：2018年12月6日。

⑥ 该法实际上是对2002年第84号法令第二部分的"非政府组织"的相关规定作了进一步修改，修改后的条款更为严格。

委员包括总统、议长、总理、多名部长和爱资哈尔大教长。这一新机构负责总体制定在国内外实施打击恐怖主义和极端主义的全面国家战略，协调宗教机构和安全机构，动员各个机构和公众打击恐怖主义和极端主义，修订现有立法，以解决诉诸司法所面临的障碍，并促进所有安全和政治机构之间以及它们与国际社会特别是同邻国之间的协调与合作，争取在西奈半岛等极端主义思想盛行地区创造更多就业机会，促进宗教和谐。此外，埃及政府在西奈半岛增加了专门警力、情报人员和成建制的反恐部队，设定各地反恐力量的正规化建设，形成警察、反恐特警和反恐部队等巡逻防范机制。

（二）宗教净化计划

2015年1月，塞西发表圣纪节演讲，呼吁发起宗教改革，号召穆斯林领袖协助打击极端主义。塞西说："……我们需要一场针对宗教信仰的改革。你们这些阿訇应为真主安拉负责。全世界正在等待着你们的行动。全世界正在等待着你们的话语……因为伊斯兰世界正四分五裂，正处于水深火热之中，正在渐渐逝去。而且是在我们的手上逝去。"塞西还说："我们还需要对自身进行变革，一场为重新塑造埃及人民而进行的关于观念和道德的变革。"[①] 2017年6月，塞西在爱资哈尔重申改革宗教话语的重要性。同年9月，塞西在接受美国福克斯新闻采访时，再次强调改革宗教话语在反恐战争中的关键作用。他指出："通过重新阐释宗教话语，我们转向宣传对伊斯兰教的正确理解，清除错误思想和曲解之处。"[②]

宗教基金部、教法判定局（Dar al-Ifta'a）和爱资哈尔等宗教主管、监督部门和宗教权威机构对塞西倡议进行了积极回应，共同推出"宗教净化计划"。该计划由宗教基金部负责牵头，由爱资哈尔负责制定宗教话语净

---

① 马骢编译：《埃及总统号召进行"宗教改革"，打击极端主义》，环球网，2015年1月9日，http://world.huanqiu.com/exclusive/2015-01/5371168.html?agt=15438，登录时间：2018年12月6日。

② "Egypt's SIsi Stresses Importance of Reforming Religious Discourse to Fight Terrorism in Fox Interview," September 20, 2017, *Ahramonline*, http://english.ahram.org.eg/NewsContent/1/64/277454/Egypt/Politics-/Egypts-Sisi-stresses-importance-of-reforming-relig.aspx，登录时间：2018年12月6日。

化标准，教法判令机构负责监督和判定宗教用语是否标准。该计划主要包括：审查出版物和网站使用涉及伊斯兰教的用语，旨在防止传播极端主义思想；爱资哈尔负责管理清真寺的所有事务和神职人员；周五聚礼标准化是控制全国宗教话语最为重要的战略机制；伊玛目在周五聚礼期间必须使用宗教基金部发布的统一宣礼用语或祈祷词，禁止伊玛目随意解读《古兰经》，禁止伊玛目在清真寺进行即兴演讲，此举旨在防止极端话语的渗入；伊玛目需持证上岗，必须取得爱资哈尔大学颁发的资格证书，取缔无证无照的清真寺，任命并监控清真寺的伊玛目，同时实施伊玛目带薪制度（即由政府支付伊玛目薪水）；爱资哈尔大学与国际项目合作，旨在帮助训练伊玛目来宣传宽容和非暴力、不同信仰之间的合作以及人权观念。[①]

　　爱资哈尔启动了名为"观察者"（the Observer）的在线平台，使用包括阿拉伯语在内的九种语言，驳斥网上传播的极端言论；宗教基金部采取许多措施防止伊玛目在清真寺聚礼期间对伊斯兰教法（沙里亚）进行极端化解读，尤其对伊玛目的任职资格严加管控。埃及最高宗教管理机构宗教基金部部长祖玛在一次采访中说，"如果一个没有资格证书的伊玛目或讲经人在埃及任何地方的清真寺工作……都是践踏基金部有关宗教话语的规定，他将会因无证工作而被进行犯罪调查。"[②] 截至2018年3月，宗教基金部取缔了所有的穆斯林兄弟会和其他激进伊斯兰组织控制的非法宗教中心和小型清真寺，从极端保守的萨拉菲组织和极端组织手里重新获得超过95%的宗教话语。[③] 此外，爱资哈尔与卫生部合作的西奈地区医疗援助项

① US Department of State, *Country Reports on Terrorism 2015*, 2016, p.178, https://2009-2017.state.gov/documents/organization/258249.pdf.

② "Al Azhar, Youth and Sports Ministry Launch Daawa, Relief Convoy to Sinai Monday," *Egypt Today*, September 2, 2018, http://www.egypttoday.com/Article/1/56996/Al-Azhar-Youth-and-Sports-Min-launch-daawa-relief-convoy，登录时间：2018年9月30日。

③ "Ministry of Endowments regains control of over 95 percent of religious discourse in Egypt: Spox," Ahram Online, March 6, 2018, http://english.ahram.org.eg/NewsContent/1/64/292246/Egypt/Politics-/Ministry-of-Endowments-regains-control-of-over-pe.aspx，登录时间：2018年12月20日。

目，旨在传播仁慈和互助精神，消除人们在绝望中走向极端的情况，[①] 还和青年与体育部联合发起"全国宣教周"，动员青年人积极传播正念、反对极端。[②] 教法判令机构专门在互联网上设定平台，批判歪曲伊斯兰教教义的行为。[③]

（三）加强社会防控力度

首先，深入开展集中整治和严打暴恐专项行动。2015年6月，埃及总检察长被刺身亡后，埃及政府决定在西奈地区加大反恐力度。同年9月，埃及军方启动代号为"烈士的正义"[④] 的大规模反恐行动。这次系列反恐行动摧毁了数处恐怖分子的藏身之所、流动的军事目标、极端组织的基础设施、后勤补给线（武器弹药储藏设施、车辆、简易爆炸装置以及运输中心，等等），逮捕了大量极端武装分子以及为极端组织提供运输支持的社会人员。四轮反恐行动不仅提升了军队探测和拆除简易爆炸装置的能力，而且使军事行动的目标从陆地扩展到海上。但2017年11月阿里什苏菲派清真寺恐袭事件使"烈士的正义"反恐效果大打折扣。受此影响，埃及政府不得不反复延长紧急状态时间，并在2018年2月由埃及安全部队启动代号为"西奈2018"（Sinai 2018）的全面军事反恐行动。该行动采取地毯式和不留死角的作业方式，旨在实现有效的综合治理，重点打击北西奈、中西奈、三角洲地区、尼罗河谷和苏伊士运河周边地区的恐怖分子和犯罪组

---

① "Al Azhar, Youth and Sports Ministry Launch Daawa, Relief Convoy to Sinai Monday," *Egypt Today*, September 2, 2018, http://www.egypttoday.com/Article/1/56996/Al-Azhar-Youth-and-Sports-Min-launch-daawa-relief-convoy，登录时间：2018年12月20日。

② "Al Azhar, Youth and Sports Ministry Launch Daawa, Relief Convoy to Sinai Monday," *Egypt Today*, September 2, 2018, http://www.egypttoday.com/Article/1/56996/Al-Azhar-Youth-and-Sports-Min-launch-daawa-relief-convoy，登录时间：2018年12月20日。

③ Eman Ragab, "Counter-Terrorism Policies in Egypt: Effectiveness and Challenges," *Papers IEMed*, No.30, October, 2016, p.23.

④ 该行动分为四个阶段，每阶段的启动时间分别为2015年9月、2016年1月、2016年4月和2017年7月。

织基地。①

其次，实施社交媒体监控计划。该计划由内务部负责制定并落实，主要包括两方面：一是系统地监控"脸书"和"推特"等社交媒体的流量，注重对反政府情绪表达、亵渎伊斯兰教、煽动骚乱以及其他极端言论的监测，旨在追踪恐怖主义和极端主义的安全威胁。该监控计划还把Whats App、Viber和Instagram等移动客户端上的内容纳入了监控范围。2016年，埃及政府屏蔽了1000多个"煽动暴力袭击警察和军人，号召游行和堵塞公路"的脸书网页。2017年，埃及政府屏蔽了数十家涉及支持恐怖主义和极端主义内容的网站。②

二是实施埃及版的"脸书计划"。2018年3月，埃及启动"埃及脸书"计划。该计划是中东非洲地区第一个推进电子商务的计划，旨在建立类似"脸书"的社交媒体平台，以主流价值观吸引网民，埃及政府认为这是打击和根除极端主义不可或缺的路径。该计划的依据和内容是：（1）2017年埃及脸书用户占所有阿拉伯脸书用户的23%，约3450万移动用户；（2）符合国家"本土化科技产业"的目标；（3）国家应该在社交媒体中起领导作用，不能放任自流；（4）保护个人隐私，打击网路犯罪势在必行；（5）埃及政府必须通过意识形态领域的斗争打击恐怖主义；（6）埃及政府有义务和责任使社会认识恐怖主义的危害。③

再次，强化国家认同教育。2018年3月，新开罗教育行政部门颁布行政令，要求辖区内的所有学校在早晨和课间休息期间播放《每一个阿拉伯兄弟》(*Kalu Aa*)《他们说了什么》等爱国歌曲，旨在提升学生对国家

① Lolwa Reda, "Sinai 2018: Egypt's Knockout Against Terrorism," February 9, 2018, *Egypt Today*, http://www.egypttoday.com/Article/2/42335/Sinai-2018-Egypt-s-knockout-against-terrorism，登录时间：2018年12月8日。

② "Egypt to Establish 'Egyptian Facebook'," March 12, 2018, *Ahramonline*, http://english.ahram.org.eg/NewsContent/1/64/292645/Egypt/Politics-/Egypt-to-establish-Egyptian-Facebook-Minister.aspx，登录时间：2018年12月20日。

③ 同上。

的认同感以及对军人为国捐躯的使命感。[①] 埃及军方与埃及工会联盟合作开展了"提升工会领导国家意识项目"，该项目由军方提供教材，培训了6000名工会领导，旨在提升工会领导们的国家意识，巩固他们的爱国主义价值观念，强调辛勤劳动是推进民族前进的主要因素。[②] 此外，埃及教育部还尝试将爱资哈尔大学高等教育前的学校教育课程同普通学校教育计划合并，并强调如果两套系统兼并，宗教课程将作为非必修课。[③]

最后，加强国际合作。埃及不仅注重国内防控工作，还加强边防管控，尤其是同周边国家积极开展国际反恐合作，以防止极端分子越境进入埃及。目前，埃及已同以色列、突尼斯、利比亚国民军和阿尔及利亚等就边境管控和引渡极端分子达成共识，并签署协议。

（四）改善民生

西奈地区经济发展落后与社会资源不均衡，是造成伊斯兰极端思想蔓延的重要原因之一，尤其是地理和交通环境较为封闭与社会生活赤贫的北西奈地区，当地居民因贫困无法接受良好教育，因生活资源匮乏无法体面生活，造成融入现代生活的窘境，容易受到伊斯兰极端主义蛊惑与利用。埃及政府坚持在发展中解决民生问题原则，主要采取如下措施以达到去极端化的目标。

1.西奈半岛开发计划。该计划的依据是2014年宪法的236条以及埃及政府、学界和社会达成的普遍共识，即不发达地区是滋生极端主义和恐怖主义的现实土壤。埃及政府将西奈半岛作为优先发展地区，并于2014年

① Walaa Ali, "Military anthem played at Egypt's schools, universities nationwide," *Egypt Today*, March 3, 2018, http://www.egypttoday.com/Article/1/44390/Military-anthem-played-at-Egypt-s-schools-universities-nationwide，登录时间：2018年12月20日。

② "Armed Forces Grants 10 Training Courses to Labor Leaders," *Egypt Today*, August 19, 2018, http://www.egypttoday.com/Article/1/56272/Armed-Forces-grants-10-training-courses-to-labor-leaders，登录时间：2018年12月20日。

③ "Egypt Studying Possibility of Merging Al-Azhar School Curricula with Regular School Programme: Minister," *Ahramonline*, http://english.ahram.org.eg/NewsContent/1/64/297806/Egypt/Politics-/Egypt-studying-possibility-of-merging-AlAzhar-scho.aspx，登录时间：2018年12月20日。

启动了《西奈综合开发计划》（2014—2022），该计划预算2750亿埃镑（约合155亿美元），[①] 旨在创造就业岗位，建立连接西奈和其他省份的公路和基础设施网络，建设城区，设立农业计划，建设脱盐厂、居民公寓以及支持小微企业和妇女就业。2016年6月，埃及政府又推出总预算为1500亿埃镑的《西奈国家开发计划》，涉及渔业、住房、自来水和农业。[②] 长期来看，上述计划的有效落实将会改善北西奈省居民的生活条件，有助于减缓贝都因人因政府反恐不当带来的仇视行为和不满情绪。

2. 消除贫民窟计划。贫民窟被视为最不安全之地，也是容易滋生极端主义之所，埃及开罗城区的贫民窟是各类极端分子的重要来源地。住房部和城市发展部负责制定和落实"贫民窟消灭计划"，该计划到2018年年底消除了开罗几个最危险的贫民窟。2018年9月，埃及住房部斥资200亿埃镑，用于不安全区域的住房改造，旨在彻底消灭城中贫民窟。[③]

3. 团结与尊严计划。2015年埃及社会团结部推出"团结与尊严计划"（Takaful and Karama），旨在帮助农村低收入家庭，使其生活有信心。该计划总预算为40亿埃镑，仅2018年就有225万个家庭、共约1000万人受惠。[④]

4. 社会倡议。2013年12月，塞西总统提出了"青年振奋倡议"，随之成立"全国青年大会"（National Youth Conference，NYC），旨在鼓励青年奋发向上、报效国家、远离极端。2018年9月，宗教基金部发起"埃及无

---

① Nawal Sayed, "Sisi calls on all Egyptians to take part in developing Sinai," *Egypt Today*, February 27, 2018, http://www.egypttoday.com/Article/2/44016/Sisi-calls-on-all-Egyptians-to-take-part-in-developing, 登录时间：2018年12月20日。

② Noha El Tawil, "World Bank to Provide $ 1 B Grants for Sinai Development," Egypt Today, September 9, 2018, http://www.egypttoday.com/Article/3/57336/World-Bank-to-provide-1B-grants-for-Sinai-development, 登录日期：2018年9月30日。

③ "Egypt spent LE 20 billion to develop unsafe areas: official," *Egypt Today*, March 3, https://www.egypttoday.com/Article/1/57669/Egypt-spent-LE-20-billion-to-develop-unsafe-areas-official, 登录时间：2018年12月20日。

④ Solidarity Ministry pays LE1.1bn under Takaful, Karama, August 18, 2018, *Egypt Today*, https://www.egypttoday.com/Article/1/56188/Solidarity-Ministry-pays-LE1-1bn-under-Takaful-Karama, 登录时间：2018年12月20日。

毒品倡议"，旨在让社会和家庭认识到毒品的危害性及其与恐怖组织的关系，倡议的主要内容是：伊斯兰教教义认为任何毒品都会伤害人的意识和麻痹人的思想；打击恐怖组织利用毒品犯罪进行融资；毒品对青少年和整个社会都是严重威胁，应当拒绝毒品，远离毒品。[①] 同月，爱资哈尔提出"保卫家庭倡议"，广泛宣传"离婚威胁"，在网站和社交媒体上传许多短片视频，说明离婚原因以及解决之法，强调家庭稳定的重要性，以及离婚对社会和家庭的危害。2019年1月，塞西总统宣布启动"体面生活倡议"，致力于在2019年通过提供工作机会和发展基础设施的方式，改善埃及社会最为贫困人员的生活条件。[②]

5. 抚恤与救助计划。该计划旨在帮助恐怖袭击中的受害者，防止受害者成为恐怖组织潜在招募者，或为极端分子提供安全庇护，或成为极端和激进思想的受害者。埃及《反恐主义法》对恐怖主义和政府反恐行动有着明确定义，但对恐怖主义受害者并未界定。尽管如此，埃及政府一直给予在反恐行动中被恐怖分子杀害的军人和警察烈士称号，并给予家属若干荣誉，同时给予经济补助。这些政策旨在保持军警高昂士气，抚慰受害家庭。2015年司法部设立"法官保护基金"用以赔偿被恐怖分子刺杀的法官。埃及政府还为恐袭中受害的平民提供赔偿。2015年埃及政府出台了《关于在暴力恐怖袭击中伤亡人员个人发展补偿计划》，用以补偿在反恐行动中受到影响的个人，现已拨款4亿埃镑用于支付和补偿北西奈省边境地区的居民。

（五）开展监狱中的去极端化工作

监狱是极端主义传播的温床，但也是去极端化的孵化器。监狱去极端化是埃及打击各类形式暴力极端主义的重要组成部分。埃及的《反恐怖主

---

① 2018年1月，埃及社会团结部部长瓦里（Ghada Wali）宣布，埃及约有10%的人口吸食毒品（约960万人），是全球毒品吸食率的2倍。

② "Egypt's PM Praises Sisi's 'Decent Life Initiative', Instructs Gov't to Start Implementation," *Ahramonline*, January 3, 2019, http://english.ahram.org.eg/NewsContent/1/64/321105/Egypt/Politics-/Egypts-PM-praises-Sisis-Decent-Life-initiative,-in.aspx, 登录时间：2019年2月20日。

义法》为监狱去极端化提供了法律依据。根据该法，监狱、拘留所和其他惩戒机构必须对被监禁的人员进行监督、教育和纠正。埃及的监狱去极端化主要采取以下措施。

第一，对极端分子和恐怖分子采取隔离措施，防止其他囚犯的激进化。埃及政府将暴力极端分子与其他在押犯人隔离开来，以免后者受到伊斯兰极端主义思想影响。

第二，有限性探监。对恐怖分子和极端分子的看望，对监狱来说已成为重大挑战，因为探监人员经常借机走私武器和手机，这种威胁现实中屡次出现。因此，大多情况下，埃及禁止家属探视极端分子，但允许国际红十字会工作人员作为罪犯与家人之间的联系人，并监督被拘禁者和囚犯是否得到公平对待。

第三，加强教育。采取由宗教人士进行教化和已去极端化人员现身说法等做法，使在押极端分子回归正念。如原电视播音员、被教育好的宗教极端人士贝赫里（Islam al-Behery）就曾多次到监狱巡讲。① 另外，监狱管理方还提供相关宗教书籍、杂志和报纸供在押极端人员学习。

第四，对去极端化对象施行特赦制度。根据2014年宪法第155条，埃及于2016年10月成立了"总统特赦委员会"（The Presidential Pardon Committee），由政治思想家哈尔卜（Osama al-Ghazaly Harb）任主任，负责调查需要特赦人员的申请。② 依据该制度，塞西总统已特赦了2500多名在押服刑人员。

---

① "716 inmates released per presidential pardon," *Egypt Today*, September 19, 2018, https://www.egypttoday.com/Article/1/57823/716-inmates-released-per-presidential-pardon, 登录时间：2019年2月20日。

② 该特赦制度规定，犯有走私武器、恐怖主义、贩卖毒品10公斤以上、贩卖海洛因（无论多少）等罪行的罪犯不在赦免之列，参见"716 inmates released per presidential pardon", *Egypt Today*, September 19, 2018, https://www.egypttoday.com/Article/1/57823/716-inmates-released-per-presidential-pardon, 登录时间：2019年2月20日。

三、埃及去极端化战略的特点与实施效果

在整个去极端化工作推进过程中，埃及的主要权力部门从决策到行动始终发挥主导作用。总统签署命令，政府负责调动资源，军方、警方和情报机构负责行动落实，司法部门负责被捕嫌疑犯的审理和判决，宗教基金部、宗教判令机构和爱资哈尔负责宗教话语规范的制定、宣传和落实等。在此过程中，塞西政权始终强调并保持主导性和权威性，并对去极端化的客体有着明确的规定，即凡是被埃及官方认定为恐怖组织的团体或个人（包括这类组织或个人存在密切关联的机构和个人），都属于被去极端化对象，如耶路撒冷支持者、埃及战士和穆斯林兄弟会等极端组织以及被埃及开罗刑事法院公布的数万名恐怖分子都是特定的去极端化对象。

（一）埃及去极端化政策措施及其实施的特点

第一，去极端化政策及其实践是较为全面的整体战略。埃及政府制定了总体去极端化方案，地方政府实施具体计划，所有地方政府机构、公共机构和地方非政府组织都参与了这场声势浩大的多层面、多路径、无死角的去极端化运动。所有这些行动和项目计划都有着详细规划和协调，在反恐和反极端主义思想方面表现出了前所未有的高度一致。

第二，去极端化的方式方法多样化。恐怖主义和伊斯兰极端主义的产生原因多种多样，这促使埃及政府采取了多样化的去极端化政策措施，包括法律、社会、宗教、文化和意识形态等层面，尤其是法制建设明显加强。

第三，多层面落实去极端化计划。埃及政府除了实施代号"烈士的正义"和"西奈2018"两项军事行动外，还采取了众多改善民生的计划等柔性反恐和去极端化措施，以及宗教、文化、教育等领域的多种项目。这些计划针对不同群体，包括伊斯兰极端分子、受极端思想蛊惑之人以及易于

被极端组织吸纳的人群。这些计划很难独自发挥去极端化的作用，而是通过联动增强综合治理的效果。

第四，目前去极端化工作还处于试验阶段。尽管作为长期和系统的计划，且有过成功的先例，但埃及当前的去极端化实践本质上仍是试验性的短期行为。有充分证据表明，埃及绝大多数的去极端化手段在其他国家或本国都有先例，塞西政权当前的去极端化实践只是埃及过去的去极端化做法和国际上的去极端化政策的综合应用。另外，埃及的去极端化实践运动式治理的特点明显，制度化去极端化仍在起步阶段。

（二）埃及去极端化战略落实的效果

埃及的"去极端化"并非舶来的概念，而是同埃及政府过去针对"伊斯兰团"和"伊斯兰圣战组织"的去极端化案例紧密关联。[1] 尽管埃及法律至今并未采用"去极端化"这个概念，但去极端化工作已成为其反恐实践不可分割的一部分。

在不同场合，埃及政府反复宣称在监狱中成功实现了对恐怖分子的去极端化，并成功减少了西奈半岛民众成为极端分子的可能。但是，很难评估埃及各类去极端化计划的效果。此外，国际上的去极端化经验已经充分表明，"去极端化的终极目标是实现人的发展，尽可能将极端分子改造成内在、外在和谐统一的正常人，个体的思维方式、信念、态度、价值观和生活愿景向积极方向转变，能够明辨是非、理性思维，积极帮助他人、不消极对抗社会，个体利益服从国家利益"。[2] 人们虽然对这些计划的某些方面形成共识，如众多计划有助于使极端分子的行为变得更安全，进而降低恐怖分子再犯罪的风险，但也有研究表明，在意识形态方面，很难建立一

针对"伊斯兰团"和"伊斯兰圣战组织"的"去极端化"过程及其结果可参见 Omar Ashour, "Lions Tamed? An Inquiry into the Causes of De-Radicalization of Armed Islamist Movements: The Case of the Egyptian Islamic Group," Middle East Journal, Vol.61, No.4, 2007, pp.596-625.

② 佟阳、赵舒婷：《新加坡"去极端化"反恐策略评析》，载《中国公共安全》2018年第3期，第16页。

套评估标准，证明一个恐怖分子已完全实现了去极端化。[①]

至于西奈半岛的发展计划，埃及政府宣布取得成功还为时尚早，因为被确定为去极端化对象的极端分子，有的已被击毙，有的还在服刑，有的已被释放，但无人能够保证释放后的极端分子会彻底远离极端主义。现有研究表明，即使在被释放后的去极端化的个体最初几年会抵制恐怖活动，但无人能够保证他们已彻底放弃了极端主义思想。因此，远离恐怖活动的人并不能确定已被彻底去极端化了。[②]

另外，埃及政府声称，滋生恐怖主义的环境已得到成功净化，这也为时过早。自2018年2月以来，西奈半岛的恐怖主义和极端主义的表象确实大为消退，如恐怖活动数量出现了断崖式下降，犯罪活动数量大幅度减少，但这主要是埃及军方强力行动的结果，而不完全是落实各类去极端化计划的结果。埃及政府在西奈半岛新一轮的发展计划能否得到有效落实，以及当前西奈地区表面的和平氛围是否掩盖了该地区民众对政府的仇恨与敌意，[③] 还有待观察。

此外，是否有经济能力承担去极端化的昂贵代价，也是埃及面临的严峻挑战。例如，沙特去极端化计划涉及多方面的庞大开支，包括极端分子释放后的全面监控计划，[④] 新加坡的去极端化综合项目[⑤] 也是以庞大开支为代价的。因此，埃及能否持续承担巨大开支来支撑当前的各类去极端化

[①] John Horgan, Mary Beth Altier, "The Future of Terrorist De-Radicalization Programs," Georgetown Journal of International Affairs, Summer-Fall 2012, p.87.

[②] John Horgan, Kurt Braddock, "Rehabilitating the Terrorists? Challenges in Assessing the Effectiveness of De-radicalization Programs," *Terrorism and Political Violence*, 2010, Vol.22, No.2, p.268.

[③] 有关西奈半岛上的居民对埃及政府和军警的仇视和敌对情绪，可参见Ismail Alexandrani, "Sinai: From Revolution to Terrorism," in *Egypt's Revolutions: Politics, Religion, and Social Movements*, Hampshire: Palgrave Macmillan, 2016, pp.179-196.

[④] Jessica Stern, "Mind Over Martyr: How to Deradicalize Islamist Extremists," *Foreign Affairs*, 2010, Vol.89, No.1.

[⑤] Rohan Gunaratana, Mohamed Feisal Bin Mohamed Hassan, "Terrorist Rehabilitation: The Singapore Experience," in *Terrorist Rehabilitation: A New Frontier in Counter-Terrorism*, London: Imperial College Press, 2015, pp.41-70.

计划，也还有待观察。

（三）埃及去极端化实践存在的不足

第一，关于宗教领袖的作用问题。埃及政府对宗教领袖采取严格管控措施，包括各级地方建立相应机构以保证宗教人士的政治忠诚，如政府派遣伊玛目主持某些清真寺，以防聚礼期间出现危害政府或歪曲伊斯兰教的言论。在部分穆斯林看来，这是埃及世俗政权侵蚀他们信仰合法性的做法，使那些德高望重的伊玛目在政府和信众之间所起到的沟通作用大打折扣。

第二，关于民间社团组织的作用问题。民间社团能够接触到政府接触不到、最有可能成为极端分子的人员。但埃及政府严格限制非政府组织的建立和发展，虽然埃及政府强调社团组织、爱资哈尔以及其他非政府组织的作用，但这些组织或多或少具有政府背景，导致其影响有限。

第三，关于法制建设与公民权利的关系问题。在去极端化过程中，埃及的法律制度建设不断加强，但埃及颁布的多项同去极端化相关的法律和条例，都有强化和拓展政府权力的强烈色彩，进而有可能侵蚀埃及宪法及国际人权条约规定的基本人权，如何平衡法制建设和保障公民权利的关系也是埃及必须正视的问题。

第31章

土耳其伊斯兰极端主义的
发展及其治理启示

    作为观念形态的宗教极端主义，必定显现为极端的政治行为。[①] 宗教极端主义本质上是对宗教信仰、宗教思想文化的一种极端、片面和有害的曲解，是具有显著政治性和暴力性的意识形态。[②] 伊斯兰极端主义是更广意义上的伊斯兰主义的一部分，受到伊斯兰复兴思潮和运动的影响，虽然它从不是主流，但却因为其显性存在而受到广泛关注。"伊斯兰极端主义是在伊斯兰原教旨主义的基础上发展起来的，是伊斯兰原教旨主义极端化的结果。"[③] 伊斯兰极端主义总是将伊斯兰教政治化，是一种打着宗教旗号的社会政治运动和意识形态，其最终目的是推翻现行秩序，建立实行伊斯兰教法统治的宗教国家，乃至建立包括整个伊斯兰世界在内的哈里发国家。伊斯兰极端主义鼓吹和宣扬"真主主权论"，企图以宗教神权代替国家主权；随意解释和颁行伊斯兰教法，推行伊斯兰化，并鼓吹开展"圣战"

---

    ① 金宜久：《宗教极端主义的基本特征》，载《中国宗教》2004年第2期，第15页。

    ② 吴云贵：《当代宗教极端主义简论》，载《世界宗教研究》2017年第2期，第1页。

    ③ ［美］约翰·埃斯波西托、达利亚·莫格海德：《谁为伊斯兰讲话：十几亿穆斯林的真实想法》，晏琼英等译，北京：中国社会科学出版社2010年版，第221页。

以实现政治目标。①

众所周知，中东是伊斯兰极端主义的发源地和重灾区，既产生了影响最为重大的伊斯兰极端主义思潮、运动和代表人物，也诞生了"基地"组织、"伊斯兰国"等极端恐怖组织的典型代表。历史上，土耳其的伊斯兰主义运动发端较早，但一直表现出相对温和的特征，经过现代土耳其共和国较为彻底的世俗化改革与长期坚守世俗化道路的洗礼之后，土耳其的伊斯兰运动一直以一种较为温和的方式逐步复兴，极端主义色彩较少。虽然也受到伊斯兰复兴运动、中东地区格局变动等外在因素的显著影响，一些极端主义思潮和组织也不时泛起，但始终影响不大。在当代中东地区伊斯兰极端主义泛滥的背景下，土耳其的伊斯兰极端主义发展及其治理实践值得深入研究。

一、土耳其伊斯兰极端主义的发展历程与主要极端组织

（一）发展历程

进入近代以来，奥斯曼帝国危机四伏，摇摇欲坠。奥斯曼帝国晚期的内外政策表现出明显的伊斯兰化倾向，苏丹更加强调自身作为全球穆斯林领袖和哈里发的地位，以维持合法性和号召力。"泛伊斯兰主义"和"泛突厥主义"（简称"双泛"）思潮一度受到奥斯曼帝国统治者的青睐和利用，导致泛伊斯兰主义思想开始上升。第一次世界大战期间，奥斯曼帝国还曾利用"圣战"思想号召伊斯兰世界打击敌对国家，甚至派出外交使团前往中亚等地进行宗教动员。帝国末期执政的青年土耳其党人也曾一度重视推行泛突厥主义政策。②奥斯曼帝国在一战中的战败和解体使这一实践遭到失败，但也为伊斯兰极端主义思潮的继续发展埋下了伏笔。

---

① 吴云贵：《试析伊斯兰极端主义形成的社会思想根源》，载《世界宗教文化》2015年第3期，第7页。

② 昝涛：《奥斯曼、伊斯兰还是土耳其？》，载《西亚非洲》2012年第1期，第130页。

现代土耳其共和国成立后，凯末尔政权实行了彻底的世俗化改革，通过废除哈里发制度，废止伊斯兰教法，解散伊斯兰法院和宗教基金部，取消宗教学校和大学内的经学院，颁布世俗化的宪法、民法和刑法，把宗教置于国家的控制之下，基本消除了伊斯兰教和乌里玛（宗教学者）群体的原有地位和影响力。

凯末尔的世俗化改革遭到了苏菲教团等宗教传统势力的抵抗和反对，苏菲教团甚至参与了1925年赛义德领导的库尔德人起义，[①] 此后还有个别苏菲教团发起要求恢复沙里亚法的抗议事件，甚至引发暴力冲突，如1930年的"麦纳麦事件"。[②] 土耳其政府随之正式取缔苏菲教团。虽然伊斯兰教的政治和社会影响力遭到前所未有的削弱，但伊斯兰教作为土耳其民众的认同基础依然存在。[③] 在这一时期，土耳其的伊斯兰主义思潮在悄悄发展，建国后逐步形成的努尔库运动引领了社会伊斯兰主义思潮；穆斯林兄弟会也逐步开启了政治伊斯兰运动。但在全面的世俗化改革和威权体制的压制下，伊斯兰主义思潮和政治伊斯兰运动均处于缓慢发展状态，社会和政治影响十分有限。

战后的政治民主化和经济现代化成为土耳其伊斯兰复兴运动的直接推动力，伊斯兰价值观逐步得到民众、政党乃至军方的广泛认同。[④] 民主化提供了宽松的政治氛围，现代化和经济结构的变化使得中下层民众影响力上升，对伊斯兰教的虔信和对西化的不满、民主的诉求等为伊斯兰主义复兴和伊斯兰极端主义的出现提供了社会基础。

20世纪50年代民主党执政后，放松了对宗教团体、宗教学校的控制，伊斯兰势力由此开始复苏，为乌里玛"平反"的呼声也日益高涨，以努尔

---

① 1925年2月，土耳其库尔德人教长赛义德领导发动起义，反对土耳其政权不承认库尔德人为少数民族、取缔库尔德民族语言等政策，曾一度控制了大片地区，但很快被土耳其政府镇压。

② 1930年，纳格什班迪教团成员麦哈迈德率人在伊兹密尔的麦纳麦广场举行游行示威，高呼恢复沙里亚法和哈里发，并残忍杀害了三人，史称"麦纳麦事件"。

③ 李意：《土耳其世俗化进程中的伊斯兰因素》，载《阿拉伯世界研究》2013年第2期，第57页。

④ 刘云：《从救国党到繁荣党看土耳其伊斯兰政治的变迁》，载《西亚非洲》1999年第4期，第23页。

科斯为代表的极端势力直接倡导恢复教法和乌里玛在国家政治中的统治地位；苏菲主义教团重新活跃起来，如蒂简尼亚（Tijaniya）教团等多次破坏凯末尔的雕像。随着宗教教育的新发展，一大批穆斯林知识分子应运而生，他们的崛起也进一步助长了伊斯兰教政治化的趋势。[1] 20世纪60年代以后，土耳其国内意识形态出现明显的极化现象，左右翼政治之间的激烈争斗催生了一系列极端恐怖组织。土耳其政治中伊斯兰主义和世俗主义的分化开始变得泾渭分明，斗争日趋激烈。[2] 70年代后期，土耳其发生了由各种左翼、极端民族主义和分离主义团体发动的恐怖主义活动，导致1976年至1980年有5000多人在数百起恐怖事件中丧生。[3] 在此背景下，社会伊斯兰运动和政治伊斯兰运动都得到极大发展，无论是"居伦运动"还是民族秩序党、救国党、繁荣党（福利党）等宗教色彩浓厚的伊斯兰主义运动和政党相继崛起，开始产生重大影响。但激进的伊斯兰极端主义在土耳其并没有太大市场，并遭到主流伊斯兰主义派别的抵制和政府的严厉打击。

伴随世俗主义与伊斯兰主义的分化与对立，伊斯兰极端主义组织渐趋活跃，部分伊斯兰极端主义势力开始从事暴力恐怖活动，但均遭到政府的强力镇压。1953年成立于约旦的"伊斯兰解放党"（Hizb ut-Tahrir，也称"伊扎布特"）从1962年起开始在土耳其活动，并建立了土耳其支部，其领导人因"试图建立伊斯兰国家"而被捕入狱。20世纪70年代勃兴的伊斯兰复兴运动对包括土耳其在内的伊斯兰世界产生了重大影响，尤其是伊斯兰主义鼓吹宗教思想政治化、宗教组织政党化、国家体制伊斯兰化，反对西方化、世俗化，对世俗主义国家政权的合法性造成严重冲击。[4] 从70年代起，激进的宗教极端主义组织更趋活跃，试图建立伊斯兰政权取代世俗民

---

[1]　冯璐璐：《近现代土耳其伊斯兰教法的世俗化改革》，载《新疆社会科学》2004年第6期，第65页。

[2]　刘云：《当代土耳其的政治伊斯兰的发展》，载《宁夏社会科学》2002年第6期，第66页。

[3]　Sabri Sayari, "Political Violence and Terrorism in Turkey, 1976–80: A Retrospective Analysis," *Terrorism and Political Violence*, Vol.22, Issue 2, 2010, p.198.

[4]　吴云贵：《试析伊斯兰极端主义形成的社会思想根源》，载《世界宗教文化》2015年第3期，第3—4页。

主政权。受1979年伊朗伊斯兰革命示范效应和伊朗"输出革命"的影响，土耳其国内的伊斯兰极端组织也跃跃欲试，企图推翻现政权，以伊朗为样板建立伊斯兰国家，并实施了一些暴力恐怖活动。土耳其政府对国内的伊斯兰极端组织进行了坚决打击，并逮捕了一些激进分子。例如，"伊斯兰解放党"在土耳其宣扬建立哈里发领导下的伊斯兰国家，但在80年代初遭到土耳其警方的打击后走向衰落。80年代土耳其开启自由化改革后，伊斯兰极端主义更趋活跃，并多次针对世俗知识分子、温和伊斯兰学者、教堂、记者、美军士兵、他国外交官发动恐怖袭击。如1985年成立的"大东方伊斯兰袭击者阵线"即是典型代表。1998年该组织领导人被土耳其政府以"企图利用暴力颠覆国家秩序罪"逮捕。至20世纪90年代，一些活跃在土耳其的伊斯兰极端组织试图以伊朗为样板建立一个实行伊斯兰教法国家。[①]

进入21世纪以来，在伊斯兰极端主义和恐怖主义泛滥的背景下，内生性和输入性的极端组织对土耳其的威胁都急剧上升。"9·11"事件及随之而来的反恐战争极大地改变了全球战略态势，作为中东与欧洲的门户，土耳其对国际恐怖组织具有很大吸引力，使其面临日益突出的外来恐怖主义威胁。[②]2003年伊拉克战争爆发后，土耳其国内恐怖袭击事件频发，当年11月，位于伊斯坦布尔的英国总领馆和汇丰银行、美国联合包裹公司大楼、犹太会堂等遭遇4起汽车炸弹恐怖袭击，共造成57人死亡，约700人受伤。"大东方伊斯兰袭击者阵线"和"基地"组织都宣称对上述恐怖袭击事件负责，而被捕的部分嫌疑人也确实曾在阿富汗接受"基地"组织的培训。土耳其也发现不少本国激进分子在巴基斯坦、埃及等国的"圣战学校"学习，并参与国际"圣战"组织在多国作战。[③]在土耳其警方的强

①　Ely Karmom, "Islamic Terrorist Activities in Turkey in the 1990s," *Terrorism and Political Violence*, Vol.10, Issue 4, 1998, p.101.

②　Lawrence E. Cline, "From Ocalan to Al Qaida: The Continuing Terrorist Threat in Turkey," *Studies in Conflict & Terrorism*, Vol.27, No.4, 2014, pp.321-322.

③　Emrullah Uslu, Jihadist Highway to Jihadist Haven: Turkey's Jihadi Policies and Western Security, *Studies in Conflict & Terrorism*, Vol.39, No.9, 2016, p.783.

力打压之下，此后数年内极端组织的活动相对平息，恐怖袭击事件大幅减少，但仍有伊斯兰极端分子活动的消息不时见诸报端。

"阿拉伯之春"爆发以来，随着在叙利亚等中东热点问题上的盲动政策受挫，土耳其遭遇的恐怖袭击威胁急剧增加，伊斯兰极端主义组织再趋活跃。土耳其一直为叙利亚反对派武装提供支持，并成为叙利亚反对派武装的后方基地，客观上纵容了伊斯兰极端势力在周边的肆虐，并不断向土耳其国内渗透。美国发布的《国别反恐报告（2014）》指出，土耳其已成为希望加入"伊斯兰国"和叙利亚、伊拉克其他恐怖组织的外国恐怖分子的来源国和过境国。[①] 在一定时期内，甚至有人称土耳其成为国际"圣战"分子流动的"高速公路"，伊斯坦布尔则是全球"圣战"网络的中心。[②] 土耳其因此也受到"伊斯兰国"等极端组织的不断渗透和严重威胁。

2015年以来，土耳其面临的恐怖袭击威胁迅速加大，并促使其进行政策调整。2015年10月安卡拉恐怖袭击事件之后，土耳其面临的暴恐袭击威胁呈现常态化趋势，安卡拉、伊斯坦布尔等大城市成为重灾区，土耳其面临的安全压力急剧增大。根据美国发布的《国别反恐报告（2015）》，当年土耳其共驱逐了来自85个国家的2337名外国恐怖分子嫌疑人。[③] 2016年，"伊斯兰国"在土耳其发动了更多大规模的恐怖袭击，造成上千人死伤，甚至发生了俄罗斯驻土耳其大使卡尔洛夫被极端分子公开枪杀的恶性事件。当年土耳其拘留了3089名与"伊斯兰国"有联系的人，其中包括1381名外国人；最终逮捕了其中的1204人，包括618名外国人。[④] 2017年以来，土耳其发生恐怖袭击事件的风险依然居高不下。据统计，2017年仅伊斯坦布尔就逮捕了1447名与"伊斯兰国"组织有关的嫌疑人，阻止了

---

① U.S. Department of State, "Country Reports on Terrorism 2014," April 2015, https://www.state.gov/j/ct/rls/crt/2014/239406.htm.

② Emrullah Uslu, "Jihadist Highway to Jihadist Haven: Turkey's Jihadi Policies and Western Security," *Studies in Conflict & Terrorism*, Vol.39, No.9, 2016, p.781-796.

③ U.S. Department of State, "Country Reports on Terrorism 2015," June 2016, https://www.state.gov/j/ct/rls/crt/2015/257516.htm.

④ U.S. Department of State, "Country Reports on Terrorism 2016," July 19, 2017, https://www.state.gov/j/ct/rls/crt/2016/272231.htm.

多起恐袭事件。① 土耳其对叙利亚政策的转变，尤其是直接出兵叙利亚北部，促使多股势力针对土耳其连续进行恐怖袭击，主要是"伊斯兰国"等国际恐怖组织和库尔德分离主义组织所为。国内安全局势的恶化以及外交政策的转变促使土耳其更加积极地参与国际反恐行动，土耳其逐步加大边境管控，开展了大规模反恐行动。土耳其政府不仅宣布叙利亚反对派武装"支持阵线"为隶属于"基地"组织的恐怖组织并对其进行制裁，封锁了连接土叙边境的部分通道，不再允许外界向"伊斯兰国"运送武器和物资，而且还直接参与对"伊斯兰国"的军事打击。随着2017年"伊斯兰国"的实体被消灭，输入性伊斯兰极端组织对土耳其的威胁总体上趋向减弱。

（二）主要的极端组织

总体来看，土耳其的伊斯兰主义思潮和组织以温和派为主流，表现为社会和政治领域的伊斯兰复兴运动与政党组织对土耳其产生了重大影响。而土耳其的伊斯兰极端主义也在伊斯兰复兴的大背景下不断发展演变，产生了形形色色的极端主义和恐怖主义组织，但一直处于边缘地位，影响力十分有限。有学者认为，土耳其存在三种不同版本的政治伊斯兰，一是凯末尔主义为适应土耳其现代化、世俗化国家而构建的官方伊斯兰教；二是在保守宗教氛围中崛起的传统政治伊斯兰和现代政治伊斯兰；三是以"真主党"为代表的伊斯兰极端主义。② 基于研究主题的需要，这里主要介绍土耳其的伊斯兰极端组织。

20世纪后半期，土耳其出现的伊斯兰极端主义派别和组织多是本土内生型的极端主义组织；21世纪以来，土耳其国内的伊斯兰极端主义日益受到国际环境和外部伊斯兰极端主义扩散的影响，外来输入型极端主义的影响日益凸显。

20世纪60年代以来，土耳其境内陆续出现了一系列具有伊斯兰极端

---

① "Nearly 1,500 ISIL Suspects Detained in Istanbul in 2017," *Hürriyet Daily News*, January 8, 2018, http://www.hurriyetdailynews.com/nearly-1-500-isil-suspects-detained-in-istanbul-in-2017-125124.

② Rainer Hermann, "Political Islam in Secular Turkey," *Islam and Christian-Muslim Relations*, Vol.14, No.3, 2003, p.268.

主义色彩的组织，主要包括"伊斯兰圣战者组织"（Islamic Jihad）、"土耳其真主党"（Turkish Hizballah）、"土耳其伊斯兰解放军"（Turkish Islamic Liberation Army）、"土耳其伊斯兰解放阵线"（Turkish Islamic Liberation Front）、"伊斯兰革命军"（Fighters of Islamic Revolution）、"土耳其伊斯兰解放同盟"（Turkish Islamic Liberation Union）、"世界沙里亚解放军"（World Sharia Liberation Army）、"伊斯兰解放党阵线"（Islamic Liberation Party Front）、"土耳其全球伊斯兰解放军"（Turkish Fighters of Universal Islamic War of Liberation）、"土耳其伊斯兰军"（Turkish Islamic Fighters Army）、"土耳其沙里亚复仇突击队"（Turkish Sharia Revenge Commandos）、"大东方伊斯兰袭击者阵线"（Great Eastern Islamic Raiders' Front, IBDA-C）、"安纳托利亚联合伊斯兰国家"（Anatolia Federative Islamic State/AFIS, Union of Islamic Communities or Hilafet Devleti）、"伊斯兰解放党"（the Islamic Liberation Party）土耳其分支、"哈里发国"（Hilafet Devleti）、"基地"组织土耳其分支（El Kaide Terör Örgütü Türkiye Yapılanması）[1] 以及"伊斯兰国"（ISIS）组织等。

　　有统计称，在1970年至2010年的40年间，土耳其约4万人死于恐怖主义袭击，造成的损失超过1000亿美元。[2] 受到反对民族分裂主义和国内政治斗争的影响，土耳其政府对恐怖组织的定义比较宽泛。土耳其认定的极端恐怖组织主要包括"土耳其真主党"、"大东方伊斯兰袭击者阵线"、"安纳托利亚联合伊斯兰国家"、"革命人民解放军/阵线"（DHKP/C）、"伊斯兰国"组织、库尔德工人党（PKK）、居伦组织（FETO）等。土耳其政府对所认定的恐怖组织并没有进行明确的区分，实际上包括伊斯兰极端主义组织、左派极端组织、库尔德分裂主义组织等多种类型。

　　"大东方伊斯兰袭击者阵线"是土耳其最典型的伊斯兰极端组织之一，被土耳其、美国、欧盟等列入恐怖组织名单，其宣称的目标是要在亚非欧

---

　　① 李艳枝：《土耳其伊斯兰极端组织概述》，载《国际研究参考》2009年第7期，第13页。

　　② Jülide Yildirim & Nadir Öcal, "Analysing the Determinants of Terrorism in Turkey Using Geographically Weighted Regression," *Defence and Peace Economics*, Vol.24, No.3, 2013, p.198.

三大洲建立伊斯兰国家，在中东重建哈里发制度，以推翻土耳其世俗政权为目标，希望自土耳其开始在全世界推行伊斯兰教法，取代现有的世俗国家制度和宪法。该组织在土耳其境内一直较为活跃，并与"基地"组织保持联系，也倾向于支持"伊斯兰国"。

"土耳其真主党"成立于1980年，是土耳其国内土生土长的极端组织，与中东其他国家的真主党并无实质性关联。它一度借助与政府合作反对库尔德人而大肆发展自身势力，发展成为一个"圣战"恐怖组织，利用清真寺传播极端思想、发展成员甚至储存武器，出版非法宗教书籍，并实施了大量犯罪和暴力活动。20世纪90年代后期到21世纪初，土耳其警方和军方开始严厉打击"真主党"，逮捕了数千名"真主党"成员及其同情者，缴获了大量武器弹药，并在2000年1月击毙了"真主党"领导人侯赛因·韦利奥卢（Huseyin Velioglu），此后"真主党"逐步走向衰落。

"安纳托利亚联合伊斯兰国家"也被称为"伊斯兰社团联盟""卡普兰社团"，是一个总部位于德国的伊斯兰极端组织，其创始人卡普兰（Cemaleddin Kaplan）深受伊朗伊斯兰革命的影响，在20世纪80年代初前往德国，宣传"用基于伊斯兰法的国家取代土耳其世俗民主国家"，企图效仿霍梅尼在国外传教最终达到在土耳其建立"伊斯兰国家"的目的。在创立多个组织之后，卡普兰于1992年宣布建立"安纳托利亚伊斯兰联合国家"，并自称哈里发，同时发布了一系列包含伊斯兰极端主义思想的"宗教法令"，但影响力不大。1995年卡普兰去世后，该组织因领导人继任问题陷入分裂，并与"基地"组织建立了一定联系，后在德国和土耳其的打击下陷入衰落。

国外输入型伊斯兰极端组织的典型代表是"伊斯兰国"。外界多指责土耳其支持和纵容"伊斯兰国"，但"伊斯兰国"的渗透和扩张尤其是发动恐怖袭击也使土耳其反受其害。在经过一定时期的模糊政策后，2014年土耳其正式把"伊斯兰国"定性为恐怖组织，并加入了美国领导的反恐战争。

除上述伊斯兰极端主义组织之外，土耳其境内也存在其他一些被政府认定为恐怖组织的极端组织，多为左派运动组织或库尔德人分离组织，以及少数伊斯兰极端组织。如库尔德工人党及其与之关系密切的"库尔德自由之鹰"（TAK）等。

二、土耳其伊斯兰极端主义的特点

从历史和现实来看，土耳其民族国家构建过程中的缺陷、经济社会发展的不足和不平衡、固有的民族教派因素和长期存在的教俗对立、外部环境尤其是周边地区伊斯兰极端主义的渗透和影响等因素构成了土耳其伊斯兰极端主义产生和发展的土壤。与此同时，受独特的现代民族国家与宪政体制、教俗关系的巨大张力、主流伊斯兰主义的温和化与现代性取向等诸多内在因素的制约，土耳其的伊斯兰极端主义始终影响力有限。

第一，土耳其的伊斯兰极端主义受到国内世俗与宗教之间巨大张力的影响和制约。在土耳其，深厚的伊斯兰传统与彻底的世俗化改革之间始终存在巨大的张力，并在冲突与协调中不断向前发展。尽管长期的世俗化改变了土耳其的方方面面，但伊斯兰教始终具有超强的韧性，而伊斯兰复兴广泛而深刻地影响了土耳其的政治进程。[①] 世俗化的长期压制既刺激和推动了伊斯兰主义的不断反弹与持续复兴，但也在不断的斗争中限制和规范了伊斯兰主义的发展方向，可以说土耳其伊斯兰极端主义的能量有限也是这一教俗关系格局的产物。21世纪以来，正义与发展党代表的土耳其温和伊斯兰主义势力崛起并长期执政部分消解了这一矛盾，但教俗矛盾并没有得到彻底解决，社会和民意的分裂依然十分严重，这一矛盾仍是影响土耳其伊斯兰主义和伊斯兰极端主义发展态势的重要变量。

第二，伊斯兰复兴运动的冲击是土耳其伊斯兰极端主义兴起的背景，但土耳其现代主义的主流价值取向制约了极端主义的生存空间和影响力。20世纪70年代伊斯兰复兴运动的高涨对土耳其产生了直接影响，伊朗也

[①] Soon-Yong Pak, "Cultural Politics and Vocational Religious Education: The Case of Turkey," *Comparative Education*, Vol.40, No.3, 2004, p.321.

一度将"输出革命"的矛头指向邻国土耳其，导致土耳其伊斯兰极端组织更趋活跃。80年代土耳其出现多个宣称支持伊斯兰革命的极端主义组织。伊斯兰复兴运动可以分为传统主义和现代主义两种基本类型，相对于传统主义注重宗教、排斥外来文化的价值取向，现代主义更为务实和开放，强调宗教应与外部环境变化相适应，对外来文化积极加以融合利用。[①] 以此观之，当代土耳其的伊斯兰主义和伊斯兰复兴运动更多地表现出现代主义的价值取向，从救国党、繁荣党到正义与发展党为代表的伊斯兰主义政党，都持明显的开放、包容、温和态度，积极吸收利用现代西方科学知识、政治制度和文化，更多地从现代西方科学知识和制度中寻求发展动力，而不是盲目复古和回归传统，也不谋求推翻现行民族国家体制，因而具有明显的现代主义特征。土耳其主流伊斯兰复兴运动的现代主义价值取向在很大程度上制约了伊斯兰极端主义思潮和组织的发展和蔓延，使后者无法在土耳其获得更大市场和影响力。

第三，土耳其伊斯兰极端主义的发展具有明显的内生性特点。土耳其伊斯兰主义的发展具有深厚的历史和文化基础，而土耳其激进的世俗主义和快速的现代化进程也刺激了伊斯兰主义以及极端主义的发展，使其具有明显的内生性特点。如前所述，土耳其的主要伊斯兰极端组织"真主党""安纳托利亚联合伊斯兰国家""大东方伊斯兰袭击者阵线"等均为土耳其内部自生，虽然"安纳托利亚联合伊斯兰国家"由土耳其人成立于德国，但其目标主要还是着眼于土耳其国内。在20世纪80年代之前，只有"伊斯兰解放党"等极少数伊斯兰极端组织来源于国外。[②] 21世纪以后，"基地"组织也尝试在土耳其设立分支组织，但总体来看影响力较为有限。"伊斯兰国"的外籍圣战分子虽经土耳其进入叙利亚和伊拉克，"伊斯兰国"也在土耳其制造了不少恐怖袭击事件，但其意识形态和组织发展在土耳其并未获得足够的根基。

---

① 吴云贵:《近代伊斯兰运动》，北京：中国社会科学出版社1994年版，第2页。

② "伊斯兰解放党"1953年成立于约旦，1962年以后开始在土耳其活动，20世纪80年代后趋于衰落。参见李艳枝:《土耳其伊斯兰极端组织概述》，第13页。

第四，土耳其的伊斯兰极端主义受到土耳其内外政策与国际形势变化的影响，近年来国际输入性的极端主义影响不断上升。二战后，国际和地区形势的变化为土耳其的伊斯兰复兴提供了有利的外部环境。[①] 由于伊斯兰主义和伊斯兰极端主义一般表现出对世俗化、西方化的反感和敌视，世俗国家执行的相关内外政策往往成为其攻击的对象。一方面，土耳其长期彻底的世俗化和亲西方政策构成了刺激伊斯兰极端主义发展的重要国内因素。另一方面，中东地区和国际形势的变化也为土耳其伊斯兰极端主义的发展提供了有利的外部环境。21世纪以来，特别是"阿拉伯之春"爆发后，土耳其内外政策和地区形势都发生了重大变化，"基地"组织和"伊斯兰国"等外部输入性极端组织的影响变得更加突出，对土耳其的国内安全形势造成了重大影响。

三、土耳其治理伊斯兰极端主义的启示

在当代土耳其的伊斯兰复兴运动中，伊斯兰极端组织虽有一定数量，但始终没有形成全国性的影响和气候。土耳其世俗化、现代化较为成功使得主流民众并不接受极端思想和组织，加之政府的控制力较强，对宗教极端势力持续进行打压，使伊斯兰极端主义及其组织在土耳其的影响力比较有限，很多极端组织在政府的打击下已趋于衰亡。

第一，较为彻底和成功的世俗化改革既能遏制伊斯兰极端主义的发展蔓延，也可能为伊斯兰极端主义的发展提供土壤和动力，如何把握世俗化和伊斯兰教关系的平衡对于抑制伊斯兰极端主义至关重要。

世俗化改革的相对成功推动了土耳其伊斯兰教的现代化和温和化发展，"土耳其在伊斯兰教与现代性及民主的调和方面取得了重大进展"。[②]

---

① 黄维民:《伊斯兰教与土耳其社会》，载《西北大学学报(哲学社会科学版)》1997年第4期，第25页。

② Metin Heper, "The Victory of the Justice and Development Party in Turkey," *Mediterranean Politics*, Vol.8, No.1, 2003, p.133.

现代土耳其较为彻底和成功的世俗化改革将政教合一的奥斯曼帝国转化为一个现代化、世俗化的共和国，将伊斯兰教主要限定在个人思想和生活领域，在很大程度上消除了宗教对国家政治、经济、文化和社会的消极影响，伊斯兰教的现代化也降低了宗教激进化的可能。融入西方、加入欧盟的进程也使外部规范对土耳其的发展发挥了显著作用，包括坚持宗教宽容与文化多元政策。但是无论选择怎样的具体路径，改革始终坚持世俗化的方向，这就消解了宗教极端主义兴风作浪的社会根基。[①] 随着二战后土耳其政治经济改革的推进和社会结构的变化，伊斯兰主义力量获得了日益广泛的社会支持，伊斯兰复兴的出现也就不可避免，伊斯兰价值得到民众、政党乃至政府的认同。但是，长期居于主导地位的世俗主义、民族主义和现代主义理念与力量对伊斯兰主义的发展始终具有强大的制约作用，如世俗主义的代表军方多次发动军事政变，极大地遏制了伊斯兰主义以及伊斯兰极端主义的发展。正是由于长期受到居于主导地位的世俗主义的抑制，土耳其的伊斯兰主义力量在与世俗力量的博弈中逐步找到了生存之道，其主流始终没有走向极端化，而是走出了一条温和化的伊斯兰主义发展道路，这就使得伊斯兰极端主义始终无法获得巨大的发展空间和社会影响。民主制度与世俗主义在土耳其紧密联系，巩固民主既有利于坚持世俗主义，也有利于确保政治伊斯兰长期保持温和化。[②] 甚至有学者认为，以正发党为代表的土耳其政治伊斯兰的转变产生了另一种自由主义版本的世俗主义。[③]

第二，国家在世俗体制框架下为伊斯兰主义运动和政治组织留出一定发展空间，逐步将温和伊斯兰主义政党纳入现行政治架构，扩大政治参与甚或允许温和伊斯兰政党组阁执政，也有助于防止伊斯兰主义走向极端和激进。

---

① 刘海涛：《土耳其是如何消解宗教极端主义的》，载《中国民族报》2014年4月29日，第8版。

② Murat Somer, "Moderate Islam and Secularist Opposition in Turkey: implications for the world, Muslims and secular democracy," *Third World Quarterly*, Vol.28, Issue 7, 2007, p.1271.

③ Ioannis N. Grigoriadis, "Islam and Democratization in Turkey: Secularism and Trust in a Divided Society," *Democratization*, Vol.16, Issue 6, 2009, p.1194.

从20世纪后期实行多党制以来，土耳其的民主化和世俗化一度陷入了两难处境，民主化越发展，国内的伊斯兰倾向就越明显，从而导致军队多次干政；但军方干政和世俗主义力量的压制并不能消除具有深厚社会根基的伊斯兰主义力量，而土耳其多元主义和民主化的不断发展却日益成为吸纳伊斯兰主义力量进行政治参与、限制伊斯兰主义走向极端化的体制和机制。随着伊斯兰主义的复兴和政治力量的崛起，土耳其逐步形成了世俗主义势力和伊斯兰主义势力的分野与对抗，双方在不断对抗、博弈中寻求妥协。面对强劲的伊斯兰复兴势头，世俗党派和军方有意地利用和引导伊斯兰主义力量的发展，使土耳其的伊斯兰复兴具有一定的官方色彩，最终成功将伊斯兰主义纳入世俗民主的政治框架之内，避免了社会矛盾更加激化。土耳其因此成为战后中东伊斯兰复兴浪潮中唯一保持世俗制度和政局稳定的伊斯兰国家，形成了独特的土耳其模式。[①] 土耳其的伊斯兰主义政党在世俗主义势力的压力下被迫在许多方面与世俗主义妥协，但如果彻底将伊斯兰主义政党排斥在土耳其的政治中心之外，无疑会导致伊斯兰政治向更加激进的方向发展。[②] 20世纪70年代由埃尔巴坎创立的"民族观念运动"（NOM）的发展演变就生动地说明了伊斯兰主义在土耳其的发展及其调适历程。伊斯兰政党经历了与世俗力量的长期博弈及多次失败，最终开始转变策略，从与世俗力量及西方的对立转向融合与对话，运用西方现代政治理念构建伊斯兰认同。21世纪以来的实践证明，仅仅依靠"伊斯兰主义"的旗号已经逐渐失去昔日的政治和意识形态吸引力，而持保守民主立场的正义与发展党则通过温和化道路赢得了大多数民众的支持。[③]

第三，近年来土耳其防范恐怖主义和极端主义的措施不断加强，在宗教、执法、教育、国际合作等环节建立了一个较为全面的预防和遏制伊

---

① 敏敬：《转型时期的政治与宗教：土耳其—伊斯兰合一论及其影响》，载《北方民族大学学报》2014年第1期，第128页。

② 刘云：《从救国党到繁荣党看土耳其伊斯兰政治的变迁》，载《西亚非洲》1999年第4期，第26页。

③ 杨晨：《伊斯兰认同的历史演进——土耳其"民族观念运动"反思》，载《世界宗教文化》2015年第1期，第54—60页。

斯兰极端主义的治理框架，这对于遏制外来输入型极端主义的渗透十分重要。

现代土耳其共和国建立以来，虽然将宗教排除在国家政治、教育等公共事务之外，废除了伊斯兰法院和宗教基金部等相关部门，但却建立了官方的宗教指导机构——宗教事务部（Diyanet）。土耳其所有逊尼派伊玛目都是宗教事务部的雇员，推动官方认可的宗教、民族与公民身份的构建，"发挥了确保宗教世俗化的功能，使之服从于国家利益"的作用，[1] 并提倡宗教间对话，致力于通过宣传温和、包容的伊斯兰教来压缩和瓦解暴力极端主义的生存空间。随着温和伊斯兰主义的崛起特别是正义与发展党的长期执政，宗教事务部的地位和影响得到加强，职权和行动范围大大扩展，与执政党的政策议程更为一致。[2] 在近年来面对国内极端主义上升的背景下，其在宣传温和伊斯兰主义、遏制极端化进程中发挥着突出作用。例如，2016年10月17日，宗教事务部发布了一份题为《宗教剥削和恐怖组织"伊斯兰国"》的报告，探讨了暴力极端主义的原因，用神学概念和宗教教义驳斥"伊斯兰国"的意识形态，并提出了打击暴力极端主义的建议。[3]

此外，世俗的土耳其共和国并没有完全切断伊斯兰宗教教育，虽然保守派与世俗派对之一直存在争议，但由国家集中控制、传统宗教教育和现代世俗教育相结合的伊玛目—哈蒂普学校（Imam-Hatip School）等教育机构始终存在，既延续伊斯兰传统，也接受现代世俗教育，并主动抵制极端主义。"9·11"事件后，美国开始将伊斯兰国家的宗教教育与国际安全联系起来，土耳其的这一教育模式因其突出特点与成效受到全球广泛关注，美国认为这为伊斯兰国家的宗教学校（Madrasa）提供了替代模式。[4] 当然，

---

① Ihsan Yilmaz & James Barry, "Instrumentalizing Islam in a 'Secular' State: Turkey's Diyanet and Interfaith Dialogue," *Journal of Balkan and Near Eastern Studies,* 2018, p.2.

② Ahmet Erdi Öztürk, "Turkey's Diyanet under AKP Rule: from Protector to Imposer of State Ideology?" *Southeast European and Black Sea Studies*, Vol.16, No.4, 2016, pp.619-620.

③ U.S. Department of State, "Country Reports on Terrorism 2016," July 19, 2017, https://www.state.gov/j/ct/rls/crt/2016/272231.htm.

④ İbrahimAşlamacı & Recep Kaymakcan, "A Model for Islamic Education from Turkey: The Imam-Hatip Schools," *British Journal of Religious Education*, Vol.39, No.3, 2017, pp.279-280.

近年来正义与发展党政府增加宗教学校数量和宗教教育内容的举动也引发了巨大争议。

此外，近年来土耳其加强了对边境的控制，制定和实施"禁止入境名单"，设立"风险分析科"，致力于在国内查处可疑的外国恐怖分子，加强对外国流入或过境极端分子的拦截，在国内加强了对爆炸物及其制作材料、枪支的管制。土耳其国家警察部门联合社区、宗教和司法部门通过实施针对弱势群体的社区外联方案，做好及时全过程干预，在防范暴力极端主义传播渗透和去极端化方面发挥了重要作用。土耳其也十分重视国际反恐合作，与七十多个国家签署了安全合作协议，提升反恐情报合作。在2002年—2012年间，土耳其国家警察部门有计划地向美欧派遣了一千余人接受培训，也培训了五千余名邻国执法人员。[1] 土耳其与美国主要开展两项相关合作：一是"解决激进化到暴力的生命周期倡议"，旨在对激进化到暴力极端主义的整个周期进行全程防控，包括预防、干预、康复直至重返社会；二是在反恐背景下保护软目标，旨在提高认识，查明需求，并利用经验更好地保护民用基础设施。[2] 由此，土耳其逐步形成了一个较为全面的预防和遏制伊斯兰极端主义的治理框架，有助于遏制外来输入型极端主义的渗透。

---

① Emrullah Uslu, "Jihadist Highway to Jihadist Haven: Turkey's Jihadi Policies and Western Security," *Studies in Conflict & Terrorism*, Vol.39, No.9, 2016, pp.783-784.

② U.S. Department of State, "Country Reports on Terrorism 2016," July 19, 2017, https://www.state.gov/j/ct/rls/crt/2016/272231.htm.

第32章
突尼斯伊斯兰极端组织的
"定叛"主义运动探析

在现代阿拉伯世界，北非小国突尼斯因世俗化传统较深、妇女地位和公民受教育程度高、中产阶级群体庞大，被亨廷顿视为较有希望加入"第三波民主化浪潮"的阿拉伯国家。[①] 突尼斯作为"阿拉伯之春"的发源地，在转型阿拉伯国家中率先实现了政权平稳过渡，走上了民主化正轨。

在突尼斯政治转型期间，"定叛"主义运动在当地骤然兴起，致使该国成为极端组织"伊斯兰国"的头号兵源国。据估计，2015年前后约有7000名突尼斯人前往伊拉克和叙利亚参加"圣战"，其中至少有625人已"回流"至突尼斯本土；[②] 另有1.5万名突尼斯人因被政府认为具有参加"圣

---

① Samuel P.Huntington, *The Third Wave: Democratization in the Late Twentieth Century*, Norman and London: University of Oklahoma Press, 1991, p.314.

② "Daesh Terrorists Strike Tunisia from Libya," *Saudi Gazette*, May 9, 2016; The Soufan Group, "Foreign Fighters: An Updated Assessment of the Flow of Foreign Fighters into Syria and Iraq," December, 2015, http://soufangroup.com/wp-content/uploads/2015/12/TSG_ForeignFightersUpdate1.pdf, 登录时间：2016年9月1日；Haim Malka and Margo Balboni, "Tunisian Fighters in History and Today," *CSIS*, June 2016, http://foreignfighters.csis.org/tunisia/tunisian-fighters-in-history.html，登录时间：2016年9月1日。

战"的嫌疑而被禁止出境。[①] 与此同时，突尼斯最大的"定叛"组织——"伊斯兰教法支持者"（Ansar al-Sharia）组织的成员规模已超过7万人。[②]

"定叛"主义是"圣战"萨拉菲主义的一个支系，要了解突尼斯"定叛"主义的源流，首先需要理解萨拉菲主义。"萨拉菲"（salaf）系阿拉伯语的中文音译词，原指先人、先贤。作为一种仿效先贤的个人修行方式，萨拉菲思潮出现于公元8世纪。现代萨拉菲主义兴起于20世纪20年代，[③]部分保守的逊尼派穆斯林团体认为应当信奉未经更改的伊斯兰教原初教义，遵循先知穆罕默德及其前三代弟子（圣门弟子、再传弟子、三传弟子）的圣行。[④] 在当今阿拉伯世界，萨拉菲主义大致分为传统萨拉菲主义、政治萨拉菲主义与"圣战"萨拉菲主义三个流派。[⑤] 总体上，三个派别都倡导严格遵守伊斯兰教法规定的生活方式，反对诸如苏菲派等"偏离伊斯兰教"的现象、当代艺术展等无神论文化符号、大使馆等"西方统治的代理机构"、工会等世俗政治势力，以及贩卖酒精等"不道德行为"。[⑥] 各派萨拉菲主义的主要区别在于路径与策略不同。传统萨拉菲主义强调个人修行，反对政治参与，尤其反对政治抗争活动，即便政府有专制或不公正行为，民众也应当顺从政府，[⑦] 因为游行、抗议乃至战争只能带来更大的灾难；政治萨拉菲主义主张通过政治参与来实现回归经训的目标；"圣战"萨拉菲主义则"将'圣战'观念融入萨拉菲主义思潮"。[⑧] 不同组织对"圣战"的理解不一。部分宗教慈善组织或宣教组织的成员有时也自称"圣战

① Yaroslav Trofimov, "How Tunisia Became a Top Source of ISIS Recruits," *The Wall Street Journal*, February 25, 2016.

② "The Salafist Struggle," *Economist*, January 1, 2014.

③ 包澄章：《中东剧变以来的萨拉菲主义》，载《阿拉伯世界研究》2013年第6期，第110页。

④ International Crisis Group, "Tentative Jihad: Syrian Fundamentalist Opposition," *Middle East Report*, No.131, 2012, p.5.

⑤ Laura Guazzone, "Ennahda Islamists and the Test of Government in Tunisia," *The International Spectator: Italian Journal of International Affairs*, Vol.48, No.4, 2013, p.34.

⑥ Ibid.

⑦ Mehdi Mabrouk, "Tunisia: The Radicalisation of Religious Policy," in George Joffé, ed., *Islamist Radicalisation in North Africa: Politics and Process*, London and New York: Routledge, 2012, p.63.

⑧ 包澄章：《中东剧变以来的萨拉菲主义》，第112页。

主义者"；而伊斯兰极端组织往往将"圣战"等同于暴力，主张通过暴力方式推翻执政的政权等。

随着"基地"组织、"伊斯兰国"组织的兴起，"定叛"主义引起了学界的广泛关注。[①] 在伊斯兰历史上，不信奉伊斯兰教的人被称为"卡菲尔"（kafir），"背叛"伊斯兰教的穆斯林被称为"库夫尔"（kufr），即"不信"。在伊斯兰极端组织看来，后者主要包括三类人群：（1）违背伊斯兰教法（sharia）的统治者；（2）与外族特别是西方势力勾结、危害伊斯兰国家的穆斯林政客或军人；（3）没有正确履行伊斯兰义务的穆斯林平民。伊斯兰教本没有所谓的"宗教裁判"，但极端组织常自视为"宗教裁判者"，随意裁定他人具有"叛教"行为，即"定叛"（takfir）。他们强调"虔诚的穆斯林"应当与一切具有"叛教"行为的人断绝来往（mufasalah），并且主张通过"定叛"净化世界，对非穆斯林和"不虔诚的穆斯林"实行肉体消灭。因此，与一般的"圣战"萨拉菲主义不同，"定叛"主义者不仅针对执政的政权进行暴力活动，更强调对非穆斯林和所谓的"叛教者"实施惩罚，惩罚方式包括爆炸袭击、斩首、屠杀等激进暴力手段。

学界与政界对"定叛"主义存在两种看法：一种观点认为，贫富差距、失业、住房短缺等经济社会因素是促使人们激进化与极端化的主因，也是滋生"定叛"主义的重要土壤；[②] 另一种观点则认为，"定叛"主义作为一种宗教意识形态，与参与者的宗教认知密不可分。然而，上述两种看法都不够客观全面。近年来，突尼斯巴尔杜博物馆枪击案、苏塞血案等恐袭事件表明，凶手大多来自中产家庭，早年不仅抽烟、喝酒，还喜欢穿西装和

① Edmund Ratka and Marie-Christine Roux, "Jihad Instead of Democracy: Tunisia's Marginalised Youth and Islamist Terrorism," *The Globalisation of Terrorism*, Vol.1, 2016, p.81; Hassan Mneimneh, "Takfirism," *Critical Threats*, October 1, 2009, http://www.criticalthreats.org/al-qaeda/basics/takfirism, 登录时间：2016年9月1日。

② Michael Mousseau, "Urban Poverty and Support for Islamist Terror: Survey Results of Muslims in Fourteen Countries," *Journal of Peace Research,* Vol.48, No.1, 2011, pp.35-47; Daniel Egiegba Agbiboa, "Why Boko Haram Exists: The Relative Deprivation Perspective," *African Conflict and Peacebuilding Review*, Vol.3, No.1, 2013, pp.144-157.

参加派对。^①因此，需要借助新的理论框架来解释中东剧变后"定叛"运动在整个中东地区兴起的现象。

在后"阿拉伯之春"时代伊斯兰极端主义在中东地区泛滥的背景下，考察"定叛"主义在突尼斯的兴起历程，既有一般性的理论意义，也有助于理解突尼斯等中东伊斯兰国家面临的安全困境。笔者试图引入社会学中政治过程的理论范式，通过对突尼斯个案的实证分析，为中东剧变后"定叛"主义运动在突尼斯兴起的背景、成因、影响等提供更加有说服力的理论解释。需要指出的是，笔者采用的理论框架并不限于对突尼斯和"定叛"主义运动的个案研究。作为一种社会学分析范式，政治过程理论的分析框架也适用于中东国家的政治萨拉菲主义运动、传统萨拉菲主义运动、伊斯兰主义运动、左翼运动、极右翼运动等社会与政治运动。

一、政治过程理论

政治过程理论（Political Process Theory）是西方研究社会运动的经典理论之一。该理论最初是作为怨恨理论（Grievance Theory）和资源动员理论（Resource Mobilization Theory）的补充而提出的。19世纪后期至20世纪中叶，受结构功能主义理论的影响，社会学家普遍将社会运动看作社会失序与社会群体心理失衡的结果，^②但这种理论框架假定社会运动是

①　"Special Report: The Middle-Class Islamists Behind Tunisia's Museum Attack," *Reuters*, May 17, 2015, http://www.reuters.com/article/us-tunisia-attack-gunmen-specialreport-idUSKBN0O205F20150517; Kaouther Larbi, "Tunis Gunman 'Loved Life' Says Brother," *The Sydney Morning Herald*, March 22, 2015, http://www.smh.com.au/world/tunis-gunman-loved-life-says-brother-20150321-1m4qyw.html; Robert Mendick, "Footage Discovered Showing Tunisia Beach Attack Gunman Seifeddine Rezgui Breakdancing at Family Wedding," *The Telegraph*, June 26, 2016, 登录时间：2016年10月11日。

②　Robert K. Merton, Leonard Broom and Leonard S. Cottrell, eds., *Sociology Today: Problems and Prospects*, New York: Basic Books, 1959, pp.429-441; Gerhard Lenski, "Status Crystallization: A Non-Vertical Dimension of Social Status," *American Sociological Review*, No.19, 1954, pp.405-413.

非理性、无组织的行为，无法解释为何某些机能运行正常的社会仍会发生抗争运动。①20世纪70年代，资源动员理论兴起。尽管这一模型承认抗争者的理性，强调内生组织对于资金、人力、技术等资源的动员能力，将社会运动"正名为政治运动而非心理运动"，②但其不足之处在于重精英而轻大众，仅能解释"精英主导的变革"，而无法解释"被排斥群体领导的变革"。③

为弥补上述两种理论的缺陷，麦克亚当（Doug McAdam）、麦卡锡（John D. McCarthy）、塔罗（Sidney Tarrow）等社会学家提出并不断完善了政治过程理论。总体上，政治过程模型强调将社会运动视为一个多方参与的中长期过程，政治机会（political opportunities）、组织能力（organizational strength）、框架化过程（framing process）是政治过程模型的三个基本要素。

政治机会即"能够促进或阻碍集体行为的政治与制度机会"，④其内涵包括国家压制程度（level of repression）、体制开放性（political openness）、政治精英同盟存在与否（presence or absence of elite allies）等。⑤一般来说，当国家压制程度下降、体制开放性增加、政治精英分裂、国家政策执行力减弱时，抗争与运动爆发的可能性更大，反之则会遏制社会运动。不过，"一个有利的政治环境仅仅能够赋予心理失衡群体抗争的机会"，⑥至于心理失衡群体能否抓住机会，形成有组织有规模的社会抗

① Graeme Chesters and Ian Welsh, *Social Movements: The Key Concepts*, London: Routledge, 2011, p.7.

② Doug McAdam, *Political Process and the Development of Black Insurgency, 1930–1970*, Chicago: University of Chicago Press, 1999, p.22.

③ Ibid., p.24.

④ Graeme Chesters and Ian Welsh, *Social Movements: The Key Concepts*, p.136.

⑤ Doug McAdam, John D. McCarthy and Mayer N. Zald, eds., *Comparative Perspectives on Social Movements*, New York: Cambridge University Press, 1996; Dell Porta, Donatella and Mario Diani, *Social Movements: An Introduction*, Cambridge: Blackwell, 1999; Gay W. Seidman, *Manufacturing Militance: Workers' Movements in Brazil and South Africa, 1970-1985*, Berkeley: University of California Press, 1994.

⑥ Doug McAdam, *Political Process and the Development of Black Insurgency, 1930-1970*, p.43.

争行动，则取决于运动组织者的内生资源。具体来说，一个内生组织的强度取决于组织内部结构、人员招募方式、组织关系网络、组织凝聚力等因素。

所谓框架化，主要研究内生组织如何通过话语宣传赋予集体行为以合法性，并鼓励与说服社会群体参与社会运动。[①] 斯诺（David A. Snow）与本弗德（Robert Benford）指出，衡量框架化成功与否的标志在于内生组织能否通过话语宣传引起广泛共鸣。经验表明，表达某群体的共同关切与集体身份认同，或强调某社会群体的文化符号、语言与宗教，常常能够使框架化过程更为有效。[②]

政治过程模型的三个要素之间并非孤立存在，而是相互关联，且在不同时间点，三者扮演的角色也不尽相同。在社会运动萌发的初期阶段，政治机会构成关键性因素，决定着组织和框架化的方式选择与活动范围（如图1所示）。当有利的政治机会出现，抗争运动产生之后，社会运动进入扩张阶段，此时内生组织的作用上升，强有力的内生组织甚至可以利用其自身资源与框架化技巧塑造新的政治机会，进而影响社会运动的走势。在社会运动的整个过程中，框架化贯穿始终，促进内生组织利用有利政治机会完成社会动员。[③]

下文以突尼斯作为案例，阐释政治机会、组织能力与框架化过程三个变量如何影响后革命时代突尼斯"定叛"主义运动的兴起与发展轨迹。突

---

① Doug McAdam, John D. McCarthy, and Mayer N. Zald, eds., *Comparative Perspectives on Social Movements*; Aldon D. Morris and Carol McClurg Mueller, eds., *Frontiers in Social Movement Theory*, New Haven: Yale University Press, 1992.

② David A. Snow and Robert Benford, "Ideology, Frame Resonance, and Participant Mobilization," in Bert Klandermans, Hanspeter Kriesi and Sidney Tarrow, eds., *From Structure to Action: Comparing Movement Participation across Cultures, International Social Movement Research, Vol.1*, Grenwich: JAI Press, 1988, pp.197-218.

③ Banu Eligür, *The Mobilization of Political Islam in Turkey*, Cambridge: Cambridge University Press, 2010, pp.1-36; Doug McAdam, "'Initiator' and 'Spin-off' Movements: Diffusion Processes in Protest Cycles," in Mark Traugott, ed., *Repertoires and Cycles of Collective Action*, Durham: Duke University Press, 1995, pp.220-222.

图1 政治过程变量之间的关系

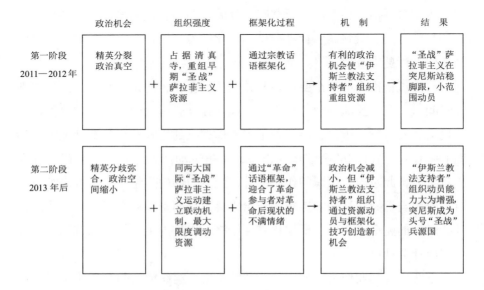

	政治机会	组织强度	框架化过程	机 制	结 果
第一阶段 2011—2012年	精英分裂政治真空	占据清真寺，重组早期"圣战"萨拉菲主义资源	通过宗教话语框架化	有利的政治机会使"伊斯兰教法支持者"组织重组资源	"圣战"萨拉菲主义在突尼斯站稳脚跟，小范围动员
第二阶段 2013年后	精英分歧弥合，政治空间缩小	同两大国际"圣战"萨拉菲主义运动建立联动机制，最大限度调动资源	通过"革命"话语框架，迎合了革命参与者对革命后现状的不满情绪	政治机会减小，但"伊斯兰教法支持者"组织通过资源动员与框架化技巧创造新机会	"伊斯兰教法支持者"组织动员能力大为增强，突尼斯成为头号"圣战"兵源国

图2 2011年以来突尼斯"定叛"主义运动的动员过程

尼斯"定叛"主义运动的兴起过程经历了两个阶段（如图2所示）。第一阶段为2011年至2012年，本·阿里政权倒台后突尼斯出现了政治权力真空，新旧精英展开了激烈的权力斗争，相对封闭的政治环境骤然开放，原本被监禁与流放海外的突尼斯"定叛"分子重获自由与活动空间，开始组建"伊斯兰教法支持者"等"定叛"组织，其通过占据清真寺、创立媒体机构、开设社交媒体账号以及借助宗教话语吸引了相当数量的支持者，逐渐扎根于突尼斯社会。第二阶段为2013年以后，尽管突尼斯政治精英的分歧逐渐弥合、国家对极端组织的监管力度增强导致伊斯兰极端组织的政治活动空间缩小，但"伊斯兰教法支持者"组织通过与"伊斯兰国"组织和"基地"组织两大国际"定叛"组织建立内外联动网络,增强了自身的组织能力。同时,该组织以"真正的革命者"自居,通过框架化革命话语的方式引发激进革命青年的共鸣,实现了"定叛"主义运动的扩张。

二、突尼斯"定叛"主义的历史源流

突尼斯的萨拉菲主义运动兴起于20世纪80年代。当时,民间宗教组织"伊斯兰组织"(Al-Jamaa al-Islamiyya)①内部发生分裂。该组织的主流成员主张根据所处时代理解教义,通过组建政党与竞选的方式取得政权,实现国家的"伊斯兰化",但遭到少数派的反对;少数派则强调坚守原初教义,认为建立政党参政的时机尚不成熟。在穆罕默德·库贾(Mohammad Khoujia)、穆罕默德·阿里·胡拉斯(Mohammad Ali Hurath)等人的带领下,少数派脱离了"伊斯兰组织",并组建起"突尼斯伊斯兰阵线(Tunisian Islamic Front)"进行宣教,②该组织遂成为突尼斯传统萨拉菲主义与政治萨拉菲主义的源头。

自1991年起,突尼斯总统本·阿里通过"净化资源计划"(Plan for the Cleansing of Resources)搜捕了1万多名伊斯兰主义者和萨拉菲主义者,"复兴运动"(Ennahda Movement)、"突尼斯伊斯兰阵线"等组织被列为非法组织,其成员或锒铛入狱,或流亡海外。③与此同时,突尼斯宗教场所与机构也受到限制,如政府规定清真寺不得在非礼拜时间开放,宰图纳大清真寺被禁止教授宗教课程等。④此次镇压导致部分逃亡海外的萨拉菲

---

① "伊斯兰组织"形成于20世纪60年代,1981年建立名为"伊斯兰倾向运动"的政党,1989年该党更名为"复兴运动"。

② Stefano M. Torelli, Fabio Merone and Francesco Cavatorta, "Salafism in Tunisia: Challenges and Opportunities for Democratization," *Middle East Policy*, Vol.19, No.4, 2012, p.142.

③ Mehdi Mabrouk, "Tunisia: The Radicalisation of Religious Policy," pp.57-60.

④ Emad El-Din Shahin, "Secularism Manipulating Islam: Politics and Religion in Tunisia," http://emadshahin.com/eshahin2/wp-content/uploads/2014/08/Secularism-Tunisia-Final.pdf, p.21.

主义者前往阿富汗与车臣地区充当"战争志愿者"，其间在塔利班、"基地"组织等极端组织接受军事训练。2000年，受到国际"定叛"主义思潮影响的阿布·阿亚德·突尼西（Abu Ayyad al-Tunisi）、萨米·本·哈米斯·本·萨利赫·萨义德（Sami Ben Khamis Ben Saleh Said）等突尼斯人组建了"突尼斯战斗组织"（Tunisian Combat Group），该组织作为早期突尼斯"定叛"组织，旨在将"定叛"思想传入突尼斯，最终在突尼斯建立一个"伊斯兰国家"。受制于当时本·阿里政权针对极端宗教活动的严密监控，该组织主要活跃于欧洲的突尼斯移民群体内部。21世纪初，"突尼斯战斗组织"的核心人物萨义德、阿布·阿亚德·突尼西等人相继在意大利、土耳其等地被捕，随后被引渡回突尼斯并判处监禁，[1] 导致该组织日渐式微。

2010年前，除"突尼斯战斗组织"外，阿尔及利亚极端组织"萨拉菲宣教与战斗组织"（Salafist Group for Preaching and Combat）是突尼斯"定叛"思想的另一个重要源头。21世纪初，在阿尔及利亚大规模军事清剿行动的打击下，"萨拉菲宣教与战斗组织"开始与"基地"组织建立同盟，由国内转战国外，将活动重心从阿尔及利亚境内转向萨赫勒沙漠地区，且不断向突尼斯、马里等周边国家拓展势力范围。[2] 2007年，该组织正式宣布效忠"基地"组织，并更名为"伊斯兰马格里布基地组织"（Al-Qaeda in the Islamic Maghreb）。其间，该组织向突尼斯派出代表以建立分支机构。2007年年初，尚处于萌芽阶段的"伊斯兰马格里布基地组织"突尼斯

---

① Daveed Gartenstein-Ross and Bridget Moreng, "Tunisian Jihadism after the Sousse Massacre," *Combating Terrorism Center*, October 22, 2015, https://www.ctc.usma.edu/posts/tunisian-jihadism-after-the-sousse-massacre, 登录时间：2016年9月8日；Aaron Y. Zelin, "Jihadi Soft Power in Tunisia: Ansar al-Shariah's Convoy Provides Aid to the Town of Haydrah in West Central Tunisia," *Al-Wasat, the Muslim World, Radicalization, Terrorism, and Islamist Ideology*, February 21, 2012, http://aaronzelin.com/2012/02/21/jihadi-soft-power-in-tunisia-ansar-al-shariahs-convoy-provides-aid-to-the-town-of-haydrah-in-west-central-tunisia-with-pictures/, 登录时间：2016年9月8日；Daveed Gartenstein-Ross, Bridget Moreng and Kathleen Soucy, "Raiding the Stakes: Ansar al-Sharia in Tunisia's Shift to Jihad," *ICCT (International Centre for Counter-Terrorism) Research Paper*, February, 2014, p.5.

② Said Rabia, "Menace Grandissante d'AQIM," *El Watan*, September 26, 2010.

分支在突尼斯市南郊的首次袭击计划被安全部门发现。经过激烈对抗，12名武装分子被击毙，数百人被捕，令该组织元气大伤。[①]

三、中东剧变后突尼斯"定叛"主义运动的政治机会

2011年突尼斯政权更迭后，突尼斯政治精英间的分歧与骤然开放的政治环境为"定叛"主义的兴起，尤其是为"伊斯兰教法支持者"等"定叛"组织的建立创造了有利条件。

（一）2011—2012年突尼斯的政治真空

2010年年底，突尼斯爆发了大规模抗议运动，随着本·阿里政权的倒台，突尼斯原有的政治秩序宣告崩塌，客观上为"定叛"主义运动的兴起提供了重要机遇。

首先，威权政权的垮台使突尼斯政治气氛骤然宽松，本·阿里时代受到排斥或打压的政治反对派与宗教团体获得了巨大的活动空间。"阿拉伯之春"发生后的数月间，百余个政党获得合法地位，数千个非政府组织迅速成立，针对媒体言论的限制和宗教领域的监管被解除。2011年2月19日，在反对派的施压下，突尼斯临时政府颁布《大赦法》，大量被监禁的政治犯重获自由，常年流亡海外的各派政治活动家纷纷回国。

政治限制的放宽一方面为突尼斯公民提供了更多的言论和结社自由，使反对党派参政的广度和深度迅速提升；另一方面，政治环境过度开放的负面影响日益凸显，如各政党与组织的合法地位轻易获得承认，各类政治犯不加甄别地受到特赦，以及获释人员安置措施的疏漏等使某些极端分子有机可乘。据统计，本·阿里政权倒台后不久，约有1800名萨拉菲

---

① Alaya Allani, "The Islamists in Tunisia between Confrontation and Participation: 1980–2008," *The Journal of North African Studies*, Vol.14, No.2, 2009, pp.265-266.

派人士在大赦中获释，① 其中包括阿布·阿亚德·突尼西、萨米·本·哈米斯·本·萨利赫·萨义德等曾受到多项从事恐怖活动指控的"定叛"主义者。

其次，本·阿里政权垮台后国家出现的政治真空，为突尼斯各派政治力量的角逐提供了便利，致使国家陷入了激烈的权力斗争。在此过程中，突尼斯大体上形成了以"复兴运动"、共产主义工人党（Communist Workers Party）等前政权反对派和以本·阿里政权高官为代表的新政治精英之间的对峙格局。在新政治精英阵营内部，以"复兴运动"为代表的伊斯兰主义势力，同左翼政党与自由派之间因存在派系分歧而展开政治博弈。在此背景下，包括"定叛"组织在内的多个萨拉菲主义派系成为"复兴运动"的竞争砝码和拉拢对象。2011年10月突尼斯制宪会议选举前，"复兴运动"领导人拉希德·加努西（Rached Ghannouchi）曾表示，"萨拉菲主义者让我想起了我的青年时代"，青年"需要接受'复兴运动'所代表的现代伊斯兰思想教育"。② 以"改革阵线"（Jabhat al-Islah）为代表的萨拉菲派组织在2011年选举中协助"复兴运动"拉票，③ 使"复兴运动"顺利成为议会第一大党。"复兴运动"与"保卫共和国大会"（Congress for the Republic）、"争取工作与自由民主论坛"（Democratic Forum for Labour and Liberties）联合执政后，推行了一系列有利于萨拉菲主义传播与发展的措施。值得注意的是，最初"复兴运动"并未对传统萨拉菲主义、政治萨拉菲主义与"定叛"主义团体作详细区分。2012年，突尼斯过渡政权承认了宽容党（al-Rahma）、正统党（al-Asala）等多个萨拉菲派政党的合法地位，

---

① Daveed Gartenstein-Ross, "Tunisia's Salafist Tangle and the Long Road to Stability," May 20, 2013, http://www.defenddemocracy.org/media-hit/tunisias-salafist-tangle-and-the-long-road-to-stability/，登录时间：2016年9月1日。

② Monica Marks, "Youth Politics and Tunisian Salafism: Understanding the Jihadi Current," *Mediterranean Politics*, Vol.18, No.1, 2013, pp.112-114; Graham Usher, "The Reawakening of Nahda in Tunisia," *Merip Online*, April 30, 2011, http://www.merip.org/mero/mero043011，登录时间：2016年9月4日；"Rached Ghannouchi,'Si On Diabolise les Salafistes Tunisiens, Ils Seront au Pouvoir dans Dix ou Quinze Ans'," *Le Monde*, October 18, 2012.

③ Aaron Y. Zelin, "Who Is Jibhat al-Islah," *Sada*, July 18, 2012.

批准了200个新的萨拉菲派慈善机构与学校，对各派萨拉菲势力在清真寺的宣教活动不予干预，并允许来自海湾国家与埃及的激进宗教人士进入突尼斯从事宣教活动。[①]

在此背景下，"伊斯兰教法支持者""中间主义启蒙与改革协会"（Al-Jamaa al Wassatia Li Tawiaa wal Islah）等"定叛"组织纷纷建立。这些组织创建网站与社交媒体账号进行舆论传播与人员招募，同时将清真寺作为扩大影响的重要宣传阵地。2012年，突尼斯的4860座清真寺中至少有400多座清真寺处于"伊斯兰教法支持者"组织的掌控之下。[②]

（二）2013年以来突尼斯政治环境的变化

2013年以来，突尼斯政治格局发生了重要转变，精英共识的形成与政治空间的缩小成为新时期政治环境的重要特征。2013年，突尼斯世俗派人士舒克里·贝莱德（Chokri Belaid）与穆罕默德·布拉米（Mohamed Brahmi）遇刺案引发全国哗然，激化了各派力量间的博弈。"复兴运动"对待"定叛"主义的宽容态度引发了保守势力与左翼力量等世俗改革派的激烈反对。在双方争执不下的情况下，突尼斯总工会遂发起了全国政治对话。"复兴运动"一改此前拒绝的态度，积极参加对话并与各派协商，最终与左翼派别、保守势力就"危机解决路线图"达成了一致，通过任命无党派人士马赫迪·朱马（Mehdi Jomaa）组建技术官僚政府，成功解决了政治危机。[③]

此后，突尼斯政坛的权力斗争有所缓和，各大派别达成两项主要共识：第一，允许前政权官员、伊斯兰主义势力等各派力量的政治参与，通过选举实现权力更替；第二，突尼斯两个最大党派"复兴运动"与"呼声党"（Nidaa Tounes）承认，当前突尼斯仍处于政治脆弱时期，二者无论哪

---

① Tom Heneghan, "Ennahda's Religious Policies Split Tunisia's Ruling Party," Reuters, September 4, 2013.

② Christine Petré, "Tunisian Salafism: The Rise and Fall of Ansar al-Sharia," *Policy Brief*, No.209, 2015.

③ Laura Guazzone, "Ennahda Islamists and the Test of Government in Tunisia," pp.36-39.

方上台，都须与另一方共同进行政治决策。2014年，"呼声党"先后赢得国民议会与总统选举，但仍将反对党"复兴运动"纳入联合政府，便是典型例证。目前，突尼斯的政治格局虽非典型的"精英联盟"，但"阿拉伯之春"后新老政治精英的对峙局面已趋于缓和。

政治精英分歧减少的一个重要结果是，"定叛"主义运动作为权力斗争砝码获得生存的政治机会大幅减弱。2013年5月，突尼斯过渡政府禁止"伊斯兰教法支持者"组织召开第三届年会。同年8月，突尼斯总理阿里·拉哈耶德（Ali Laarayedh）宣布将该组织列为恐怖组织。随后，突尼斯过渡政府决定通过关闭该组织社交媒体账号与网页等手段遏制其宣教与招募活动，并加强了对该组织的军事打击。2014年，"呼声党"上台后采取了更加严厉的安全治理措施。2015年，突尼斯颁布《新反恐法》，规定凡是损害公共或私人物品、交通和通讯等基础设施的团体，均按恐怖主义罪名判处罚款或监禁；[①] 部分罪犯还因恐怖主义罪被判处死刑。[②]

四、"伊斯兰教法支持者"组织的建立及其组织结构

2011年以来，突尼斯开放的政治环境使本土原有的"定叛"主义资源得以重组，"伊斯兰教法支持者"等"定叛"组织随之建立。2013年后，"伊斯兰教法支持者"组织通过与"伊斯兰国"组织、"基地"组织两大国际"定叛"主义势力建立联动网络，增强了组织能力。

（一）"伊斯兰教法支持者"组织的建立及其内部结构

2011年年初，阿布·阿亚德·突尼西获释后再次投身"定叛"主义运动。同年4月，突尼西与一同获释的萨米·本·哈米斯·本·萨利赫·萨

---

① "Tunisia: Counterterror Law Endangers Rights," *Human Rights Watch*, July 31, 2015, https://www.hrw.org/news/2015/07/31/tunisia-counterterror-law-endangers-rights

② Sarah Mersch, "Tunisia's Ineffective Counterterrorism Law," *Sada*, August 6, 2015.

义德等狱中好友建立了"伊斯兰教法支持者"组织。① 该组织成立时以文化慈善团体的面目出现,因此并未引起官方的关注和怀疑。但此后一两年间,"伊斯兰教法支持者"组织迅速发展成为突尼斯规模最大和最具影响力的"定叛"组织,策划并参与了多起恐袭案件。

不同于阿布·阿亚德·突尼西早年建立的"突尼斯战斗组织","伊斯兰教法支持者"组织内部结构严密,官僚化程度高,各级机构分工明确。在组织机构上,"伊斯兰教法支持者"组织分为中央和地方两级机构,最高领袖被称为"埃米尔",由阿布·阿亚德·突尼西担任。从该组织在社交网站上公布的消息来看,其至少设立了四个直属于"埃米尔"的中央办事机构(见图3):(1)宣教委员会:负责宣教和宣传事务;(2)人道主义事务部:负责为贫民与弱势群体提供食品、衣物、医疗等慈善服务,并在发生自然灾害期间为受灾民众提供救济;(3)媒体事务部:负责通过该组织的官网和社交媒体扩大影响和招募成员,通常借助其媒体分支"旗帜媒体基金会"(Al-Bayariq Media Productions Foundation)发布各类信息;(4)协调部:负责联络和协调北部、中部及南部地区分支机构的各类事务和行动。② 此外,"伊斯兰教法支持者"组织还设有秘密军事机构,负责针对被该组织界定为"叛教"的个人和团体实施暴力打击。③ 该军事组织参与的行动包括2011年10月对播放电影《茉莉人生》(Persepolis)④ 的电视台进行袭击、2012年9月美国驻突尼斯大使馆袭击案,以及2013年2月和7月突尼斯政治家舒克里·贝莱德和穆罕默德·布拉米暗杀案等。

---

① Stefano M. Torelli, Fabio Merone and Francesco Cavatorta, "Salafism in Tunisia: Challenges and Opportunities for Democratization," pp.140-154.

② Daveed Gartenstein-Ross, Bridget Moreng and Kathleen Soucy, "Raiding the Stakes: Ansar al-Sharia in Tunisia's Shift to Jihad," p.5; Aaron Y. Zelin, "Meeting Tunisia's Ansar al-Sharia," *Foreign Policy*, March 8, 2013, http://foreignpolicy.com/2013/03/08/meeting-tunisias-ansar-al-sharia/,登录时间:2016年8月10日。

③ Gartenstein-Ross, "Ansar al-Sharia Tunisia's Long Game: Dawa, Hisba, and Jihad," *ICCT Research Paper*, May, 2013, p.7.

④ 《茉莉人生》是根据伊朗裔法籍图画小说家玛嘉·莎塔碧所创作的同名漫画改编的动画电影。"圣战"萨拉菲主义者认为影片含有丑化穆斯林的内容,因而抵制该影片的放映。

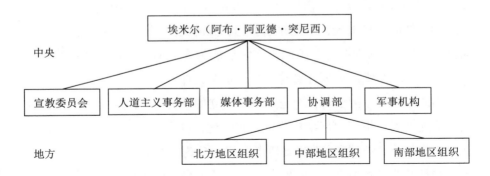

图3 "伊斯兰教法支持者"的组织结构

　　"伊斯兰教法支持者"组织十分注重借用"基地"组织的"品牌影响力"，该组织成立后不久便同"伊斯兰马格里布基地组织"突尼斯分支建立了联系。2012年，两个极端组织联合组建了秘密武装组织"乌克巴·本·纳菲营"（Katibat Uqba ibn Nafi），[①] 行动指挥部设在突尼斯西部卡塞林省察安比山区。同年12月，"乌克巴·本·纳菲营"在突尼斯与阿尔及利亚边境省份同在当地巡逻的突尼斯国民警卫队发生枪战，造成副官安尼斯·杰拉西身亡，才使该组织首次为外界所知。[②] 除在突尼斯境内发动恐怖袭击外，"乌克巴·本·纳菲营"的另一项重要任务是为"伊斯兰马格里布基地组织"输送兵源，并为从该组织返回突尼斯的武装人员提供落脚地，以及为准备前往萨赫勒地区参加"圣战"的突尼斯武装分子提供军事训练。有不少"伊斯兰教法支持者"组织的成员通过"乌克巴·本·纳菲营"前往萨赫勒地区，并加入"伊斯兰马格里布基地组织"，这些武装分子在阿尔及利亚、马里等地获得实战经验后返回突尼斯，成为该国重要的安全隐患。"乌克巴·本·纳菲营"还在阿尔及利亚与突尼斯边境从事

---

　　① 乌克巴·本·纳菲是公元7世纪倭马亚王朝的著名将军，曾率领倭马亚王朝军队征服了马格里布地区。"伊斯兰教法支持者"组织与"伊斯兰马格里布基地组织"以此人名字命名了其秘密武装组织。

　　② Amira Masrour, "Circumstances of Death Arise after Algerian Border Attack," *Tunisia Live*, December 11, 2012; Daveed Gartenstein-Ross, Bridget Moreng and Kathleen Soucy, "Raiding the Stakes: Ansar al-Sharia in Tunisia's Shift to Jihad," p.8.

走私活动，为突尼斯的"定叛"组织输送武器和资金。①

（二）"伊斯兰教法支持者"组织与国际"定叛"主义运动的内外联动

2013年，"基地"组织伊拉克分支"伊拉克伊斯兰国"宣布与叙利亚"支持阵线"联合，成立"伊拉克与沙姆伊斯兰国"组织；2014年6月，该组织宣布建立"哈里发国"，并更名为"伊斯兰国"。"伊斯兰国"组织的攻城略地使其影响迅速超过"基地"组织，成为全球恐怖主义新图腾。除向全球各国广泛招募新兵外，"伊斯兰国"组织也设法蚕食"基地"组织在西亚、南亚、非洲等地区的势力范围，使当地的"基地"组织分支转变立场、效忠"伊斯兰国"组织。2014年，"乌克巴·本·纳菲营"部分成员脱离了"基地"组织分支，并于当年12月组建了"哈里发军"（Jund al-Khilafah），公开宣布效忠"伊斯兰国"组织，成为后者在突尼斯的分支。②

需要指出的是，"基地"组织与"伊斯兰国"组织在突尼斯并未像在叙利亚等国那样出现相互排挤与火并的情况，而是日渐呈现出融合与互助的趋势。突尼斯"伊斯兰教法支持者"组织头目阿布·阿亚德·突尼西本人对"基地"组织与"伊斯兰国"组织并无偏向，2014年他通过该组织的推特账号发表声明，强调"伊斯兰国"组织与"基地"组织等"圣战"组织的目标具有一致性，应当摒弃分歧，"敞开心扉接受新的、全面的和解"。③为此，突尼西鼓励"伊斯兰教法支持者"组织成员加入"伊斯兰马格里布基地组织"，同时也呼吁这些成员赴伊拉克与叙利亚参加"圣

---

① "Possibles Connexions entre Réseaux Terroristes et de Contrebande," *TAP*, May 6, 2013; "Al Qaïda, Menace-t-elle Vraiment La Tunisie?" *Business News*, December 21, 2012.

② "Alleged Group 'Jund al-Khilafah in Tunisia' Pledges to IS," SITE Intelligence, December 8, 2014, https://news.siteintelgroup.com/Jihadist-News/alleged-group-jund-al-khilafah-in-tunisia-pledges-to-is. html, 登录时间：2016年10月2日。

③ Thomas Joscelyn, "Ansar al Sharia Tunisia Leader Says Gains in Iraq Should Be Cause for Jihadist Reconciliation," *The Long War Journal*, June 14, 2014.

战"。① 由此可见，"伊斯兰教法支持者"组织通过"乌克巴·本·纳菲营"和"哈里发军"分别与"基地"组织和"伊斯兰国"组织建立联系，同时向两大极端组织输送兵源，实现了突尼斯与萨赫勒地区、利比亚、伊拉克和叙利亚等地"定叛"主义运动之间的资源整合与人员流动（见图4）。2014年开斋节期间，"伊斯兰教法支持者"组织发表声明，同时向"伊斯兰国"头目巴格达迪与"基地"组织头目扎瓦赫里致敬。②

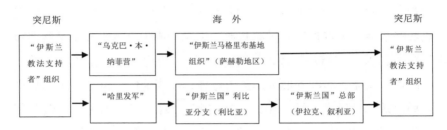

图4 "伊斯兰教法支持者"与"基地"组织、"伊斯兰国"组织的流动机制③

在"伊斯兰教法支持者"组织的调解下，"伊斯兰国"组织与"基地"组织在突尼斯逐渐出现了和解之势，甚至时常相互声援。2015年3月19日，"伊斯兰国"组织宣布对前一天突尼斯首都巴尔杜博物馆恐怖袭击事件负责后不久，与"伊斯兰马格里布基地组织"联系密切的"乌克巴·本·纳菲营"发表声明称赞此次行动。

"伊斯兰教法支持者"组织与"伊斯兰国"组织、"基地"组织的内外联动机制在很大程度上提升了该组织的战斗、抗压与反弹能力。当国家镇压强度增加时，该组织通过向海外极端组织输送"圣战士"的方式保存实力；一旦国家戒备有所放松，海外的突尼斯籍武装分子又可迅速回国，在本国开展行动。因此，尽管2013年以来突尼斯的政治气氛日益紧张，"定

① Aaron Zelin, "Missionary at Home, Jihadist Abroad: A Profile of Tunisia's Abu Ayyad the Amir of Ansar al-Shari'ah," *Jamestown Foundation*, Vol.3, No.4, 2012, p.9.

② Ansar al-Sharia, "Tahniat min Ansar al-Sharia bi Tuunis bi Munaasaba Eid al-Fitr al-Mubarak," https://justpaste.it/geo5, 登录时间：2016年10月5日。

③ Alexis Arieff and Carla E. Humud, "Terrorist Attack in Tunis: Implications," *CRS Insights*, March 23, 2015, https://www.fas.org/sgp/crs/row/IN10250.pdf, 登录时间：2015年12月6日。

叛"主义运动仍能在该国强势发展与扩张。

五、"伊斯兰教法支持者"组织的框架化进程

"伊斯兰教法支持者"组织初建时通过宗教话语开展动员，成效相对有限。2013年后，该组织改变话语策略，通过构建革命话语，引发2011年抗议参与者的广泛共鸣，实现了组织的扩张。

（一）"伊斯兰教法支持者"组织的宗教宣传

"伊斯兰教法支持者"组织将建立"伊斯兰国家"作为终极目标，挑战民族国家体系。从框架化过程来看，该组织成立之初便将拓展宗教话语作为宣传的核心目标。在该组织成员看来，其首要任务是改变突尼斯人的思维方式，使整个社会回归宗教传统，严格遵守伊斯兰教法的规范。[①]

"伊斯兰教法支持者"组织媒体事务部早期的舆论宣传大多以输出价值观为主。2011年至2012年间，该组织在"脸书"上发布的信息大致分为三类：第一类是提醒穆斯林依循《古兰经》和《圣训》行事，宣扬易卜拉欣·鲁拜希（Ibrahim Rubaish）、阿布·叶海亚·利比（Abu Yahya al-Libi）、哈利德·胡赛楠（Khalid al Husainan）等国际知名"定叛"主义人士的思想，要求人们按照上述人士的教义阐释理解伊斯兰教。第二类是声援阿拉伯伊斯兰世界"定叛"分子的暴力活动，将发动自杀式袭击的暴恐分子定义为"殉道者"，旨在将其暴力活动合法化和神圣化，且常以"如果为安拉而圣战是恐怖主义，那么我便是第一个恐怖分子"为其暴力行径辩护。第三类是谴责与其观点相悖的世俗派人士与组织，[②]批判外来思想，

① Fabio Merone, "Salafism in Tunisia: An Interview with a Member of Ansar al-Sharia," *Jadaliyya*, April 11, 2013.

② Noureddine Miladi, "Social Media as a New Identity Battleground: The Cultural Comeback in Tunisia after the Revolution of 14 January 2011," in Noha Mdllor and Khalil Rinnawi, eds., *Political Islam and Global Media: The Boudaries of Religious Identity*, Oxon: Routledge, 2016, p.40.

如宣扬"信奉民主等于信奉了不同于伊斯兰教的另一种宗教"。①

"伊斯兰教法支持者"组织利用各种政治机会重组"定叛"主义的资源，迅速建立起一套分工明确、官僚化程度较高的组织机构，通过社交媒体拓展宗教极端主义话语、利用清真寺和慈善组织招募成员、提升动员能力，为其逐渐在突尼斯站稳脚跟奠定了坚实基础。2012年5月，"伊斯兰教法支持者"组织在凯鲁万召开第二届年会，吸引了超过3000人参加。②

本·阿里政权倒台后，打着宗教旗号进行社会动员的团体不计其数。以"复兴运动"为代表的伊斯兰主义政党、以"改革阵线"为代表的政治萨拉菲组织等都在不同程度地倡导回归经训、发扬伊斯兰文化，但同"定叛"主义思想相比，这些政党组织的主张相对温和。尽管"伊斯兰教法支持者"组织试图表现出"宗教虔诚"，但从该组织第二届年会参会人数来看，其支持者的数量仍十分有限，可见激进的宗教话语并不能在突尼斯获得广泛共鸣，从而促使该组织不得不调整自身的宣传策略。

（二）"伊斯兰教法支持者"组织的"革命"宣传

在2010年年底突尼斯爆发的大规模抗议示威活动中，示威群体以"面包、自由与尊严"作为口号，抗议政治腐败。本·阿里政权倒台后，突尼斯的政治腐败和经济低迷状况未见明显好转，过渡政权与保守派屡屡妥协，不少参与群体性抗议活动的激进人士抱怨"革命"不彻底。在此背景下，2013年下半年以来，"伊斯兰教法支持者"组织在其宣传话语中增加了"继续革命"的主题。

2013年8月，拉希德·加努西声称其领导的"复兴运动"将放弃坚持《革命清洗法》（*Law on the Immunization of the Revolution*）草案，③为本·阿

---

① Aaron Y. Zelin, "Meeting Tunisia's Ansar al-Sharia".

② Daveed Gartenstein-Ross, Bridget Moreng and Kathleen Soucy, "Raiding the Stakes: Ansar al-Sharia in Tunisia's Shift to Jihad," p.9.

③ 2012年11月30日，"复兴运动""保卫共和国大会"等五个政党联合提出《革命清洗法》草案。根据该草案，1987年至2011年间在本·阿里政府任职的所有公务人员，及前执政党"宪政民主联盟（Constitutional Democratic Rally）"的资深党员均不得参加选举或在新政府中担职。

里时期的官员重返政坛提供了契机，令不少参加2010年至2011年抗议的突尼斯人颇为不满。消息传出后，"伊斯兰教法支持者"组织头目阿布·阿亚德·突尼西立刻发表声明，称"我们向'复兴运动'及其政府强调……在我国历史上如此关键的时刻做出让步与屈服，无异于政治自杀"，并强调"即便付出生命的代价，我们也永远不会把国家交给法国与西方的'走狗'。1991年你们曾让穆斯林失望，我们决不允许你们在2013年重演这一幕"。①

阿布·阿亚德·突尼西的此番言论旨在批评"复兴运动"领导的过渡政府"背叛革命"，特别是背叛了当初"自由"与"尊严"的革命口号。一方面，"伊斯兰教法支持者"组织将"自由"解读为"伊斯兰教的自由"，这与阿里政权时期及"复兴运动"领导的过渡政府的行为严重错位。阿布·阿亚德·突尼西的逻辑是：1991年本·阿里政权强行解散"复兴运动"等大量带有宗教色彩的政党与组织，压制伊斯兰主义与萨拉菲主义运动，剥夺了"伊斯兰教的传播自由"。在后本·阿里时代，"复兴运动"不仅放弃清算前政权官员，而且还赋予其重掌国家权力与再度压制宗教传播和宗教活动的机会，等于断送了刚刚获得的"自由"。另一方面，阿布·阿亚德·突尼西将口号中的"尊严"解释为"穆斯林的尊严"。2014年，"伊斯兰教法支持者"组织在开斋节声明中指出："你的统治者正与犹太人和基督徒结盟同'乌玛'（穆斯林共同体）作战，他们不仅剥夺了'乌玛'的宗教、世界与尊贵，而且剥夺了穆斯林拥有尊严生活的权利。"② 该组织认为，自突尼斯独立以来，政治精英推崇法语教育，对法国、美国等西方国家惟命是从，淡化阿拉伯语教育和宗教教育，有损于"穆斯林的尊严"，并强调一切本·阿里时代掌权的世俗主义者皆为亲西方的"走狗"，他们重返政治舞台意味着穆斯林尊严的再度丧失。

尽管参与或支持示威抗议运动的青年未必都认同"伊斯兰教法支持

---

① Thomas Joscelyn, "Ansar al Sharia Tunisia Calls for Islamist Solution to Political Crisis," *The Long War Journal*, February 8, 2013.

② Ansar al-Sharia, "Tahniat min Ansar al-Sharia bi Tuunis bi Munaasaba Eid al-Fitr al-Mubarak".

者"组织对"革命"口号的解读，无论其抗议是出于反对威权统治、痛恨腐败、反对世俗化政策，或其他原因，但都把反对的对象指向本·阿里政权。"复兴运动"执政后对保守势力的妥协与宽容使不少民众尤其是其中的激进分子感到愤怒，担心本·阿里旧部重新上台会加倍反扑。"复兴运动"成员兼议员杰米拉·克西克西（Jamila Ksiksi）曾表示，该党放弃《革命清洗法》草案后，每日都会有大量突尼斯人在"复兴运动"和其本人的"脸书"页面上留言谩骂，反映了部分激进主义者的强烈不满。[①]

除"自由"与"尊严"外，"面包"是突尼斯民众的另一个抗议口号。突尼斯人均GDP在中东国家属中等偏上水平，"面包"作为抗议的口号，不仅代表了温饱，也包含对本·阿里家族垄断国家财富的不满，以及对实现社会公正的渴望。然而，本·阿里政权垮台后，突尼斯的贫富差距与腐败问题未见明显改善。"透明国际"2013年公布的一项调查显示，80%的受访突尼斯人认为本·阿里政权倒台后，国家的腐败程度反而有所上升。[②] 2015年7月，"呼声党"领导的政府提出《国家和解法草案》（*National Reconciliation Act Draft*），并获得正式通过。该草案规定，所有前政权涉嫌财务腐败与挪用公款的行为将被免于指控。该草案刚出台两日，便受到了数千名突尼斯人的抵制，他们认为该草案旨在为腐败者脱罪。[③] 事实上，早在2014年，"伊斯兰教法支持者"组织就在其"脸书"页面上通过发布慈善活动视频吸引关注，尤其注重在视频中邀请获得帮助的人士现身说法，[④] 谴责"国家财富仅在当权者手中流转"，[⑤] 试图说服人们相信，"定叛"组织才是"社会正义"真正的践行者。

---

① Sawyer French, "Tunisia's Young Islamists: Religious or Revolutionary Zealots?" *ISP (Independent Study Project) Collection*, 2015, p.20.

② Emily Parker, "Corruption Rife in Post-Revolutionary Tunisia, According to Survey," *Tunisia Live*, July 11, 2013.

③ Zeineb Marzouk, "Tunisia's Activists Declare War on 'Reconciliation' Law," *Tunisia Live*, August 18, 2015.

④ Daveed Gartenstein-Ross, "Ansar al-Sharia in Tunisia's Social Media Activity in 2014," *Jihadology*, June 6, 2014.

⑤ Ansar al-Sharia, "Tahniat min Ansar al-Sharia bi Tuunis bi Munaasaba Eid al-Fitr al-Mubarak".

总之，"伊斯兰教法支持者"组织利用革命者心态，对过渡政权及后过渡政权大加批判，试图表达一种立场，即无论是本·阿里旧部还是"复兴运动"与左翼派别，都无法真正改变突尼斯的现状。该组织声称，参加投票选举已经没有意义，唯有参加"圣战"和建立所谓的"伊斯兰国家"，方能实现根本性革命。此外，突尼斯"定叛"主义者的袭击目标也由着装不合伊斯兰教法规定的穆斯林与世俗主义者，逐渐转向了总统卫队、警察等国家机器，从侧面反映出其动员策略的转变。

"伊斯兰教法支持者"组织通过革命话语框架化，吸引了大量曾经参与2010年至2011年推翻本·阿里政权抗议活动且对政治过渡时期突尼斯现状不满的激进"革命"青年。该组织对于"暴力革命"的鼓吹，及其与"伊斯兰国"组织、"基地"组织的密切联动，为这些激进青年提供了宣泄情绪的渠道。有数据显示，至2014年，"伊斯兰教法支持者"组织在突尼斯招募的成员数量已经超过7万。① 近年来，该组织的动员能力迅速提升，已成为输送突尼斯武装分子前往海外参加"圣战"的主要中转站。

通过对突尼斯"定叛"主义运动兴起、发展及影响的研究，我们可以得到如下启示。

首先，在"定叛"主义运动不同的发展阶段，政治机会、组织能力与框架化过程等因素发挥的作用不尽相同，因此，包括突尼斯在内的相关国家必须根据该运动所处的不同阶段采取相应的措施。在"定叛"主义运动的萌发阶段，政治机会是运动能否兴起的关键因素，此时实施审查组织活动、控制传播途径等限制性措施较容易实现对"定叛"主义运动的遏制。在运动扩张阶段，内生组织的资源动员是决定性因素，通过压缩政治机会的方式进行管控困难加倍，政府因此会付出更大的代价。

其次，"伊斯兰教法支持者"组织初建时采用宗教话语作为框架化基础的动员效果不如后期的"革命"话语框架化，表明宗教因素未必是"定叛"主义运动参与者的主要驱动力。当前，包括突尼斯在内的许多国家倘

---

① "The Salafist Struggle".

若一味通过禁止男性蓄须、限制女性穿戴黑袍面纱等淡化与压制伊斯兰教符号的方式推进反恐和去极端化，而忽视从维护社会正义、提升国家能力与政权合法性方面着手，或将难以获得明显成效。

最后，突尼斯本土的"定叛"主义运动已同国际"定叛"主义运动形成了较强的内外联动机制，要彻底改善本土安全形势，突尼斯需重视与阿尔及利亚、利比亚等周边国家建立情报信息共享机制，协调安全治理举措，遏制极端恐怖活动的跨境策动、组织和实施。

在突尼斯尚处于脆弱政治转型期的背景下，"定叛"主义运动的崛起不仅严重危及国家安全，埋下动荡隐患，而且其对民主政治与妥协精神的全盘否定，以及对极端思想与暴力活动的推崇有损于突尼斯民主文化的发展和巩固，更不利于突尼斯民族与国家身份认同的构建。[①] 突尼斯当局需从提升国家能力、维护社会正义、加强国际合作等方面综合改善国内安全环境。令人担忧的是，相对于政治转型初期有利于极端组织发展的宽松政治环境，近年来埃塞卜西（Beji Caid Essebsi）当局的全面镇压措施又存在矫枉过正之嫌，打压宗教、扩大警察特权、以践踏私权为代价的传统"极权式维稳"似有复苏之势，[②] 这不仅无益于维护社会稳定，反而可能为"定叛"组织以"侵犯自由"为名建立话语框架与动员机制提供可乘之机，进而引起更大反弹。如何在自由和安全之间寻找平衡，在明确国家权力边界的前提下加强维稳，已成为当前突尼斯安全治理的最大挑战。

---

① "Tunisie Le Cancer Salafiste," *La Jeune Afrique*, Vol.52, No.2683, 2012.

② Edmund Ratka and Marie-Christine Roux, "Jihad Instead of Democracy: Tunisia's Marginalised Youth and Islamist Terrorism," p.78.

第33章
索马里伊斯兰极端组织的
发展及影响

冷战结束后，伊斯兰极端主义在非洲之角迅速发展，使非洲之角成为伊斯兰极端组织新的"庇护所"和"策源地"，其中深陷内战的索马里自然成为伊斯兰极端势力聚集的渊薮。伊斯兰联盟（Al-Itihaad al-Islamiya）、青年党（Al-Shabaab）和伊斯兰党（Hizbul Islam）等伊斯兰极端组织相继在索马里崛起，并以宗教的名义进行暴力恐怖活动，极大地冲击了非洲之角的国际关系格局。

2012年，在国际社会和地区力量的综合治理下，索马里伊斯兰极端组织的发展有所衰落。但随着"伊斯兰国"（Islamic State）在中东地区的崛起及其对非洲的渗透，索马里伊斯兰极端组织频繁发动恐怖袭击，其威胁不可小觑。2017年10月14日，青年党武装分子在摩加迪沙（Mogadishu）市中心的一个十字路口引爆了两枚卡车炸弹，共造成至少358人死亡，另有200多人受伤，该事件成为索马里乃至全球近年来最为惨烈的恐怖袭击之一。① 索马里伊斯兰极端组织的强势反弹给索马里乃至地区安全局势带

① Jason Burke, "Mogadishu Truck Bomb: 500 Casualties in Somalia's Worst Terrorist Attack," *The Guardian*, October 16, 2017, https://www.theguardian.com/world/2017/oct/15/truck-bomb-mogadishu-kills-people-somalia.

来了深刻影响，因此有必要对索马里伊斯兰极端组织产生的根源及历史嬗变进行考察。

目前，国内外学术界对伊斯兰因素在索马里国家重建过程中发挥的作用已有初步的研究，主要从政治伊斯兰因素[①]和激进伊斯兰因素[②]两个维度进行论述。此外，也有学者从伊斯兰极端主义的层面进行了个案分析，[③]但对内战爆发后索马里伊斯兰极端组织的发展脉络，尤其是组织之间的理念联系、人员往来和战术共享等问题缺乏深入研究。本章试图对索马里伊斯兰极端组织的历史转型及其组织网络进行梳理，从而更加准确地把握索马里伊斯兰极端组织的兴起根源及其对地区国际关系的影响，最后对索马里伊斯兰极端组织久治未除的原因进行总结。

一、索马里伊斯兰极端组织兴起的根源

根据国际关系研究的层次分析理论，可以把索马里伊斯兰极端组织产

---

① 相关的代表性成果主要包括：李福泉：《索马里政治伊斯兰的演进与特点》，载《国际论坛》2012年第6期，第71—75页；Michael Shank, "Understanding Political Islam in Somalia," *Contemporary Islam*, Vol.1, Issue. 1, 2007, pp.89-103; Ken Menkhaus, "Political Islam in Somalia," *Middle East Policy*, Vol.9, No.1, March 2002, pp.11-13; Roland Marchal and Zakaria M. Sheikh, "Salafism in Somalia: Coping with Coercion, Civil War and its Own Contradictions," *Islamic Africa*, Vol.6, Issue. 1, 2015, pp.135-163; International Crisis Group, "Somalia's Islamists," *Africa Report N°100*, December 12, 2005, https://www.crisisgroup.org/africa/horn-africa/somalia/somalias-islamists.

② 相关的代表性成果主要包括：樊小红：《索马里伊斯兰激进组织初探》，载《西亚非洲》2010年第10期，第38—43页；Shaul Shay, *Somalia between Jihad and Restoration*, Piscataway: Transaction Publishers, 2008; International Crisis Group, "Somalia's Divided Islamists," *Africa Report N°74*, May 2010, https://www.crisisgroup.org/africa/horn-africa/somalia/somalia-s-divided-islamists.

③ 相关的代表性成果主要包括：王涛、秦名连：《青年党的发展及影响》，载《西亚非洲》2013年第4期，第71—88页；Lorenzo Vidino, Raffaello Pantucci and Evan Kohlmann, "Bringing Global Jihad to the Horn of Africa: al Shabaab, Western Fighters, and the Sacralization of the Somali Conflict," *African Security*, Vol.3, No.4, 2010, pp.216-238; David Shinn, "Al Shabaab's Foreign Threat to Somalia," *Orbis*, Vol.55, No.2, 2011, pp.203-215; Stig Jarle Hansen, *Al-Shabaab in Somalia*, New York: Oxford University Press, 2013.

生的根源归因于国际体系层面、地区层面与国家层面结构性因素的互动。具体而言，索马里伊斯兰极端组织的出现既是国际政治权力变迁的结果，也是地区国际关系互动的产物，更与索马里国内政局的动荡和无政府状态的持续密切相关。

（一）国际格局演变是索马里伊斯兰极端组织兴起的大局因素

第一，冷战格局的终结导致索马里陷入意识形态真空，这为久受压制的伊斯兰主义的发展打开了闸门。在冷战体制的影响下，索马里在西方国家发展理念和苏联东欧国家发展模式之间左右摇摆，此举掩盖了索马里国内的氏族矛盾和宗教矛盾，尤其作为索马里人识别"自我"与"他者"重要标准的伊斯兰教被严格限制。[①] 冷战的结束导致西方对索马里的援助骤降，这直接动摇了巴雷政权的统治根基，最终导致以氏族为基础的斗争蔓延全国。[②] 此时，伊斯兰复兴浪潮开始席卷整个东非地区。沙特等阿拉伯国家借助慈善基金推行新的泛伊斯兰主义，伊朗以苏丹为支点积极输出伊斯兰革命思想，穆斯林兄弟会也乘隙而入助推伊斯兰复兴运动。[③] 伊斯兰复兴思潮的涌入激发了深陷认同危机的索马里穆斯林"回归伊斯兰正统"的热情，但这些思潮里也同时裹挟着激进主义与极端主义思想。受国际格局变动和极端主义思想渗入的影响，索马里的萨拉菲主义逐渐出现异化的趋势，这一过程构成了索马里伊斯兰极端组织萌生的土壤。

第二，美国依仗其在国际体系中的主导地位推动经济、文化和军事霸权，这成为索马里伊斯兰极端组织滋长的"酵母"。就经济霸权而言，美国及西方主导的经济全球化进程在经济利益分配上很少顾及发展中国家，像索马里这样的国家更难在全球化中获益。发展鸿沟与分配不公激起了索马里穆斯林的不满，处于弱势地位的穆斯林群体极易在极端分子的利诱下

---

① ［肯尼亚］B. A. 奥戈特主编，李安山等译：《非洲通史（第五卷）：十六世纪至十八世纪的非洲》，中国对外翻译出版公司，2003年，第566页。

② Louise Andersen, Bjørn Møller and Finn Stepputat, *Fragile States and Insecure People?* New York: Palgrave Macmillan, 2007, p.73.

③ Angel Rabasa, *Radical Islam in East Africa*, Santa Monica: RAND Corporation, 2009, p.39.

走上暴力反西方的道路。就文化霸权而言，以美国为主的文化、科学和技术在索马里境内的广泛传播，不断消解索马里的社会体制和弱化传统身份认同。^①由此引发的民众的"不安全感"，促使索马里穆斯林选择从极端思想中寻求突破，以捍卫传统身份和文化的"纯正性"。就军事霸权而言，1993年美国通过"恢复希望行动"（Operation Restore Hope）介入索马里内战，但美国的军事行动不但没有帮助索马里走上和平重建的正轨，反而使索马里的安全局势进一步恶化。^②于是索马里的极端主义者便把美国的军事行动视为索马里落后与动荡的根源，并以此作为组织动员的重要手段。青年党就曾以美国在1993年对索马里的军事行动中杀害数千名索马里人为由，动员民众加入反西方的"圣战"。^③

（二）地区动荡不安是索马里伊斯兰极端组织兴起的重要因素

第一，地区权力结构失衡致使索马里民族主义反弹，这成为索马里伊斯兰极端组织泛滥的重要诱因。由于复杂的历史、宗教和民族因素，致使非洲之角的国家争端和部族冲突时有发生。随着冷战的结束，非洲之角的民族矛盾、种族仇视、领土争端和宗教冲突等暗流开始集中涌现，地区权力体系逐渐失衡。在索马里陷入内战后，埃塞俄比亚的地区霸权思想迅速膨胀，它不仅派军队干预索马里内政，而且无视1992年1月联合国安理会制定的有关对索马里实施全面武器禁运的决议，并为多个索马里武装派别提供军事支持。^④埃塞俄比亚的干预举动激起了索马里民族主义情绪的再度反弹。在此过程中，反埃塞俄比亚的民族情绪与极端主义在维护民族利益方面找到了契合点，两者的融合为索马里伊斯兰极端组织的发展壮大提

---

① Abdifatah Abdi, "The Effects of Globalization on Somalian Culture," *Journal of Law, Policy and Globalization*, Vol.67, 2017, p.118.

② Adam B. Lowther, *Americans and Asymmetric Conflict*, London: Adam B. Lowther, 2007, pp.103-124.

③ Dirk Baehr, "The Somali Shabaab Militias and Their Jihadist Networks in the West," *Kas International Report*, Issue. 8, 2011, p.27.

④ Afyare Abdi Elmi and Dr Abdullahi Barise, "The Somali Conflict: Root Causes, Obstacles, and Peace-building Strategies," *African Security Review*, Vol.15, Issue. 1, 2006, pp.38-39.

供了理论武器和民众基础。

第二，地区边界管控的普遍薄弱和缺失为索马里伊斯兰极端组织的产生创造了条件。作为西方殖民主义任意分割的产物，非洲之角的跨界民族问题和边界冲突的普遍存在使得边界对于各国而言形同虚设。20世纪90年代初，"基地"组织（Al-Qaeda）在苏丹建立训练营地后，多次派遣组织领导越境前往索马里进行宣传和动员。[①] 1993年年初，第一批"基地"组织成员从巴基斯坦出发，途经肯尼亚抵达索马里，并在索马里建立了三个训练营，为反美的索马里武装力量提供培训。[②] 由此可见，地区边境管理失控为国际极端势力向索马里渗透提供了便利。在此过程中，"基地"组织与索马里伊斯兰极端武装组织建立了联系，"基地"组织不仅为后者提供人员培训和资金支持，而且从发展模式和思想理念方面对其进行改造。

（三）国家治理缺失是索马里伊斯兰极端组织滋生的现实土壤

第一，国家权力真空的出现为伊斯兰极端组织的繁衍提供了空间。内战的爆发使索马里陷入分裂，由此引发的身份认同危机致使民众开始寻求宗教认同，甚至借助伊斯兰主义力量寻求生存保障。此时，长期受巴雷政权压迫的伊斯兰主义力量不断鼓动民众建立"伊斯兰国家"以取代世俗政权，一时间各式各样的伊斯兰复兴思潮在索马里兴起，主要包括政治伊斯兰主义、宣教伊斯兰主义和激进伊斯兰主义。[③] 但是，索马里内战中的权力斗争主要是以部族力量和军阀势力为基础，伊斯兰主义势力在与它们斗争过程中日渐式微，其局限性也随着凸显。[④] 为了确保组织的存续，一些

---

① Lorenzo Vidino, Raffaello Pantucci and Evan Kohlmann, "Bringing Global Jihad to the Horn of Africa: al Shabaab, Western Fighters, and the Sacralization of the Somali Conflict," *African Security*, Vol.3, No.4, 2010, p.218.

② David Shinn, "Al Shabaab's Foreign Threat to Somalia," *Orbis*, Vol.55, No.2, 2011, p.205.

③ Shaul Shay, *Somalia between Jihad and Restoration*, Piscataway: Transaction Publishers, 2008, p.38.

④ 李福泉：《索马里政治伊斯兰的演进与特点》，载《国际论坛》2012年第6期，第72页。

激进伊斯兰武装组织的领导人选择依靠境外极端势力支持，运用恐怖活动作为斗争武器，并在此过程中逐渐蜕变成为旨在通过暴力活动重建"伊斯兰国家"的极端组织。[1] 可以说，内战后索马里权力斗争的暴力化促使伊斯兰极端组织实现蜕变，而索马里政治结构的碎片化使得伊斯兰极端组织能够轻易利用真空地带进行组织扩张。

第二，社会经济环境的恶化是伊斯兰极端组织在索马里兴起的重要原因之一。从1978年至1986年，索马里的通货膨胀增长了17倍，而民众工资仅提高了3.7倍。[2] 此时，索马里国家经济已经陷入困境。内战爆发后，索马里的社会经济状况日益恶化，尤其在索马里南部地区，以部族为基础的民兵组织为争夺具有经济价值和战略价值的社区、城镇和海港展开激烈的斗争。[3] 军阀混战使索马里的基础设施遭到破坏，社会分裂不断加剧，民众生活日益惨淡。据国际红十字会估计，高达95%的索马里人营养不良，其中多达70%的人严重营养不良。[4] 在此背景下，超过90万索马里难民在1991年至1992年间逃至邻近的埃塞俄比亚、肯尼亚、吉布提和也门，并有15万人选择在沙特阿拉伯申请避难。[5] 而众多留在索马里的青年，在生活的重压下，从谋生的角度出发选择加入伊斯兰极端组织。可见，索马里社会经济状况的持续恶化削弱了民众对伊斯兰极端思想的抵御能力，而且使底层贫困民众成为伊斯兰极端主义的主要拥趸，它们的存在为伊斯兰极端组织的产生提供了人员招募的来源。

———————

① Alexius Amtaika and Mustafa Ahmed, "Is the Eritrean Government a Victim or a Sponsor of Islamic extremism and terrorism?" *International Journal of Peace and Development Studies*, Vol.4, No.4, 2013, p.56.

② Tobias Hagmann and Finn Stepputat, *Corridors of Trade and Power: Economy and State Formation in Somali East Africa*, Copenhagen: Danish Institute for International Studies, 2016, p.15.

③ World Bank, *Conflict in Somalia: Drivers and Dynamics*, Washington, D.C.: World Bank, 2005, p.11.

④ Jeffrey Clark, "Debacle in Somalia," *Foreign Affairs*, Vol.72, No.1, 1992/1993, p.113.

⑤ 卢凌宇：《"怨恨"、"机会"与国内冲突的发生——基于索马里内战的个案研究》，载《国际论坛》2015年第5期，第63页。

二、索马里伊斯兰极端组织的发展及演变

在体系层面、地区层面与国家层面结构性因素的综合作用下，索马里伊斯兰极端组织逐渐发展壮大。特别需要指出的是，在"基地"组织将索马里纳入全球"圣战"的谱系后，以伊斯兰联盟、青年党和伊斯兰党为代表的伊斯兰极端组织先后在索马里崛起，并形成了彼此相互渗透、理念相互共享和袭击手段相互学习的特点（参见图1）。

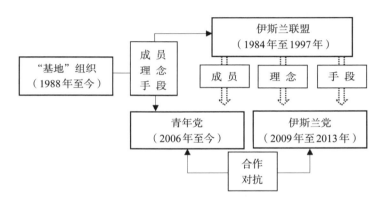

图1　索马里伊斯兰极端组织发展演变示意图

（一）索马里伊斯兰极端组织的产生

1984年，伊斯兰协会（Al Jama'a Al Islamiya）和伊斯兰青年联盟（Wahdat Al Shabaab Al Islam）两个信奉萨拉菲主义（Salafism）的组织秘密合并建立伊斯兰联盟。[①] 20世纪80年代中后期，伊斯兰联盟在传播萨拉菲主义同时，积极利用萨拉菲主义进行政治动员。1990年年底，巴雷政权的倒台为伊斯兰联盟实现其政治理念提供了机遇。但在1992年与军阀的混战中，伊斯兰联盟不仅丧失了在索马里西北地区的根据地，而且在南部

---

① David Shinn, "Al Shabaab's Foreign Threat to Somalia," *Orbis*, Vol.55, No.2, 2011, p.204.

地区的军事行动也遭遇溃败。[①] 军事行动的失败凸显了萨拉菲主义在领导能力方面的局限性，这促使伊斯兰联盟开始接纳"圣战"思想。至此，伊斯兰联盟蜕变成为一支伊斯兰极端组织，并走上"圣战"的道路。[②]

就意识形态而言，萨拉菲主义与"圣战"思想的融合，增强了伊斯兰联盟的意识形态动员能力。伊斯兰联盟发布了一份名为"伊斯兰党宣言"的文件，明确指出将萨拉菲主义和"圣战"思想作为其意识形态，旨在建立一个"大索马里伊斯兰国家"。为此，伊斯兰联盟力图恢复以沙里亚法为基础的司法系统以取代现代法律体系；在文化方面主张严格遵循沙里亚法，反对西方化、世俗化的意识形态，不接受资本主义，也拒绝共产主义；在武装建设方面决定建立一支强大的伊斯兰军队，并对异教徒进行"圣战"以实现伊斯兰教复兴。[③] 伊斯兰联盟通过引入"圣战"思想赋予萨拉菲主义更强的革命性和生命力，并使"圣战"成为其实现战略目标的重要工具。在支持居住在欧加登地区的索马里人反抗埃塞俄比亚的过程中，伊斯兰联盟通过对《古兰经》和《圣训》进行狭隘的解释，将两国之间的跨界民族问题圣战化，并将其针对埃塞俄比亚的暴力恐怖活动解释为从基督徒的压迫中解放受到威胁的穆斯林。[④]

就组织活动而言，国际极端势力对伊斯兰联盟的资金和培训等支持，丰富了伊斯兰联盟进行暴力袭击的手段和方式。在参加过阿富汗战争的索马里退伍军人的利诱下，伊斯兰联盟开始诉诸暴力"圣战"。[⑤] 在1992年控制索马里东北部后，伊斯兰联盟以"基地"组织在阿富汗训练营为蓝本，

---

① Roland Marchal, "A Tentative Assessment of the Somali Harakat Al-Shabaab," *Journal of Eastern African Studies*, Vol.3, Issue. 3, p.383.

② International Crisis Group, "Somalia's Islamists," *Crisis Group Africa Report N°100*, December 12, 2005, p.4. https://www.crisisgroup.org/africa/horn-africa/somalia/somalias-islamists.

③ Matt Bryden, "No Quick Fixes: Coming to Terms with Terrorism, Islam, and Statelessness in Somalia," *The Journal of Conflict Studies*, Vol.23, No.2, 2003, pp.29-30.

④ International Crisis Group, "Somalia's Islamists," *Crisis Group Africa Report N°100*, December 12, 2005, p.8, https://www.crisisgroup.org/africa/horn-africa/somalia/somalias-islamists.

⑤ Ibid.

在距博萨索（Bossaso）以西20公里的地方建立了基地。1993年，"基地"组织曾派遣4名训练官员前往索马里训练伊斯兰联盟的成员。[①] 在"基地"组织的支持下，伊斯兰联盟的武装力量曾一度达到1000人以上，具有相当的战斗力。随后，伊斯兰联盟将活动范围扩张至埃塞俄比亚、肯尼亚和吉布提等国，并通过制造爆炸、枪击和绑架等事件制造恐怖氛围（参见表1）。

表1 伊斯兰联盟的主要袭击事件（1992—1996）

年份	事 件	伤 亡
1992	在索马里的博萨索杀害联合国儿童基金会一名女性医生	1人死亡
1992	袭击位于索马里马尔卡市的一个国际救援组织的办公室	0伤亡
1993	对在索马里执行"恢复希望"行动的美国士兵进行袭击	18人死亡
1995	对埃塞俄比亚尔达瓦市的一个市场进行手榴弹袭击	15人死亡
1996	对埃塞俄比亚亚的斯亚贝巴的酒店发动炸弹袭击	6人死亡，20人受伤
1996	对埃塞俄比亚尔达瓦的酒店发动炸弹袭击	1人死亡，3人受伤
1996	企图暗杀埃塞俄比亚交通部部长	0伤亡
1996	对埃塞俄比亚亚的斯亚贝巴的酒店进行炸弹袭击	2人死亡，11人受伤

资料来源：Matt Bryden, "No Quick Fixes: Coming to Terms with Terrorism, Islam, and Statelessness in Somalia," *The Journal of Conflict Studies*, Vol. 23, No. 2, 2003, pp.31-32.

1996年8月和1997年1月，埃塞俄比亚军队先后两次对伊斯兰联盟总部进行越境军事打击，遭受重创的伊斯兰联盟沦落为一个松散的组织。随后，伊斯兰联盟最高军事指挥官哈桑·达赫·阿威斯（Hassan Dahir Aweys）宣布该组织将向政党组织过渡，标志着该组织进入衰弱阶段。[②] 此后，虽然作为实体组织的伊斯兰联盟不复存在，但其极端思想对后续索马里极端组织的发展产生了重要影响，尤其是散落在全国各地的极端分子成

---

① Dirk Baehr, "The Somali Shabaab Militias and Their Jihadist Networks in the West," *Kas International Report*, Issue. 8, 2011, p.26.

② Medhane Tadesse, *Al-Ittihad: Political Islam and Black Economy in Somalia*, Addis Ababa: Meag Printing Enterprise, 2002, pp.90-93.

为极端思想传播的重要介质，他们通过依附其他组织或另立组织继续发动暴力袭击，成为孕育索马里伊斯兰极端组织的重要载体。[①]

（二）索马里伊斯兰极端组织的转型

20世纪90年代末，索马里伊斯兰极端分子在国际和地区的联合打击下四处逃散。一些极端分子选择暂时融入相对温和的"伊斯兰法院联盟"（The Islamic Courts Union）中，但他们在思想理念、战略目标和行动方式等方面仍然保持着一致性，这为伊斯兰极端组织的卷土重来提供了条件。2006年6月，"伊斯兰法院联盟"夺回对索马里首都摩加迪沙的控制权，但立即遭到埃塞俄比亚的军事干预。在此背景下，极端分子选择脱离"伊斯兰法院联盟"，重新组建独立伊斯兰极端组织——青年党，标志着索马里伊斯兰极端组织从伊斯兰联盟到青年党的转型升级。

在意识形态方面，伊斯兰联盟的极端主义思想被青年党吸收和改造，成为青年党意识形态的重要组成部分。作为一支信奉萨拉菲主义的伊斯兰极端反政府武装，青年党主张通过暴力革命的方式推翻索马里过渡政府（Transitional National Government），推行沙里亚法，建立一个"大索马里伊斯兰酋长国"，并最终在全球范围内建立哈里发政权。具体而言，青年党的短期目标是将索马里境内的外国军队全部驱逐出境，并"净化"国内受非伊斯兰思想影响的"世俗化地区"；中期目标是暴力推翻索马里过渡政府，建立大索马里伊斯兰政权；长期目标是团结世界穆斯林，构建一个统一的伊斯兰哈里发政权。[②]不难看出，索马里青年党的短期和中期目标与伊斯兰联盟一脉相承，而在长期目标上则深受"基地"组织开展全球"圣战"理念的影响，青年党也因此更具国际性。

在人员构成方面，本土伊斯兰极端分子与境外极端分子的联合，构成了青年党的骨干成员。从领导层人员构成上看，青年党委员会共有85名

① International Crisis Group, "Somalia's Islamists," *Crisis Group Africa Report N°100*, December 12, 2005, p.3, https://www.crisisgroup.org/africa/horn-africa/somalia/somalias-islamists.

② 王涛、秦名连：《青年党的发展及影响》，载《西亚非洲》2013年第4期，第79页。

成员，分别由42名索马里人和43名境外极端分子构成。^① 作为青年党领导层的重要组成部分，境外极端分子不断向青年党成员灌输"圣战"思想，试图引导青年党从一个伊斯兰极端组织向区域性恐怖组织转变。^② 青年党的武装人员也由本土极端分子和境外极端分子构成，其中境外极端分子来自巴基斯坦、孟加拉国、阿富汗、也门、苏丹、沙特阿拉伯甚至西方国家，他们的到来为青年党带来了丰富的作战经验，推动了青年党袭击战术的升级。

在袭击战术方面，"基地"组织的袭击战术和战场经验提升了青年党发动暴力活动的能力。青年党成立后已具备与反恐力量进行周旋的武装能力，但发动大规模恐怖袭击的战术和技术仍然依赖于少数外国武装分子。随着青年党向"基地"组织的靠拢，"基地"组织为青年党成员提供了制造炸弹、远程控制爆炸、自杀式爆炸装置等方面的专业培训，提升了青年党的袭击能力，尤其是对自杀式爆炸袭击的熟练运用，提升了青年党灵活袭击的能力。在过去，索马里伊斯兰极端组织很少使用自杀式炸弹进行袭击，因为这与索马里的文化格格不入，但对于青年党而言，这类袭击则成为其向临时政府和国际社会施压的常规手段，^③ 从中也足见"基地"组织等域外极端组织对青年党的影响。此外，青年党还把袭击目标由政府官员和外国武装人员扩展至游客、记者、援助人员等平民。青年党针对无辜平民发动袭击的行径增强了索马里伊斯兰极端组织的暴力性和破坏性，这也与"基地"组织的影响密切相关。

（三）索马里伊斯兰极端组织之间的矛盾对立

2009年1月，埃塞俄比亚军队从索马里撤离后，将该国的控制权重新交还给过渡政府以推动国家重建，但在国家重建的方案中并未体现青年党领导阿威斯所在部族的利益。阿威斯在得知重新掌控青年党无望后，重新

---

① David Shinn, "Al Shabaab's Foreign Threat to Somalia," *Orbis*, Vol.55, No.2, 2011, p.209.

② Hussein Solomon, "Somalia's Al Shabaab: Clans vs Islamist Nationalism," *South African Journal of International Affairs*, Vol.21, No.3, 2014, p.360.

③ David Shinn, "Al Shabaab's Foreign Threat to Somalia," *Orbis*, Vol.55, No.2, 2011, p.208.

组建了另外一个伊斯兰极端组织——伊斯兰党。① 起初，伊斯兰党与青年党就联合对索马里过渡政府展开攻势达成战略协作关系，并且双方同意对基斯马尤港（Kismayo）进行共同控制，两者每六个月轮换一次。② 但由于双方在斗争对象方面存在严重分歧，致使两者关系龃龉不断。

在斗争对象方面，伊斯兰党主张以过渡政权为斗争目标，并不热衷于进行全球性"圣战"。由于深受伊斯兰联盟的影响，伊斯兰党同样致力于以"圣战"的方式实现建立由以伊斯兰教法为基础的"伊斯兰国家"，但其攻击的目标主要是过渡政府。③ 正如伊斯兰党领导人谢赫·奥马尔·伊玛尼·阿布巴卡尔（Sheikh Omar Iman Abubakar）所言："谢里夫·谢赫·艾哈迈德（Sheikh Sharif Sheikh Ahmed）领导的所谓政府与前任过渡政府总统阿卜杜拉希·优素福·艾哈迈德（Abdullahi Yusuf Ahmed）领导的政府没有区别。这个国家没有从敌人手中解放出来，没有强制执行沙里亚法律，怎能放弃'圣战'呢？"④ 但是，由于伊斯兰党的大多数成员都来自领导人阿威斯所属的豪巴尔-吉迪尔（Habar Gidir）部族，出于保护部族利益的目的，伊斯兰党拒绝对周边国家发动恐怖袭击。⑤ 因此，也就不难解释伊斯兰党在使用自杀式袭击、建立全球哈里发国家等问题上与青年党持不同看法的原因。⑥

最终，伊斯兰党与青年党走上了相互对抗的道路。青年党通过对伊斯兰党进行军事打击和拉拢其属下的民兵组织，不断压缩伊斯兰党的生存

① International Crisis Group, "Somalia's Divided Islamists," *Africa Report N°74*, May 2010, p.9, https://www.crisisgroup.org/africa/horn-africa/somalia/somalia-s-divided-islamists.

② IRIN, "Somalia: Islamists on a 'War Footing' in Kismayo," *Integrated Regional Information Networks*, September 29, 2009, http://www.irinnews.org/Report.aspx?ReportId=86338.

③ International Crisis Group, "Somalia's Divided Islamists," *Africa Report N°74*, May 2010, p.10, https://www.crisisgroup.org/africa/horn-africa/somalia/somalia-s-divided-islamists.

④ Nathaniel Horadam, "Somalia's Second Islamist Threat: A Backgrounder on Hizb al Islam," *Critical Threats*, October 8, 2010, https://www.criticalthreats.org/analysis/somalias-second-islamist-threat-a-backgrounder-on-hizb-al-islam.

⑤ "Somalia: Hizbul Islam Group Withdraws Allegiance, Says 'Al Shabaab Is Weakened'," *Garowe Online*, September 25, 2012, http:// allafrica.com/stories/201209261141.html.

⑥ 樊小红:《索马里伊斯兰激进组织初探》，载《西亚非洲》2012年第10期，第39页。

空间。在此背景下，伊斯兰党不得不向索马里中部转移以建立新的战略据点。[①] 2013年，伊斯兰党宣布放弃通过暴力夺权，并希望与索马里过渡政府进行谈判。此后，在索马里再也没有出现能够与青年党相抗衡的伊斯兰极端组织。

三、索马里伊斯兰极端组织的影响

作为索马里乃至非洲之角面临的最严重的非传统安全威胁之一，索马里伊斯兰极端组织不仅成为索马里和平重建过程中难以逾越的沟壑，而且深刻影响着非洲之角的国际关系。

（一）对索马里政治、经济和社会重建的严重负面影响

第一，阻碍索马里国家和平进程的实现。索马里伊斯兰极端组织与世俗政权在国家建构和整合方面存在本质性的矛盾，它们虽致力于实现索马里的统一，但却以全面推行沙里亚法和实现"大索马里"的统一为基本前提，而索马里过渡政府则试图在国际社会的支持下将西方代议制政府的模式移植到索马里。因此，索马里伊斯兰极端组织将历届索马里世俗政权视为西方的傀儡，并试图通过暴力的方式推翻现行秩序。

从1991年至2010年，索马里先后经历了14任过渡政府，这与索马里伊斯兰极端组织的长期反政府斗争不无关系。[②] 1993年，伊斯兰联盟对联合国旨在恢复索马里中央政府治理能力的"联合国索马里行动"（United Nations Operation in Somalia）进行抵制，并在一次袭击中造成18名美国士兵丧身。[③] 伊斯兰联盟长期奉行强硬的极端排外政策致使"联合国索马

---

① Bili Roggio, "Hizbul Islam Joins Shabaab in Somalia," *The Long War Journal*, December 19, 2010, https://www.longwarjournal.org/archives/2010/12/hizbul_islam_joins_s.php.

② Julie Cohn, "Terrorism Havens: Somalia," *Council on Foreign Relations*, June 1, 2010, https://www.cfr.org/backgrounder/terrorism-havens-somalia.

③ Andre Le Sage, "Al Itihad and Islamist Radicalism in Somalia," *Review of African Political Economy*, Vol.27, No.89, 2001, p.472.

里行动"一波三折，最终以失败告终。2008年，索马里过渡政府与"索马里再解放联盟"（Alliance for the Re-liberation of Somalia）等反政府武装组织签署《吉布提协议》（Djibouti Agreement），但青年党拒绝承认该协议的合法性，并号召穆斯林团结起来推翻索马里过渡政府。[①] 此外，伊斯兰党也提出了两个停止与过渡政府对抗的条件：一是要求将沙里亚法作为索马里国家重建的基础，二是要求所有外国军队立即撤离索马里。尽管2009年4月索马里过渡政府决定在索马里实施沙里亚法，但在伊斯兰极端分子看来，其所颁布的沙里亚法过于软弱，并不具有约束力。[②] 由此不难看出，索马里伊斯兰极端组织主张以沙里亚法为基础重建国家的强硬态度使得索马里的和平进程步履艰难。

第二，冲击本就脆弱的社会经济秩序。据统计，2015年索马里人均国民收入总值仅为294美元，远远低于撒哈拉以南非洲地区3383美元的平均值。[③] 究其原因，索马里经济发展的落后与伊斯兰极端组织制造的暴力冲突密切相关。一方面，伊斯兰极端组织发动的恐怖袭击活动不仅破坏了索马里的基础设施，而且造成大量人员和财产损失，使得原本就十分薄弱的索马里经济雪上加霜。另一方面，索马里过渡政府将更多资金用于打击极端组织，使政府财政更加捉襟见肘，无力发展经济。据统计，索马里过渡政府用于打击极端主义和恐怖主义的经费约占其国民生产总值的30%。[④] 与此同时，极端组织的恐怖活动导致索马里社会积贫积弱。根据和平基金会（The Fund for Peace）发布的《2018年脆弱国家指数》（2018 Fragile States Index），索马里在全球最不稳定国家排名中位列第2位。[⑤] 由此可见，索马里未来的经济社会建设仍难以走上正轨。

---

① 王涛、秦名连：《青年党的发展及影响》，《西亚非洲》2013年第4期，第85页。

② "Somalia: Parliament Ratifies Islamic Law As National Legislation," *allAfrica*, April 18, 2009, http://allafrica.com/stories/200904180008.html.

③ UNDP, *Human Development Report 2016: Human Development for Everyone*, New York: the United Nations Development Programme, 2016, pp.198-201.

④ Juliet Elu and Gregory Price, "The Causes and Consequences of Terrorism in Africa," *The Oxford Handbook of Africa and Economics*, Vol.1: Context and Concepts, 2015, p.11.

⑤ FFP, *2018 Fragile States Index*, Washington, D.C: The Fund for Peace, 2018, pp.6-7.

第三，激化索马里内部的教派矛盾。历史上索马里国内各教派之间的矛盾并不突出，其中迅速实现本土化的苏菲派长期占据索马里宗教话语权的主导地位。[①] 20世纪90年代，受外部伊斯兰主义思潮渗透的影响，索马里国内的萨拉菲主义不断上升并逐渐出现异化的趋势，进而滑向了宗教极端主义。[②] 伊斯兰联盟成立后，致力于推动宗教"同质化"，谴责苏菲主义严重偏离伊斯兰教的正统信仰，主张通过暴力对其进行"净化"。此后信奉萨拉菲主义的极端组织均继承了伊斯兰联盟的这一理念，频繁对苏菲派进行打压，主要表现为与苏菲派武装集团"先知的信徒"（Ahlu Sunna Wah Jamma）的斗争。据统计，青年党与"先知的信徒"武装集团共爆发了116次武装冲突，伊斯兰党也与其发生六次正面冲突。在此过程中，苏菲派同样采取与萨拉菲派类似的极端化斗争策略，进一步加剧了索马里境内穆斯林教派的分化与对立。[③]

（二）严重威胁非洲之角的地区安全

第一，成为周边国家安全的主要威胁。随着"泛索马里主义"与伊斯兰极端主义的深度融合，索马里伊斯兰极端组织通过异化和操控"泛索马里主义"以实现其政治诉求，主要表现形式便是对邻近国家发动恐怖袭击。[④] 伊斯兰联盟为了在欧加登地区拓展生存空间和获得当地索马里武装组织的支持，频繁对埃塞俄比亚发动恐怖袭击，造成大量人员伤亡。青年党则把参与索马里和平进程的周边国家列入报复名单。自2006年成立至2018年，青年党共对周边国家发动了268次报复性袭击，共1044人在袭击中丧生，其中青年党对肯尼亚的恐怖袭击最为频繁，约占袭击总

① Angel Rabasa, *Radical Islam in East Africa*, Santa Monica: RAND Corporation, 2009, p.29.

② 王涛、宁彧：《萨拉菲主义在撒哈拉以南非洲的传播、极端化及其影响》，载《阿拉伯世界研究》2018年第4期，第50页。

③ 李维建：《撒哈拉以南非洲伊斯兰极端主义》，载《世界宗教文化》2013年第3期，第54页。

④ 王涛、赵跃晨：《泛索马里主义的历史渊源与流变——兼论泛索马里主义与恐怖主义的关系》，载《世界民族》2018年第4期，第50页。

数的95%。[①] 2014年和2015年，青年党分别对肯尼亚旅游胜地拉穆地区（Lamu）和加里萨镇莫伊大学（Garissa University）发动恐怖袭击，造成89名平民和148名学生死亡。由此可见，青年党频繁发动恐怖袭击不仅威胁肯尼亚的安全，而且对该国的经济产业造成了严重冲击。此外，青年党的暴力袭击对象还包括埃塞俄比亚、乌干达、肯尼亚和吉布提等国。

第二，破坏地区国家之间的关系。在东非地区，个别国家通过支持索马里伊斯兰极端组织以抗衡其他国家，导致该地区国家间关系日趋复杂和恶化。[②] 例如，2011年联合国的多份报告谴责厄立特里亚政府在国内打击伊斯兰极端组织的同时，却对非洲之角地区其他国家境内的伊斯兰极端组织（如青年党和伊斯兰党）提供资金援助和军事培训。[③] 但是，厄立特里亚一直否认向青年党提供武器装备，并指责埃塞俄比亚的地区扩张主义政策才是青年党崛起的直接诱因，以此回击埃塞俄比亚强占厄立特里亚领土的非法行为。[④] 由此可见，地区力量围绕索马里伊斯兰极端组织相互攻讦，只会激化各方的不满情绪，最终导致地区国际关系日趋紧张。[⑤] 在此背景下，"敌人的敌人就是朋友"的现实逻辑在非洲之角不断固化。

第三，地区反恐形势日趋严峻。在"基地"组织和"伊斯兰国"组织的影响下，索马里伊斯兰极端组织正在演变为全球恐怖主义动荡弧的重要组成部分。在与全球恐怖组织的互动过程中，索马里伊斯兰极端组织不断把重建伊斯兰国家的目标置于全球"圣战"的叙事结构中，以此获取外部极端组织的支持。目前，索马里伊斯兰极端组织不仅与全球性恐怖组织在

---

① 数据来源于武装冲突定位与事件数据项目（The Armed Conflict Location & Event Data Project）。

② Alexius Amtaika and Mustafa Ahmed, "Is the Eritrean Government a Victim or a Sponsor of Islamic Extremism and Terrorism?" *International Journal of Peace and Development Studies*, Vol.4, No.4, 2013, p.57.

③ Alexius Amtaika and Mustafa Ahmed, "Is the Eritrean Government a Victim or a Sponsor of Islamic Extremism and Terrorism?" *International Journal of Peace and Development Studies*, Vol.4, No.4, 2013, p.53.

④ 肖玉华、刘鸿武：《非洲之角安全困局述评》，载《现代国际关系》2013年第2期，第35页。

⑤ 详细论述参见刘中民、舒梦：《中东地区恐怖主义的新发展》，载刘中民、朱威烈主编：《中东地区发展报告（2013年卷）》，北京：时事出版社年版2014年版，第101页。

意识形态、人员训练和资金流动方面联系密切，而且与周边区域性的恐怖组织和极端组织形成了初步合作。[①] 在此背景下，非洲之角的反恐行动可能会造成整个恐怖主义体系的共振，进一步恶化地区安全局势。

伊斯兰极端组织在索马里的出现是国际、地区和国家三个层面的结构性因素综合作用的产物。在索马里伊斯兰极端组织发展的过程中，不同的极端组织之间会因意识形态的趋同迅速联合，但也会出于现实利益矛盾走向对立。面对索马里伊斯兰极端组织的威胁，国际社会和地区力量均试图通过军事打击的方式遏制其发展和蔓延。从效果来看，尽管这些措施能够在短期内遏制索马里极端组织迅猛的发展势头，甚至摧毁其组织实体，但新的组织很快又迅速崛起。其中有如下几个值得注意的特点。

第一，索马里伊斯兰极端组织通过对意识形态进行多重"包装"获得活力。索马里伊斯兰极端组织不仅引入了"圣战"理念，而且杂糅了民族主义诉求，这使得其能够在两种意识形态之间进行灵活切换，以此获得国际极端组织和地区民众的支持，尤其在某一伊斯兰极端组织"灭亡"后，新的组织能够迅速通过这种方式实现"重生"。

第二，索马里伊斯兰极端组织通过提升管理能力捕获人心。索马里伊斯兰极端组织在通过暴力袭击以推翻现有秩序的同时，它们也在不断提升在其控制区域内的统治能力，甚至代替当地政府提供部分社会公共产品，这使得一些对索马里过渡政府产生"怨恨"的民众更加倾向于支持伊斯兰极端组织。

第三，各方力量在打击索马里伊斯兰极端组织过程中相互掣肘。以美国为首的西方国家通过空袭和向过渡政府提供资金等方式打击极端组织；非洲联盟通过向索马里派驻联军收复极端组织占领的区域，挤压其生存空间；索马里过渡政府则通过重组索马里国民军向极端组织施压。虽然各方努力取得了一些成效，但非洲联盟与西方国家在军费分担问题上意见不

---

① 王涛、鲍家政：《恐怖主义动荡弧：基于体系视角的解读》，载《西亚非洲》2019年第1期，第121页。

一，而索马里过渡政府与非洲联盟之间又存在信任危机。因此，各方在打击索马里伊斯兰极端组织方面无法形成合力。

　　鉴于此，除了继续加强各方打击索马里伊斯兰极端主义的协同作战能力外，更应该关注伊斯兰极端组织之间的内外联系，加强对组织之间成员往来的监控和拦截，以切断极端思想和人员的输入与输出，更为重要的是提升索马里自身政治、经济和社会的整体进步和治理能力。只有国家不断通过经济发展改善民生，并为民众提供安全保障，才能减少民众对政府的"怨恨"，从而避免伊斯兰极端组织获得动员能力的"机会"。

第34章

"博科圣地"的演变
与尼日利亚反恐政策评析

伊斯兰教是尼日利亚三大宗教之一，[①]传入历史比基督教悠久，对尼日利亚的政治、经济、社会和对外关系等领域影响深远。尼日利亚是伊斯兰合作组织（原伊斯兰会议组织）成员国，国内穆斯林人数占总人口的50%，超过埃及穆斯林的总数。[②]尼日利亚与中东地区关系密切，除每年有大量穆斯林赴麦加朝觐外，1971年尼日利亚加入"欧佩克"后利用石油武器支持阿拉伯国家反对以色列的斗争。与此同时，教派冲突、宗教极端主义、恐怖主义等问题在尼日利亚日益突出，并与中东地区的同类问题存在千丝万缕的联系。"博科圣地"在尼日利亚的兴起、异变、坐大、衰退和反弹，深受尼日利亚伊斯兰主义发展、国家治理薄弱和国际恐怖主义渗透等因素的影响。"博科圣地"问题的国际化趋势以及尼日利亚内部民族

[①] 伊斯兰教、基督教和传统宗教是尼日利亚的三大宗教。

[②] 尼日利亚总人口达1.9亿，其中穆斯林数量达9500万，人口占比50%；埃及总人口达1.045亿，其中穆斯林数量达8778万，人口占比84%。数据来源：《尼日利亚国家概况》，中国外交部网站，2008年2月26日，http://www.fmprc.gov.cn/web/gjhdq_676201/gj_676203/fz_677316/1206_678356/1206x0_678358/，登录时间：2018年6月10日；《埃及国家概况》，中国外交部网站，2008年2月15日，http://www.fmprc.gov.cn/web/gjhdq_676201/gj_676203/fz_677316/1206_677342/1206x0_677344/，登录时间：2018年6月10日。

宗教问题的交互影响，决定了打击"博科圣地"需要综合施策。

一、尼日利亚伊斯兰主义兴起的历史背景

"博科圣地"并非尼日利亚境内出现的第一个伊斯兰主义组织，但却异变成为尼日利亚迄今危害最大、影响最广、国际性最强的一个恐怖组织。"博科圣地"的兴起及其极端化历程，同尼日利亚历史上伊斯兰教的发展，特别是伊斯兰主义的兴起及尼日利亚北部宗教认同关系密切。

（一）尼日利亚北部伊斯兰主义的历史根源

公元11世纪后半叶，伊斯兰教传到加涅姆—博尔帝国（今尼日利亚北部一带），14—15世纪传至豪萨城邦。起初，伊斯兰教只是宫廷和商界的宗教，通过穆斯林教师和商人和平地在尼日利亚北部传播。至17世纪，伊斯兰教在尼日利亚北部许多城市广泛传播。18世纪后半叶，西非地区兴起了以"净化伊斯兰教"为主要内容的"圣战"运动，领导者是富拉尼伊斯兰学者奥斯曼·丹·福迪奥（1754—1817）。

丹·福迪奥出生于戈比尔，幼年即学习《古兰经》，师从18世纪著名的柏柏尔学者乌玛尔学习伊斯兰教逊尼派教义，后研习苏菲主义，成为卡迪里教团的首位领袖。丹·福迪奥游历豪萨城邦传播伊斯兰教，逐渐成为受人尊敬的穆斯林学者。戈比尔国王雍发上台后，同丹·福迪奥和富拉尼人的关系逐渐恶化。丹·福迪奥及其追随者被迫逃亡，于1804年对豪萨国王发动"圣战"。该事件成为伊斯兰政治力量登上尼日利亚历史舞台的重要标志。豪萨国王倒台后，索科托哈里发国（1809—1903）随之建立。然而富拉尼人征服豪萨城邦后，却接受了豪萨人的语言和文化习俗，两个民族相互通婚，逐渐融合成尼日利亚的第一大民族豪萨—富拉尼族。在整个19世纪，索科托哈里发国的战士不断向东、西和南部发动"圣战"，开疆扩土，传播伊斯兰教。一方面，伊斯兰教成为维系索科托哈里发国不同民族的纽带；另一方面，"圣战"所宣扬的穆斯林皆平等的理念并没有实

现，特别是那些皈依伊斯兰教的小民族，地位明显低于富拉尼人。在向外围发动"圣战"期间，富拉尼人的统帅甚至会拒绝一些民族皈依伊斯兰教，以此获得奴隶来进行城市扩建和维护哈里发国的繁荣。[①] 这种状况导致大量弱小民族向哈里发国的南缘，即中部地带逃亡，不少人最终皈依了基督教。中部地带也因此成为北部伊斯兰文化与南部基督教文化的分界线和缓冲区。

索科托哈里发国是当时西非最大的国家，伊斯兰教逐渐成为尼日利亚北部占主导地位的宗教，丹·福迪奥也被认为是尼日利亚伊斯兰教的奠基人，其"圣战"思想和创建哈里发国的实践，甚至成为某些宗教极端组织意识形态和建国合法性的来源。马里的"西非统一与圣战运动"推崇的是丹·福迪奥的思想而非现代伊斯兰主义；尼日利亚的"博科圣地"在2011年的一份公开信中质问卡诺州州长："努力恢复丹·福迪奥昔日的荣光，何罪之有？"[②] 丹·福迪奥的"圣战"思想及索科托哈里发国的历史影响，构成了尼日利亚北部伊斯兰复兴运动的意识形态根基，在英国殖民统治时期又得到人为强化，成为民族国家构建的一大障碍。

（二）英国"间接统治"强化了北部的伊斯兰认同

英国殖民统治者在征服尼日利亚南部时并没有遇到多大阻力，但在北部受到了索科托哈里发国的顽强抵抗，感受到了伊斯兰政治力量的抗争。鉴于索科托哈里发国已建立起一套完整的国家机器，为降低殖民成本和弥补人手不足，卢嘉德勋爵建立了"间接统治"制度，选择与富拉尼埃米尔合作，对哈里发国进行改造，以服务殖民当局的利益。在殖民统治时期，北部局势相对稳定，为安抚埃米尔，殖民当局有意识地打压基督教传教士在北部的传教活动，将传教士的活动范围限定在特定区域，这为伊斯兰教在当地的传播提供了空间。但是，"间接统治"使得北部地区继续处于封

---

① Virgina Comolli, *Boko Haram: Nigeria's Islamist Insurgency*, London: Hurst & Company, 2015, p.16.

② Ibid., pp.13-14.

闭保守的境地，与接受社会变迁的南部之间的差距日益扩大，这在教育方面体现得尤为明显。因此，历史将尼日利亚民族独立运动的领导权和主动权交给了南方人，特别是受西式教育、信奉基督教的伊博人手里。

当北部穆斯林贵族意识到这一点时，甚至以北部尚未做好独立准备为由，试图延缓尼日利亚的独立进程。有学者指出，历史上并没有统一的尼日利亚民族主义，而是存在三种民族主义，即北部豪萨—富拉尼民族主义、南部约鲁巴民族主义和伊博民族主义。[①] 尼日利亚独立运动就是在这三种力量的角逐和妥协中完成的。自独立伊始，北方穆斯林统治阶层就担心传统生活方式受到威胁，南部基督徒则担心幅员辽阔的北方会使整个国家走向伊斯兰化，这两种心态成为尼日利亚独立后民族宗教冲突的根源。

（三）伊斯兰主义加速蔓延

尼日利亚独立后不久，国内便爆发了数起政变和一场内战，南北民族宗教矛盾的激化是造成内乱的重要原因之一。20世纪70年代末，尼国内宗教冲突逐渐加剧，伊斯兰教内部冲突、穆斯林与基督徒的冲突、国家教俗矛盾的激化此起彼伏。在伊朗伊斯兰革命影响下，要求在尼日利亚全国实行伊斯兰教法的呼声进一步加重了整个国家的紧张情绪，民众对爆发宗教战争的担忧与日俱增。与此同时，来自利比亚、巴基斯坦、沙特、苏丹的穆斯林宣教者不断涌入尼日利亚，[②] 外部宗教力量的影响不断上升。1977年，立宪会议围绕在联邦层面设立伊斯兰教法上诉法庭进行激烈辩论。类似的一幕在1988年的立宪会议上再次出现，虽被总统巴班吉达紧急叫停，但此后要求在尼日利亚恢复伊斯兰教法的呼声从未停止过。

1999年，北部赞法拉州新任州长萨尼提出效仿沙特全面实行伊斯兰教法，赞法拉州成为首个实行伊斯兰教法的州。至2001年，尼日利亚36个州中北部的12个州不同程度地实行了伊斯兰教法，并设立了州一级的伊

---

① Ali A. Mazrui and Michael Tidy, *Nationalism and New States in Africa*, London: Heinemann, 1984, p.92.

② Virgina Comolli, *Boko Haram: Nigeria's Islamist Insurgency*, p.20.

斯兰教法法庭。① 这些州还纷纷立法，禁绝赌博、酗酒和卖淫等违反伊斯兰教教义的不端行为；设立专门的征税机构和负责执行伊斯兰教法的民兵卫队；设立州伊斯兰教法委员会和乌里玛（宗教学者）理事会；卡诺州和赞法拉州还设立了公共投诉与反腐委员会。此后，因伊斯兰教法问题引发的冲突不断。北部诸州恢复伊斯兰教法的实践，表明伊斯兰主义在尼日利亚北部的影响已上升至制度层面；与此同时，实行伊斯兰教法引发的南北民族宗教冲突进一步加深了尼日利亚民族国家建构的难度。其一，它对国家世俗的政治制度提出挑战；其二，北部穆斯林宗教认同加深，刺激了南部基督徒的宗教认同，对尼日利亚的国家认同构成挑战；其三，伊斯兰教法的实行对伊斯兰主义在尼日利亚北部的发展起到了示范效应。正是在此背景下，"博科圣地"逐渐兴起、发展和发生异变。

二、从伊斯兰主义组织向恐怖组织的异变

"博科圣地"系豪萨语和阿拉伯语的组合词，意为"禁止西方教育"，②正式名称为"致力宣教与圣战的遵训者组织"，最初系2002年在尼日利亚东北部博尔诺州首府迈杜古里兴起的一个伊斯兰主义组织。该组织创始人穆罕默德·优素福是一位曾受过专门培训的萨拉菲主义者。③ "博科圣地"的宗旨是宣扬伊斯兰主义，主张在尼日利亚实行伊斯兰教法，宣扬以伊斯兰神权国家取代世俗国家。在与尼日利亚政府的较量中，"博科圣地"逐渐由一个伊斯兰主义组织变异为恐怖组织，给尼日利亚和西非地区造成重

① Ahmed Murtada, "Nigeria: Its Beginnings, Principles and Activities in Nigeria," *Salafi Manhaj*, 2013, p.5, http://download.salafimanhaj.com/pdf/SalafiManhaj_BokoHaram.pdf，登录时间：2018年3月9日；参见Rasheed Oyewole Olaniyi, "Hisbah and Sharia Law Enforcement in Metropolitan Kano," *Africa Today*, Vol.57, No.4, Summer 2011, pp.71-96。

② "博科"（Boko）是豪萨语，从英文单词book（书）演变而来，引申为西方教育；阿拉伯语Haram意为"非法之物""被禁止之物"。Boko Haram合起来就是"禁止西方教育"。

③ "萨拉菲"系阿拉伯文单词*salafi*的音译，指严格遵守《古兰经》和"圣训"传统、效仿先知穆罕默德及前三代弟子言行的穆斯林。萨拉菲派基本上都是伊斯兰主义者。

大人员伤亡和财产损失，成为非洲和平与安全面临的最严重威胁之一。"博科圣地"打着伊斯兰旗号，从起初较为平和地宣扬伊斯兰主义，到最终背离伊斯兰教，异变为一个恐怖组织。

（一）"博科圣地"兴起的原因

关于"博科圣地"兴起的原因，学界主要从国家治理、身份认同等角度予以解释。从国家治理的角度来看，国家的合法性在于为公民提供公共产品，包括安全、教育、医疗、基础设施、就业机会和维护法律和秩序的司法体系等。一旦国家无法履行这些职责，就会出现合法性危机。长此以往，一些生活无着落、挫败感严重的民众就会铤而走险，寻求通过极端路径解决问题。从身份认同的角度来看，被边缘化群体面对自身的贫困、失业、社会地位低下以及精英阶层腐败等社会现实时，要么通过强化宗教认同等身份认同来寻求精神慰藉，要么被包括宗教极端势力在内各种势力操纵利用，成为攻击政府的工具。[①] 尼日利亚"博科圣地"等宗教极端组织的出现，既是政府治理不力导致民众反抗意识增强的表现，也是北部保守宗教环境的产物。

第一，民生问题突出。自20世纪70年代以来，尼日利亚经济过度依赖石油出口，成为典型的"食利国家"，腐败问题尤其突出。[②] 单一的石油经济发展导致农村、农业受到忽视，大部分民众生活在贫困之中。2010年尼日利亚贫困率达69%；西北、东北地区尤为突出，分别高达77.7%和76.3%。[③] "博科圣地"之所以在尼日利亚东北地区兴起，其中一个重要原

---

① Benjamin Maiangwa et al., "Baptism by Fire: Boko Haram and the Reign of Terror in Nigeria," Africa Today, Vol.59, No.2, Winter 2012, pp.42-44.

② Toyin Falola and Matthew M. Heaton, A History of Nigeria, Cambridge: Cambridge University Press, 2008, pp.183-184.

③ National Bureau of Statistics, "The Nigeria Poverty Profile 2010 Report," ReliefWeb, February 13, 2012, p.4, https://reliefweb.int/sites/reliefweb.int/files/resources/b410c26c2921c18a6839baebc9b1428fa98fa36a.pdf, 登录时间：2018年4月8日。

因就是发展问题在当地长期不被重视。① 在石油财富的支撑下，尼日利亚迎来了城市化浪潮，大量农村青少年涌入城市谋生。面对就业岗位稀缺的现实，不少人因根本找不到工作而流落街头，甚至沦为乞丐。一些伊斯兰组织、极端组织、犯罪团伙向他们提供食宿和零工，将失业青年招募入伙。20世纪80年代初，宣扬革新伊斯兰教、抵制西方消费文化的"诅咒者运动"虽未能得到主流穆斯林群体的支持，但在城市生活无着的青年群体中间很有号召力。"博科圣地"的成员不仅包括城市无业青年，还有许多伊斯兰学校的学生、② 大学在校生和失业的毕业生。"博科圣地"兴建清真寺和伊斯兰学校，招收尼日利亚贫困家庭子弟，甚至邻国尼日尔、乍得的一些家庭也将孩子送来读书。③ 贫穷、落后、被边缘化以及腐败、贫富悬殊、社会两极分化等问题往往成为当代宗教极端主义产生的直接原因，④ 这些因素也是"博科圣地"兴起的重要原因。

第二，南北地区差距不断扩大。尼日利亚北方穆斯林与南方基督徒之间的民族、宗教矛盾以及在经济、社会发展方面的巨大差距，成为双方不时爆发冲突的导火索。20世纪70年代末以来，穆斯林和基督徒围绕国家世俗性、伊斯兰教法等问题展开激辩，甚至升级为暴力流血事件。尼日利亚北方地域辽阔，穆斯林人口众多，长期居于国家权力中心，加之北方12州不同程度地实行伊斯兰教法，使南部基督徒承受较大压力。南部主要是基督徒聚居区，但基督徒在当地难以独当一面。在西南部约鲁巴人聚居地，穆斯林和基督徒数量相当。在东南部伊博族聚居地，基督教虽占主导地位，但伊博人在政治上长期被边缘化。由此看来，南部基督徒对北部

① John Campbell, "U.S. Policy to Counter Nigeria's Boko Haram," *Council Special Report*, No.70, November 2014, p.6, https://www.cfr.org/report/us-policy-counter-nigerias-boko-haram，登录时间：2018年5月30日。

② William W. Hansen *et al.*, "Poverty and Economic Deprivation Theory Street Children, Qur'anic Schools/Almajirai and the Dispossessed as a Source of Recruitment for Boko Haram and other Religious, Political and Criminal Groups in Northern Nigeria," *Perspectives on Terrorism*, Vol.10, No.5, October 2016, pp.83-84.

③ 吴传华：《"博科哈拉姆"：尼日利亚的塔利班》，载《世界知识》2011年18期，第43页。

④ 叶小文：《宗教极端主义不是宗教》，载《人民日报》2016年1月12日，第3版。

穆斯林企图将整个尼日利亚伊斯兰化并实行伊斯兰教法统治的担忧并不完全是空穴来风。"博科圣地"不是单纯的宗教问题，但该组织却利用尼日利亚南北地区差距，特别是穆斯林同基督徒的矛盾大做文章。南方不少民众认为，"博科圣地"出现在北部，是北方的问题，几乎不会对整个国家造成影响，不少政府高官和政治家也持类似的观点，[①] 忽视了"博科圣地"对尼日利亚民族国家建构造成的挑战。

第三，国家治理脆弱。辉煌的历史和尼日利亚独立后北方穆斯林长期掌权的现实，使得北方人头脑中出现了国家领导权应由北方穆斯林执掌的思维定式。伊斯兰主义者甚至宣称"北方人注定是尼日利亚的领导者"。[②] 经过一系列政变、战乱、协商和妥协，穆斯林和基督徒"轮流坐庄"成为双方之间不成文的政治惯例。得益于这一惯例，尼日利亚自1999年实现还政于民以来，政局保持了基本稳定。2010年5月，北方穆斯林总统亚拉杜瓦任期内病故后出现了权力真空，引发国内激烈的政治斗争。在国民大会的介入下，尼日利亚基督徒副总统乔纳森继任总统。北方穆斯林认为，亚拉杜瓦任期未满即病故，下届总统理应出自穆斯林。但乔纳森继任总统后，利用政治优势最终在2011年大选中获胜，引发北方穆斯林强烈不满，一些州爆发大规模骚乱事件。伊斯兰极端分子大肆渲染、夸大并利用穆斯林与基督徒之间的矛盾，借总统选举煽风点火，骗取穆斯林民众的信任和支持。

第四，境外宗教极端势力渗透。历史上，尼日利亚北部豪萨城邦曾是穿越撒哈拉沙漠贸易、伊斯兰教传播和伊斯兰学术的中心。进入现代以来，这种特殊的地缘环境却为境外伊斯兰极端势力的渗透提供了便利。马里、尼日尔、乍得等尼日利亚周边国家经济发展缓慢，民生和腐败问题突出，近年来伊斯兰势力出现上升趋势。实际上，这种现象的产生与"伊斯兰马格里布基地组织"在萨赫勒地带的蔓延不无关系。北非国家阿尔及利亚的伊斯兰极端主义组织"萨拉菲宣教与战斗组织"，在遭到阿尔及利亚

---

① Virgina Comolli, *Boko Haram: Nigeria's Islamist Insurgency*, p.24.

② Ukiwo Ukoha, "Politics, Ethno-Religious Conflicts and Democratic Consolidation in Nigeria," *The Journal of Modern African Studies*, Vol.41, No.1, 2003, p.135.

政府军的追剿后退居南部沙漠地区，深入马里、毛里塔尼亚、尼日尔和乍得境内活动，除袭击穿越撒哈拉沙漠的商队外，还绑架人质，贩卖人口，走私香烟、燃料和武器以获得资金来源。[①] 2003年9月11日，"萨拉菲宣教与战斗组织"发表声明，宣布效忠"基地"组织，并于三年后与"基地"组织正式结盟，易名为"伊斯兰马格里布基地组织"。此后，该组织不断扩充力量，大量吸收本土恐怖分子，其成员遂成为"基地"组织在西非、北非马格里布地区的主力军。

"博科圣地"的持续坐大与周边极端势力的渗透和相互勾连密切相关。2012年1月卡诺爆炸案后，联合国的报告指出，"博科圣地"不少成员来自乍得。时任尼日利亚总统乔纳森在接受媒体采访时也表示，涉案的200多名嫌疑犯中有160多人来自乍得。[②] 尼日利亚外长在毛里塔尼亚首都努瓦克肖特出席会议期间指出，"博科圣地"与"伊斯兰马格里布基地组织"存在联系，各国就采取行动共同打击极端组织达成共识。这表明，"博科圣地"的溢出效应已对包括西非和北非地区国家的安全构成威胁。

（二）"博科圣地"的异变

从2002年成立至今，"博科圣地"经历了从伊斯兰主义组织向恐怖组织的转变。从时间上看，2009年是这一转变的分界点。

伊斯兰主义在尼日利亚并不新鲜，"诅咒者运动"与"博科圣地"具有许多相似之处。起初，"博科圣地"并没有走通过暴力手段推翻现政府的道路。该组织原头目穆罕默德·优素福认为非伊斯兰国家都是不合法的，强烈谴责加入现政府的穆斯林并要求他们退出世俗政府。"博科圣地"反对道德败坏和腐化堕落，主张重新确立伊斯兰文化认同和价值规范固然有其合理性，但其主张大多脱离现实和违背客观规律。该组织不仅反对西方教育、文化和现代科学，还反对穆斯林参加投票选举。

---

① International Crisis Group, "Islamist Terrorism in the Sahel: Fact or Fiction?" *Africa Report,* No.92, March 31, 2005, pp.18-20.

② 范基荣、张建波：《尼日利亚宣布对"博科圣地"开战》，人民网，2012年1月29日，http://world.people.com.cn/GB/16962146.html，登录时间：2018年4月10日。

2009年7月26日，"博科圣地"部分成员在包奇州首府包奇市要求当地警察局批准组织大型集会以宣扬伊斯兰主义遭拒后，断然向警方开枪，流血冲突很快蔓延到博尔诺州、约贝州及卡诺州。28日，时任尼日利亚总统亚拉杜瓦颁布总统令，要求国家安全机构严厉打击北部宗教极端组织。30日，尼日利亚政府发表声明称，上述四州的骚乱已基本平息，政府军全面包围了"博科圣地"头目优素福在迈杜古里的住所。2009年骚乱造成800多人死亡，其中多数为"博科圣地"成员，优素福在被俘后被当局处死。[①] 尽管"博科圣地"领导层遭受重创，但其成员仍在松散的领导下继续活动，并在迈杜古里、阿布贾等地制造了多起恐怖事件。

"博科圣地"的活动主要具有以下几大特点：

第一，利用重要时间节点实施恐袭。首先，大选前后是包括"博科圣地"在内的伊斯兰极端势力最为活跃的时段。2011年大选期间，"博科圣地"在卡杜纳、阿布贾及迈杜古里至少制造了5起爆炸袭击事件。[②] 5月29日乔纳森总统就职典礼日，"博科圣地"在首都阿布贾等地策划了一系列爆炸事件。2015年伊始，当乔纳森宣布谋求连任时，"博科圣地"又在北部制造了骇人听闻的"屠城"事件。其次，"博科圣地"时常选择传统宗教节日频繁制造恐袭。2011年11月穆斯林宰牲节前夕，"博科圣地"在迈杜古里、约贝州首府达马图鲁和波蒂斯库鲁发动系列袭击，袭击目标包括教堂、清真寺、银行、警察局和兵营等，至少造成150人死亡。[③] 同年圣诞节，"博科圣地"又对多座教堂发动袭击。"博科圣地"选择重要时间节点发动恐怖袭击，往往事前精准策划和组织，以求实现恐怖效应的最大化。

第二，根据力量对比选择袭击目标。"博科圣地"的袭击目标大致可以分为两类：一类是"硬目标"，如警察局、监狱、兵营等军事设施以及安全防护较高的政府机构；另一类是"软目标"，包括教堂、清真寺、学

---

① David Cook, "Boko Haram: A Prognosis," *The James A. Baker III Institute for Public Policy of Rice University*, December 2011, pp.10-11.

② Ibid., p.17.

③ Mohammed Aly Sergie and Toni Johnson: "Boko Haram," *Council on Foreign Relations*, March 5, 2015, https://www.cfr.org/backgrounder/boko-haram, 登录时间：2018年6月10日。

校、汽车站、市场、平民、基督徒、外国人等。然而，"博科圣地"对袭击目标的选择往往不作严格区分，主要根据当时自身实力发动恐袭。2010年，"博科圣地"在包奇州策划了一起越狱事件，700多名囚犯得以逃脱。[①]2011年8月26日，联合国驻尼日利亚机构大楼遭遇自杀性袭击事件，造成23人死亡、116人受伤。[②] 2012年1月，"博科圣地"在北方最大城市卡诺制造了数起炸弹袭击事件，以报复当地政府拒绝释放其一名成员，导致近190人死亡，其中大多数是警察和狱警。[③] "博科圣地"经常针对女学生和其他社会弱势群体等"软目标"发动袭击。2014年4月，"博科圣地"武装分子劫持了博尔诺州奇布克镇一所中学的276名女学生，此后虽然其中的57人侥幸逃脱，但仍有219人下落不明。[④] 联合国儿童基金会的报告指出，"博科圣地"还大量招募童子军，2016年约有2000名儿童被"博科圣地"强征入伍。[⑤] 此外，汽车站、市场、宗教场所以及偏远的学校、村庄等"软目标"都是"博科圣地"的袭击对象。频繁发动针对"软目标"的袭击，也是恐怖组织实力下降的表现。[⑥]

　　第三，"博科圣地"的危害程度不亚于"伊斯兰国"组织。与极端组织"伊斯兰国"相比，"博科圣地"的残忍性有过之而无不及。根据《2015年恐怖主义指数》，2014年"博科圣地"制造的恐袭共造成6644人死亡，较2013年激增317%，高于同年"伊斯兰国"组织恐袭致死人数（6073

---

① Sani Muh'd Sani, "Nigeria: Attack on Bauchi Prison – Boko Haram Frees 721 Inmates," *Leadership*, September 8, 2010.

② 《联合国公布在驻尼日利亚机构大楼爆炸案中遇难者名单》，人民网，2011年9月16日，http://world.people.com.cn/GB/57507/15671826.html，登录时间：2018年5月30日。

③ "Boko Haram," *Encyclopeadia Britannica Online*, https://www.britannica.com/topic/Boko-Haram，登录时间：2018年6月10日。

④ 徐晓蕾：《这个组织比"伊斯兰国"杀人更多》，新华网，2015年11月21日，http://news.xinhuanet.com/world/2015-11/21/c_128452744.htm，登录时间：2018年5月30日。

⑤ "Boko Haram - 2,000 Children Recruited Used As Child Soldiers - Unicef," *Vanguard*, February 21, 2017, https://www.vanguardngr.com/2017/02/boko-haram-2000-children-recruited-used-child-soldiers-unicef/，登录时间：2018年6月10日。

⑥ 朱素梅：《恐怖主义加强"软目标"袭击现象评析》，载《现代国际关系》2014年第4期，第37—38页。

人），成为全球最具危害性的恐怖组织之一。"伊斯兰国"组织恐袭致死人员中44%是平民，这一比例在"博科圣地"袭击事件中高达77%。[①] 2015年新年伊始，"博科圣地"在博尔诺州一周之内屠杀了2000人，并在占领巴加市后进行了大规模屠城行动，3000余座建筑被夷为平地。[②] "博科圣地"的罪行充分暴露了该组织反人类、反社会和反宗教的本质。

第四，与境外恐怖组织沆瀣一气。"博科圣地"兴起初期曾效仿塔利班，被称为"尼日利亚塔利班"，后又与"基地"组织相互勾连。2015年3月，"博科圣地"头目阿布巴卡尔·谢考[③]宣布效忠"伊斯兰国"组织头目巴格达迪，将组织更名为"伊斯兰国西非省"。一方面，"博科圣地"的效忠有利于"伊斯兰国"组织的势力范围进一步扩张至西非地区，同时也可借用"伊斯兰国"组织的影响力吸引更多极端分子加入"博科圣地"；另一方面，鉴于"伊斯兰国"已经成为西方国家的主要打击对象，谋求借助这一组织"出头"的"博科圣地"可能比先前更加受到国际力量的关注和军事打击。[④] 从这个意义上讲，尼日利亚打击"博科圣地"更需要得到国际社会的支持。

三、尼日利亚应对"博科圣地"的策略选择

对尼日利亚而言，伊斯兰极端势力虽不是新问题，但联邦政府特别是乔纳森政府的应对措施仍显得经验不足。除传统应对措施外，尼日利亚周边邻国和国际社会的态度是决定该国打击"博科圣地"成效的关键因素。

---

① 徐晓蕾：《这个组织比"伊斯兰国"杀人更多》。

② 《博科圣地在尼日利亚北部"屠城"已杀两千余人》，人民网，2015年1月10日，http://military.people.com.cn/n/2015/0110/c1011-26360424.html，登录时间：2018年5月20日。

③ 2009年穆罕默德·优素福死后，"博科圣地"内部爆发了争夺领导权的血腥内斗，最后阿布巴卡尔·谢考胜出，成为新的头目。

④ 徐超：《"博科圣地"宣布效忠IS：不论荣辱 听从指挥》，新华网，2015年3月9日，http://news.xinhuanet.com/world/2015-03/09/c_127557331.htm，登录时间：2018年5月20日。

近年来，国际社会转变了对尼政府反恐的态度，这为该国政府寻求国际反恐合作提供了可能。

（一）乔纳森政府的应对

乔纳森是在尼日利亚前总统亚拉杜瓦任内病故后，由副总统继任总统的，并在2011年大选中获得连任。大选期间，尼日利亚国内民族宗教矛盾被人为放大，并被"博科圣地"加以利用，鼓吹穆斯林反对基督徒担任总统，该组织在大选期间频繁制造恐袭事件进行施压。身为基督徒的乔纳森面临的压力陡然上升，促使其连任后出台多项措施来打击国内极端势力。

第一，实行紧急状态。2011年圣诞节期间，"博科圣地"在北部数州制造了一系列爆炸袭击事件。几天后，乔纳森宣布受袭的四个州进入紧急状态，同时关闭其边境。2013年4月，"博科圣地"宣布对博尔诺州的多起重大袭击事件负责，乔纳森随即宣布北部博尔诺州、约贝州和阿达马瓦州进入紧急状态，并要求军方增派兵力进驻当地维护社会秩序。后续事态发展表明，紧急状态的实施虽未能有效遏制"博科圣地"在当地的暴恐行动，但有效遏制了恐怖主义势力向北部其他州和南部扩散。

第二，开展军事清剿。2012年伊始，尼日利亚副总统桑博召集北部19个州州长举行会议，宣布对"博科圣地"进行军事打击，并重新任命国家警察总监，加强警察系统改革，增强防范恐怖袭击的能力。同年9月，联合特遣部队、国家安全局和警察部队在卡诺州、阿达马瓦州和约贝州共同实施了针对"博科圣地"的"恢复秩序行动"，对恐怖分子进行清剿，取得一定成效。此后，军方一直保持着对"博科圣地"的清剿行动。但是，2014年"博科圣地"劫持二百多女学生后，军方虽大兵压境，却不敢草率行事。人质危机使得民众对军方的不满和失望与日俱增。客观地讲，尼日利亚军事实力在西非是最强的，其在非洲维和行动中发挥了重要作用，但在国内反恐方面却表现平平。

第三，寻求欧美支持。人质危机使得尼日利亚政府不得不请求外部施援。由于历史原因，尼日利亚周边邻国均为法语国家。无奈之余，尼日利亚总统乔纳森只得请求法国出面召开安全峰会。出于保护在非利益并向外界展示在西非的传统影响力，法国欣然同意。2014年5月，时任法国总统奥朗德邀请尼日利亚及其邻国元首，以及英国、美国等国和联合国代表赴巴黎参加尼日利亚安全问题峰会。此次峰会的主要成果包括：提高情报共享、建立预警和边境控制、在危险地区建立安全—防卫机制、在乍得湖周边加强军事存在等。巴黎峰会开启了西非联合反恐的序幕。但奥朗德表示法国不会部署地面部队，表明法国只扮演协调者角色，解决"博科圣地"问题仍需要依靠尼日利亚及其邻国的共同努力。美英也只派遣了军事专家和情报专家，美国还以尼军方存在违反人权的行动为由拒绝向尼出售武器，甚至不允许盟国以色列向尼出口同款武器，导致美尼关系一度不睦。由此可见，西方国家只是有限参与尼日利亚政府的反恐行动。

（二）布哈里政府的举措

布哈里就任总统后，尼日利亚国内外对其期望颇高，希望本届政府能尽早清除恐怖主义，推进反腐进程，为国家发展创造稳定的环境和条件。在反恐方面，布哈里政府主要采取了以下策略和措施。

第一，强硬表态，鼓舞士气。布哈里出身行伍，20世纪80年代初曾担任过军政权首脑，素以严厉、铁腕、信念坚定著称。2003年、2007年和2011年，布哈里曾先后三次竞选总统，但均告失败。2015年，布哈里再次参选，提出"我们终将战胜'博科圣地'"的竞选口号，布哈里及其领导的全体进步大会党在多个场合高调表示要根除"博科圣地"。在同年5月29日的就职演说中，布哈里宣布要在2015年年底击败"博科圣地"。在2016年新年致辞中，布哈里再次强调把恐怖分子彻底消灭的决心，[①] 旨在通过鼓舞士气提升民众对政府的信心。

第二，前移反恐中心，织密反恐大网。在布哈里之前，尼日利亚政府的反恐指挥中心设在首都阿布贾。在交通、通信等后勤尚不能得到完全

---

① Emmanuel Aziken, Political Editor and Joseph Erunke, "New Year Message: I know Nigerians Are in Pains," *Vanguard*, January, 2016, http://www.vanguardngr.com/2016/01/new-year-message-i-know-nigerians-are-in-pains-buhari/, 登录时间：2016年1月3日。

保障的尼日利亚，将反恐指挥中心设在离主战场较远的阿布贾显然存在缺陷。尼民众经常抱怨政府反应迟缓，出师不利的军人也指责长官躲在安全处，让他们去前线充当炮灰。布哈里戎马一生，深谙排兵布阵之道，因此他在就职演讲中指示军方将军事指挥和控制中心前移至"博科圣地"的起源地迈杜古里。这一策略调整对于鼓舞士气、提升战斗力和反应速度、安抚东北地区民众恐慌情绪十分必要。

为进一步织密反恐大网，布哈里就职后首次出访即选择邻国尼日尔和乍得。在与两国元首的会晤中，布哈里重申尼日利亚政府彻底剿灭"博科圣地"的立场，并感谢两国收留尼难民。2015年6月初，尼日利亚与邻国国防总参谋长齐聚阿布贾，共商打击"博科圣地"之策。6月11日，布哈里主持召开了乍得湖盆地委员会领导人会议，会议决定组建多国联合部队，由尼日利亚军官任总指挥，总部设在乍得首都恩贾梅纳，各国部队计划于7月底部署到位。会议还决定投入资金改善受"博科圣地"影响而不断恶化的地区环境，发展当地经济。事实证明，这一举措有效地端掉了"博科圣地"的老巢。即便"博科圣地"退至北部森林地带，联军的日常训练和行动仍能对它形成很强的威慑力。此次地区合作反恐受到尼日利亚国内、次区域和全球的普遍好评。①

第三，积极寻求国际合作。为修补与尼日利亚的关系，西方国家在布哈里获胜后转变了对尼的态度。布哈里就职前，七国集团就曾邀请布哈里参会，主动向尼示好。布哈里上台后，美国决定派工作组赴阿布贾帮助尼政府反恐。特朗普上台后，美国政府也表示将加大对尼反恐的支持力度，并决定向尼日利亚出售战斗机等先进武器。总的说来，西方国家对尼反恐的支援仍停留在提供武器装备、资金支持和情报援助的层面，军事介入的可能性不大。

2015年6月，在南非约翰内斯堡召开的第25届非盟峰会期间，布哈里应邀主持了"非盟和平与安全委员会会议"，并同多位非洲国家领导人

---

① Joshua Olusegun Bolarinwa, "International Reactions and Actions on Militancy and Insurgency in Nigeria since 1999," *Insight on Africa*, Vol.10, No.1, 2017, p.110.

进行了双边会晤，进一步落实此前达成的反恐协议。布哈里重申"博科圣地"已成为地区性问题，对尼日利亚及其邻国的安全构成威胁，恐怖主义、局势动荡、贫穷、青年失业、欠发展等问题威胁着整个非洲大陆。他强调，打击"博科圣地"、索马里"青年党"和"伊斯兰马格里布基地组织"等恐怖主义势力，营造有利于发展的安全环境，不仅需要当事国、地区组织开展合作，还需要非盟等政府间组织的支持。

四、尼日利亚政府反恐成效及前景

尼日利亚反恐任务的艰巨性、复杂性和长期性，决定了打击"博科圣地"的成效很大程度上取决于尼日利亚政府治理能力的提升和民生问题的解决。在具体的反恐措施中，预警机制的建立和去极端化措施，对尼日利亚而言是一个新课题。

（一）打击"博科圣地"的成效

2015年年底，布哈里宣布他已实现竞选诺言，"博科圣地"已在技术层面被打败。这表明，尼政府的反恐策略取得了成效。

首先，"博科圣地"整体上失去了其宣称的"伊斯兰国西非省"的控制区域。2014年8月，"博科圣地"头目谢考宣布效忠"伊斯兰国"组织头目巴格达迪，该组织当时占据了北部大片领土。随着多国联合部队的有效打击，"博科圣地"节节败退。尼日利亚军方还除掉了"博科圣地"领导层中的多位关键人物，总体上切断了其与"伊斯兰国"组织的联系。"博科圣地"发布视频的频率也较以往有所降低。[①]

其次，尼日利亚东北重镇迈杜古里受大规模恐袭风险降低。迈杜古里

① Jacob Zenn, "Boko Haram Is Not 'Defeated' but Buhari's Strategy Is Working," *African Arguments*, January 5, 2016, http://africanarguments.org/2016/01/05/boko-haram-is-not-defeated-but-buharis-strategy-is-working/, 登录时间：2016年1月6日。

是博尔诺州首府和最大城市，居民大多信奉伊斯兰教，市内也有一定比例的基督徒居住。人口结构导致当地易爆发教派冲突，历史上穆斯林与基督徒之间曾多次爆发冲突，"博科圣地"与多国部队在当地也曾爆发多次激战。迈杜古里及周边地区是"博科圣地"活动的重心，恢复当地社会稳定对反恐行动意义重大。

2016年以来，"博科圣地"袭击的频度和烈度大幅下降。《2017年全球恐怖主义指数》统计数据显示，2016年因"博科圣地"恐怖袭击死亡人数较2015年下降了80%，2016年全球最严重的20起恐怖袭击中，只有一起是"博科圣地"发动的。[①] 但"博科圣地"的危险性仍不容忽视。2017年，"博科圣地"多采用"独狼"式袭击手段，袭击目标除普通民众外，还包括向东北三州运送紧急人道主义救援物资的联合国车队，造成了大量救援物资损失。在尼日利亚军方的持续围剿下，"博科圣地"核心力量已受到重创，导致该组织开始利用女童进行自杀式袭击来扩大恐怖效应。2017年8月，联合国儿童基金会的统计数据显示，2017年1—8月，83名儿童被"博科圣地"用作人体炸弹，其中55名是15岁以下的女童。[②]

尼日利亚军方在反恐行动中取得了一定成效，但实现和平并非易事，当前仍有200名遭"博科圣地"绑架的女学生下落不明，[③] 东北部重建任务艰巨，大量流离失所的难民需要国际社会的援助。与此同时，"博科圣地"成员不时改头换面，混迹于难民营中，伺机作乱。该组织还改变策略，转而对"软目标"发动袭击；化整为零，四处藏匿；多使用女性，特别是女童和携带婴儿的妇女从事自杀式袭击。尼政府和军方虽多次宣称击败"博

---

① Institute for Economics and Peace, "Global Terrorism Index 2017," *Institute for Economics and Peace*, November, 2017, pp.4,13, http://visionofhumanity.org/app/uploads/2017/11/Global-Terrorism-Index-2017-Snapshot.pdf, 登录时间：2018年6月13日。

② 《联合国儿童基金会谴责"博科圣地"利用儿童制造自杀式爆炸》，中国驻尼日利亚使馆经商处网站，2017年8月23日，http://nigeria.mofcom.gov.cn/article/jmxw/201708/20170802631923.shtml，登录时间：2018年3月15日。

③ 2014年4月14日，"博科圣地"绑架了276名女学生，后有50多人逃出；2016年10月，该组织释放了21名学生；2017年5月，该组织再次释放82名人质。据此推算，目前仍有120多名女生下落不明。

科圣地"，但2018年以来该组织的恐袭活动出现了一定反弹，2月下旬"博科圣地"袭击了东北部约贝州一所女子科技学院，导致110名女学生下落不明。[①] 布哈里总统宣布该起绑架案为"国家灾难"，要求军方加大打击"博科圣地"的力度。[②] 除军事打击外，尼日利亚政府也开始同"博科圣地"展开谈判，要求该组织尽早释放遭绑架的人质（特别是女学生）。据尼日利亚媒体3月21日报道，遭绑架的女孩已经获释，但是否所有的110名女生都已获释还不得而知。[③]

（二）应对"博科圣地"问题的前景

从长远看，要根除"博科圣地"等恐怖主义势力，尼日利亚政府和国际社会仍需要在以下几个方面开展合作。

一是继续保持军事打击力度。当前，"博科圣地"与军方大规模对抗的可能性较低，但该组织仍具有在局地制造恐袭的能力。随着"博科圣地"成员可能向边界地区流窜隐匿，多国联合部队的重要性将进一步凸显。尼日利亚军方已决定继续加强在北部的驻军，对恐怖分子施加武力威慑。

二是着力解决社会突出问题。尼日利亚北部靠近萨赫勒地带，自然条件差，发展缓慢，社会问题突出，"博科圣地"在此肆虐多年，破坏力惊人，导致当地生活环境进一步恶化。目前，尼日利亚东北部面临严重的人道主义危机和饥荒，数百万民众亟需国际社会的救援。加大资金投入，帮助难民渡过难关和重建家园，恢复经济和生态已成为尼日利亚政府的首要任务。尼政府已表示要解决乍得湖面临的生态环境问题，同时需要各国的共同努力来改善民众赖以生存的水资源问题。

---

① 李凉：《尼日利亚安全形势持续恶化》，载《人民日报》2018年2月28日，第21版。

② "Buhari Speaks on Abducted Dapchi Schoolgirls - Premium Times Nigeria," *Premium Times Nigeria*, February 23, 2018, https://www.premiumtimesng.com/news/headlines/259693-buhari-speaks-abducted-dapchi-schoolgirls.html，登录时间：2018年3月15日。

③ Abdulkareem Haruna, "Nigeria: Dapchi Schoolgirls Freed," *allAfrica*, March 21, 2018, http://allafrica.com/stories/201803210196.html，登录时间：2018年6月10日。

三是加强宗教去极端化工作力度。"博科圣地"利用伊斯兰教宣扬宗教极端思想，发展出一套兼具狂热性和暴力性的宗教话语，蛊惑并动员普通群众加入极端组织。宗教极端主义并不必然演变成恐怖主义，但是各种恐怖主义的背后大多有宗教极端主义作为思想支撑。[①] 从预防角度看，宗教去极端化工作的重要意义甚至要超过军事打击的意义。

四是加强地区和国际反恐合作。"博科圣地"从清真寺起家，由点到面，宣布"建国"，[②] 效忠"伊斯兰国"组织，凸显了近年来国际恐怖主义地区化与国际化并重的趋势。因此，尼日利亚打击"博科圣地"，在国内层面需要联邦政府的努力、南北地区和北部诸州之间开展协调合作，在地区层面需要尼与西非共同体成员国以及非盟成员国之间开展务实合作，国际层面需要联合国以及国际社会共同努力和开展反恐合作。

综上所述，"博科圣地"的兴起与尼日利亚特殊的民族—宗教—地缘生态密不可分，它的异化则说明，民族宗教问题极易被极端势力所操纵，成为谋取个人或帮派利益的幌子，极具欺骗性。"博科圣地"的罪行可谓罄竹难书，充分暴露了其反人类、反宗教的本来面目。尼日利亚的应对措施总体而言比较有效，"博科圣地"在尼日利亚的生存空间被大大压缩。但事实证明，打着伊斯兰旗号的恐怖组织较普通恐怖组织更具欺骗性、蛊惑性、国际性和破坏力，打击此类恐怖组织的行动也更具长期性和复杂性。对国际社会而言，应对宗教极端势力和恐怖主义势力任重而道远，对民族国家构建程度不高、社会分化严重、经济社会矛盾突出的尼日利亚来说更是如此。未来，尼日利亚应着力解决国家发展问题，构建和谐的民族宗教关系，用经济社会的协调发展来构筑抵御宗教极端主义和恐怖主义威胁的防线。

---

① 叶小文:《宗教极端主义不是宗教》。

② 2014年8月24日，"博科圣地"头目谢考宣布在尼日利亚东北部小镇果扎建立"哈里发伊斯兰国"。

第35章
菲律宾的民族分离型宗教极端组织
——阿布沙耶夫

民族分离型宗教极端组织是极端民族分离主义与宗教极端主义结合的产物。二战后尤其是冷战后，形形色色的民族分离主义的发展日趋复杂化并呈现出不同的趋势：一些民族分离主义得到了解决，如印尼的亚齐问题等；一些民族分离主义则以议会选举和全民公决等和平的方式继续谋求独立，如英国的苏格兰问题和加拿大的魁北克问题等；也有一些民族分离主义或者民族分离主义中的激进派别，则继续以暴力甚至恐怖主义的手段谋求独立。

在民族分离主义的发展过程中，还出现了一种更为复杂的现象，即民族分离主义和宗教极端主义的合流，因此出现了民族分离型的宗教极端组织。由菲律宾民族分离主义极端派别结合而成的宗教极端组织阿布沙耶夫组织（Abu Sayyaf Group，ASG），[①] 就是民族分离型宗教极端组织的典型代表。独立后，菲律宾政府对棉兰老岛地区的摩洛穆斯林实行强制同化政策，大大激化了当地的民族冲突与宗教对立，出现了基于不同宗教

---

① 该组织的英文名有"Abou Sayaf Armed Band; Abou Sayyef Group; Abu Sayaff Group; Al-Harakat Al-Aslamiya; Al-Harakat Al-Islamiyya; Al-Harakat-ul Al-Islamiyya; Al-Harakatul-Islamia; Mujahideen Commando Freedom Fighters"等多种形式；中文名称也有"阿布沙耶夫武装""阿布沙耶夫组织"和"阿布·萨耶夫"等多种翻译，本文采用"阿布沙耶夫组织"的译法。

信仰和政治认同的民族分离组织。在暴力恐怖主义和宗教极端主义等因素影响下，菲律宾的民族分离组织发生了分裂，出现了"阿布沙耶夫组织"、"穆特组织"（Maute Group，MG）、"摩洛伊斯兰自由斗士"（Moro Islamic Freedom Fighters，MIFF）、"邦萨摩洛伊斯兰自由斗士"（Bangsamoro Islamic Freedom Fighters，BIFF）等民族分离型宗教极端组织。下面对民族分离型宗教极端组织阿布沙耶夫组织的兴起发展、特点和影响进行研究，以此认识民族分离型宗教极端组织的特殊性和复杂性。

一、菲律宾民族分离组织的分裂与阿布沙耶夫组织的建立

　　阿布沙耶夫组织是菲律宾民族分离组织中的极端派别，它的出现源于菲律宾民族分离组织的分裂。菲律宾在1946年7月4日取得独立后，继续采取西班牙和美国殖民者对棉兰老岛地区的强制同化政策，激化了与当地摩洛穆斯林之间的民族冲突与宗教对立。1972年9月，马科斯政府宣布军事管制法，对棉兰老岛地区发动全面战争，摩洛穆斯林将原有的民兵组织联合起来，成立了以"摩洛民族解放阵线"（Moro National Liberation Front，MNLF，下文简称"摩解"）为代表的民族分离组织，其目标是在菲律宾南部建立独立的"伊斯兰国家"。"摩解"成立后得到了同为伊斯兰国家的利比亚、马来西亚等国的支持，[①] 菲政府一时十分被动。

　　经过与菲政府数年的冲突和谈判，"摩解"与菲律宾马科斯政府于1978年达成和平协议。但"摩解"中的一小部分人（大约2900人）反对该协议，继续谋求摩洛地区的彻底独立，他们从"摩解"中分裂出来，成立了新的民族分离组织——"摩洛伊斯兰解放阵线"（Moro Islamic Liberation Fronts，MILF，下文简称"摩伊解"）。在经过十多年的斗争后，

---

　　① Krishna Legaspi Aniel, B.A.: *U.S. Policy Against the Abu Sayyaf Terrorist Group in the Post 9/11 World,* the Master Thesis of Georgetown University, Washington, D.C., 2009, p.24.

"摩伊解"在1992年与菲律宾拉莫斯政府签订了和平协议，政府同意在棉兰老岛地区设立世俗的"穆斯林自治区"，不仅给予摩洛穆斯林较大的自治权利，"摩伊解"的领导人还担任了棉兰老自治政府的要职，从而将他们吸纳进入国家机构中。在"摩伊解"与政府谈判过程中，阿卜杜拉加克·阿布巴克尔·简加拉尼（Abdurajik Abubakar Janjalani）于1989年成立了一个仍隶属于"摩伊解"的新组织——"穆斯林游击队自由斗士"（the Mujahideen Commando Freedom Fighters, MCFF），[①] 该组织的领导层是"摩伊解"中十多个头目，他们反对与政府和谈，在1991年另立山头，成立了阿布沙耶夫组织。

菲律宾民族分离组织内部在建国目标和建国手段等方面的分歧难以弥合，是其发生分裂的意识形态原因。

从建国目标来看，"摩解"和"摩伊解"最终分裂的实质是"摩解"内部"本土派"和"海归派"之间的差异。"摩解"领导人多为本土出生的摩洛人，其政治诉求更多反映了当地普通摩洛人希望过上正常生活的愿望，对建立政教合一的"伊斯兰国家"的诉求并不十分强烈，只是将伊斯兰教作为一种生活习惯和个人信仰，而不是要将伊斯兰原则贯彻到政治和社会生活的方方面面，因此他们所要建立的独立国家是世俗国家，这一派属于"本土派"。"摩伊解"的领导人多有留学中东国家的经历，受伊斯兰主义、泛伊斯兰主义等伊斯兰思潮的长期浸染，其目标是建立一个实行沙里亚法的纯粹的、政教合一的"伊斯兰国家"。"摩伊解"主席谢赫·萨拉马特·哈西姆（Sheikh Salamat Hashim）将"摩伊解"的建国目标概括为六条：确立安拉的至高无上地位；获得安拉的赞许；加强人们和造物主之间的关系；加强人与人之间的关系；重新取得被非法和不道德法律所剥夺的、邦萨摩洛伊斯兰民众的自由和自决权；建立一个独立的、实行沙里亚法的国家和政府。[②]"摩伊解"的建国目标反映了伊斯兰原

---

① Kevin Edward Grisham, "Guerrillas Today, What Tomorrow: Transformation of Guerrilla Movements," *Ph.D. Dissertation of University of California*, Riverside, 2009, p.185.

② "Perhaps the Moro Struggle for Freedom and Self-determination is the Longest and Bloodiest in the Entire History of Mankind," *Nida'ul Islam,* the 23rd issue, 1998, https://fas.org/irp/world/para/docs/ph2.htm.

教旨主义思想家阿布尔·阿拉·毛杜迪、赛义德·库特布等人关于真主主权、伊斯兰教法统治、建立纯洁的伊斯兰国家等观念，这一派属于"海归派"。两派围绕建国目标的矛盾导致"摩伊解"从"摩解"中分裂出来自立门户。

阿布沙耶夫组织与"摩伊解"的分歧在于如何建立"伊斯兰国家"和其领土范围。[①]"摩伊解"不排斥用和平的方式实现其目标，其与菲政府进行了多次谈判，并最终和解；而阿布沙耶夫组织主张通过暴力的方式来实现建国目标，拒绝与政府谈判。"摩伊解"要求的"伊斯兰教国"的领土范围是棉兰老岛地区，而阿布沙耶夫组织把泰国南部地区、马来西亚的婆罗州、菲律宾的巴西兰岛和苏禄群岛等地都视为未来"伊斯兰国家"的领土范围，这势必要打破东南亚现有民族国家的边界。因此，阿布沙耶夫组织的政治诉求更为激进，这也是它反对"摩伊解"与菲政府谈判和解、并与"摩伊解"分道扬镳的原因所在。

"摩伊解"领导层中温和派和激进派的分裂直接导致了阿布沙耶夫组织的建立。担任"摩伊解"主席和"邦萨摩洛圣战组织"（Bangsamoro Mujahideen）埃米尔的哈西姆在开罗就读于爱资哈尔大学（Al-Azhar University）期间，经常阅读库特布和毛杜迪的作品。库特布的作品塑造了哈西姆的伊斯兰世界观和政治理念，促使他热切地希望把伊斯兰革命的种子撒在摩洛的土地上。[②]与班纳和毛杜迪等人的思想相比，库特布的思想原本就属于较为激进的原教旨主义，更强调暴力和"圣战"，[③]这使哈西姆转变为一个激进分子。但回国后成为"摩伊解"的领导层人后，哈西姆的思想变得相对温和，淡化了与菲政府的对立，不再完全强调"圣战"，

① Krishna Legaspi Aniel, B.A.: *U.S. Policy Against the Abu Sayyaf Terrorist Group in the Post 9/11 World,* p.27.

② "Perhaps the Moro Struggle for Freedom and Self-determination is the Longest and Bloodiest in the Entire History of Mankind," *Nida'ul Islam,* the 23rd issue, 1998, https://fas.org/irp/world/para/docs/ph2.htm.

③ 刘中民：《当代中东伊斯兰复兴运动研究》，香港：香港社会科学出版公司2004年版，第70页。

甚至认为"摩解"在1976年与菲政府签订《的黎波里协定》^①是最好的方案，一定程度上淡化了其激进色彩。

阿布沙耶夫组织的创立者阿卜杜拉加克的思想和实践都较为激进。在思想上，他深受保守的瓦哈比教义和"基地"组织极端思想的影响，比哈西姆更为激进，甚至是极端；在实践上，他作为本·拉登领导的"圣战"组织的一员参与阿富汗抗苏战争。阿卜杜拉加克称争取摩洛地区的独立也是一场"圣战"，最终目的是为所有摩洛人实现公平；他认为当地的基督徒入侵了穆斯林的土地，因此号召摩洛穆斯林以武力手段夺回他们祖先留下的土地。^② 1993年至1994年，阿卜杜拉加克撰写了名为《四个基本事实》（Four Basic Truths）的著作，该书的最后一部分阐述了通过"圣战"建立实行沙里亚法、政教合一的伊斯兰国家的合理性。^③ 其弟弟卡达菲·简加拉尼（Khadaffy Janjalani），作为阿布沙耶夫组织创立者之一，还将"圣战"对象扩展到反对其主张的普通穆斯林，其思想更加极端。他指出："我们不杀穆斯林，但是我们杀那些自称穆斯林的人；这种人我们看到他们每天做五次礼拜，遵循所有的伊斯兰仪式，但他们与敌人、邪恶力量一起反对穆斯林，尤其是穆斯林游击队员。"^④

总之，"摩伊解"内部温和派和激进派之间的巨大分歧，是阿卜杜拉加克组建阿布沙耶夫组织的原因所在，该组织的思想主张和斗争手段都深受伊斯兰极端主义的影响，其成立也是菲律宾民族分离主义向宗教极端主义蜕变的重要标志。

---

① 《的黎波里协定》是1976年11月23日"摩解"在利比亚首都的黎波里与菲政府签订的协议，这项经利比亚调解的协议中规定了在菲律宾南部地区成立穆斯林自治区、成立自治政府等内容，规定了自治区的法律体系和经济体系等。

② Zack Fellman, "Abu Sayyaf Group," *Case Study Number 5 of Homeland Security & Counterterrorism Program Transnational Threats Project*, Washington DC: Center for Strategic & International Studies, 2011, pp.4-5.

③ Kevin Edward Grisham, "Guerrillas Today, What Tomorrow: Transformation of Guerrilla Movements," *Ph.D. Dissertation of University of California*, Riverside, 2009, pp.196-197.

④ Ibid., p.198.

二、阿布沙耶夫组织的演变

（一）疯狂从事恐怖袭击的阶段（1991—2006）

发动恐怖袭击是作为恐怖组织的阿布沙耶夫组织与"摩解""摩伊解"等民族分离组织之间最大的区别。在1991至1995年期间，阿布沙耶夫组织发动了67起恐怖袭击事件，造成了136人死亡，数百人受伤。[①]

在阿布沙耶夫组织拒绝与政府和谈、大肆从事恐怖主义活动的同时，"摩伊解"继续与政府进行和谈。1996年秋，"摩伊解"领导人那·密苏阿里（Nur Misuari）与拉莫斯政府再次签订和平协议，重新确认了南部穆斯林地区的自治权，建立了范围更大的棉兰老穆斯林自治区（Autonomous Region Muslim Mindanao），除军事和外交权力外，自治区拥有高度的自治权；[②] 在人事方面，密苏阿里担任了棉兰老岛四个穆斯林聚集区的领导人，[③] 这实际上意味着"摩伊解"已经被纳入到菲律宾现有的政治体制中，部分实现了和平。

阿布沙耶夫组织的暴力和恐怖行为遭到了"摩伊解"的反对。1997年，密苏阿里领导的"摩伊解"与菲政府军共同搜捕阿布沙耶夫组织在苏禄群岛的恐怖分子。[④] 由于阿布沙耶夫组织毫不妥协，并以"圣战"对抗政府、发动恐怖袭击而被认定为恐怖组织。1997年10月8日和2002年11月14日，

---

① Zachary Abuza, *Balik Terrorism: The Return of the Abu Sayyaf*, Carlisle: Strategic Studies Institute of the U.S. Army War College, 2005, pp.4-5.

② Krishna Legaspi Aniel, B.A.: *U.S. Policy Against the Abu Sayyaf Terrorist Group in the Post 9/11 World*, p.26.

③ Lola Clare Bratten, "Contested Sites: The Internet as Cultural Contagion or Panacea?" Ph. D thesis of the University of Wisconsin - Madison, 2002, p.269.

④ Gilbert Felongco, "MNLF Faction Helps Troops in Hunt for Abu Sayyaf," *Gulf News*, January 30, 2007, https://gulfnews.com/news/asia/philippines/mnlf-faction-helps-troops-in-hunt-for-abu-sayyaf-1.152911.

美国国务院反恐合作办公室[①]和澳大利亚国家安全局[②]先后把阿布沙耶夫组织认定为恐怖组织，其中美国政府还把阿布沙耶夫组织认定为菲律宾最暴力的恐怖组织。[③]

　　阿布沙耶夫组织的领导人阿布杜拉加克于1998年被击毙后，其23岁的弟弟卡达菲继承了该组织的领导权。他虽没有其兄长的领导才能，但行事十分冷血、极端。他不仅具有狂热的宗教热情，而且还是一个爆炸专家，制造炸弹的水平甚至连菲律宾的军事专家都叹为观止。[④]由于其对阿布沙耶夫组织的影响力远远不如其兄，阿布沙耶夫组织内部经过一段时间的权力争斗，出现了三个主要的分支，卡达菲一度只能作为其中一个分支的领导人，[⑤]但其活动仍然十分猖獗。另外两个分支由阿尔代姆·帝劳（Aldam Tilao，又名Abu Subaya）和加里波·安当（Ghalib Andang）领导，主要在巴西兰岛与和乐岛（Jolo，又译"霍洛岛"）等地活动。2000年至2001年，阿布沙耶夫组织制造的绑架案达到了高峰，两年内绑架了140人左右。[⑥]阿布沙耶夫组织还挑衅菲政府，结果遭到了政府更加严厉的打击。2000年4月18日，在菲律宾前任总统埃斯特拉达63岁生日那天，阿布沙耶夫组织在巴西兰岛将两名菲律宾人质的头颅砍下，送给埃斯特拉达作为"生日礼物"，这促使当政的阿罗约政府对阿布沙耶夫组织采取了"只有子弹，没有赎金"[⑦]的强硬政策，对其进行大规模搜剿，极大削弱了其

①　Office of the Coordinator for Counterterrorism of the U.S Department of State, *Country Reports on Terrorism 2011*, July 31, 2012, https://www.state.gov/j/ct/rls/crt/2011/195553.htm#asg.

②　Australian National Security of Australian Government: "Abu Sayyaf Group," https://www.nationalsecurity.gov.au/Listedterroristorganisations/Pages/AbuSayyafGroup.aspx.

③　"US got lists NPA, Abu Sayyaf, JI Among Foreign Terrorist Organizations in PHL," *GMA News*, June 20, 2015，http://www.gmanetwork.com/news/news/nation/507386/us-govt-lists-npa-abu-sayyaf-ji-among-foreign-terrorist-organizations-in-phl/story/.

④　卫东：《阿布沙耶夫组织》，载《当代世界》2001年第9期，第39页。

⑤　Zachary Abuza, *Balik Terrorism: The Return of the Abu Sayyaf*, p.13.

⑥　Zack Fellman, "Abu Sayyaf Group," *Case Study Number 5 of Homeland Security & Counterterrorism Program Transnational Threats Project*, Washington DC: Center for Strategic & International Studies, 2011, p.3.

⑦　卫东：《阿布沙耶夫组织》，载《当代世界》2001年第9期，第39页。

力量。

2002年，阿布沙耶夫组织分支的领导人帝劳被打死，卡达菲接收了其分支，权力有所扩大，阿布沙耶夫组织开始"强势回归"。[①] 2002年4月，阿布沙耶夫组织在马来西亚沙巴州东海岸绑架了21名游客，使其名声大噪。[②] 此后，它策划和实施了多起震惊国际社会的恐怖袭击事件，如2002年10月12日的印尼巴厘岛爆炸案和2004年2月27日袭击停泊在马尼拉港的超级轮渡的案件。"摩伊解"发言人在2002年这样评价阿布沙耶夫组织的行为："这完全是非伊斯兰的（un-Islamic），他们的行为是反伊斯兰的，我们不能容忍他们的这种行为。"[③] 但阿布沙耶夫组织对此却嗤之以鼻，反而讥讽"'摩伊解'的行为已经偏离了他们最初的信仰"。[④]

对于菲律宾政府来说，既然认定了阿布沙耶夫组织为恐怖组织，那么如果同其和谈，就有可能招致国内外的批评，被贴上与恐怖分子合谋的标签。因此，与政府能否开展对话与协商，是区分民族分离组织和恐怖组织的标准之一。

（二）无核心领导的混乱阶段（2006—2010）

在美国的帮助下，菲政府军在2006年9月4日和2007年分别打死了卡达菲和阿布沙耶夫组织的发言人加那尔·安特尔·萨里（Jainal Antel Sali），而在此前的2002年，菲政府成功招安了阿布沙耶夫组织巴西兰分支（Basilan Faction）的领导人阿布·萨巴亚（Abu Sabaya）和苏禄分支（Sulu Faction）的司令罗伯特（Robot）；阿布沙耶夫组织成员数量也从巅峰时期的数千人下降到200至400人左右，主要力量也撤出了棉兰老岛，龟缩在更为偏远的巴西兰岛和和乐岛等地；加上内部各派争权夺利，导致这段时期的阿布沙耶夫组织处于无核心领导的混乱阶段，并沦落为一个暴

① Zachary Abuza, *Balik Terrorism: The Return of the Abu Sayyaf*, p.vii.
② 王利平：《菲律宾人质危机》，载《国际资料信息》2009年第9期，第20—22页。
③ Zachary Abuza, *Balik Terrorism: The Return of the Abu Sayyaf*, p.14.
④ Kevin Edward Grisham, "Guerrillas Today, What Tomorrow: Transformation of Guerrilla Movements," p.186.

力犯罪集团，其建国目标已被其搁置一旁。

失去核心领导的阿布沙耶夫组织的活动依然猖獗，但其主要活动方式是与建立"伊斯兰国家"毫无关系的绑架活动。2000年至2006年期间，阿布沙耶夫组织制造的绑架案大幅度下降，2007年下半年才出现复苏的迹象。缺乏核心领导导致阿布沙耶夫组织像一盘散沙，不能有效地聚合力量，甚至有学者认为这时的阿布沙耶夫组织已经不再是严格意义上的正式组织。[①] 2008年6月，阿布沙耶夫组织的一个头领亚历山大·亚诺（Alexander Yano）说道："领导层的空缺（Leadership Vacuum）是导致阿布沙耶夫组织重回绑架勒索的原因，因为（我们）再也不能像让拉加尼那样把阿布沙耶夫组织团结为众志成城、令人生畏的组织了。"[②] 巴西兰省副省长拉希德·萨卡拉呼尔（Al-Rasheed Sakkalalhul）评价指出："（阿布沙耶夫组织）不再战斗，绑架人质、勒索钱财只是为了生存。"[③] 2009年在和乐岛执行反恐任务的少将萨班说："这一组织的思想领导者都已死，新领导人都是些土匪。近年来，这一组织逐渐失去海外资金援助，眼下，每个人都要靠自己生存，收取赎金成了他们继续生存的依靠。他们没理由声称为某一事业而战。"[④]

由于收入锐减，阿布沙耶夫组织饥不择食，频繁袭击当地的穆斯林，掠夺他们的财富，这就更违背了其建国目标。2010年2月27日，阿布沙耶夫组织的70多名武装分子进入棉兰老岛的图比甘村，先是袭击了一处民兵哨所，而后将村中财物洗劫一空，造成包括4名儿童和1名民兵在内的11人死亡。穆斯林群体曾是阿布沙耶夫组织招募人员的主要对象，其洗劫的图比甘村恰恰是穆斯林聚居的村落，表明生存成为该组织的首要目标，而其建立"伊斯兰国家"的意识形态追求已无从顾及。

这一时期的阿布沙耶夫组织实际上已经抛弃了建立"伊斯兰国家"的

---

① Eduardo F. Ugarte, Mark Macdonald Turner, "What is the 'Abu Sayyaf'? How Labels Shape Reality," *The Pacific Review*, Vol.24, No.4, 2011, p.397.

② Zachary Abuza, *Balik Terrorism: The Return of the Abu Sayyaf*, p.6.

③ Ibid., p.6.

④ 《菲政府警惕阿布沙耶夫"新生"》，载《看世界》2009年第6期，第31页。

"崇高目标",转变为一个依靠绑架勒索为生的暴力犯罪集团,这固然与其领导层和组织被严重削弱有重大关系,同时也体现了其极端民族分离主义的政治诉求已经遭遇了困境,难以获得更多当地民众的支持。

(三)利用宗教极端主义进行重新整合的阶段(2011年后)

2011年后,伊斯尼龙·哈皮隆(Isnilon Hapilon)担任阿布沙耶夫组织的领导人后,对组织力量进行整合,使该组织重新活跃起来。[①]"摩解"和"摩伊解"先后在2012年和2014年与菲律宾政府签订和解协议,但阿布沙耶夫组织依然顽固坚持其"建国"的目标,继续以暴力恐怖主义手段对抗政府。

事实上,阿布沙耶夫组织成立后一直没有完整的"建国"理论和方案,而这种状况随着其宣布效忠"伊斯兰国"而改变。2014年在中东出现的极端组织"伊斯兰国"不仅谋求建立所谓的"全球哈里发帝国",其宗教极端思想也十分完备,并被世界各地的伊斯兰极端组织吸收借鉴。在与"伊斯兰国"有联系的马来西亚"圣战"分子默罕默德·纳吉布·侯赛因(Mohammad Najib Hussein)、迈哈穆德·艾哈迈德(Mahmud Ahmad)等人的帮助下,阿布沙耶夫组织开始寻求建立"伊斯兰国"的"东南亚省"(South East Asian Islamic State Province)。[②]哈皮隆在2014年6月23日宣布效忠"伊斯兰国",[③]并在2016年春被"伊斯兰国"任命为"'伊斯兰国'菲律宾行省的埃米尔(Islamic State Emir for the Philippines)",[④]标志着阿布沙耶夫组织完全接受了"伊斯兰国"的宗教极端主义思想,并接受后者的领导。

① Office of the Coordinator for Counterterrorism of the U.S Department of State, "Country Reports on Terrorism 2011," July 31, 2012, https://www.state.gov/j/ct/rls/crt/2011/195553.htm#asg.

② Australian National Security of Australian Government, "Abu Sayyaf Group," https://www.nationalsecurity.gov.au/Listedterroristorganisations/Pages/AbuSayyafGroup.aspx.

③ Maria A. Ressa: "Senior Abu Sayyaf leader swears oath to ISIS," *Rappler*, January 06, 2017, https://www.rappler.com/world/global-affairs/157504-al-qaeda-chief-denounces-islamic-state.

④ Office of the Coordinnator for Counterrorism of the U.S Department of State, "Country Reports on Terrorism 2011," July 31, 2012, https://www.state.gov/j/ct/rls/crt/2011/195553.htm#asg.

2016年以来，阿布沙耶夫组织开始以更极端的方式实践其建国目标。2016年8月，阿布沙耶夫组织在菲律宾总统杜特尔特曾经担任20年市长的达沃市发动了一起恐怖袭击事件，将一名18岁的人质斩首，杜特尔特气愤地发誓要"生吃了阿布沙耶夫"。[①] 2017年5月到10月的马拉维战事则是阿布沙耶夫组织的巅峰之作，这件事源于菲政府军搜捕在马拉维附近活动的哈皮隆，阿布沙耶夫组织随即联合"穆特组织"等三个极端组织发动恐怖袭击，一度占领了马拉维全城。然而，哈皮隆在战斗中被打死，百名极端分子被打死或被抓获，阿布沙耶夫组织遭到重创。

马拉维事件是阿布沙耶夫组织转变为宗教极端组织后制造的最大规模的恐怖事件，这不仅表明阿布沙耶夫组织将其建国目标与"伊斯兰国"建立"全球哈里发帝国"的终极目标相结合，更是阿布沙耶夫组织借助宗教极端主义实现民族分离主义目标的体现。

三、阿布沙耶夫组织的运作方式

（一）意识形态

阿布沙耶夫组织的领导人阿布杜拉加克曾经到利比亚的一个极端组织接受了数年的军事训练，后又到阿富汗参加了抗苏战争，并把瓦哈比派的原教旨主义思想、"基地"组织的极端主义思想与菲律宾的民族分离主义运动相结合，[②] 进而实现了分离主义的宗教极端化，并创立了民族分离型的宗教极端组织——阿布沙耶夫组织。在宗教极端主义的影响下，阿布沙耶夫组织的攻击对象不仅包括当地的天主教徒、天主教堂和普通民众，还有西方游客，带有强烈的宗教极端色彩。阿布沙耶夫组织还反对菲律宾政府与美国的军事合作。2005年2月14日西方情人节这一天，在菲律宾首都马尼拉、棉兰老岛最大城市达沃市和棉兰老岛东南部重要城市桑托斯将军

---

① Joey Cheng, "Abu Sayyaf Broadens Its Horizons," p.1.

② "Abu Sayyaf Group," *Jane's World Insurgency and Terrorism*, October 23, 2017, p.4.

城三地同时发动恐怖袭击，^①它宣称这次行动是对2002年1月15日美国直接派出特种部队训练菲律宾政府军的回应。

在"伊斯兰国"出现前，尽管阿布沙耶夫组织宣称其最终的目标是在菲律宾南部"建国"，但实际上它并没有一整套完整的"建国"纲领，并主要从事恐怖袭击活动。阿布沙耶夫组织的进一步宗教极端化深受"伊斯兰国"的影响。阿布沙耶夫组织宣布效忠"伊斯兰国"，标志着它接受了"伊斯兰国"的宗教极端主义思想，并成为全球伊斯兰极端主义的组成部分。在2017年5月的马拉维战事中，阿布沙耶夫组织与政府军对峙五个月之久，并效仿"伊斯兰国"发动攻城略地式的恐怖袭击，同时企图以树立"伊斯兰国"黑旗的方式宣示"伊斯兰国"菲律宾行省的建立。总之，阿布沙耶夫组织接受了"伊斯兰国"的宗教极端思想，实现了宗教极端主义与极端民族分离主义的合流，最终蜕变为民族分离型的宗教极端组织。

（二）组织结构

阿布沙耶夫的组织结构经历了从集权式转向扁平式的过程。1991年到2006年9月期间，简加拉尼兄弟是阿布沙耶夫组织领导人，他们采用了集权式的组织结构。阿布沙耶夫组织内部从一开始就存在7个不完全独立的派系，^②但阿卜杜拉加克作为创立者，拥有较高的威望，他通过设立严密的机构统合各派的分歧。阿布沙耶夫组织设立了一个包括15个宗教领袖的"伊斯兰执行委员会"（Islamic Executive Council）作为领导机构的中枢，该委员会下属两个分工明确的特别委员会，一个负责筹集资金和其成员的伊斯兰教育；另一个负责鼓舞士气和宣传活动。^③这两个委员会将阿布沙耶夫早期的主要领导人吸纳入领导层，不易产生内斗。在分支机构方面，阿布沙耶夫组织按地域分为四个分支：三宝颜市（Zamboanga city）分支、巴西兰省皮拉斯（Pilas）群岛分支、巴西兰省图不兰（Tubulan）分支以

① "Abu Sayyaf Group," *Jane's World Insurgency and Terrorism*, p.12.
② 许利平：《当代东南亚伊斯兰发展与挑战》，北京：时事出版社2008年版，第172页。
③ Zachary Abuza, *Balik Terrorism: The Return of the Abu Sayyaf*, p.28.

及苏禄省帕蒂库尔（Patikul）分支，[①] 以上四个分支并不完全独立，由"伊斯兰执行委员会"在人员、后勤等方面提供支持，因而这个时期阿布沙耶夫组织采用了集权式的组织结构。

在1998年阿卜杜拉加克被菲律宾政府击毙后，其弟弟卡达菲经过一段内斗后逐渐掌控了该组织，并对组织结构进行了稍许改变，其做法是在每个分支设立两个领导人：[②] 一人承担类似于精神领袖的角色，一人是技术领导人。这是因为卡达菲本人作为炸弹专家，如此设置领导机构可以提高他本人在组织内部的地位和领导力。但也反映出这个时期阿布沙耶夫组织的"中央"领导无法统领各个分支机构，只能通过在每个分支中设立技术领导人的方法，在各个分支内部保持某种平衡。

2006年9月和2007年年初，卡达菲和阿布沙耶夫组织另一个重要领导人阿布·苏莱曼（Abu Sulaiman）先后被打死，新继任者的权威不足，不能驾驭内部权力斗争，促使阿布沙耶夫组织的组织结构朝着扁平化的方向发展。经过几轮的权力斗争，阿布沙耶夫组织内部出现了两个主要分支：一个分支是苏禄分支（也称和乐岛分支），领导人是外号为"机器人"的加利波·安当，该分支大约有600人。另一个分支是巴西兰分支，大约有460人，领导人是阿布沙耶夫组织的新闻发言人阿布·萨巴亚，2011年后是哈皮隆。

上述两个分支之下又分为十多个行动小组，每组成员的数量基本上是几十个人左右，它们散布在巴西兰岛和和乐岛周围的数十个小岛上。阿布沙耶夫组织采用扁平的组织结构的原因有二：其一，在简加拉尼兄弟等重要领导人被击毙后，该组织已经难以建立强有力的"中央"领导机构统合权力；其二，阿布沙耶夫组织与"摩伊解"分道扬镳后，活动范围被大大压缩，仅能在棉兰老岛边缘的三宝颜省及其附近的和乐岛、巴西兰岛、塔威塔威（Tawi Tawi）岛等地区活动。这些地区基本上都属于海岸或海岛

---

① Eduardo F. Ugarte, Mark Macdonald Turner, "What is the 'Abu Sayyaf'? How Labels Shape Reality," *The Pacific Review*, Vol.24, No.4, 2011, p.402.

② 钟和：《菲律宾阿布沙耶夫恐怖头目个个数》，载《东南亚纵横》2001年第8期，第10—11页。

地区，战略回旋空间狭小，扁平式的组织结构有利于躲避打击，防止被政府一网打尽。同时，这也显示出阿布沙耶夫组织在菲律宾政府打击下力量衰减的现实。

（三）活动方式

阿布沙耶夫组织的活动方式主要是绑架勒索、恐怖袭击、对抗政府军等。绑架勒索是阿布沙耶夫组织最常见的活动方式，也是其主要资金来源渠道。从1995年到2001年，阿布沙耶夫组织制造了312起各类绑架勒索与袭击事件，造成227人死亡、293人受伤，勒索了数千万美元。[①]

2006年后，阿布沙耶夫组织两个主要分支的活动方式有所不同。苏禄分支以绑架勒索为主要营生，绑架人质后经常将人质藏匿在植被茂盛的和乐岛上。[②] 巴西兰分支虽然人数较少，但该分支的思想更为极端，战斗力较强，绝大部分的恐怖袭击也是该分支所为，该分支甚至还具有与政府对峙的实力。因此该分支是菲政府一直以来的重点打击对象，甚至被菲政府称为"最后的堡垒"（last stronghold）。[③] 巴西兰岛是附近除棉兰老岛以外最大的岛屿，其最高峰巴西兰峰海拔达1100多米，山高林密，非常适合隐藏。巴西兰分支在岛上建有多个基地和大量的攻防工事，易守难攻。2016年8月16日，菲律宾特种部队在占领了巴西兰分支在巴西兰岛的巴归因丹（Baguindan）、提坡提坡（Tipo-Tipo）、巴卡·博和（Bohe Piang of al-Barka）等地区的数个堡垒后发现，巴西兰分支在这里建造了10个碉堡、4条隧道以及众多的散兵坑。[④]

---

① Kevin Edward Grisham, "Guerrillas Today, What Tomorrow: Transformation of Guerrilla Movements," *Ph.D. Dissertation of University of California*, Riverside, 2009, p.188.

② "Philippine forces clash with Abu Sayyaf," *Al Jazeera Media Network*, May 1, 2014, https://www.aljazeera.com/news/asia-pacific/2014/05/philippine-forces-clash-with-abu-sayyaf-201451566262527.html.

③ "Philippine Army captures 'last stronghold' of Abu Sayyaf terrorists in Basilan," *UPI (United Press International) Top News*, August 16, 2016.

④ Ibid.

（四）资金来源

外部资助是阿布沙耶夫组织获取资金的重要来源。在阿布沙耶夫组织成立之初，拥有多重身份的沙特人、本·拉登的内弟默罕默德·贾马尔·哈利法（Mohammed Jamal Khalifa）于1987年来到巴西兰岛活动。他通过菲律宾政府认可的、总部位于沙特的国际伊斯兰救济组织（International Islamic Relief Organization，IIRO）资助阿卜杜拉加克在棉兰老岛地区建立了清真寺、宗教学校及一些公共设施，[①] 通过合法的途径把反对"摩伊解"与政府和解的一些人聚拢在一起，甚至把他们送到阿富汗的"基地"组织训练营中接受军事训练。[②] 哈利法帮助阿卜杜拉加克在阿布沙耶夫组织中确立了第一代领导人的地位和威望，使阿布沙耶夫组织在脱离"摩伊解"后有了稳定的经费与活动场所。除此之外，阿布沙耶夫组织还从"基地"组织、"伊斯兰祈祷团"（Jemaah Islamiya，JI）等极端组织那里获取资金。2000年，本·拉登就资助了阿布沙耶夫组织大约300万美金，用于在棉兰老岛地区培训极端分子。[③]

绑架勒索也是阿布沙耶夫组织获取资金的重要手段。阿布沙耶夫组织的领导人卡达菲荒谬地辩解说，"被绑架者是敌人的支持者，勒索赎金则是向他们的行为征税"。[④] 从1991年至2001年，阿布沙耶夫组织实施了640起绑架案，绑架了2076人。[⑤] 同时，阿布沙耶夫还针对被绑架者国籍不同开出不同的赎金，比如菲律宾籍人质的赎金通常为6.6万美元左右，外籍人士的赎金则从几十万到上百万美元不等。例如，2000年，该组织在马

---

① Krishna Legaspi Aniel, *U.S. Policy Against the Abu Sayyaf Terrorist Group in the Post 9/11 World,* the Master Thesis of Georgetown University, Washington, D.C., 2009, p.28.

② Marc Erikson, "Philippines: The Second War on Terror?" *Asia Times,* October 27, 2001, http://www.atimes.com/se-asia/CJ27Ae09.html.

③ Larry Niksch, "Abu Sayyaf: Target of Philippine-U.S. Anti-Terrorism Cooperation," *CRS Report for Congress,* 2002, p.4.

④ Kevin Edward Grisham, "Guerrillas Today, What Tomorrow: Transformation of Guerrilla Movements," p.199.

⑤ Ibid.

来西亚诗巴丹岛绑架了包括19名外籍人士在内的21名人质，勒索了大约2500万美元的赎金；2010年，阿布沙耶夫组织绑架了11名人质，勒索了70.4万美元的赎金。[①]

阿布沙耶夫组织的资金主要用来购买武器、快艇、通信设备等。该组织购买的武器种类多种多样。2004年，马尼拉警方发现阿布沙耶夫组织把C4炸药、火箭驱动的手榴弹、60毫米迫击炮弹、40毫米连射型枪榴弹发射装置等安放在马尼拉的地铁站中；2009年，菲政府军在阿布沙耶夫组织和乐岛分支一个安全屋里面发现了大量制作爆炸装置的原料，包括700千克的硝酸铵、8000顶安全帽以及13捆炸弹引线。[②] 这些都表明阿布沙耶夫组织具有较强的武器及其原材料的购置能力。该组织武器的主要提供者是东南亚地区一些叛乱武装或极端组织，如印尼的自由亚齐运动、"伊斯兰祈祷团"，[③] 同时也在黑市上购买武器；在阿布沙耶夫组织成立初期，利比亚也为其提供了一些武器。[④] 阿布沙耶夫组织还大量购置快艇、通信设备等，以提升其活动能力。

（五）人员招募

阿布沙耶夫组织招募新成员的方式多种多样。成立之初，阿布沙耶夫组织招募的人员大多是"摩伊解"中反对与政府和解的年轻人，他们多来自于巴西兰岛和三宝颜省，很多人曾被"摩伊解"派到伊斯兰世界核心地区的沙特、巴基斯坦、利比亚和伊拉克等国学习，回国后他们大都加入了阿布沙耶夫组织。阿布沙耶夫组织还招募了在"摩伊解"与政府冲突中阵亡人员的亲属，以及当地学校的青年学生。本·拉登的亲密朋友瓦里·汗·阿米恩·沙赫（Wali Khan Amin Shah）在人员招募培训、提供

---

① Zack Fellman, "Abu Sayyaf Group," p.6.

② "Abu Sayyaf Group," *Jane's World Insurgency and Terrorism*, p.13.

③ Office of the Coordinnator for Counterrorism of the U.S Department of State, "Country Reports on Terrorism 2011," July 31, 2012, https://www.state.gov/j/ct/rls/crt/2011/195553.htm.

④ Zachary Abuza, *Balik Terrorism: The Return of the Abu Sayyaf*, p.3.

资金和武器等方面对阿布沙耶夫组织给予了大力支持。[1] 此外，警察、士兵、官员、政府职员、叛军领袖及其支持者都是阿布沙耶夫组织的招募对象。[2]

由于阿布沙耶夫组织在与菲政府的作战中不断减员，其成员人数一度从最高峰时期的数千人降低到只有数百人，亟需招募新成员。菲律宾大学政治学教授拉斐尔·迪利曼认为，来自伊斯兰宗教学校的学生军是阿布沙耶夫组织成立之初的主力，但是几次围剿之后，这些满怀"建国"激情的学生军已消失殆尽，尤其阿布沙耶夫组织逐渐沦为声名狼藉的绑架组织，对当地伊斯兰学校的年轻学生再无吸引力。[3] 阿布沙耶夫组织深知仅仅依靠青年学生的热情并非长久之计，因此它频频以金钱为诱饵，吸引其主要活动区域巴西兰岛、和乐岛、棉兰老岛地区和塔威塔威地区的当地人加入。在2005年，阿布沙耶夫组织在三个月内就从这些省份吸纳了数百名新成员，每个入伙者会得到1万至3万比索（约合535美元）的补贴，而菲律宾2005年人均国内收入为1194美元。[4]

四、阿布沙耶夫组织的影响

（一）加剧菲律宾民族分离组织的分化，破坏政治和解进程

阿布沙耶夫组织本身就是菲律宾民族分离组织不断分裂的产物，反过来它又对"摩解"和"摩伊解"等老牌的民族分离组织产生了分化作用。"摩解"和"摩伊解"组织中的激进分子深受阿布沙耶夫组织的影响。尽

---

[1] Zachary Abuza, *Balik Terrorism: The Return of the Abu Sayyaf*, pp.3-4.
[2] 陈庆鸿：《"阿布沙耶夫"是什么？标签怎么变成现实的？》，载《世界知识》2011年第20期，第7页。
[3] 于冬：《阿布沙耶夫组织首要绑架目标是外国人，已形成产业链》，凤凰网，2014年4月18日，http://news.ifeng.com/a/20140418/40003548_0.shtml.
[4] 世界银行数据库，https://data.worldbank.org.cn/country/%E8%8F%B2%E5%BE%8B%E5%AE%BE.

管他们没有加入阿布沙耶夫组织，但会因同情阿布沙耶夫组织而为其提供帮助，甚至一起参与袭击政府军。"摩解"和"摩伊解"的领导人都否认与阿布沙耶夫组织合作，甚至还批评阿布沙耶夫组织袭击平民的做法；[①]但这两个民族分离组织较为松散，其领导层并不能完全掌握其每个成员的动向。

早在20世纪90年代，"摩解"的一些成员就为阿布沙耶夫组织运送武器，菲政府的情报人员曾在塔威塔威岛地区发现阿布沙耶夫组织使用"摩解"的运输船。[②] 1995年4月，阿布沙耶夫组织联合"摩伊解"的成员袭击了棉兰老岛的铁木镇（Ipil Town），造成54人伤亡，数十个基督徒的村子被夷为平地；在2004年11月，菲律宾安全部队在"摩伊解"的一个营地中抓获了一名阿布沙耶夫组织的成员和三名"伊斯兰国祈祷团"的成员，当时他们正在一起制造汽车炸弹；2007年4月13日，阿布沙耶夫组织在"摩伊解"一个指挥官的庇护下，偷袭了菲政府军的两个兵营；2007年9月9日，阿布沙耶夫组织与"摩伊解"中的一些极端分子联合与政府军作战，造成26名政府军士兵死亡。

此外，"摩伊解"的一些激进分子在阿布沙耶夫组织的蛊惑下加入了阿布沙耶夫组织。2007年，"摩伊解"的一个领导人哈比尔·马利克（Haber Malik）率领其手下大约200—300名武装分子加入阿布沙耶夫组织，这无疑加剧了菲律宾民族分离组织的内部分化，同时也为"摩解"和"摩伊解"与政府的和解制造了障碍。

（二）破坏菲律宾南部地区的稳定，助推当地的宗教极端化

阿布沙耶夫组织的暴力恐怖活动严重破坏了菲律宾南部地区的经济与社会发展。该组织的绑架勒索和恐怖袭击行为不仅使当地基础设施损毁严重，也使投资者对当地的旅游开发望而却步，进一步加剧了当地的落后。阿布沙耶夫组织制造的恐怖袭击事件造成的直接和间接经济损失十分惨

---

① Larry Niksch, "Abu Sayyaf: Target of Philippine-U.S. Anti-Terrorism Cooperation," p.5.

② Zachary Abuza, *Balik Terrorism: The Return of the Abu Sayyaf*, p.16.

重。例如，2017年5月的马拉维战事导致上千名平民、士兵及武装人员死亡，36万多人流离失所。据估计，菲律宾政府至少需要500亿菲律宾比索才能恢复和重建马拉维市。

更为严重的是，阿布沙耶夫组织的做法被其他极端组织效仿，进一步加剧了菲律宾南部的宗教极端化。"穆特组织""摩洛伊斯兰自由斗士""邦萨摩洛伊斯兰自由斗士"等从"摩伊解"中分裂出来的极端组织，都效仿阿布沙耶夫组织，纷纷宣布效忠"伊斯兰国"，与阿布沙耶夫组织一起成为"伊斯兰国"的外围组织，"穆特组织"等还与阿布沙耶夫组织等共同发起了马拉维战事。

阿布沙耶夫组织拥有与政府作战和发动恐怖袭击的丰富经验，未来菲律宾南部地区的极端组织有可能会以其核心进行整合，进一步加剧菲律宾民族分离组织宗教极端化的趋势，不仅会成为地区安全局势的重大威胁，而且会对菲律宾政府与南部的政治和解进程造成严重破坏。

（三）推动东南亚地区宗教极端组织的网络化，威胁地区安全

阿布沙耶夫组织积极为其他极端组织提供庇护，成为跨国恐怖组织人员流动网络中的重要一环，对东南亚地区安全局势构成了威胁。在2001年7月，菲律宾参议员罗多尔夫·柏亚逊（Rudolfo Biazon）指出，阿布沙耶夫组织有50多名成员在阿富汗受训；2003年，参与2002年巴厘岛爆炸案的"伊斯兰祈祷团"的头目乌玛尔·帕提克（Umar Patek）和杜尔马丁（Dulmatin）得到了阿布沙耶夫组织的庇护，两人不仅向阿布沙耶夫组织的成员传授制作炸弹的技术、帮助他们获得资金，还协助阿布沙耶夫组织在棉兰老岛达沃市（Davao）的机场和萨萨码头（Sasa Wharf）同时制造了两起恐怖袭击事件，造成48人死亡、204人受伤。[①] 2009年，在棉兰老岛执行反恐任务的美军军官威廉·卡尔卓普说："只要他们（阿布沙耶夫组织）还在那里，他们就可能为'伊斯兰祈祷团'提供避难所，培养下一

---

① Zachary Abuza, *Balik Terrorism: The Return of the Abu Sayyaf*, p.4.

代恐怖分子和自杀式爆炸袭击者。这就是为什么他们构成威胁。"①

阿布沙耶夫组织的活动范围已经超出了菲律宾的国界，对东南亚地区的安全局势产生了影响。在马六甲海峡地区，阿布沙耶夫组织与当地的海盗集团勾结，共同作案。2017年国际海事局（International Maritime Bureau，IMB）发布报告称，2013年至2017年间，东南亚海域的海盗袭击数量居世界首位，②其中不少案件为阿布沙耶夫组织所为。2017年9月至2018年2月，马来西亚警方在与苏禄群岛接壤的东马地区多次抓获阿布沙耶夫组织的极端分子。阿布沙耶夫组织的跨国活动亟需地区国家加强反恐合作。2018年1月25日，马来西亚、菲律宾、新加坡、文莱、泰国和印度尼西亚六国达成了名为"我们的眼睛"（Our Eyes）的情报合作协定，该协定不仅要求参与国的高级防务官员每两周会面一次，还要相互交换与分享情报，并且提出了六国共同建立极端分子信息数据库的倡议，共同应对以阿布沙耶夫组织为代表的宗教极端组织。

总之，阿布沙耶夫组织是菲律宾民族分离组织中的极端派别与宗教极端主义相结合的产物，属于典型的民族分离型宗教极端组织。通过对阿布沙耶夫组织的研究，可以总结出民族分离组织向宗教极端组织转变的特点。

第一，意识形态的变化。民族分离组织多以民族自决权为原则，目标多是建立以本民族为主体的、独立的民族国家；而宗教极端组织主义以宗教为旗帜，以建立政教合一的"伊斯兰国家"直至建立"全球哈里发帝国"为目标。

第二，活动方式的变化。民族分离组织的目标是寻求民族独立，因而要争取本民族普通民众的支持，一般不会攻击本民族的民众，主要攻击政府目标；民族分离组织虽然与政府对抗，但也不排除以和谈的方式寻求政

---

① 《菲政府警惕阿布沙耶夫"新生"》，载《看世界》2009年第6期，第31页。

② ICC International Maritime Bureau, "Piracy and Armed Robbery Against Ships," *Annual Report 2016*, 2017.

治解决。而宗教极端组织的活动方式多是暴力恐怖袭击，很少或几乎不与政府和谈，体现出宗教极端主义思想的极端保守性和封闭性。宗教极端组织主张对所谓的"异教徒"进行"圣战"，甚至攻击包括妇女、儿童在内的无辜平民，体现出将攻击目标无限扩大化的特点。

第三，"建国"方案的变化。民族分离组织所要建立的民族国家一般都是世俗的国家，而宗教极端组织则宣称要建立超越现有国家边界的宗教国家。阿布沙耶夫组织建立后，顽固地坚持在菲律宾南部地区建立独立的"伊斯兰国家"，排斥与政府的和谈，大肆从事绑架勒索、恐怖袭击等暴力活动。在宣布效忠"伊斯兰国"后，阿布沙耶夫组织接受了"伊斯兰国"的宗教极端思想，其宗教极端化色彩更加突出。

阿布沙耶夫组织的许多做法被菲律宾民族分离组织的其他激进和极端派别借鉴，并与国际恐怖主义与宗教极端主义勾连，使菲南部地区成为域内外激进分子和极端分子活动的重要庇护所，对东南亚地区安全局势造成了极为负面的影响。

第36章
俄罗斯伊斯兰极端主义的
演变及影响

在后冷战时代，宗教极端主义成为非传统安全领域的重大挑战，而伊斯兰极端主义的威胁最为突出。伊斯兰教作为俄罗斯的传统宗教，在转型时期的俄罗斯社会留下了深刻的烙印，突出表现为伊斯兰复兴思潮与运动。在此过程中，伊斯兰极端主义也沉渣泛起，并借转型之初中央政权式微而寻求北高加索独立，意图建立所谓的"伊斯兰国家"，给俄罗斯国家及社会发展带来了巨大创伤，对俄罗斯的安全和稳定也产生了十分消极的影响。

一、俄罗斯伊斯兰极端主义的滋生与发展

20世纪80年代中后期，戈尔巴乔夫的改革"新思维"导致苏联政治剧烈变动，也在客观上助推了伊斯兰教政治化的进程。苏联解体后，宗教活动在俄罗斯更为活跃，但发展最迅速的还是伊斯兰教，这与中东国家伊斯兰教的扩张有着直接关系。随着伊斯兰教的迅猛发展，瓦哈比教派的极端派别加紧对俄罗斯进行渗透，成为俄罗斯伊斯兰极端主义的思想来源。

俄罗斯伊斯兰极端主义的发展有其深刻的根源。有学者认为，自苏联

解体后俄罗斯进入转型时期以来，伊斯兰极端主义在俄罗斯（特别是在北部高加索地区）不断滋长的原因主要包括以下几个方面：第一，在转型之初的俄罗斯，经济危机导致社会全面萧条，农业人口过剩，失业严重（见下表），贫富差距迅速扩大，社会阶层分化加快，这在穆斯林聚集的北高加索山区尤为突出。第二，俄罗斯的改革产生了诸多尖锐的社会矛盾。在政治领域，各种政治派别为争权夺利相互倾轧；在社会文化和意识形态领域，原有的价值观坍塌，而新的主导性的文化还没有建立起来；社会思潮的多元化为宗教极端主义思想的滋生创造了环境。第三，苏联解体导致俄罗斯地缘政治剧烈变动，许多外国宗教极端组织和极端分子大量涌入俄罗斯。[①] 此外，个别地区瓦派权利的扩大，也为伊斯兰极端主义滋生提供了土壤。

俄罗斯北高加索地区失业水平（%）

地区 ＼ 年度	按照国际劳工组织方法统计的一般情况					
	1992	1995	1998	1999	2000	2001
俄罗斯联邦	5.2	9.5	13.2	13.0	10.5	9.1
阿迪格共和国	7.7	12.4	15.6	19.6	14.1	14.1
达吉斯坦共和国	14.5	25.3	30.0	27.9	25.6	28.8
印古什共和国	—	43.1	50.9	51.8	32.0	34.9
卡巴尔达—巴尔卡尔共和国	9.3	14.3	23.9	25.1	16.6	16.8
卡拉恰伊—切尔克斯共和国	5.6	27.4	25.5	21.4	20.7	18.6
北奥塞梯—阿兰共和国	—	23.3	26.2	32.0	28.5	16.7
克拉斯诺达尔边疆区	6.4	93	163	15.2	12.5	10.7
斯塔夫罗波尔边疆区	5.7	9.4	16.2	18.8	13.8	9.8

资料来源：См.: Рязанцев С.В., Письменная Е.Е.Безработица и новые формы занятости населения на северном кавказе // Социологические исследования. 2005. –№ 7.–С.35.

---

① Россия в религиозном измерении // Геополитическое положение России: представления и реальность / Под ред. В.А. Колосова. –М.:Арт-курьер., 2000.–С.208.

北高加索地区农村人口的比例在俄罗斯联邦中最高，比例最大的共和国农村人口比例达到近45%（全俄罗斯平均为27%）。北高加索地区工业主要集中在罗斯托夫（Ростов）、塔甘罗尔（Таганрог）及克拉斯诺达尔（Краснодар）等几个区域中心，技术装备陈旧，生产效率低下。俄罗斯转型以来，极高的失业率（车臣、印古什最严重时无事可做的年轻人甚至达到80%）和极低的收入（人均收入全俄最低），以及人口大量外流（主要是教育水平相对较高的居民），使北高加索地区成为俄罗斯社会问题的重灾区。与此同时，由于俄罗斯伊斯兰教长期处于边缘地位，与现代伊斯兰文明脱节，所以俄罗斯穆斯林的文化水平较低，这使得伊斯兰教在俄罗斯的发展与贫穷落后紧密联系在一起。[1] 在经济落后、失业严重、教育程度低的情况下，穆斯林青年极易受到伊斯兰极端主义思想的诱惑。

在北高加索地区，苏联长期压制宗教导致主流伊斯兰教薄弱，再加上苏联解体后俄罗斯南部漫长的新边境缺乏有效管控，使外部伊斯兰传教士及教师大规模涌入。伊斯兰民间宗教组织和国际伊斯兰基金会、个别伊斯兰国家政府通过思想渗透及资金支持等方式，给长期在原苏联政府高压下的俄罗斯穆斯林以较大的心理安慰和经济支持。来自外部的伊斯兰主义组织的渗透，对高加索和中亚的伊斯兰主义者（主要是瓦哈比派）有着极为深远的影响。

在后冷战时期，沙特阿拉伯凭借自己在伊斯兰世界的领导地位和石油美元优势，对外输出瓦哈比派，北高加索地区的穆斯林也成为重要的输出对象。[2] 1989年，沙特通过"世界伊斯兰中心"免费向中亚地区赠送了100万册《古兰经》。1992年—1996年，在沙特伊斯兰组织的帮助下，达吉斯坦、车臣、卡巴尔达—巴尔卡尔、卡巴恰伊—切尔克斯、巴什基里、喀山等地纷纷成立了研究伊斯兰教的青年营，大肆传播伊斯兰主义思想。同时，各类伊斯兰慈善基金会资助出版了大量体现"穆斯林兄弟会"（该

---

① Кортунов С.В. Исламский экстремизм и политика России // Золотой Лев.2010.–№142-143. 4октября.

② Курбанов Г.М. Религия и политика террора.–Махачкала.: народы Дагестана., 2002. –С.50-53.

组织目前在俄罗斯被禁止活动）及瓦哈比主义意识形态的伊斯兰文学作品。在思想混乱和书籍匮乏的年代，这些文学作品在俄罗斯穆斯林中得到了快速传播。自然，萨拉菲派（尊古派）的著作在这一时期也被大量出版，书中的部分内容也带有明显的极端主义倾向。

在伊斯兰主义思潮日趋泛滥的背景下，伊斯兰主义团体也大量涌现。不仅如此，还有中东国家向俄罗斯瓦哈比分子提供财政援助。曾在沙特阿拉伯学习的俄罗斯穆斯林也有很多受聘于沙特伊斯兰事务和宗教基金部，从事有关俄罗斯的情报工作。[①] 更有甚者，中东国家的一些富豪和民间组织成为北高加索伊斯兰极端分子的"后盾"。它们不仅对俄罗斯进行极端思想渗透，还向北高加索地区的极端分子和极端组织提供资金、武器装备，甚至是雇佣兵及战地指挥官和匪首，而车臣地区的许多恐怖分子则接受"基地"组织的培训。[②] 例如，被击毙的车臣分裂势力的瓦哈比派匪首阿尔·哈塔卜（аль-Хаттаб）就出生在沙特，且与本·拉登存在联系。[③] 依据俄情报官员的说法，被打死的车臣"总统"、所谓的伊斯兰教法专家萨杜拉耶夫（Герман Садулаев）也是沙特公民，原名谢赫·阿卜杜勒–哈基姆。[④]

早在20世纪70年代末，瓦哈比派就在北高加索地区出现，阿尔瓦族兄弟阿巴斯·科贝多夫（Аббас Кебедов）、巴卡乌京·科贝多夫（Багаутдин Кебедов）在达吉斯坦楚马金（Цумадин）地区成立了第一个瓦哈比团体，由艾哈迈德–卡迪·阿赫塔耶夫（Ахмад-Кади Ахтаев）担

---

① См.: Антон Мардасов. Саудовская разведка целится в Кавказ. https://svpressa.ru/war21/article/149506/ ; Вихрев М. Исламские организации и их влияние на существование и распространение исламистского экстремизма. http://www.iimes.ru/?p=3731#more-3731

② См.: Отряд арабских боевиков разгромлен в Чечне // NEWSRU.COM.–4августа2000г.; Иностранные наёмники, убитые на территории Чечни // Известия.–18ноября2001г.; Владислав Куликов. В Чечне уничтожены иностранные наемники // Российская газета. –28сентября2004г.; Участие иностранных граждан и государств в поддержке режима Дудаева-Масхадова. http://www.tinlib.ru/politika/chernaja_kniga_chechenskoi_voiny/p7.php

③ Краснов А. Ахмад Кадыров поймал эмира Хаттаба (рус.) // Коммерсантъ. –1октября2001г.

④ Абдул-Халим Сайдулаев // Коммерсантъ.–19июня2006г.

任该团体的领导人。由此，非法的瓦哈比青年团体开始在达吉斯坦出现，并进行阿拉伯语、伊斯兰教基础及伊斯兰激进主义意识形态的教学。哈萨维尤尔特（Хасавюрт）、克孜勒尤尔特（Кизилюрт）及基兹利亚尔（Кизляр）地区也出现这类团体。20世纪80年代初，这些组织被苏联克格勃和警察捣毁，但组织者并没有被定罪，只给予了行政处罚并采取了一些预防举措。后来，瓦哈比团体又出现在楚马金和古尼勃（Гуниб）。80年代末，瓦哈比派在达吉斯坦和车臣地区的非法活动重新活跃。1989年末，巴卡乌京在达吉斯坦首府马哈奇卡拉（Махачкала）附近的克孜勒尤尔特再次建立了瓦哈比团体，到90年代中期，他成为专门从事绑架勒索活动的激进组织的领导人，并在90年代逃出俄罗斯。[①] 这些瓦哈比主义者依靠来自国际伊斯兰组织和其他外部力量的财力、物力等方面的支持，企图以瓦哈比派取代传统的哈乃斐教派和沙斐仪教派，宣扬将北高加索地区从俄罗斯联邦分裂出去，建立政教合一的"伊斯兰酋长国"。

苏联解体后，伊斯兰极端主义在伏尔加和北高加索尤其是达吉斯坦、车臣地区穆斯林中的影响迅速扩大。在高加索地区，尤其在北部传统苏菲派穆斯林聚集区，越来越多的"圣战"分子以车臣独立为名要求建立实施伊斯兰教法的"伊斯兰酋长国"，并制造了暴力恐怖事件。伊斯兰极端组织的发展包括三个步骤：首先，开展教育和慈善活动，向达吉斯坦民众灌输伊斯兰极端主义意识形态，呼吁穆斯林"响应真主的号召"；其次，组织训练营开展军事训练活动，培训"圣战士"；最后，开展暴力"圣战"活动，武装夺取政权，建立伊斯兰国家。[②] 由于该地区民族矛盾严重、经济文化落后，在外部力量的资金支持下，伊斯兰极端组织成功吸引了一部分失意的穆斯林。

1990年6月，前苏联各穆斯林地区的代表（共179人）在阿斯特拉罕（Астрахань）组建了伊斯兰复兴党（Исламская партия возрождения

---

① Судьба лидеров дагестанских ваххабитов // Коммерсантъ.–4августа2004г.

② Ханбабаев К.М. Ваххабизм в Дагестане // Ислам и политика на Северном Кавказе/Сборник. Отв. ред. В.В. Черноус.–Ростов-на-Дону. 2001. –С.32-46.

-ИПВ），主要任务是"净化宗教，要求穆斯林通过回归《古兰经》和圣训实现精神复兴、经济解放和政治觉醒"。[①] 该党的创始人有达吉斯坦阿尔瓦族兄弟阿巴斯·科贝多夫、巴卡乌京·科贝多夫以及阿尤布·奥马罗夫（Аюб Омаров）等，他们都是逊尼派原教旨主义的代表。伊斯兰复兴党的领袖为艾哈迈德—卡迪·阿赫塔耶夫。该党在北高加索地区的领导人是来自车臣的亚当·吉尼耶夫（Адам Дениев）。巴卡乌京和他的兄弟阿巴斯是复兴党在达吉斯坦共和国的领导人。很快，伊斯兰复兴党就因内讧而在1994年走向解体，但其创始人大都成为俄罗斯北高加索地区伊斯兰主义组织的领袖。伊斯兰复兴党的解体进一步加剧了俄罗斯境内穆斯林团体的分裂，同时也导致部分伊斯兰组织走向极端化。

与中亚国家公开打击瓦哈比教派不同，在很长一段时间内，俄罗斯叶利钦政府并没有对瓦哈比派的发展采取高压政策，致使在外部势力支持下的瓦哈比分子与北高加索地区车臣、达吉斯坦当地武装分裂分子同流合污，并更加肆无忌惮。20世纪90年代初，巴卡乌京就在达吉斯坦共和国境内各区创办了宗教学校，对来自北高加索各共和国的七百多名青年进行"纯粹"的伊斯兰教教育。[②] 瓦哈比派在达吉斯坦建立了二十多个宗教学校，并拥有自己的出版机构，甚至还拥有与外国进行联系的卫星通信站。巴卡乌京自己曾坦言他们可以在达吉斯坦讨论和传播瓦哈比主义，而俄罗斯联邦政府的应对能力十分有限。[③] 至90年代中后期，瓦哈比主义或萨拉菲主义成为达吉斯坦最为激进的意识形态，并涌现了一批激进的瓦哈比团体，其中一部分因极端化而走上了暴力道路。

车臣的宗教事务主要由北高加索与达吉斯坦的宗教组织统一管理，其中哈乃斐教法学派占绝大多数。车臣战争爆发后，达吉斯坦瓦哈比教派领袖巴卡乌京将这场冲突定性为"车臣圣战"，呼吁更多的"圣战者"参加

---

① Силантьев Р.А. Новейшая история ислама в России. –М.: Алгоритм., 2007.–С.47.

② Акаев В.Х.Религиозно-политические особенности «северокавказского ваххабизма» и конфликт с суфизмом // Исламоведение. 2010. –№ 4. С.4-17.

③ Михаил Рощин. Фундаментализм в Дагестане и Чечне // Отечественные записки. 2003.–№5(14).

战斗，推翻俄罗斯联邦政府在当地的统治，建立"伊斯兰国家"。在第一次车臣战争中，达吉斯坦的很多穆斯林都支持车臣极端分裂分子。如果说起初在俄罗斯的伊斯兰复兴还局限于文化宗教领域，那么从20世纪90年代中期起，它就不单单是宗教文化复兴，而是变成了政治运动的重要组成部分。巴卡乌京要求对高加索地区的伊斯兰教进行改革，导致瓦哈比分子与传统伊斯兰教徒之间不断发生暴力冲突。在达吉斯坦官方的打击下，巴卡乌京逃往车臣宣扬瓦哈比教，在扬达尔比耶夫（З.А.Яндарбиев）和马斯哈多夫（А.А.Масхадов）的支持下，瓦哈比派在车臣获得迅速发展，成为引发暴力冲突的主要根源。1996年，车臣宣布创立"伊斯兰共和国"，即"伊奇克里亚车臣共和国"，并推行伊斯兰教法。在1996年至1999年，"伊奇克里亚车臣共和国"建立了26个伊斯兰教法院，负责处理刑事和民事案件。与此同时，各种按照瓦哈比组织结构组建的伊斯兰慈善基金组织相继成立，使车臣分离主义和伊斯兰极端主义实现了合流。① 此外，瓦哈比分子与其他穆斯林的冲突，特别是与共和国境内广泛分布的苏菲派卡迪里教团、纳格什班迪耶教团的冲突时有发生，对当地穆斯林社区产生了严重的破坏作用。瓦哈比派极端分子在"圣战观念"的支配下挑起了两次车臣战争，进而使北高加索地区的伊斯兰极端主义成为俄罗斯主权完整和国家安全的严重威胁。

综上所述，自俄罗斯转型以来，伊斯兰极端主义成为北部高加索地区面临的严峻挑战，宗教极端主义利用转型期的动荡，实现了民族分离主义与国际伊斯兰极端主义的合流。

① Корнелл С. Исламский фундаментализм как фактор российско-чеченского конфликта и нестабильности всего Северо-Кавказского региона. Комментарий к выступлениям // Центральная Азия и Кавказ.2000.–№4 (10).

二、瓦哈比派与萨拉菲派的极端派别
——俄罗斯伊斯兰极端主义的主要表现

  北高加索地区作为俄罗斯南部最前沿地区，民族构成多样化，民众信仰千差万别，绝大多数民众是信奉伊斯兰教哈乃斐和沙斐仪教法学派的逊尼派穆斯林。哈乃斐派由中亚地区经金帐汗国传入，沙斐仪派由两河流域传入，都对该地区伊斯兰教的发展产生了重要影响。[①] 受苏菲主义影响较深的沙斐仪派穆斯林主要集中在达吉斯坦、车臣、印古什境内，而在高加索中部及西北部则以逊尼派哈乃斐派穆斯林为主。但在后冷战时期，伴随伊斯兰复兴的兴起，瓦哈比派在俄罗斯的影响迅速扩大，北高加索地区则成为"重灾区"。当然，这与该地区20世纪90年代初存在的严重经济与社会问题和社会管理缺位有直接关系。一方面，经济急剧下滑，走私、非法生产和经营泛滥，在一些共和国如达吉斯坦地下经济活动甚至占到70%以上，使社会管理难有财政保障；[②] 另一方面，除了石油及其产品的大规模走私，最严重的问题是社会治安的严重恶化，突出表现为各种犯罪行为泛滥，如贩卖枪支和毒品、绑架等，在车臣共和国尤其严重。[③] 这些都构成了滋生极端主义的社会土壤，但北高加索地区的问题绝不能简单地等同于伊斯兰极端主义问题，尽管这里所有的社会和政治问题都与伊斯兰教有着直接或间接的联系。

  俄罗斯北高加索地区民族构成复杂，当地的穆斯林大致可分为三部分，即传统主义者、现代主义者、极端主义者。首先，传统主义者包括了

[①] Алиев А. К. Арухов З. С. Ханбабаев К. М. Религиозно-политический экстремизм и этноконфессиона льная толерантность на Северном Кавказе.–М.: Наука., 2007.–С.112.

[②] Межэтнические отношения и конфликты в постсоветских государствах. Ежегодный доклад Сети этнологического мониторинга и раннего предупреждения конфликтов. М.,1999.–С.34-35.

[③] Пути мира на Северном Кавказе / Независимый доклад под ред. В А. Тишкова.–М.: Авиаиздат.,1999.–С. 85.

绝大多数逊尼派及什叶派的穆斯林，还包括纳格什班迪耶教团、沙兹里教团和卡迪里教团等众多有影响力的苏菲派教团，主要集中分布在达吉斯坦和车臣共和国境内。苏菲派在北高加索地区已有一千多年的历史，它已经成为该地区人民宗教信仰的核心，深深地融入了信徒的观念和生活中，对高加索地区社会文化产生了巨大的影响。这些人虽然倡导净化信仰、恪守伊斯兰教的生活方式，但并不主张社会和国家生活的全面伊斯兰化，[①] 绝大多数传统主义者都反对宗教极端主义的意识形态。自20世纪90年代后半期起，伴随萨拉菲派在该地区的渗透，传统主义者和萨拉菲主义者的矛盾日趋尖锐，甚至爆发了直接的暴力冲突。其次，现代主义者主要以穆斯林中的青年、中产阶层等知识分子为代表，人数较少。他们提倡适应科学技术和社会的不断进步，对伊斯兰教进行现代解读，但影响不大。最后，极端主义者在北高加索地区是少数派，一般由宗教保守分子和失业的青年穆斯林构成，他们大多数都是外来的瓦哈比派信徒，其思想和行为较为激进，[②] 并成为伊斯兰极端主义的潜在社会基础。

俄罗斯国家战略研究所2013年发布的研究报告显示，俄罗斯全境的瓦哈比派信徒大约有70万人，除了楚克奇半岛（Чукотский полуостров）以外的所有联邦主体都建有瓦哈比社区。[③] 瓦哈比派之所以构成俄罗斯北高加索地区伊斯兰极端主义产生发展的基础，就在于它试图改变当地的苏菲派传统，推动当地伊斯兰教的保守化，并酿成了严重的冲突和对抗。瓦哈比派禁止音乐、传统节日、部族习俗，以及要求妇女穿罩袍和面纱、男

---

① Ханбабаев К.М. Суфизм в Дагестане // Ислам и политика на Северном Кавказе/Сборник.Отв. ред. В.В. Черноус.–Ростов-на-Дону. 2001.–С.47-54.

② См.: Силантьев Р. А.Распространение ваххабизма в современной России // Вестник Челябинского государственного университета : науч. журн.2009.–№16 (154).–С.165-171.; Вагабов М.В. Ваххабизм: история и современность.–Махачкала.,2000.; Добаев И.П. Северный Кавказ: традиционализм и радикализм в современном исламе // Мировая экономика и международные отношения.2001.–№6.–С.21-30. Ярлыкапов А. А. Проблема ваххабизма на Северном Кавказе // Исследования по прикладной и неотложной этнологии.2000.–№134.

③ Ремизов М.В. (ред.), Бутаков Я.А., Епифанцев А.А. и др. «Карта этнорелигиозных угроз:Северный Кавказ и Поволжье».–М.:Институт национальной стратегии.2013. –С.10.

人留长胡子等规定与苏菲派等当地主流教派相抵触，导致双方发生了激烈的对抗，使俄罗斯北高加索地区在20世纪90年代成为瓦哈比派与传统派伊斯兰教之间对抗最严重的地区。① 有俄罗斯学者评价指出，瓦哈比极端派别对不同信仰和异见者极不宽容，并极力通过歪曲伊斯兰教强调自己暴力行为的合法性。简单地说，传统的穆斯林与其他宗教人士可以共存，但瓦哈比分子则不能。② 作为宗教极端主义的一种形式，瓦哈比主义具有强大的意识形态，能够调动部分社会群体（城市居民、失业青年、部分知识分子和学生青年），以小型团体的形式实现所谓团结、平等和公正，主张运用暴力方式建立"伊斯兰国家"。俄罗斯北高加索地区深受其害，达吉斯坦、车臣和卡拉恰克—切尔克斯都是瓦哈比主义泛滥的重灾区。瓦哈比主义不仅出现在卡巴尔达—巴尔卡尔和斯塔夫罗波尔边疆区，而且在整个北高加索地区都受到了来自达吉斯坦及车臣瓦哈比极端派别的影响，圣彼得堡、托木斯克、鄂木斯克、彼得巴甫洛夫斯基，以及萨哈林、巴什基尔、奥伦堡、亚马尔—涅涅茨，甚至在远东地区也都有瓦哈比主义的影响。

北高加索地区的另一极端主义势力是萨拉菲派中的极端派别，它与世界其他地区的伊斯兰极端主义大致相同，其极端主义的思想基础是赛义德·库特布等人的著作。其实，萨拉菲主义也是瓦哈比主义的源头，瓦哈比主义也多被称为瓦哈比—萨拉菲主义，两者的信仰和思想基本一致。1992年，车臣地区出现了第一个萨拉菲主义小组，成员包括马塔耶夫（A. Матаев）、哈利莫夫（И. Халимов）和乌玛洛夫（И. Умаров）、乌杜果夫（М. Удугов）和巴萨耶夫（Ш. Басаев）等人。马塔耶夫与来自苏丹、埃及和巴基斯坦的外国传教士共同创办了有关伊斯兰问题的电视节目，以宣传片的形式来鼓动"圣战"。

---

① См.:«Ваххабизм»: Проблемы религиозного экстремизма на Северном Кавказе // Международная конференция «Конфликты на Кавказе: история, современность и перспективы урегулирования» (Баку).–2012.

② Роман Силантьев. Россия ваххабитская:Современное исламское сообщество-terra incognita? http://www.gazetanv.ru/article/?id=833

萨拉菲派并非都是极端暴力派，它在俄罗斯也有温和派和极端派之分。在20世纪90年代初，达吉斯坦的萨拉菲派有三大主要支派：[①]（1）温和萨拉菲派，[②] 该派的领导人为艾哈迈德卡迪·阿赫塔耶夫，有1500人左右。伊斯兰复兴党解体后，阿赫塔耶夫建立并领导了伊斯兰文化教育机构，主张宗教知识的启蒙和传播，他还提出了伊斯兰教和东正教互补的理念。北高加索地区许多年轻的伊玛目都是阿赫塔耶夫的学生。（2）极端萨拉菲派，[③] 该派别以"达吉斯坦伊斯兰协会"（Исламский джамаат Дагестана-ИДД）为代表，其精神领袖也是巴卡乌京·科别多夫，支持者近2000人。他们主张抵制苏菲主义（认为它是多神教的表现），拒绝在达吉斯坦无神论的政权下开展合法活动，坚信用伊斯兰统一高加索是向全球伊斯兰统一过渡的一个阶段，因此，具有强烈的反俄独立倾向。（3）达吉斯坦萨拉菲少数派，由伊斯兰谢赫阿尤布·阿斯特拉罕斯基（Аюб Астраханский）及其支持者组成，他们以瓦哈比派主张的伊斯兰模式为指导，对伊斯兰传统主义者采取极端排斥的态度，[④] 但其影响相对有限。

在上述萨拉菲派别中，"达吉斯坦伊斯兰协会"是人数最多且最有影响力的萨拉菲团体，在青年穆斯林中影响较大，也是伊斯兰极端势力的典型代表。他们在达吉斯坦共和国首府马哈奇卡拉、克孜勒尤尔特、哈萨维尤尔特、楚马金等地都拥有组织机构，并得到阿拉伯国家的资金支持。

以瓦哈比派和萨拉菲派极端派别为代表的俄罗斯伊斯兰极端主义构成

① Кисриев Э. Ислам в общественнополитической жизни Дагестана / Емельянова Н. М. Ислам и культурная традиция в Центрально-Северном Кавказе // Мусульмане изменяющейся России.–Редкол.: Ю.М. Кобищанов и др.–М.: РОССПЭН., 2002.–С.241-277.

② Марзиев Ибрагим.Исламский фактор на Северном Кавказе//Центральная азия и кавказ.2005.–№ 3(39). –С.45-52.

③ Добаев И.П. Исламский радикализм: социально-философский анализ.–Ростов н/Д.: Изд-во СКНЦ ВШ., 2002.С.126.

④ См.: Ханбабаев К.Н. Исламский радикализм на Северном Кавказе//Свободная мысль.2007.–№3.–С.105-116.; Ваххабиты-салафиты современной России. http://posredi.ru/tradicionnyj-islam-i-vaxxabity-salafity-sovremennoj-rossii.html., Каирова М.А. Салафиты в современном Дагестане. http://naukarastudent.ru/30/3549/

了俄罗斯北高加索地区民主化进程和维护俄领土完整的重大威胁之一。[①]综合来看，俄罗斯伊斯兰极端组织活动的方式主要有：最大限度地限制和排斥其他宗教和教派，并挑起宗教冲突；对教育系统进行宗教极端主义渗透，传播宗教极端主义意识形态；谋求推行伊斯兰教法，并争取伊斯兰教法在俄罗斯法律体系中的合法化；为取得权力而采取暴力手段，即"圣战"（如车臣和达吉斯坦）；建立所谓的"伊斯兰国家"，并寻求独立。[②]

三、俄罗斯伊斯兰极端主义的影响

自20世纪80年代末以来，高加索地区社会和政治领域的伊斯兰化进程日益加剧。在此背景下，伊斯兰极端主义特别是瓦哈比派的极端派别得到了较快发展。苏联解体后，对高加索地区安全与稳定的最大威胁是瓦哈比极端派别的活动。除北奥塞梯外，伊斯兰极端主义在俄联邦北高加索地区的所有共和国都有重要影响，其发展高峰是在20世纪90年代后半期，当时该地区建立了很多极端组织，并与海外伊斯兰极端组织取得联系，广泛开展宣传和招募活动，甚至建立了武装力量并与当局发生直接的武装冲突，特别是在达吉斯坦和车臣。在车臣战争结束后，北高加索的伊斯兰极端武装分子转入"地下"，并继续发动恐怖袭击活动。关于北高加索伊斯兰极端武装分子的数量一直没有确切的数字，对达吉斯坦瓦哈比派极端分子的数量也是莫衷一是，有说5000人，[③] 也有说3000人左右。[④] 根据达格斯坦共和国执法机构的资料，该共和国瓦哈比派极端分子2000年为2538人，2002年为864人，2003年为957人，2004年为1004人，2005

---

① Жантиев Д. «Ваххабизм» в России: миф или реальность? // НГ-Религии.–8августа2001г.

② Тощенко Ж.Т. Этнократия.–М.: Росспэн.,2003.–С.348-368.

③ Добаев И. Исламский радикализм в контексте проблемы военно-политической безопасности на Северном Кавказе // Научная мысль Кавказа.1999.–№1.–С.54-58.

④ Снегирев Ю. Джихад подошел к границам Дагестана // Известия.–10февраля1998г.; Максаков И. Соотношение исламских движений Дагестана // НГ-Религии.–18марта1998г.

年—2008年均超过1000人。① 在2012年—2016年间，俄罗斯安全和执法机构在北高加索地区共消灭1200余名伊斯兰极端分子，其中包括201名头目，还拘捕了3600余名武装分子。②

伊斯兰极端主义思想的传播及其实践，不仅严重威胁和损害俄罗斯国家统一与安全，在社会和思想等领域也产生了严重的消极影响。

第一，俄罗斯的国家统一和领土完整受到严重威胁。伊斯兰极端主义打着伊斯兰的旗号，与海外伊斯兰极端势力相勾结，企图建立所谓实施伊斯兰教法的独立"伊斯兰国家"，进而严重威胁俄罗斯的国家统一和领土完整。③ 已被俄罗斯确定为国际性宗教极端组织的"伊扎布特"（伊斯兰解放党）不断在俄罗斯进行渗透，并支持在北高加索地区建立独立的"哈里发国家"。尽管"伊扎布特"宣扬通过选举等合法政治手段建立哈里发政权，但事实上从未放弃恐怖手段，其在俄罗斯的支持者有很多加入了极端组织"伊斯兰国"。瓦哈比派的极端派别更是直接使用暴力和恐怖手段实现其政治诉求，甚至挑起了旷日持久的车臣战争，并在俄罗斯境内多次发动大规模恐怖袭击。

第二，严重威胁俄罗斯社会稳定。在俄罗斯转型之初，沙特、伊朗、土耳其、叙利亚、约旦等国的神职人员在俄罗斯境内大肆开展传教活动，助长了伊斯兰极端主义在北高加索及俄罗斯其他地区的传播。随着伊斯兰极端组织成员的大批入狱，俄罗斯的监狱甚至也发生了极端化。"乌里扬诺夫斯克伊斯兰集团"（Ульяновский Джамаат）是第一批将瓦哈比派极端思想传入监狱的组织，他们在狱中传播极端意识形态，并招募囚犯加入其组织。该团伙头目瓦列里·伊尔门捷耶夫（Валерий Ильмендеев）被判13年有期徒刑，他在新乌里扬诺夫斯克服刑期间向身边的囚犯灌输极端思想，

① Садиков М.И.,Ханбабаев К.М. Религиозно-политический экстремизм. Учебное пособие для студентов высших учебных заведений.–Махачкала.: ИПЦ ДГУ.,2009.–С.132.

② Интервью помощника Секретаря Совета Безопасности РФ А.А.Павлова к 25-летию Совета Безопасности Российской Федерации.http://www.scrf.gov.ru/news/allnews/2212/

③ Социальные и психологические проблемы борьбы с международным терроризмом.–М.:Наука., 2002.–С.32-38.

组建伊斯兰极端组织，并招募狱友加入极端组织"高加索酋长国"（Имарат Кавказ）。受极端组织在监狱内传播极端思想、招募极端分子的影响，当时甚至出现了这样一种现象，因一般刑事案件入狱的囚犯在获释后会前往北高加索地区加入极端组织的武装，从事暴力极端活动。2011年—2012年，伊尔门捷耶夫在监狱组建的伊斯兰极端组织被发现后，他被重新判刑并监禁在阿尔汉格尔斯克（Архангельск）地区。[①] 在车臣战争结束后，伊斯兰极端分子在北高加索各地区的居民中建立了地下组织和武装团伙，借助威胁、恐吓和暴力，试图将极端思想强加于社会。例如，在极端组织的网站上，极端分子对反对其主张的教师及学校领导发出死亡威胁，其理由是这些学校禁止在学校戴头巾，而且允许男孩和女孩同校学习。在达吉斯坦、印古什和卡巴尔达-巴尔卡尔地区，正统的伊斯兰神职人员也经常成为伊斯兰极端分子的攻击对象，特别是在印古什和达吉斯坦，酗酒者、酒厂厂长、"品行不端"的妇女等人群更是极端分子攻击的重点。

第三，伊斯兰极端主义的意识形态渗透呈不断扩张之势。源自境外的伊斯兰极端主义思想的传播与新信息技术相结合，对俄罗斯产生了严重的社会危害。国外伊斯兰极端势力已经在俄罗斯建立了一个巨大的宣传网络，向俄罗斯穆斯林灌输极端主义意识形态。根据俄罗斯方面的情报，一些土耳其和沙特的非政府机构和组织不断向北高加索地区的伊斯兰极端分子包括车臣恐怖分子提供支持。[②] 受极端主义意识形态的影响，使部分传统的穆斯林在经过"洗脑"后加入极端组织，从事恐怖袭击活动。不仅如此，更有很多穆斯林被极端组织招募后到叙利亚参加"伊斯兰国"。根据俄情报机构的资料，"伊斯兰国"在俄联邦招募的成员大约为2000人，主

[①]　Схемы финансирования исламского радикализма в России. https://www.apn.ru/index.php?newsid=36175.

[②]　См.: В Чечне в бою уничтожена группа наемников из Турции и Германии (Рассказ наемника). https://www.newsru.com/russia/28nov2003/chech1.html; В Чечне воюют иностранные наемники и турецкие спецслужбы (письма боевиков). https://centrasia.org/newsA.php?st=1099730700; В Чечне уничтожен арабский наемник Абу Халед. https://www.infox.ru/news/21/social/society/43831-v-cecne-unictozen-arabskij-naemnik-abu-haled?

要在北高加索地区，在整个独联体国家招募的人员约有7000人。[①]

伊斯兰极端组织主要通过以下三种方式来灌输意识形态：[②] 首先，开办宗教学校等教育机构。由于政府缺乏监管，导致宗教学校成为极端主义意识形态传播的平台，培养了一批参加车臣战争的极端分子，甚至有一些人前往叙利亚参加"圣战"。其次，开办地下非法伊斯兰教育小组。通常来说，由5至10个极端分子组成小组，在私人住宅中以一起学习伊斯兰经典著作为名，从事极端主义活动，甚至以此为掩护讨论暴力恐怖活动的实施计划。地下小组对来俄务工的中亚穆斯林产生了重要的影响。他们会把地下小组安置在人口流动大的地区，靠近中亚穆斯林务工人员的工作地点或市场，方便小组成员随时来学习。例如，圣彼得堡"阿普拉克辛庄园"（Апраксин）购物中心附近和莫斯科等市中心都有类似的场所。最后，通过互联网组织收看、收听传播极端主义的视频和音频，传播极端主义意识形态。极端势力还通过网络招募有"圣战"倾向的穆斯林，组建自己的武装组织。其中伏尔加格勒爆炸案最为典型。袭击者德米特里·索科洛夫（Дмитрий Соколов）和妻子纳依达·阿西亚洛娃（Наида Асиялова）都受过高等教育，两人结识于阿拉伯语课程班，并被网络上散播的伊斯兰极端主义思想所"洗脑"，一起制造了伏尔加格勒自杀式炸弹袭击。[③] 2018年8月20日，车臣首府格罗兹尼市发生针对执法人员的系列袭击事件，共造成5名警察受伤，4名袭击者被击毙。这是伊斯兰极端组织通过社交网络成功招募青少年实施恐怖袭击的又一案例。[④]

第四，伊斯兰极端组织的暴力及恐怖活动严重威胁了俄罗斯民众及国家的生命财产安全。20世纪90年代，有组织的犯罪集团经常会受到瓦哈比派的影响而产生极端主义思想，通过暴力威胁对民众进行勒索敲诈，并

---

① "Демон Лапласа"против ИГ: борьба с вербовщиками. http://tass.ru/proisshestviya/2501424.

② Мусульманский экстремизм в России. http://voprosik.net/musulmanskij-ekstremizm-v-rossii/.

③ Любовь до взрыва: личная жизнь террористки-смертницы. http://www.trud.ru/article/22-10-2013/1301880_ljubov_do_vzryva_lichnaja_zhizn_terroristki-smertnitsy.html.

④ Кадыров: команда напасть на полицейских в Чечне поступила из-за рубежа через соцсети. http://tass.ru/proisshestviya/5481827.

为极端组织筹集资金。[①] 其中，从"伊奇克里亚车臣共和国"到"高加索酋长国"，各类名目繁多的伊斯兰极端组织通过盗窃、敲诈、绑架、勒索等方式为"圣战"筹集资金。例如，在2002年—2003年，乌里扬诺夫斯克的伊斯兰极端团伙多次通过绑架民众来获取赎金。该组织头领伊尔门捷耶夫及其同伙曾在高速公路上拦截货车司机，暴力勒索并抢走货车。同时，伊斯兰极端武装组织还不断袭击打击极端主义的国家机关和相关个人，以及批评宗教极端主义的温和宗教活动家和人士，甚至焚烧教堂。更为严重的是，车臣战争及持续不断的大规模恐怖袭击活动，不仅造成大量生命财产损失，更在俄罗斯人心中留下了难以磨灭的阴影。

车臣冲突最初是在民族分离主义的煽动下爆发的，但到1994年战争开始时，伊斯兰极端组织开始打着建立"伊斯兰国家"的旗号，挑起所谓的"圣战"，并挑拨俄罗斯与伊斯兰国家的关系，希望获得更多的来自伊斯兰世界的支持。在"基地"组织等伊斯兰极端组织的蛊惑下，大量的伊斯兰极端分子前往车臣，参与反对俄联邦政府的"圣战"。长期的战争导致大量人员伤亡和难民外逃，使车臣人口下降了近1/4。据不完全统计，两次车臣战争导致的平民死亡数量达到15万—20万人，以及5000人失踪。[②] 在俄罗斯联邦的军事清剿和法律手段等多重打压下，尽管伊斯兰极端组织的武装活动受到了遏制，但极端分子仍不断发动自杀式恐怖袭击事件，包括利用妇女充当人体炸弹等极端形式。2009年4月16日，俄联邦国家反恐委员会宣布10年反恐战争正式结束。然而，伊斯兰极端分子发动的恐怖袭击并没有停止，并向北高加索以外的地区蔓延。近年来，从北高加索城市到莫斯科、彼得堡以及伏尔加格勒，从高速列车到地铁、机场、公交及教堂等公共场所，都成为极端分子袭击的对象，其中包括震惊世界的"别斯兰人质事件"和"莫斯科剧院事件"，造成死亡的无辜平民数以

---

① Кудрявцев А. «Ваххабизм»:Проблемы религиозного экстремизма на Северном Кавказе // Центральная Азия и Кавказ. 2000.–№ 3(9).

② Точное число мирных жителей, погибших во время войны в Чечне, неизвестно. http://www.kavkaz-uzel.eu/articles/66196/.

百计，伤者达到数千人。[①]　近两三年来，伴随"伊斯兰国"的实体组织被剿灭，阿富汗、叙利亚等地区的恐怖组织不断外溢，使俄罗斯特别是北高加索地区的反恐形势骤然紧张。2017年发生在圣彼得堡的两起恐袭事件和2018年上半年分别发生在达吉斯坦基兹利亚尔市（Кизляр）和车臣格罗兹尼（Грозный）针对教堂的恐袭事件，都是伊斯兰极端武装分子所为。显然，彻底消除伊斯兰极端主义、恐怖主义的威胁仍任重道远。[②]

[①]　Теракты в России в 2003-2017 годах. https://ria.ru/spravka/20171228/1511881657.html.

[②]　Посольство РФ: восхваление Басаева в турецкой газете вызывает сожаление. https://ria.ru/world/20170711/1498316978.html ; Саудовский богослов объявил Кадырова врагом ислама.; http://www.kavkaz-uzel.eu/articles/288994/.

第37章
英国伊斯兰极端主义的成因
和去极端化政策分析

进入21世纪以来，伊斯兰极端主义在欧洲迅猛发展，已成为威胁欧洲安全的主要因素之一。过去十多年来，欧洲主要国家几乎都经历过伊斯兰极端势力制造的恐怖袭击事件。其中包括2004年西班牙马德里地铁爆炸案和荷兰艺术家梵高遇刺事件、2005年英国伦敦地铁爆炸案、2015年法国《查理周刊》事件和法国巴黎连环恐怖袭击事件、2016年比利时布鲁塞尔机场和地铁恐怖袭击事件、2017年英国伦敦货车撞人恐怖袭击事件等。这些恐怖袭击事件造成了欧洲民众的严重恐慌，伊斯兰极端主义也成为欧洲各国政府必须加以应对的威胁。面对伊斯兰极端势力的日益扩散，欧洲各国纷纷制定了打击伊斯兰极端势力的政策和措施。

在所有欧洲国家中，英国是遭受伊斯兰极端主义威胁最严重的国家之一。长期以来，英国一直是伊斯兰极端势力渗透的主要对象国。在新世纪的前十年，英国就发生了150多起与伊斯兰极端势力相关的恐怖袭击事件。这些恐怖袭击事件有些得以实施，如2005年7月7日的伦敦地铁爆炸案；有些则被警方以及安全部门提前发现，或是在实施过程中被阻止，例如2005年"7·7"地铁大爆炸发生两周后出现的四起炸弹袭击未遂案、2006年跨大西洋航班恐怖袭击案等。本章对英国国内伊斯兰极端主义的发展概况和成因、英国打击伊斯兰极端主义的整体战略、具体措施等进行系统分析。

一、英国伊斯兰极端主义的发展概况及成因

从历史上看，英国面临的恐怖主义威胁主要可以分为两个不同的阶段。第一阶段为20世纪70年代至20世纪末，英国当时主要的恐怖主义威胁主要来源于爱尔兰分离主义势力，例如爱尔兰共和军（Irish Republic Army，简称IRA）。从20世纪70年代开始，爱尔兰共和军对英国本土的城市实施了一系列暴力袭击活动，此类活动直到1988年英国和爱尔兰政府达成贝尔法斯特协议才宣告结束。第二阶段为21世纪以来，这一时期英国的恐怖主义威胁主要来源于伊斯兰极端势力，标志性事件是2005年7月7日伦敦地铁爆炸案的发生。这一事件促使英国政府采取全面打击伊斯兰极端势力的策略。进入21世纪后，英国共有一百多人死于恐怖袭击事件，而这些事件大多都与伊斯兰极端势力相关。

在2011年的"预防策略"报告中，英国政府认为其面临的恐怖袭击威胁主要来源于"基地"组织（Al Qaeda）及其下属机构，[1]而在"伊斯兰国"兴起后，"伊斯兰国"日渐发展成为英国最大的恐怖袭击威胁。

进入新世纪后英国发生的主要伊斯兰极端暴力事件一览表

事件	时间	地点	性质	制造者
伦敦地铁爆炸案	2005年7月	伦敦	无差别恐怖袭击	受"基地"组织指示的英国巴基斯坦裔极端分子
英国士兵雷格比遇袭事件	2013年5月	伦敦	刺杀	英国尼日利亚裔伊斯兰极端分子
威斯敏斯特大桥袭击案	2017年3月	伦敦	无差别恐怖袭击	"伊斯兰国"

---

[1] Prevent Strategy, HM Government, June 2011, p.13, http://www.homeoffice.gov.uk/publications/counterterrorism/prevent/prevent-strategy/prevent-strategy-review?view=Binary，登录时间：2018年10月4日。

续表

事件	时间	地点	性质	制造者
曼彻斯特竞技场爆炸案	2017年5月	曼彻斯特	无差别恐怖袭击	"伊斯兰国"
伦敦桥/博罗市场袭击案	2017年6月	伦敦	无差别恐怖袭击	"伊斯兰国"
帕森·格林地铁站爆炸案	2017年9月	伦敦	无差别恐怖袭击	"伊斯兰国"

伊斯兰极端组织主要通过宣扬其意识形态在英国招募成员，如"基地"组织就巧妙地将其意识形态与英国存在的社会问题相结合进行社会动员，以获得英国穆斯林群体的支持。极端组织多通过互联网传播其意识形态，运用脸书（Facebook）、推特（Twitter）等社交媒体进行思想宣传、恐怖袭击策划以及人员招募。它们还通过发布视频影响英国年轻人，内容大都涉及恐怖袭击的过程或穆斯林的苦难遭遇，其目的是激发穆斯林群体的愤怒和对西方的仇恨，以此提高极端组织的声望和信誉。基于家庭关系或地缘联系来招募新成员也是极端组织的惯用手段。英国的穆斯林群体大多来自南亚次大陆，而其中又以巴基斯坦裔穆斯林居多。"基地"组织当年就曾利用这些人与巴基斯坦的联系，积极吸引和招募英国巴基斯坦裔穆斯林。在伦敦"7·7"地铁爆炸案中的四名主犯中，有三名都是受到"基地"组织蛊惑的英国巴基斯坦裔穆斯林。

在国际伊斯兰极端势力的渗透和影响下，英国国内的伊斯兰极端组织也在不断发展。例如，"迁士"组织（Al-Muhajiroun，AM）就是典型的伊斯兰极端组织。该组织与国际恐怖主义、仇视同性恋群体和反犹主义有密切联系。它公开支持国外的恐怖主义活动，并与恐怖主义同情者举行公开集会，其目标是通过暴力手段建立所谓的"伊斯兰国家"。该组织曾因其赞扬"9·11"事件而臭名昭著。由于公开支持伊斯兰极端主义，该组织于2005年8月被英国政府取缔。此后，为了逃避政府的监督，它在不同的时期以不同的名称进行活动。社会整合中心（The Center for Social Cohesion）的报告指出："在1999年到2009年的十年间，英国15%涉嫌恐怖活动的个体都与'迁士'组织有联系。"①

此外，在英国还存在一些具有极端主义色彩的组织，如"伊斯兰解放党"（Hizb ut-Tahrir），该组织在许多国家已经被视为极端组织并加以取缔，但它在英国仍属于合法的组织，并被外界称为"伊斯兰解放党"的全球"神经中枢"（nerve center），负责该组织在全球范围内传单和图书的印刷和出版事宜。该组织被英国内政部视为"拥有反犹太、反西方、反同性恋倾向的非暴力激进伊斯兰团体"。②"伊斯兰解放党"在英国伊斯兰组织中占据重要地位，2007年其成员高达8500人，同时期英国穆斯林协会（MAB）的成员也只有1000人。③但是其影响力在此后的几年却不断下降，人数也在不断减少。由于涉嫌煽动和传播伊斯兰极端主义思想，"伊斯兰解放党"有两次面临被取缔的风险：一次是2005年7月伦敦地铁爆炸案发生后；第二次是在2010年大选中，保守党承诺一旦赢得大选就立即取缔该组织。但由于种种原因，"伊斯兰解放党"目前在英国仍然合法。

在英国，伊斯兰极端主义的形成和发展主要有以下几方面原因。

第一，英国高度宽容的"多元文化主义"移民模式为包括伊斯兰极端分子在内的移民群体提供了较为宽容的政治、社会环境。

"多元文化主义"模式是英国在二战后国力下降背景下提出的社会理念和政策，其目的是继续维护自身大国地位和国际影响力。该模式主张尊重文化的多样性，承认不同族裔在英国的合法权利，主张包括穆斯林在内的少数族裔在积极融入英国社会的同时，允许其保留语言和文化的多样性。在此模式下，少数族裔的集体性权利能够得到较好的保障，同时也通过吸收大量外来移民满足了其劳动力需求，但这也为伊斯兰极端分子通过

---

① Anna Wojtowicz, *Islamic Radicalization in the UK: Index of Radicalization*, https://www.ict.org.il/UserFiles/Islamic Radicalization in UK.pdf, 登录时间：2018年7月6日。

② "Background: the Guardian and Dilpazier Aslam," *The Guardian*, 22 July 2005, https://www.theguardian.com/media/2005/jul/22/theguardian.pressandpublishing1，登录时间：2018年10月5日。

③ Robert S. Leiken and Steven Brooke, "The Moderate Muslim Brotherhood," *Foreign Affairs*. March/April 2007 Issue, https://www.foreignaffairs.com/articles/2007-03-01/moderate-muslim-brotherhood, 登录时间：2018年10月4日。

移民方式进入英国提供了便利。20世纪70年代至90年代期间，大量伊斯兰极端分子从阿拉伯世界以及南亚国家涌入英国。也正是在这段时间内，伊斯兰极端主义在英国开始不断发展壮大。

第二，近代英国对伊斯兰世界的殖民侵略，当代英国在外交政策上一味追随美国，也使其更容易成为伊斯兰极端势力打击和报复的目标。

在近代，众多伊斯兰国家都曾沦为英国的殖民地，而英国的殖民统治和"分而治之"的政策也留下了许多地区冲突，如巴以冲突和印巴冲突。进入当代后，英美"特殊关系"的建立使英国在外交上长期追随美国。进入新世纪后，在阿富汗战争和伊拉克战争中，英国始终积极追随美国出兵阿富汗和伊拉克，这些做法都遭到了包括英国穆斯林在内的广大穆斯林群体的一致谴责。另外，在巴以冲突中英国过分偏袒以色列的政策，也引发了穆斯林群体的强烈不满。因此，近代在伊斯兰世界长期推行殖民主义和"分而治之"政策的历史，当代在外交上长期片面追随美国在伊斯兰世界进行扩张，都使英国成为伊斯兰极端势力仇视的对象。

第三，英国穆斯林族群容易受到其来源国伊斯兰极端势力的影响。

英国的穆斯林人口大约有280万，占英国总人口的4.6%，穆斯林群体已成为英国最大的少数族群。[1] 英国穆斯林的种族成分虽然非常多元，地域来源也非常多样，但绝大多数都来源于南亚的英国前殖民地国家，如巴基斯坦、印度和孟加拉国。其中巴基斯坦裔穆斯林群体占整个英国穆斯林群体的38%。[2] 近年来，随着"基地"组织的不断发展，巴基斯坦裔穆斯林中的激进分子，显然比其他群体更容易接触到巴基斯坦本土的伊斯兰极端势力。20世纪90年代中期，有大量与"基地"组织有联系的"圣战"分子涌入英国。制造伦敦"7·7"地铁爆炸案的四名主谋当中，有三名是

---

① *British Muslims in Numbers, A Demographic, Social-economic and Health Profile of Muslims in Britain drawing on the 2011 Census, The Muslim Council of Britain, 2015.* p.16. https://www.mcb.org.uk/wp-content/uploads/2015/02/MCBCensusReport_2015.pdf，登录时间：2018年6月21日。

② Office for National Statistics, "Full story: What does the Census tell us about religion in 2011?" p.7, http://webarchive.nationalarchives.gov.uk/20160105160709/http://www.ons.gov.uk/ons/dcp171776_310454.pdf，登录时间：2018年6月21日。

在英国长大的巴基斯坦裔穆斯林。

第四，英国穆斯林群体处于社会边缘，经济社会地位低下，是滋生极端主义的社会土壤。

在英国，穆斯林的受教育程度一般较低，社会经济地位也普遍不高。在英国16—24岁的人群中，穆斯林的失业率最高。他们大多居住在大型工业城市的周边地区，居住条件普遍较差。有数据显示，32%的英国穆斯林居住条件过于拥挤，12%的房屋没有供暖系统，有些房屋甚至没有基本的卫浴设施。[①] 英国国家统计局（Office for National Statistics）的数据表明，在2004年，33%处于工作年龄的英国穆斯林没有就业资格证书，在所有英国少数族群中比例最高。此外，英国穆斯林群体获得学历的比例也最低。[②] 英国穆斯林群体是英国失业率最高的群体。在2004年，英国穆斯林中13%的男性穆斯林和18%的女性穆斯林处于失业状态。[③] 因此，英国穆斯林群体的高失业率，普遍较低的社会经济地位造成的生活和心理上的挫折感，促使他们从伊斯兰教中寻找慰藉，更容易受到伊斯兰极端主义思想的蛊惑。

二、英国政府打击伊斯兰极端主义的整体战略

总的来看，英国打击和防范伊斯兰极端主义的措施包含在其总体的反恐战略之中。英国政府于21世纪初就制定了"预防战略"，该战略的实施可为三个不同阶段：2003—2007年的准备阶段、2007—2011年的全面实施阶段、2011年以后的修订和再评估阶段。

---

① UK Office for National Statistics, "Housing," under "Focus on Religion," http://www.statistics.gov.uk/cci/nugget.asp?id=954，登录时间：2018年6月23日。

② UK Office for National Statistics, "Education," under "Focus on Religion," http://www.statistics.gov.uk/cci/nugget.asp?id=954，登录时间：2018年6月20日。

③ UK Office for National Statistics, "Labour Market, 2011," under "Focus on Religion," http://www.statistics.gov.uk/cci/nugget.asp?id=954，登录时间：2018年6月20日。

（一）准备阶段（2003—2007）

21世纪初，英国政府对国内日趋严重的伊斯兰极端主义愈发担忧，尽管当时英国本土还未发生恐怖袭击事件，但是好几起在英国本土策划的恐怖袭击未遂事件还是使英国政府倍感压力。英国安全部门还发现，越来越多的英国穆斯林前往位于巴基斯坦的恐怖主义训练营接受训练。与此同时，"基地"组织公开号召全球的"圣战"分子对英国实施恐怖袭击。在此背景下，英国政府于2003年出台了防范恐怖主义的战略——"预防战略"，这也是欧洲国家明确制定的第一个防范恐怖主义的战略。

（二）全面实施阶段（2007—2011）

2007年，英国政府进一步制定了"打击国际恐怖主义战略"。这项战略由四部分组成，包括"预防战略"（Prevent）、"追击战略"（Purse，即追捕恐怖分子及其支持者）、"保护战略"（Protect，即保护公民和政府）、"准备战略"（Prepare，即准备应对恐怖袭击）。"预防战略"成为这一反恐战略中的重要组成部分。与此同时，2007年改进后的"预防战略"包含了五个具体目标：第一，抵制暴力极端主义背后的意识形态；第二，严惩推动暴力极端主义的极端分子；第三，为那些容易受到暴力极端组织招募的群体提供帮助和支持；第四，增加社区抵抗极端主义思想的能力；第五，安抚人们对极端主义的各种不满情绪。新的"预防战略"强调社区主导方法的重要性，并努力发展警方、地方当局和当地社区之间的伙伴关系，以确定潜在的极端主义风险并介入此类案件。2007年至2010年期间，"预防战略"在超过1000个项目上花费了5300万英镑。① 然而，尽管这个时期的"预防战略"规模宏大、雄心勃勃、投入巨大，但与欧洲其他国家相比取得的成效却极为有限，其实施方法和目标都遭到了英国国内不同政治派别的广泛批评。

2010年3月，在一份报告中，英国议会下议院社区和地方政府委员会

---

① Dominic Casciani, "Preventing Extremism Strategy 'Stigmatizing' Warn MPs," *BBC News*, March 30, 2010.

（Communities and Local Government Committee）对"预防战略"资助的各项计划提出了严厉批评。报告指出，这些计划将移民融入、社区整合与反恐、预防犯罪、情报收集等问题混为一谈，并且在方式方法上也"效率低下且适得其反"。[①] 这份报告以及其他批评者还指出，英国的穆斯林社区认为政府主导的这些计划缺乏信誉并容易引起怀疑，很多人发现一旦参与这些计划就会败坏自己的名声。因此，一些穆斯林团体拒绝与政府合作或拒绝接受这些计划提供的资金。还有一些议会议员认为，由于这些计划专门针对穆斯林群体，因而实际上增加了他们与主流社会的疏离感。还有一些批评家甚至指出，"预防战略"资助的某些计划实际上最终支持了与极端主义意识形态相关联的群体。

（三）修订和再评估阶段（2011年以后）

在社会各界的强烈批评下，英国政府开始对"预防战略"进行全面反思。2010年11月，英国内政大臣宣布对"预防战略"进行修订，最终的修订版本是2011年6月正式颁布的一份长达116页的评估报告。"预防战略"修订后的最重要变化，是将反恐与社会融入工作区分开来。修订后的"预防战略"依然由内政部负责，因为与安全以及恐怖活动相关的项目仍然是"预防战略"的重要组成部分。同时，范围更广泛的社会融入以及对非暴力极端主义的防范则被排除在修订后的"预防战略"之外，并把这些项目交给相关社区部门和地方政府处理。正如修改后的"预防战略"所言，"'预防战略'今后将不会把资金分配到社会融入项目上，因为社会融入远远超出了安全和反恐的范畴。政府将不再对社会融入提供资金保障。"[②] 修订后的"预防战略"所设定的目标也发生了变化，主要包括三个方面的内

---

① House of Commons Communities and Local Government Committee, Preventing Violent Extremism, Sixth Report, March 16, 2010, http://www.publications.parliament.uk/pa/cm200910/cmselect/cmcomloc/65/6502.htm, 登录时间：2018年5月30日。

② HM Government, *Prevent strategy*, June 2011, p.6, https://assets.publishing.service.gov.uk/government/uploads/system/uploads/attachment_data/file/97976/prevent-strategy-review.pdf, 登录时间：2018年6月28日。

容：第一，应对恐怖主义意识形态的挑战，消除恐怖主义意识形态带来的威胁；第二，防止人们加入恐怖主义组织，并确保他们得到适当的建议和支持；第三，与容易遭受极端思想侵蚀的部门和机构合作，重点领域包括教育、宗教、卫生、司法和慈善机构和互联网。

从具体操作层面来说，"预防战略"涉及的工作大致分为两类。一类是一般性的预防工作，主要是努力消除极端主义观念的社会影响，倡导宽容、温和、民主的原则，消除可能增强极端化的脆弱因素；另一类是有针对性的干预工作，主要是对那些可能接触或是已经具有极端主义倾向的个人进行干预。为适应这两类工作的需要，修订后的"预防战略"的资金资助主要集中在三个主要领域，包括地方社区项目、警务项目以及阻止恐怖主义、极端主义意识形态的消极影响等。此外，"预防战略"的实施还辅以更严格的监督和评估。

从整体上来看，英国政府制定的打击伊斯兰极端主义的"预防战略"虽然目标明确、资金充足，但在实施过程中却经常遭遇到各种挑战。事实表明，"预防战略"实施的效果与其投入的时间和资源相比的确存在着较大差距。因此，英国在2011年对"预防战略"进行修订时，对过去较为宏大的目标进行了调整。修订后的"预防战略"把重点工作聚焦在几个核心的地理区域，并把工作重心放在打击暴力极端主义以及提高项目资金使用效率等方面。

客观而言，"预防战略"在实施过程中遇到的阻力主要有以下几方面的原因：第一，在2005年的"7·7"地铁爆炸案后，英国政府在各方压力下仓促制定"预防战略"时，并没有足够的时间去考虑伊斯兰极端主义的真正内涵以及打击伊斯兰极端主义的具体措施。第二，在"预防战略"实施的初始阶段，这一战略覆盖的地区太广，目标也过于宏大。第三，最初的"预防战略"没有内部评估机制，缺少清晰的战略谋划，执行该项目的工作人员缺乏必要的专业水平和能力，相关工作人员在如何与极端分子打交道以及哪些项目应该获得资助等问题上缺乏经验。对此，有专家指出，"预防战略"在开展多年之后，政府仍未提出防范伊斯兰极端主义的基本指导意见，也未能明确如何运用有效方法来保障不同团体和个人免受极端主义的威胁。

"预防战略"虽然存在各种各样的问题，但还是取得了一定的成绩。作为"预防战略"重要组成部分的"沟通项目"（Channel Programme），就是一个很好的例证。"沟通项目"是专门针对那些容易受到极端思想影响的人群制定的一项计划，主要是在这些群体接触极端思想的初期就为他们提供必要的指导，帮助他们摆脱极端思想的影响。"沟通项目"的实施取得了较好的效果，许多人正是在这个项目的帮助下与极端主义划清了界限。同时，"预防战略"对穆斯林学校和社区的资金资助也卓有成效。事实表明，英国穆斯林群体愿意就伊斯兰极端主义、世俗主义与英国伊斯兰教的关系，以及穆斯林在英国的身份和地位等问题进行公开讨论，这些都有益于英国穆斯林群体与主流社会进行沟通和对话，并与伊斯兰极端主义划清界限。此外，"预防战略"执行初期出现的问题后来也得到了修正和解决，尤其是资金援助落入极端分子手中的情况已不复存在。不仅如此，"预防战略"还确定了更严格的评价方式，改变了原来全面铺开的方针，把重点集中于监狱、大学、教育培训等重要机构。对地域的选择也更加集中，在资金的使用上也更强调效率。

三、英国政府防范伊斯兰极端主义的具体措施

除了制定宏观上的整体战略外，英国政府还采取了很多具体措施防范和打击伊斯兰极端主义。这些措施包括制定反恐立法，加强和英国穆斯林群体的对话，改善英国穆斯林社区的经济，为英国穆斯林提供朝觐服务等。

第一，英国政府通过了一系列反恐立法，加强打击伊斯兰极端主义的力度。

新世纪伊始，英国政府就在2000年和2001年分别制定了《恐怖主义法》（Terrorism Act 2000）和《反恐犯罪与安全法》（Anti-terrorism Crime and Security Act 2001）。2005年伦敦"7·7"地铁爆炸案发生后，英国政

府又对原有的反恐法进行了修订。修订后的反恐法对恐怖主义行为的打击手段更为严厉，打击范围也更加广泛。有观察家指出，英国新编制的反恐法是全欧洲最严苛和最全面的反恐立法。

2006年，英国政府又制定了新的《反恐法》（Terrorism Act 2006），界定了一系列与恐怖主义有关的新刑事犯罪，其中包括通过互联网等途径从事恐怖主义和极端主义宣传活动。这部《反恐法》还赋予政府取缔美化恐怖主义的社会团体的权利，并授权有关部门将审判前拘留恐怖嫌疑人的期限从原来的14天延长至28天。① 在英国政府2008年制定的《反恐法》（The Counterterrorism Act 2008）中，又进一步加强了执法当局在处理与恐怖主义有关案件中的权力，涉及搜查、讯问、资产缉获以及证据收集和使用等多个领域。另外，2008年的《反恐法案》还增加了一些与恐怖主义有关的犯罪行为的界定。与此同时，英国政府还制定了一些新的法案来预防伊斯兰极端主义并保障英国公民的安全。例如，英国政府2006年制定的《移民，庇护和国籍法》（Immigration，Asylum and Nationality Act），赋予英国政府更多权力，以更加迅速地驱逐或遣返主张暴力和煽动仇恨的外国人。

第二，英国政府通过与穆斯林群体进行积极对话，来防止穆斯林群体的极端主义倾向。

长期以来，英国政府一直强调改善与穆斯林群体的关系，与其进行富有建设性交流，推动穆斯林群体更好地融入英国社会，并且努力争取穆斯林群体在遏制伊斯兰极端主义方面发挥主导作用。在过去几年中，英国政府一直致力于与温和的穆斯林团体建立联系，包括与穆斯林领导人、社区组织以及青年学生团体进行接触，就他们所关心的问题进行探讨。

在"预防战略"实施过程中，英国政府还举办了各种反对伊斯兰极端主义的具体活动。这些活动包括支持温和的穆斯林学者反对伊斯兰极端主义的"路演活动"（Roadshow），在大学校园里开展反对极端主义的活动，努力把英国打造成为伊斯兰世界以外的伊斯兰研究中心，支持清真寺和伊

---

① 方金英，《文明的交融与和平的未来》，北京：时事出版社2016年版，第282页。

玛目国家咨询委员会（Imams National Advisory Board）等伊斯兰社团组织制定自我管理标准和制度，通过提供项目资助的方式帮助地方机构和公民领袖来保障伊斯兰教的温和发展路线。

此外，英国政府还一直在探讨培养本土伊玛目的方法，从而减少对国外伊玛目的依赖，因为那些来自国外的伊玛目通常不熟悉英国社会。一些穆斯林认为，英国穆斯林应该更加积极地反对极端主义，应该主动反对而不是容忍那些思想激进的伊斯兰教士。然而，英国的穆斯林团体也警告说，英国政府采取的任何对穆斯林群体选择伊玛目的干预行为，都将被视为对穆斯林群体的歧视，并遭到全体穆斯林群体的反对。

第三，英国政府还努力解决穆斯林群体社会经济地位低下以及遭受歧视的问题。

许多专家学者都认为，改善穆斯林群体普遍较低的社会经济地位是促进其更好地融入英国社会，以及免受极端主义思想侵袭的关键所在。从平均水平来看，穆斯林群体是英国劳动力市场中处境最糟糕的群体之一，其失业率也相对较高。尽管英国穆斯林自主就业的比例高于全国平均水平，但他们多数都集中在酒店和餐饮等低收入行业。多年来，英国政府对穆斯林群体在经济上的帮助主要有两种方式。一种是政府制定的普遍意义上的经济和社会政策，这些政策并不针对特定民族和宗教群体，包括福利计划、最低工资政策和家庭税收抵免计划等。英国政府认为，穆斯林群体能够从这些政策中大量获益。另外一种是针对穆斯林或其他少数群体的更加具体的措施，包括支持在少数民族失业率高的地区创建职业培训中心和创业项目，为少数族裔社区项目提供补助金等。此外，英国政府还试图通过减免税收等方式来改善穆斯林群体的居住条件。

近年来，英国政府还针对很多地方学区设立了新的补助金，以满足贫困群体的需求。同时，还在贫困地区制定了年轻人成长计划，以确保少数群体的就学机会。在英国，政府通常不使用配额方法来解决就业和高等教育领域的多种问题，而是通过法律手段来保障少数族群的合法权利。进入21世纪后，英国政府出台了多部涉及族群和宗教的法律，例如2003年出台的《就业平等（宗教或信仰）条例》，2006年又制定了《种族和宗教仇恨法》，以加强打击涉及种族歧视和仇恨的犯罪行为。

第四，英国政府还致力于为穆斯林群体提供朝觐服务。

朝觐是世界上规模最大的年度宗教活动。现在，每年都有超过200万来自世界各地的信徒前往沙特的伊斯兰圣地麦加进行朝觐。进入21世纪后，英国平均每年约有2.5万名穆斯林在宰牲节期间前往麦加朝觐，另外还有大约10万名穆斯林每年去麦加进行小朝觐。[1] 在整个西欧国家中，这两项数字都是最高的。因此，英国首都伦敦也被称为欧洲的"朝觐之都"（The Hajj Capital of Europe）。[2]

鉴于朝觐对于穆斯林的重要性，英国政府有意识地为国内穆斯林群体提供朝觐服务，以此加强政府与穆斯林群体的紧密联系，维护英国社会的和谐和稳定。在英国政府的支持和帮助下，英国朝觐代表团（British Hajj Delegation）于2000年正式成立。从2000年到2009年间，英国政府每年都为朝觐代表团提供8至9名穆斯林医生，其中包括首席医疗顾问1名、女性医生1至2名。另外，朝觐团中还有1至2名朝觐顾问，再加上英国驻沙特吉达领事馆的外交人员2至3名。[3]

具体来说，英国朝觐代表团为穆斯林前往麦加朝觐提供了两方面的便利。首先，由于英国驻吉达领事馆的外交官会前往麦加处理事务，因而英国朝觐者不需要离开麦加前往吉达获取领事服务。其次，朝觐代表团的随行穆斯林医生都会说英语，并且在朝觐期间会为生病的穆斯林提供医疗服务，这些都比沙特当地的医生更加便利。目前看来，英国政府为英国穆斯林提供的朝觐服务在欧洲国家中是独一无二的。这种做法显然有助于拉近英国穆斯林群体和政府之间的情感联系。[4]

---

[1] 数据源于英国穆斯林朝觐协会网站，http://www.abhuk.com/about-us/about-abh/，登录时间：2018年6月26日。

[2] Robert R. Bianchi, *Guests of God: Pilgrimage and Politics in the Islamic World*, Oxford University Press, 2004, p.63.

[3] 英国朝觐代表团网站，http://www.britishhajjdelegation.org.uk/doctors.php，登录时间：2018年6月26日。

[4] 方金英：《文明的交融与和平的未来》，北京：时事出版社2016年版，第286页。

四、英国政府打击国际伊斯兰极端主义的行动

除了在国内制定战略、采取各种措施打击和防范伊斯兰极端主义外，英国政府在打击国际伊斯兰极端主义方面也是不遗余力。长期以来，英国的海外军事活动非常活跃，成为西方联盟中打击国际恐怖主义与极端主义的主要力量。由于英国在中东和中亚地区的军事存在，再加上与美国在军事上的紧密联系，英国驻扎在海外的武装力量以及英国在海外的利益经常会成为伊斯兰极端分子攻击的目标，这一点在2001年英国参与美国领导的阿富汗战争后体现得特别明显。此外，随着近年来"伊斯兰国"的兴起和扩散，如何防范极端组织"伊斯兰国"对英国本土及其海外利益的威胁，也是英国政府密切关注的问题。

（一）英国军队在阿富汗打击极端主义的行动

2001年的"9·11"事件后，美国发动阿富汗战争，对"基地"组织以及塔利班政权进行空袭。为配合美国的军事行动，英国发起了代号为"真理行动"（Operation Veritas）的军事行动，展示了英国政府打击伊斯兰极端势力的决心。

2003年，英国又在阿富汗发起"赫里克行动"（Operation Herrick），配合美国领导的"持久自由行动"（Operation Enduring Freedom），同时支持北约领导的国际安全援助部队（International Security Assistance Force，简称ISAF）。其目标是通过发展和训练阿富汗安全部队，增强其打击极端组织的能力，以保障英国本土的安全。2003年至2006年期间，"赫里克行动"的规模和广度都有所增强，以配合北约国际安全援助部队在阿富汗的军事行动。2006年，英国政府把在阿富汗的军事行动指挥权交给北约国际安全援助部队后，把工作重心转向帮助维持卡尔扎伊（Hamid Karzai）政权稳定局势

到2010年，随着军事成本和伤亡人数不断上升，北约宣布2014年

341

全面撤出在阿富汗的国际部队，而英国直到2014年年底才结束其在阿富汗的军事行动。在整整13年打击阿富汗伊斯兰极端势力的行动中，英国驻阿富汗军队有将近1万名士兵，主要驻扎在喀布尔（Kabul）、坎大哈（Kandahar）和赫尔曼德省（Helmand province）。为了在阿富汗打击伊斯兰极端势力，英国军队付出了450名士兵死亡和6000多名士兵受伤的代价。直到2014年11月，英国军队才结束了在阿富汗的军事行动。

（二）英国打击伊斯兰极端组织"伊斯兰国"的行动

2014年极端组织"伊斯兰国"兴起后，英国也成为"伊斯兰国"攻击的目标。面对"伊斯兰国"的威胁，英国也加入了美国领导的打击"伊斯兰国"反恐阵营。2014年9月26日，英国议会通过决议，批准英国空军对伊拉克境内的"伊斯兰国"武装展开空袭。9月30日，英国空军空袭了极端组织"伊斯兰国"在伊拉克境内的目标。

2015年7月，突尼斯海滨度假胜地苏塞（Sousse）的一家酒店遭遇"伊斯兰国"武装人员袭击，造成38人遇难，其中包括30名英国游客。2015年11月13日，法国首都巴黎市中心发生系列恐怖袭击事件，造成重大人员伤亡。在法国发生恐怖袭击后，时任英国首相卡梅伦再次要求议会同意将空袭"伊斯兰国"的范围从伊拉克扩大到叙利亚境内。2015年12月2日，经过十多个小时的特别辩论，英国议会下院最终以397票支持、223票反对的结果，通过了英国空军空袭叙利亚境内"伊斯兰国"目标的动议。[①]但就在同年12月，一名"伊斯兰国"追随者在伦敦东部的莱顿斯通地铁站（Leytonstone Underground Station）持刀捅伤了三位乘客，并声称是对英国政府决定把对"伊斯兰国"空袭范围从伊拉克扩展到叙利亚的报复。

2016年4月，面对"伊斯兰国"恐怖袭击向欧洲蔓延的威胁，英国政府决定进一步加强旨在保护英国城市和社区免受恐怖主义威胁而专门设立的"格里芬项目"（Project Griffin）。英国认为，恐怖主义虽然具有巨大的

---

① 《英国议会同意空袭叙利亚境内"伊斯兰国"目标》，人民网，2015年12月3日，http://world.people.com.cn/n/2015/1203/c157278-27884146.html，登录时间：2018年6月27日。

威胁，但要以冷静的态度来加以应对；恐怖主义威胁不仅来自"伊斯兰国"和"基地"组织等伊斯兰极端组织，还来自那些容易被这些极端组织影响和蛊惑的个人和团体。为此，"格里芬项目"的目标是帮助人们了解恐怖主义对英国的威胁及应对方法，指导人们识别并报告可疑的恐怖主义活动。此外，"格里芬项目"还致力于培训专门应对恐怖袭击事件的专业人员，并计划在一年的时间内将这些专业人士的培训数量从10万人增加到100万人。

从实际情况来看，"格里芬项目"实施的效果并不明显。仅仅在2017年一年中，英国本土就发生了多起"伊斯兰国"人员制造的恐怖袭击事件。2017年3月，伦敦国会大楼（House of Parliament）附近的西敏桥发生货车撞人事故，造成4死50伤；2017年5月22日，曼彻斯特演唱会发生爆炸，造成22死59伤；2017年6月3日，伦敦再次发生连环恐怖袭击，造成10死48伤。在上述三起恐怖袭击事件发生后，"伊斯兰国"都宣布对这些事件负责。从目前情况看，"伊斯兰国"依然是对英国国内外利益威胁最大的伊斯兰极端组织。

总的来说，由于英国长期实行"多元文化主义"移民模式，英国在外交政策上长期追随美国，以及英国国内数量众多的穆斯林群体普遍处于较低的社会经济地位，使得英国一直存在滋生伊斯兰极端主义的社会土壤，并成为伊斯兰极端势力渗透和攻击的目标。为了防范和打击伊斯兰极端主义，英国政府早在21世纪初就制定了"预防战略"。作为指导英国政府打击伊斯兰极端主义的纲领性文件，"预防战略"在实施过程中还根据具体情况的变化以及出现的问题进行了修订和调整。

在打击国内极端主义势力的具体措施方面，英国政府的很多做法都独具特色。英国政府在强调对内加强反恐立法的同时，也重视与国内的穆斯林群体进行积极对话，努力推动穆斯林群体融入英国社会，并在欧洲国家中率先为本国穆斯林群体提供伊斯兰朝觐服务。不过，目前伊斯兰极端势力对英国的威胁依然严峻。当前对英国国家安全构成最大威胁的伊斯兰极端势力主要是"伊斯兰国"。随着"伊斯兰国"的扩散，其成员已经在英国乃至全球范围内制造了多起骇人听闻的恐怖袭击事件，造成了英国民众巨大的心理恐慌。面对这种新的情况，英国政府也对其去极端化政策进行了调整，在对国内全面开展去极端化的同时，还积极参与打击国际伊斯兰极端势力的行动。

第38章

英国去极端化政策的
主要领域和措施（上）
——以学校、宗教机构、慈善机构为例

英国去极端化政策的实施主要依赖于政府与易受极端主义影响的风险场所之间的合作，这些风险场所主要包括学校、宗教机构、慈善机构、互联网、医疗卫生服务机构和监狱六大类。本章主要对英国政府针对学校、宗教机构、慈善机构的去极端化政策和措施进行分析，互联网、医疗卫生服务机构和监狱领域的去极端化政策和措施留待下一章探讨。

一、针对学校的去极端化政策及其实施

从现实情况看，学校已成为极端主义思想渗透的重要场所。事实表明，有越来越多的恐怖分子接受过高等教育，他们正是在高校完成了极端化的过程并最终走向了恐怖主义的道路。在西方制造恐怖袭击的极端组织和个体中，很多人都接受过高等教育，这表明高校已经成为激进主义和极

端主义的策源地。① 例如，2005年伦敦地铁袭击案的制造者大都接受过高等教育，后来的调查表明，他们中的部分人曾在大学期间参加过同一板球俱乐部和其他体育赛事，甚至还一起举行过庆祝"9·11"的聚会。② 2007年6月试图在伦敦和格拉斯哥发动汽车炸弹袭击的两名嫌疑犯中有一人是学习机械专业的博士研究生。2009年"裤裆藏炸弹"的尼日利亚人阿卜杜勒·穆塔拉布（Abdul Mutallab）也曾在伦敦大学就读，还担任过该校伊斯兰协会主席。在他之前，英国已有三位前大学伊斯兰协会主席与恐怖主义有染。③ 在英国1999年至2009年因与"基地"组织有关联而被定罪的恐怖分子中，有30%的人上过大学或接受过高等教育，另有15%的人获得了职业教育或继续教育的资格。根据英国"关怀儿童青少年论坛"（Child Youth Care Forum）的统计，极端化更容易发生在青少年群体中，年龄段主要集中在15岁—30岁之间。而英国大学入学率超过40%，这就决定了高校会成为开展去极端化工作的重要场所。④

由于年轻人在价值观形成过程中面临着诸多不确定性和脆弱性，很容易受到极端分子的蛊惑和洗脑，因此高校在预防学生极端化方面承担着重要的责任。事实表明，教育部门对学校管理存在的一些明显漏洞，为极端分子宣传极端主义思想提供了可乘之机。英国有部分宗教学校一直在宣扬与英国价值观背道而驰的观点，如对其他文化的排斥和性别歧视等。有报道称，一些宗教学校甚至允许学校职工、访问学者、学生公开表达极端主义的观点。2009年的调查发现，51所宗教学校有8所选择了偏袒某一特定宗教群体的教材，有些教材包含了对其他宗教的偏见或敌视方面的内

---

① Katherine E. Brown & Tania Saeed, "Radicalization and Counter-radicalization at British Universities: Muslim Encounters and Alternatives," *Ethnic and Racial Studies*, Vol.38, No.11, 2015, p.1954.

② Paul Gill, "Suicide Bomber Pathways among Islamic Militants," *Policing*, Vol.2, No.4, 2008, p.417

③ 李泽生：《反极端化背景下的英国高校管理》，《现代大学教育》2017年第1期，第32页。

④ Trees Pels, Doret J. de Ruyter, "The Influence of Education and Socialization on Radicalization: An Exploration of Theoretical Presumptions and Empirical Research," *Child and Youth Care Forum*, Vol.41, No.3, 2012, p.313

容。① 2014年10月，英国教育标准办公室对伦敦东部六所伊斯兰学校的调查发现，有不少学生认为信仰伊斯兰教之外的其他宗教是错误的，并对妇女的社会地位持狭隘的看法，这些学生更容易受到极端主义的影响。② 除了宗教学校外，在英国还有3000多所补习学校，这些学校主要为孩子们传授语言和数学等知识，但同时也提供宗教和道德方面的指引。此类学校是英国教育部门监管的盲区，极易为极端分子传播极端主义思想提供空间。2016年1月4日，伯明翰某学校教师贾汗吉尔·阿克巴（Jahangir Akbar）被指控向学生灌输极端思想，并因此被处以终身禁教。③ 调查显示，贾汗吉尔·阿克巴已完全被极端组织所控制，并在课堂上大肆宣扬极端主义思想，这种现象与学校疏于管理不无关系。一些伊斯兰学校更容易受到极端主义的侵蚀，伊斯兰解放党等极端主义组织经常以高等学校（特别是穆斯林学生较多的学校）作为极端思想渗透和人员招募的目标。尽管这些极端组织在反恐立法中都被限制活动，但从它们当中分离出来的一些附属组织仍以同样的方式进入高校从事活动。高校在预防极端化方面存在明显不足，根据2010年3月的调查报告，民众对高等教育或继续教育领域预防极端化的技能和信心都感到担忧，只有45%的大学和40%的学院与从事预防工作的警察机构进行合作，40%的大学和30%的学院与地方当局开展去极端化合作。④ 根据英国政府设立的极端主义分析小组（Extremism Analysis Unit，EAU）的调查报告，在2014年至少在30所高校有70场宣扬暴力仇恨的校园活动；警方的统计数据也显示，受过高等教育的年轻人在前往伊拉克和叙利亚加入"伊斯兰国"的人员中仍占很高的比例。⑤

　　根据英国政府的要求，高校应制定具体的政策阻止极端主义对校园

---

① HM Government, *Prevent Strategy*, London: TSO, 2011, p.68.

② HM Government, *Counter-Extremism Strategy*, October 2015, p.13.

③ 《英国教师涉嫌"木马阴谋"被终身禁教》，环球网，2016年1月8日，http://lx.huanqiu.com/lxnews/2016-01/8343991.html。

④ HM Government, *Prevent Strategy*, London: TSO, 2011, p.75.

⑤ "Tackling Extremism in Universities and Colleges Top of the Agenda," September 17, 2015, https://www.gov.uk/government/news/pms-extremism-taskforce-tackling-extremism-in-universities-and-colleges-top-of-the-agenda.

的渗透。早在2005年，英国教育大臣就呼吁要严厉打击大学中极端分子；
在2011年，时任英国首相卡梅伦和英国内政大臣等再次强调在校园中预
防和打击极端主义的重要性。[①] 2015年9月21日生效的《预防责任指南》
要求英国所有的高等教育机构都要制定适当的风险评估程序，对进入校园
的演讲者进行严格审查，以便将宣传极端主义的演讲者拒之门外。英国时
任首相卡梅伦表示，在预防和打击极端主义的过程中，中小学、大学和学
院比其他任何地方都更有责任保护易受影响的年轻人；英国大学与科学国
务部长乔·约翰逊（Jo Johnson）致信英国全国学生联合会（NUS），提醒
他们有责任防止激进化和反对极端主义言论；商务大臣也做出指示，要求
英国高等教育的最主要监管者——英国高等教育资助委员会（the Higher
Education Funding Council for England，HEFCE）监督高校开展去极端化
工作的情况，如果拒不执行将会受到法院的制裁。[②]

　　英国在学校推进去极端化的政策与措施主要包括制度和观念两个层
面。制度层面就是通过制定和完善规章制度，由学校领导牵头建立立体的
校园安全责任网络，努力做到把可能的危险拦截在校园之外，其措施主要
包括拒绝任何人利用校园平台宣传极端思想，要求学校认真审查受邀参加
校园活动嘉宾的信息和演讲的内容；加强校园网络安全平台建设，增强校
园网对敏感信息的过滤和筛查，保证极端分子无法使用校园网络来宣传极
端思想。[③] 在观念层面，英国政府鼓励不同社团，特别是不同信仰的社团
相互交流，为其提供表达不同意见的机会，进而抵消极端思想可能产生
的影响。[④] 此外，英国政府还倡导在校园内大力弘扬英国核心价值观，消
除极端思想滋生的土壤。根据英国教育部文件的要求，学校要加强对学
生的基本价值观教育，促进学生在精神、道德、社交和文化方面的发

---

① Katherine E. Brown & Tania Saeed, "Radicalization and Counter-radicalization at British Universities: Muslim Encounters and Alternatives," *Ethnic and Racial Studies*, Vol.38, No.11, 2015, p.1954.

② Ibid.

③ 李泽生：《反极端化背景下的英国高校管理》，《现代大学教育》2017年第1期，第35页。

④ 同上，第36页。

展，特别是通过加强公民教育课程，增进学生对不同宗教和民族的尊重和理解。① 由学校发展支持机构和社区组织支持的伊斯兰公民教育项目（Islam Citizenship Education Project），积极促进公民教育在伊斯兰学校（madrassahs）的发展，以帮助年轻人掌握反对极端主义叙事的知识和技能。② 在当前英国多元文化主义陷入困境的背景下，这些课程的设置意义重大，增强了学生对英国核心价值观的学习、理解和认同，从而有助于消解极端主义思想的影响。

2008年10月，英国儿童、学校和家庭事务部推出了一个安全工具包——"共同学习安全"（learning to be safe together），帮助学校预防暴力极端主义的威胁，其目的是"让年轻人拥有应对极端主义挑战的知识和技能"，并为发展积极和包容的英国民族精神提供指导，以捍卫民主价值观和人权。它要求工作人员检测学生受极端主义威胁的"警告信号"，并对易受激进化伤害的儿童提供指导；它建议学校与警察及其他合作伙伴建立良好的联系，以便分享信息，③ 其目的是促进学校帮助地方当局和警察更好地了解学生状况，通过信息沟通和共同协调，保护青少年免受极端主义危害。为发现潜在的风险，英国儿童、学校和家庭事务部提供的安全工具包采纳了权威机构和专家的建议，有助于发现年轻人受极端主义影响的情况和程度。④

英国教育部和安全与反恐办公室通过向地方当局和警察部门提供资金支持，以求更好地推行安全工具包制度。2009年，英国警察协会（ACPO）创办了"预防、警察和学校"（Prevent，Police and Schools）项目，指导警察更有效地开展与学校和教师的合作。英国警察协会也发起了名为"立即行动"的倡议，旨在推动关于反对暴力极端主义的讨论。英国教育部、地方政府还与地方教育、宗教机构合作开办了培训项目，对英格兰和威尔

---

① 杨钦：《英国加强保护儿童远离极端主义教育》，《课程·教材·教法》2016年第3期，第64页。

② HM Government, *Prevent Strategy*, London: TSO, 2011, p.49.

③ Arun Kundnani, *Spooked: How not to Prevent Violent Extremism*, London: Institute of Race Relations, 2009, p.33.

④ Ibid.

士等地从事宗教教育的老师进行培训，通过讨论帮助教师加强对极端主义威胁的认识。[①] 为了将安全工具包的影响延伸至校外的青少年，英国教育部、社区和地方政府部共同资助了两个项目：伊斯兰教和公民教育项目（ICE）和青年穆斯林咨询小组（YMAG）。伊斯兰教和公民教育项目试图帮助宗教学校的穆斯林青年树立正确的宗教信仰，理解融入英国主流社会的必要性和重要性；青年穆斯林咨询小组的目的是帮助穆斯林青年应对极端主义的挑战并探寻解决方案。[②]

2011年英国政府颁布的《预防战略》强调指出："认识到预防战略要与很多部门（风险场所）合作，因为他们有能力处理和解决我们面临的风险和挑战。学校是非常重要的，并不是因为许多学生已经激进化（而且事实也并非如此），而是因为学校在指导年轻人应对极端主义和恐怖主义意识形态方面发挥着重要作用，并且能够有效驳斥和应对那些为此做辩护的人。"[③] 儿童、学校和家庭事务部也指出，教育是反恐的利器，学校在培养年轻人塑造观念、认同感和形成自身价值观方面发挥着重要作用；学校应鼓励年轻人表达自己的观点并敢于对自己的观点负责，让他们深刻理解不论出于什么原因使用暴力都是一种犯罪行为。[④] 教育部发布的《预防的责任》也强调指出，学校要警惕网络极端主义风险，学校和儿童保育机构应该意识到网上激进化的风险越来越大，因为"伊斯兰国"等恐怖组织试图通过使用社交媒体和互联网使年轻人变得激进。地方当局和地方警察应提供背景信息来帮助学校和儿童保育机构了解其所处地区面临的风险。[⑤]

在高等教育中，英国商业、创新与技能部（BIS）通过与高校学生会的合作提高学生对校园内极端主义的警惕。英国650个学生会大都隶属于

① HM Government, *Prevent Strategy*, London: TSO, 2011, p.69.

② Ibid.

③ Ibid., p.64.

④ Department for Children, Schools and Families, *Learning together to Be Safe: A Toolkit to Help Schools Contribute to the Prevention of Violent Extremism,* Nottingham: DCSF, 2008, p.4.

⑤ Departmental for Education, *The Prevent Duty: Departmental Advice for Schools and Childcare Providers*, June 2015, p.6.

全国学生联合会（NUS），商业、创新与技能部资助全国学生联合会设立了全职工作岗位和知识储备库，并为学生会内部的工作人员提供相关的培训。全国学生联合会发起了"无平台"倡议，禁止学生会为任何有极端色彩的组织或个人提供言论平台。目前受"无平台"政策限制的组织包括伊斯兰解放党等极端组织。尽管这些组织通过更改名称来规避审查，但该项政策仍然取得了一定的成效。英国全国学生联合会还加强了与英国伊斯兰学生社团联合会（the Federation of Student Islamic Societies，FOSIS）及其他伊斯兰社团的合作，使它们在反对恐怖主义和极端主义意识形态的过程中发挥更大的作用。2009年，商业、创新与技能部责令存在极端化风险的约40所高校对自身管理风险的能力进行评估，评估主要围绕它们与警察部门等关键合作伙伴之间的关系，高校内部的政策和程序是否可以识别和管控极端主义风险，以及高校自身的风险意识三个方面展开。[①] 通过这些举措，达到了强化风险意识、分享成功经验、加强能力建设等目的。

在学校推进去极端化必须增强学生应对极端主义风险的能力，通过加强学生对极端主义和恐怖主义的了解，有助于使其免受极端主义的影响。因此，将有关恐怖主义和极端主义的课程纳入初等教育，成为英国推进去极端化的一项重要政治议程，也是预防战略的重要组成部分，其目的在于通过对恐怖主义和极端主义的介绍和讨论，增强学生识别、质疑和批判极端主义意识形态的能力。[②] 为此，英国教育部为全国的学校发放了"反恐教育"工具书、指南、教学材料等，以提高学生的反恐意识。学校通过课堂教育增进学生对英国民主、法治、个人自由权利的理解，以及对不同宗教信仰应相互尊重和包容等基本价值观的认同；通过探讨极端主义和恐怖主义问题，提高学生运用主流价值观反对极端主义意识形态的能力。[③] 英

---

① HM Government, *Prevent Strategy*, London: TSO, 2011, p.74

② Angela Quartermaine, "Discussing Terrorism: a Pupil-inspired Guide to UK Counter-terrorism Policy Implementation in Religious Education Classrooms in England," *British Journal of Religious Education*, Vol.38, No.1, 2016, p.25.

③ Departmental for Education, *Promoting Fundamental British Values as Part of SMSC in Schools: Departmental Advice for Maintained Schools*, 2014, p.5.

国许多高校还开设了与反恐有关的专业，报考反恐、安全等相关专业的学生越来越多，同时还接收来自各国警察系统、政府、军队的相关从业人员进修学习。

英国大学组织（University UK）于2013年创建启动了安全校园工程，该项目强调高校要防止学生因接触极端主义环境而变得极端，减少学生与极端分子和极端思想的接触。2015年7月21日，英国通过的《反恐和安全法案2015》明确规定，包括高校在内的相关机构有不容推卸的法律义务，要求他们采取相应措施防止人们卷入恐怖主义；学校老师有阻止学生陷入极端主义的责任。① 根据该法令的要求，英国教育部颁布了一些指导性文件，建议加强对学校领导和教职工进行反极端化方面的培训，以有效防范极端主义和恐怖主义威胁。

此外，英国教育部还专门设有"预防极端主义工作组"，吸收了大量反恐专家，对英国各类学校进行监督，防止极端组织利用学校传播极端主义思想。2016年1月26日，英国教育大臣尼基·摩根（Nicky Morgan）宣布启动名为"教育反对仇恨"（education against hate）的官方网站。该网站旨在提供相关建议，帮助学生家长和学校教师预防各种形式的极端主义，使儿童免受网络极端主义危害。同时，该网站还介绍如何分辨潜在危险信号，如何发现学生行为变化，以及父母在必要时应当采取的措施。② 该网站的启动受到了许多英国公民特别是学生家长的热烈欢迎，因为此前家长咨询极端主义问题只能致电英国国家防止虐待儿童学会（National Society for the Prevention of Cruelty to Children，NSPCC）询问，既不方便也不专业，而"教育反对仇恨"网站能够帮助家长在学生表现出极端主义倾向时发现问题并实施干预。

---

① HM Government, *The United Kingdom's Strategy for Countering Terrorism: Annual Report for 2014*, March 2015, p.13.

② 《英国启动"教育反对仇恨"网站，预防极端主义》，中国教育信息化网，2016年3月29日，http://www.ict.edu.cn/ebooks/b3/text/n20160329_12125.shtml。

二、针对宗教场所的去极端化政策及其实施

在极端主义滋生和蔓延的过程中，清真寺作为重要的宗教场所也是极端组织争夺的重要空间。当然，包括清真寺在内的宗教机构和组织也同样可以在去极端化工作中发挥重要作用。英国政府认为，在反击为恐怖主义活动提供辩护的极端主义意识形态方面，宗教机构和组织拥有政府所不具备的权威和信誉，他们可以向那些容易受极端组织和极端分子影响的脆弱群体提供更加具体和直接的帮助。"在帮助建立一个承认不同宗教信仰的权利和贡献、支持宽容和法治、鼓励社会参与和互动方面，他们也同样可以发挥更广泛、更重要的作用。"①

清真寺是伊斯兰教的重要标志，承担着重要的社会功能，如宗教功能、教育功能、文化功能、政治功能、公益慈善功能、社区服务功能、学术功能、经济功能、道德教化功能、社会交往功能、历史文献功能、社会控制功能等。② 可以毫不夸张地说，穆斯林的一生都与清真寺有着紧密的联系。正是由于清真寺的重要性，因此一旦被极端主义势力所控制，其产生的危害不可估量。英国有一些清真寺深受极端主义的影响，一些穆斯林正是在受极端主义思想控制的清真寺中完成了极端化过程，并由一名正常的宗教信徒转变为宗教极端主义分子。近二十年来，那些与"基地"组织有联系的恐怖组织试图对英国的清真寺进行渗透，有时甚至建立了他们自己的清真寺，在那些不可能做到的地方——通常是清真寺，个别的宗教极端分子寻求发展一种有自主权的角色和身份，以清真寺作为极端主义的组织机构和活动场所，传播极端主义的观点和主张。③

英国政府发布的《预防战略》指出，在英国的部分地区，一些组织和

---

① HM Government, *Prevent Strategy*, London: TSO, 2011, p.80.

② 马广德：《试论清真寺功能及其演变》，载《宁夏社会科学》2014年第2期，第78—81页。

③ HM Government, *Prevent Strategy*, London: TSO, 2011, p.80.

个人试图破坏清真寺，将其用作极端主义的目的或者鼓励暴力，并为在英国国内外从事恐怖主义活动的组织筹集资金。[①] 在这种情况下，为了更好地应对恐怖主义意识形态的挑战，政府有必要与受到极端主义威胁的宗教机构之间进行对话，这种对话非常重要但又很敏感，必须谨慎处理。

随着"伊斯兰恐惧症"在英国的泛滥，如何消除族群歧视和偏见、为伊斯兰正本清源成为清真寺肩负的重要责任与义务。例如，作为非盈利性机构的英国穆斯林公共事务委员会（Muslim Public Affairs Committee of the United Kingdom，MPACUK）认为，应该遵循先知的足迹，重新发挥清真寺在穆斯林生活中的重要作用，把清真寺建设成为穆斯林寻找心理慰藉和保护穆斯林生活福利的重要场所。[②] 在英国的去极端化工作中，加强政府与清真寺之间的广泛合作，加强对伊玛目的培训，成为去极端化实践的重要领域。根据2011年《预防战略》，在宗教领域加强去极端化工作的重点包括五个方面：第一，在国家和地方层面与更多的宗教机构和组织就安全和反恐议题，以及更广泛的社会议题进行对话；第二，支持宗教机构和组织的能力建设，使其能更好地影响易受恐怖分子煽动的脆弱群体；第三，鼓励宗教组织和机构在地方预防协调小组中充分发挥作用；第四，继续支持地方警察机构与已经在反恐方面取得明显成效的宗教团体进行对话；第五，对支持恐怖主义的宗教机构和组织采取执法行动，并驳斥他们的极端主义观点。[③]

自2005年以来，英国警察机构和地方当局积极寻求与清真寺及其理事会、伊玛目进行对话（尽管非常低调）。警方定期与清真寺伊玛目和负责人进行对话，听取有关恐怖主义威胁的基本情况和应对恐怖主义威胁的建议，并与当地社区交换意见，这种方式在2005年之前非常罕见。[④] 这一对话机制是英国官方与全国和地方性穆斯林组织进行交流的有益补充，这一项目由英国社区与地方政府部协调和运作。2007年，英国社区与地

---

① HM Government, *Prevent Strategy*, London: TSO, 2011, p.80.

② 李立：《西欧大国穆斯林的政治参与研究》，上海外国语大学博士学位论文2016年，第46页。

③ HM Government, *Prevent Strategy*, London: TSO, 2011, p.83.

④ Ibid., p.81.

方政府部整合了穆斯林组织联盟（Union of Muslim Organizations，简称UMO）、英国穆斯林协会（Muslim Association of Britain，MAB）、英国穆斯林公共事务委员会、英国穆斯林理事会（the Muslim Council of Britain，MCB）四个全国性穆斯林组织，建立了全国清真寺和伊玛目咨询委员会（Mosques and Imams National Advisory Board，MINAB），该委员会由来自不同背景的五十多人组成，由四个穆斯林组织的领导人担任该委员会的副主席。截至2011年，该委员会已经覆盖六百多个清真寺和穆斯林组织。建立全国清真寺和伊玛目咨询委员会的目的是强化对清真寺的管理，以及对伊玛目进行宗教知识培训，使伊玛目能够更好地开展工作，特别是给予穆斯林青年指导。委员会工作的运作由政府提供资金支持，其基础性工作是更好地管理清真寺，培养更有能力的伊玛目，进而增强社区的反恐能力。该委员会将英国的穆斯林领袖联合在一起，吸引了更多的年轻人、妇女参与其中，使清真寺不仅是礼拜的地方，更是反对极端主义的社区中心。[①]

出于类似的考虑，英国社区与地方政府部还大力支持"信仰和社会团结委员会"（Faith and Social Cohesion Unit）的工作，由该委员会负责为清真寺的财政和治理结构提供支持；鼓励清真寺注册为慈善机构，并就如何注册提供帮助。社区与地方政府部和教育部还为宗教学校开发了一些教材，推行"伊斯兰和公民教育"方案，旨在使教师有能力教育穆斯林青年，使其宗教信仰符合英国的共同价值观，即穆斯林应该是良好的英国公民。一些地方政府还利用社区与地方政府部的预防资金，支持与清真寺预防工作有关的倡议。在预防项目的支持下，社区与地方政府部设立了"社区领导基金"，旨在支持一些穆斯林组织和穆斯林社区开展去极端化工作。[②]

英国内政部也积极寻求与宗教机构和组织进行广泛的对话，讨论一系列涉及反恐和安全的议题。与其他组织一样，宗教机构和组织不仅要明确它们对安全问题的关注和应对，而且也要考虑如何帮助政府应对英国面临

---

① HM Government, *Prevent Strategy*, London: TSO, 2011, p.81.

② Ibid.

的安全挑战。但是，英国政府强调开展这种对话必须要谨慎行事，以确保这一对话不会导致负责反恐事务的内政部干涉社区政策。英国社区与地方政府部将继续承担对宗教机构和组织的管理责任，由该部门负责支持有助于预防工作的宗教组织间的交流工作，并与个别宗教团体就如何促进社会融合进行讨论。[①]

英国政府还特别重视在地方层面与宗教机构和组织展开对话，其中促进与穆斯林群体对话、推动伊斯兰温和派的发展是重中之重。英国政府长期以来一直认为，穆斯林组织自身是抑制伊斯兰极端主义的最重要力量。因此，英国政府重视与温和的穆斯林组织建立联系，联系的具体对象包括穆斯林领袖、穆斯林社区组织以及穆斯林青年和学生团体。具体行动包括组织穆斯林温和派学者巡回演讲，在大学校园内建立伊斯兰研究中心；加强与清真寺神职人员以及伊玛目国家咨询委员会的对话，讨论其自我约束的规则和制度；为地方机构和公民组织提供基金，支持伊斯兰温和派发展等。同时，英国政府还寻求通过各种方式，加强培养本土出生的伊玛目。[②]

英国政府还特别重视加强宗教领袖、清真寺管理委员会与脆弱群体间的接触与交流。由于宗教领袖（特别是伊玛目）比其他任何人都更有阻止脆弱群体被极端化的权威和影响力。因此，加强宗教领袖与年轻人的接触，并与他们谈论其关心的问题，对于去极端化工作有突出的必要性。清真寺管理委员会在去极端化工作中也具有重要地位，因为管委会可以向伊玛目提供咨询和建议。英国政府还与社区、全国清真寺和伊玛目咨询委员会一道，增强伊玛目开展去极端化工作所必需的技能，促使他们经常联系易受极端化影响和恐怖组织招募的年轻人，向其阐明极端主义的危害性和荒谬性，从而说服他们接受英国主流的价值观，清除其头脑中存在的极端主义意识形态。

---

① HM Government, *Prevent Strategy*, London: TSO, 2011, p.82.
② 汪波：《欧洲穆斯林问题研究》，北京：时事出版社2017年版，第76页。

三、针对慈善机构的去极端化政策和举措

英国是世界上最早出现慈善事业的国家之一，各种类型的慈善组织和机构遍布全国各地。截至2011年，有超过18万个慈善机构在英国登记注册，它们的年收入超过530亿英镑，固定资产520亿英镑，有超过75万名有偿工作人员和近90万个受托人（即慈善捐助的管理者）职位。另外还有8万家慈善机构不需要注册，其中一部分是规模非常小的慈善机构，一部分是"被豁免"的慈善机构（包括绝大多数的大学和教育机构、博物馆和展览馆等，因为它们已经被其他政府机构监管），还有一部分主要是教堂、童子军组织和军队慈善组织。[①] 种类繁多的慈善机构和慈善组织对促进英国社会和谐、缓和阶级矛盾和推动社会发展做出了重要贡献，但也存在被极端组织和恐怖组织利用的风险。

在英国，确实有一些慈善机构沦为了极端组织和恐怖组织筹集资金、招募成员的保护伞。在2009年—2010年度慈善委员会调查的180项案例中，有11起被指控涉嫌与恐怖主义有关。[②] 2014年11月的调查发现，在英国有超过50家伊斯兰慈善机构涉嫌从事极端主义和恐怖主义活动，并被英国慈善监管机构——慈善委员会（Charity Commission）暗中监控。[③] 在2014年—2015年度慈善委员会完成的对慈善机构的19份审查报告中，慈善委员会再次对极端主义或恐怖主义滥用慈善组织的情况表达了严重关切。例如，在2015年，慈善委员会发现某慈善组织在其网站发布宣传极端主义和鼓励仇恨的资料，并在慈善委员会的要求下被强制下线。[④] 一些极端分子还设立了虚假的慈善机构以骗取善款，同时利用慈善机构或慈善

---

① HM Government, *Prevent Strategy*, London: TSO, 2011, p.92.

② Ibid., p.93.

③ 《英媒：英国超50家穆斯林慈善机构遭秘密监控》，环球网，2014年11月18日，http://world. huanqiu.com/exclusive/2014-11/5206121.html。

④ HM Government, *Counter-Extremism Strategy*, October 2015, 2015, p.15.

活动来传播极端主义思想并招募成员，打着慈善的幌子从事危害国家安全的活动。

慈善机构的善款本应帮助他人、造福社会，但一旦落入极端主义和恐怖主义组织手中，其危害不言而喻。2013年3月，为了拯救数百万叙利亚难民，英国灾难应急委员会代表英国红十字会、牛津饥荒救济委员会等14家英国国内最大的慈善机构启动了"叙利亚危机求援"（Syria Crisis Appeal）项目，该项目募集到2000万英镑的善款。但根据英国方面的报告，这些善款也有一部分流入了极端组织和恐怖组织手中。[①] 当然，这与叙利亚复杂的国内形势有关，因为慈善机构很难追踪慈善资金的流向，进而导致部分资金落入了极端组织手中。英国下议院主管慈善机构的议员普里迪·帕特尔认为，慈善委员会应该对此发出警告，情报机构需要对此进行紧急审查，并调查恐怖组织融资的阴谋和手段。罗伯特·哈尔芬议员指出："除非慈善机构能够真正确定善款是用来帮助有需要的人，而不是用于武装极端分子，否则它就不应当发放任何善款。"[②]

鉴于极端组织利用慈善机构为掩护进行资金募集和人员招募，因此，针对慈善机构开展去极端化工作具有十分突出的必要性。这一工作主要由英国慈善委员会通过对慈善组织进行监管来完成，以防止慈善机构被极端主义和恐怖主义所用。英国慈善委员会是政府主管慈善事业的独立机关，尽管其领导班子成员（一名主席和四至八名慈善委员会委员）由政府相关的部长任命，办公经费由财政部全额提供，但它行使职权并不受任何政府部长或其他政府部门的领导。慈善委员会直接对议会负责，每年都要在其财政年度截止日期（3月31日）之后向议会提交年度工作报告。[③] 英国慈善委员会的独立性使其能够在预防极端主义方面发挥重要作用。英国慈善委员会具有问责和执行的职能，负责监管英国境内所有的慈善机构，以防

① 《英国慈善机构警告：大量善款流向叙利亚恐怖组织》，新华网，2013年10月6日，http://www.xinhuanet.com/world/2013-10/06/c_125488130.htm。

② 同上。

③ 徐彤武：《慈善委员会——英国民间公益性事业的总监管》，中国政府法制信息网，2007年6月14日，http://www.chinalaw.gov.cn/art/2007/6/14/art_17_51711.html。

止慈善机构权力的滥用。英国《2006年慈善法》规定，慈善机构是为慈善目的和公共利益而建立和运行的包容性和公共性组织，而不是为少数人利益服务的私人俱乐部。《慈善法》关于慈善机构如何筹集和使用资金的规定，尤其是确保资金不被滥用的条款，是预防极端组织利用慈善机构非法募集资金的重要法律依据。[①]

针对慈善机构的去极端化是英国慈善委员会的战略优先事项之一。慈善委员会通过提供有针对性的建议向那些可能存在被极端分子利用风险的慈善机构进行援助。慈善委员会十分重视发挥慈善受托人在去极端化工作中的作用，通过有针对性的调查和执法，对有证据表明或被指控存在被极端分子滥用风险的慈善机构进行调查，同时与其他去极端化机构进行合作等。慈善委员会还特别关注国外资金对英国慈善机构和个人施加影响的方式，以确定国外资金是否与极端组织存在联系。

（一）对慈善受托人的资质和行为进行监管

在英国，所有慈善组织的管理者都叫作受托人，他们的能力和素质是决定慈善组织发展方向的重要因素。因此，必须对每一名慈善受托人提名者背景进行严格审查，以确保其有资格担任受托人。慈善受托人在监督慈善机构活动方面承担着重要责任，《慈善法》明确规定受托人有义务确保资金得到适当、审慎、合法和符合目的的使用，如果受托人违反这些义务，则可以对其采取民事和刑事处罚。[②]《慈善保护与社会投资法案》（The Protection of Charities and Social Investment Bill）赋予了慈善委员会新的权力——当它发现受托人的行为会损害公众对慈善机构的信任和信心时，可以依法解除受托人的资格，该法案使得慈善委员会能够对被极端组织利用的慈善机构采取更强有力的行动。[③]慈善受托人必须警惕因可能接近极端组织而对慈善活动造成的风险，必须确保他们所在的慈善机构不违反英国

---

① HM Government, *Prevent Strategy*, London: TSO, 2011, p.92.

② Ibid., p.93.

③ HM Government, *Counter-Extremism Strategy*, October 2015, p.27.

反恐立法，并履行慈善法规定的义务和责任。在此过程中，慈善受托人应通过以下方式确保其所在的慈善机构不违反英国反恐立法：尽快向警察机构和慈善委员会报告有关恐怖主义融资犯罪的可疑活动，以遵守《2000年恐怖主义法案》第19条规定的法律义务；确保员工接受充分的培训，必须有相应的机制确保英国慈善机构驻外国办事处、代理人/工作人员和其他的合作伙伴及时报告相应的事宜。①

根据慈善委员会的要求，慈善机构的活动只能服务于合法的慈善目的，受托人应该积极识别极端主义风险，杜绝极端主义意识形态在慈善机构的滋生和传播，并质疑其行为是否合法，他们重点关注的极端主义风险主要包括：以种族、宗教或性取向为理由煽动暴力或仇恨；鼓励人们使用暴力的意识形态，声称暴力是解决问题的唯一方法；鼓励或颂扬恐怖主义；将慈善机构的资产（包括其声誉）、人员或受益人置于极端化的风险之中。② 总之，慈善受托人要确保慈善机构的活动遵守英国法律，绝不允许通过慈善机构宣传或支持极端主义和恐怖主义的意识形态。

（二）通过调查对各慈善机构进行日常监管

调查是英国慈善委员会对慈善机构进行日常监管的重要方式之一，当慈善委员会发现（或者公众投诉举报）民间公益性组织存在比较严重的违法行为，或者其受托人存在严重问题，并已经危害到慈善财产安全、公益性事业的声望和公众利益时，若其他的措施都不足以解决问题、消除危害，慈善委员会可以依法启动调查程序，对有关的民间公益性组织展开正式调查，③ 其中对慈善组织涉嫌资助恐怖组织的行为进行调查是重中

---

① The Charity Commission, "Terrorism Act Alert," September 30, 2015, https://www.gov.uk/government/news/terrorism-act-alert-30-september-2015

② The Charity Commission, "Compliance Toolkit Chapter 5: Summary," November 19, 2018,https://www.gov.uk/government/publications/protecting-charities-from-abuse-for-extremist-purposes/compliance-toolkit-chapter-5-summary.

③ 徐彤武：《慈善委员会——英国民间公益性事业的总监管》，中国政府法制信息网，2007年6月14日，http://www.chinalaw.gov.cn/art/2007/6/14/art_17_51711.html。

之重。例如，2006年8月，慈善委员会启动了对慈善组织"新月救济会"（Crescent Relief）的调查，因为该组织涉嫌资助阴谋炸毁跨大西洋航线客机的英国恐怖分子。英国《慈善法》赋予慈善委员会的执法权构成了其对慈善机构进行有效调查的重要保障。《慈善法》规定慈善委员会在对慈善机构进行调查时拥有如下执法权：解除受托人、行政管理官员或任何一个职员职务，或者下令他们停职；任命新的受托人；掌握受调查组织所拥有或者受托的资产控制权；冻结该组织的银行账户；停止一切债权债务往来支付；限制该组织的业务活动；凭法官开出的搜查证派工作人员进入相关的建筑物或场所进行搜查取证；任命临时性的专业管理班子接管该组织日常工作的管理权。[①]

当慈善机构涉嫌资助恐怖组织或存在极端化风险时，英国慈善委员会就可以行使执法权进行积极介入，确保慈善机构不会成为极端主义和恐怖主义滋生和传播的场所。需要指出的是，慈善委员会是没有公诉权的公益性组织，但如果在调查中发现慈善机构构成恐怖主义犯罪并危害英国国家安全的问题时，慈善委员会可以要求监察机关、警察局、税务局等具有公诉权的政府部门介入。如果这些具有公诉权的政府部门介入后发现慈善机构的恐怖主义犯罪属实，那么慈善委员会有权将该慈善机构依法取缔。

（三）加强与其他相关机构的去极端化合作

在去极端化工作中，慈善委员会十分重视与其他领域去极端化机构的合作。在增强清真寺去极端化能力的过程中，英国慈善委员会、社区与地方政府部、全国清真寺与伊玛目委员会进行了密切的合作，以帮助确保清真寺资金来源和使用的透明性，避免其资金被极端分子和恐怖分子所用，并鼓励清真寺积极加入慈善委员会，努力发挥清真寺的慈善功能。2007年10月，有331座清真寺在英国慈善委员会登记注册成为慈善机构；2009

---

① 徐彤武:《慈善委员会——英国民间公益性事业的总监管》,中国政府法制信息网,2007年6月14日,http://www.chinalaw.gov.cn/art/2007/6/14/art_17_51711.html。

年，有650座清真寺在慈善委员会登记注册或者递交了登记申请。① 此外，英国慈善委员会还对进入学校的演讲者和学生会的活动进行了有效的监管，并有权决定不允许某些持极端主义立场的演讲者出席活动。在必要时，慈善委员会可利用其法定权力，防止慈善资金被用于支持极端主义活动，并对故意忽视应当承担《慈善法》所规定责任的受托人采取行动，包括取缔其非法活动。例如，在2013年，英国慈善委员会了解到某个学生联合会联合一家慈善组织，打算筹款在校园内举办一场有关宣传仇恨的演讲活动。演讲者是众所周知的对妇女、同性恋、犹太人持极端主义观点的著名人物，慈善委员会立即介入并取消了此次活动。②

（四）严格监控慈善资金的流动

严格监控慈善资金的流动，适时对存在极端主义风险的慈善机构发出监管警告，是慈善委员会的重要职责。根据2011年《慈善法》第15章第2款的规定，这种监管警告特别适用于面临极端主义和恐怖主义风险较高的慈善机构。2015年英国发生了几起涉及将慈善资产（包括货物和资金）流向海外恐怖主义组织的案件之后，慈善委员会随即发布了监察警告。慈善委员会与国家反恐金融调查组（National Terrorist Financial Investigations Unit）和隶属于伦敦警察厅的反恐指挥组（Counter Terrorism Command）进行了合作，监控慈善资金的流动，调查涉及恐怖主义活动的融资行为。慈善委员会发布监察警报的目的在于促使包括慈善受托人、员工和志愿者在内的慈善机构行为体遵守英国的反恐法律。③

慈善委员会对在不稳定和存在冲突的国家和地区活动的慈善机构及其工作人员面临的风险时刻保持警惕，以识别慈善资金流向恐怖组织的风险。因此，在存在恐怖主义风险的地区开展工作的所有慈善机构都需要进行风险评估，同时采取行动以确保慈善事业不被恐怖主义所利用。慈善委

---

① HM Government, *Prevent Strategy*, London: TSO, 2011, p.93.

② HM Government, *Counter-Extremism Strategy*, October 2015, p.15.

③ The Charity Commission, "Terrorism Act Alert," September 30, 2015, https://www.gov.uk/government/news/terrorism-act-alert-30-september-2015.

员会通过工作发现，许多慈善机构对《2000年恐怖主义法案》第19条的认识和理解程度很低。慈善委员会随即发布监察警报，提高了对慈善受托人举报恐怖主义融资犯罪的法律要求，以便使他们更好遵守英国的反恐立法。根据《2000年恐怖主义法案》第19条的规定，慈善机构应通过多种方式举报其发现的可疑活动，如向英国警察局发送邮件、登录英国国家打击犯罪局（NCA）网站、拨打英国反恐热线、向当地警察局的警官报告等。[①] 英国的反恐立法对如何处理慈善机构及工作人员存在的玩忽职守和滥用慈善资金等不负责任的行为有相应的规定，受托人必须确保他们所在的慈善机构不违反英国反恐立法，并遵守《慈善法》规定的义务和责任。英国慈善委员会可以运用财产冻结和管制行动的权力，防止慈善资金流向极端主义和恐怖主义手中。

---

① The Charity Commission, "Terrorism Act Alert," September 30, 2015, https://www.gov.uk/government/news/terrorism-act-alert-30-september-2015.

第39章

英国去极端化政策的
主要领域和措施（下）
——以互联网、医疗卫生机构和监狱为例

英国去极端化政策的实施主要依赖于政府与易受极端主义影响的风险场所之间的合作，这些风险场所主要包括学校、宗教机构、慈善机构、互联网、医疗卫生服务机构和监狱六大类。上一章已经对英国政府针对学校、宗教机构、慈善机构的去极端化政策和措施进行了分析，本章主要分析英国在互联网、医疗卫生机构和监狱领域的去极端化政策和措施。

一、针对互联网的去极端化政策及其实施

互联网的迅速发展给人类带来了诸多便利，但同时也带来了很多负面效应。互联网媒体具有成本低、速度快、影响大的传播特点，因此成为极端主义和恐怖主义加以利用的重要平台。对于极端组织而言，互联网至少具有资源获取、情报收集、宣传极端思想、寻求支持和招募人员等

功能。①

互联网是一个面向全球开放的虚拟空间，它所具有的全球性、开放性、共享性、快捷性、实时性等特性，都为极端分子在网上从事极端主义活动提供了极大的便利。② 互联网的开放性和资源的丰富性使得网络安全本身具有脆弱性和高风险性，同时给政府部门的监管带来了困难，进而为极端分子在网上开展活动提供了可乘之机。极端组织充分利用互联网对英国进行渗透。例如，"伊斯兰国"使用互联网大肆宣传极端主义意识形态，并进行人员招募，不少加入"伊斯兰国"的英国青少年正是受到互联网传播的极端主义思想而误入歧途。英国《独立报》报道说，这些误入歧途的年轻人，都是通过网络社交媒体接受了"伊斯兰国"的极端思想，甚至通过社交媒体与"伊斯兰国"取得联系并最终加入极端组织。③ 2017年6月3日，伦敦桥恐袭案发生后，时任英国首相特雷莎·梅将反恐矛头直指社交网站，特别强调应对极端主义需要新思维，包括阻止恐怖主义分子和极端主义的同情者利用数字通信工具策划攻击，铲除极端主义意识形态的网上空间等。英国安全部长华莱士表示，"谷歌"和"脸书"等网络巨头必须采取更多行动打击网络极端主义，删除含有极端主义内容的信息，否则英国政府可能会对他们征收新税。④ 纵观英国针对互联网领域的去极端化政策与实践，其主要措施包括以下几个方面。

（一）在战略上变消极应对为积极介入

过去英国应对互联网极端主义威胁的主要手段是删除包含极端思想的信息、关闭极端分子的个人账号等，但由于互联网空间巨大，极端分子不

---

① ［英］安德鲁·西尔克主编：《反恐心理学》，孙浚淞、刘晓倩译，北京：中国政法大学出版社2017年版，第100页。

② 盘冠员、章德彪：《网络反恐大策略：如何应对网络恐怖主义》，北京：时事出版社2016年版，第201页。

③ 《英国强化网络管控力度，防年轻人受极端组织蛊惑》，中国新闻网，2015年3月23日，http://www.chinanews.com/gj/2015/03-23/7149193.shtml。

④ 《网络巨头不打击极端主义，英国政府或对它们征新税》，联合早报网，2018年1月2日，http://www.zaobao.com/special/report/politic/attack/story20180102-823495。

断在互联网上改头换面，因此这种做法的效果并不理想。例如，互联网企业与英国警察部门就清除互联网上的极端主义信息展开了合作，每月清除的恐怖主义和极端主义信息从2010年的60条增加到2015年的4000条，截至2015年总共清除了总数达11万条的极端主义宣传材料。[①] 但这并不能阻止网络极端主义的蔓延，因此英国政府认识到，要有效应对网络极端主义的挑战，必须在战略上进行根本的转变。

英国的《反极端主义战略》特别强调了以下两个方面的内容：首先，要授权民众使用互联网反对极端主义的在线活动，为此英国应做好以下工作：支持可信赖的互联网评论员去挑战极端主义并在网上发出主流的声音；培训并帮助一些公民社会团体自觉维护良好的网络环境，上传宣扬主流价值观的内容驳斥极端分子的主张；实行一项国家计划使年轻人能更好地应对网络极端化风险，为学校应对网络极端化问题提供更多支持；提高民间社会团体和公众的意识，增强互联网用户及时举报极端主义的能力。其次，要与社交媒体及通信服务商合作，确保极端分子无法进入网络平台。为了限制极端分子访问网络平台，英国政府需要做好以下工作：创建一个将互联网企业、政府和公众联合起来的工作小组，限制恐怖分子和极端分子进入网络平台，并借鉴网络观察基金会（Internet Watch Foundation）应对网络犯罪的经验，与互联网企业合作开发更有效的极端主义过滤系统。[②]

在互联网信息内容的监管方面，英国形成了政府、行业、领域和社会密切联系、互相配合的共管机制。军情五处负责网络恐怖主义、极端暴力活动和仇恨言论的举报和处理，企业创新与技术部、贸工部负责网络、电信、广播电视产业政策等。此外，英国还积极发挥独立机构和自律组织的作用。如英国通讯办公室（Office of Communication）针对广播电视和电信行使独立监督权，对涉及极端主义言论的内容进行审核。英国政府还要求境内网络企业积极配合政府部门开展网络管控。[③]

---

① HM Government, *Counter-Extremism Strategy*, October 2015, p.24.

② Ibid., p.25.

③ 盘冠员、章德彪：《网络反恐大策略：如何应对网络恐怖主义》，北京：时事出版社2016年版，第271—272页。

（二）设立专门处理网络极端化的部门

英国军情五处等机构抽调计算机专家，建立了"网络虚拟监测中心"，在网上追踪、监控激进分子传播和散发激进思想、对外联络等行为。从2011年起，该机构从互联网上清除了7.5万分激进宣传品，打击"基地"组织和"伊斯兰国"的激进宣传，并散发20万份宣传册，敦促民众不要前往叙利亚。① 英国还支持公民社会组织反对激进主义和极端主义意识形态的努力，安全与反恐办公室下设的"研究、信息和通讯小组"（Research，Information and Communications Unit）帮助公民社会组织扩大它们在社区和网上的声音，遏制极端主义意识形态的传播。"研究、信息和通讯小组"将公民社会组织与行业专家聚集起来，为他们提供开展活动所需的通讯支持。这种支持包括提供创造性的建议、网站建设、媒体训练和公共关系支持等。该小组还负责应对"基地"组织等恐怖组织的网络宣传，防止民众受到网上极端主义信息的影响而走向极端化，这对互联网去极端化工作起到了非常重要的作用。政府还支持"研究、信息和通讯小组"充分参与围绕极端化和暴力极端主义的学术讨论。②

2013年3月，为帮助公共和私营部门企业应对网络攻击活动，提供实用信息和指导，英国政府设立了"网络攻击信息交流中心"。针对"伊斯兰国"利用社交网站宣传及招募"圣战"人员，英国国防部于2015年4月成立了精锐网络战部队"77旅"，负责侦查恐怖组织在社交网站的活动，利用网络平台打击恐怖组织。"77旅"总部设在伯克郡，招募了2000名成员，通过学习使用Facebook、Twitter及Instagram等社交网站收集情报，关注恐怖组织最新动态，并研究使用网络攻心战术。"77旅"还招募了1900名情报和安全人员，以应对"伊斯兰国"对英国城市、机场、国际航班可能发动的袭击。英国还将军情五处、军情六处和政府通讯总部等情报

① 方金英：《文明的交融与和平的未来：穆斯林"去激进化"理论与实践》，北京：时事出版社2016年版，第284页。

② The Home Affairs Committee, *Project CONTEST: The Government's Counter Terrorism Strategy*, September 2009, p.7

机关的人员增加了 15%，以应对打击恐怖主义和网络袭击的任务。[①]

英国安全部门开通了面向全民的"网络恐怖资料举报平台"，并设立了隶属伦敦警察局的网络反恐专职部门——"互联网反恐处理中心"（Counter-Terrorism Internet Referral Unit），[②] 以接受民众举报网络涉恐信息。该部门专门负责甄别审查网络聊天等涉恐言论和暴恐音视频信息。民众在发现涉及极端主义和恐怖主义的信息后，可以通过"网络恐怖资料举报平台"进行举报，举报内容将被反馈到互联网反恐处理中心，该中心组织专家对举报信息进行分析和鉴别，筛选出互联网上有关极端主义的信息并进行评估，然后与网络服务提供商合作屏蔽或清除这些涉及极端主义和恐怖主义的信息，必要时移交司法系统处理。目前，互联网反恐处理中心的工作范围主要包括脸书、推特、谷歌等互联网和社交媒体巨头，其工作也得到了这些互联网巨头的响应。截至 2018 年，互联网反恐处理中心已经安全地清除了互联网上 30 万条涉及极端主义和恐怖主义的信息。[③]

（三）加强与网络通信服务提供商的合作

为了适应极端主义网络宣传速度不断加快、规模不断扩大的情况，英国政府加强了与通信服务提供商（Communications Service Providers）的合作，提升它们应对网络极端主义的反应速度。英国通讯公司不断改进技术，强化了网络自动过滤功能，建立了网络自动报警系统，实现涉恐信息在线举报，网络企业还向政府部门通报最新网络和通信技术，并提供业务培训。[④] 2017 年 3 月 23 日，英国伦敦威斯敏斯特大桥恐袭事件后，时任内政大臣安伯·拉德（Amber Rudd）召集互联网行业巨头脸书、推特、谷

---

① 盘冠员、章德彪：《网络反恐大策略：如何应对网络恐怖主义》，北京：时事出版社 2016 年版，第 271 页。

② 《西方国家如何"全民反恐"？》，新华网，2014 年 7 月 18 日，http://www.xinhuanet.com//world/2014-07/18/c_126766636.htm。

③ HM Government, *CONTEST: The United Kingdom's Strategy for Countering Terrorism*, June 2018, p.35.

④ 盘冠员、章德彪：《网络反恐大策略 如何应对网络恐怖主义》，北京：时事出版社 2016 年版，第 272 页。

歌和微软负责人召开了一次圆桌会议，以探讨如何有效处理极端主义和恐怖主义的网络活动。这次会议促使四家互联网巨头成立了反恐怖主义全球互联网论坛（the Global Internet Forum to Counter Terrorism），这是一个由国际互联网行业巨头领导的反恐论坛，旨在遏制在社交平台上快速传播的极端主义和恐怖主义信息。安伯·拉德还督促互联网企业开发新的技术，自动检测和清除涉及极端主义和恐怖主义的视频、图片及其他信息。反恐怖主义全球互联网论坛可以做到在极端主义信息上传互联网一小时内予以识别并清除，同时该论坛还帮助一些较小的互联网企业使用新的技术过滤并清除极端主义信息。[①]

（四）加强网络去极端化的国际合作

英国首先在欧盟范围内开展了网络去极端化的多边合作，参加了欧洲刑警组织"网站监管"（Check the Web）项目，该项目旨在加强各成员国之间的合作，同时在自愿的基础上分担监测和评估恐怖主义和极端主义在互联网上的开放源代码的任务。英国还重视加强与美国的网络去极端化合作，因为美国是世界上最大的互联网服务提供商，极端分子和恐怖分子在美国的互联网服务器上托管了大量材料。因此，英国与美国的反恐机构和网络企业保持了密切的联系与广泛的合作。[②] 2017年5月26日，在时任英国首相特蕾莎·梅的呼吁下，七国集团领导人发表联合声明，承诺打击网络恐怖活动，呼吁通信服务提供商和社交媒体公司加大合作力度，共同治理恐怖主义利用互联网煽动暴力，鼓励企业开发并分享新技术和工具，以提升自动检测互联网上煽动暴力信息的能力，支持互联网产业在该领域做出努力，打击互联网极端主义。[③]

---

① HM Government, *CONTEST: The United Kingdom's Strategy for Countering Terrorism*, June 2018, p.35.

② HM Government, *Prevent Strategy*, London: TSO, 2011, p.80.

③ 《七国集团峰会发表反恐联合声明》，新华网，2017年5月27日，http://www.xinhuanet.com/2017-05/27/c_1121045505.htm。

二、针对医疗卫生机构的去极端化政策及其实施

英国国家医疗服务体系（The National Health Service，NHS）是英国卫生部直属的独立机构，承担着为全体英国公民提供医疗卫生保健服务的重任，其130万名雇员每天接触的患者人数超过31.5万，[①] 其中包括易受极端主义影响的患者。

医疗服务机构是重要的风险场所之一。虽然心理和精神疾病与恐怖主义之间没有必然的联系，但"独狼"式恐怖分子有可能患有某种心理或精神疾病。患有某种精神疾病的人可能更容易受到极端主义和恐怖主义的蛊惑，更容易被卷入到恐怖主义活动中。这都决定了医疗服务机构是去极端化的重要风险场所，而医生、护士和其他医疗服务人员与患者接触的机会更多，因此有更多机会帮助患者免受极端主义的影响。

英国《2015年反恐与安全法案》第26条规定，医疗服务机构在预防恐怖主义的工作中承担着法定义务，医疗服务人员有义务防止人们卷入到恐怖主义活动中。[②] 2017年11月，英国国家医疗服务体系发布了《医疗服务机构履行职责、保护人们免受极端主义风险影响的指南》，该指南旨在规范医疗服务机构履行法定义务和专业职责，与地方当局、警察机构及其他合作伙伴一道保护处于极端化风险中的脆弱群体。[③]

医疗服务领域的去极端化已成为治理极端主义和恐怖主义的重要途径。在医疗领域，鼓励医疗专业人士发挥其专业优势，尤其是心理学知识和技能，帮助民众脱离恐怖主义和极端主义思想的操控，具有十分重要的意义。医学上的康复问题也开始扩展到心理学、社会学等领域，从而被广

---

① HM Government, *Prevent Strategy*, London: TSO, 2011, p.83.

② NHS England, "Prevent," https://www.england.nhs.uk/ourwork/safeguarding/our-work/prevent/.

③ NHS England, "Guidance for mental health services in exercising duties to safeguard people from the risk of radicalization," November 2, 2017, https://www.england.nhs.uk/wp-content/uploads/2017/11/prevent-mental-health-guidance.pdf.

泛应用于去极端化工作。如在心理咨询、心理干预和心理矫治的基础上，心理学家分析讨论了"极端化的具体过程"，并提出了去极端化的可能路径，进而为监狱工作人员、在押人员的心理健康保驾护航，也为在押恐怖分子、对社会怀有不满情绪的人员、抱有极端思想的人员提供心理帮助和矫治，将其对社会的威胁降到最小。[①]

医疗服务机构的去极端化工作包括三个步骤——界定和引荐、对于目标个体的风险评估、帮助。界定和引荐主要是通过英国政府与医疗服务机构的广泛合作，为可能直接接触到极端化风险个体的医疗服务人员提供有关极端化和去极端化相关的培训，告知他们风险个体的特征、应对措施，以及应该将其移交的机构。在界定存在极端化风险的个体后，由医疗服务机构及合作组织向去极端化项目提供引荐人选。接下来由预防协调官进行初步的风险评估，如果确实存在极端化风险，则将其转移至一个由多机构代表组成的专家组进行进一步的评估，主要围绕患者极端化的动机或意识形态、意图造成的伤害、实施暴力或其他违法行为以及直接或间接造成伤害的能力等进行评估，以此来确定患者极端化的风险程度和等级，并根据脆弱群体的风险程度为其提供有针对性的帮助和支持。

（一）加强对医疗服务人员的培训

英国医疗服务机构一线工作人员承担着识别可能卷入极端主义和恐怖主义个人的关键任务，对这些医疗服务人员进行重点培训尤为重要。自2010年1月以来，针对医疗服务人员对预防极端主义相关知识知之甚少的现状，预防项目已在英国9个战略卫生管理局（Strategic Health Authority）进行了试点工作，涉及精神卫生、初级保健、酒精和毒品滥用、监狱卫生和学校护理等领域。在这些试点领域，卫生部为一线工作人员发布了工作指南和工具箱，为700人提供了关于预防知识的培训。[②] 培训的主要目

---

① 王杏芝：《全球恐怖主义治理：恐怖分子"去极端化"改造的视角》，北京：外交学院博士学位论文2018年，第174页。

② HM Government, *Prevent Strategy*, London: TSO, 2011, p.84.

的是使医疗服务人员可以正确识别和解读风险个体极端化的迹象。此外，医疗服务部门已经与英国慈善委员会及全国志愿组织理事会（National Council of Voluntary Organizations）建立了合作以便进行进一步的预防培训，这对国家医疗服务体系开展与所有私营和志愿机构在去极端化领域的合作提供了更多机会。从2011年至2015年，整个医疗服务体系总共有40多万名一线医疗工作人员接受了去极端化培训。[①]

英国卫生部强调，医疗机构应确保患者和临床医生之间的信任关系，并平衡好医生的专业护理职责和他们担负更广泛的公共安全责任之间的关系。任何医务工作者都有可能遇到正处在极端化过程之中甚至走向恐怖主义的个体，向这些个体提供必要的支持和帮助是至关重要的。这需要向所有的医疗管理人员和医疗工作者提供明确的指导方针，以确保受极端主义影响的员工或患者都能得到应有的关注。为此，英国政府与国家医疗服务体系、英国皇家医师学会（Royal College of Physicians）合作制定了指导方针，以确保那些有精神健康问题和极端化风险的人能够获得精神健康方面的帮助和治疗。除了为心理健康专家提供指导和培训以更好地识别有极端化风险的脆弱群体外，英国政府还采取新的工作方法以确保心理健康专家能够与反恐警务人员合作，管理那些存在极端化风险的已知或怀疑有精神健康问题和障碍的人群。此外，英国政府还特别强调要避免把心理或精神障碍患者与恐怖主义相挂钩。《英国2018年反恐战略》报告强调指出："我们不应将心理或精神疾病与恐怖主义混为一谈，我们不认为实施恐怖行为的个体患有心理或精神疾病，也不认为精神健康不佳的人有可能实施恐怖行为。"[②] 但是一个不容否认的事实是患有心理或精神疾病的人更容易受到极端主义和恐怖主义的蛊惑和利用，对他们进行及时的心理健康治疗会降低整体的极端化风险。

---

① HM Government, *Counter-Extremism Strategy*, October 2015, p.28.

② HM Government, *CONTEST: The United Kingdom's Strategy for Countering Terrorism*, June 2018, p.36.

（二）加强医疗卫生机构的内部合作以及与相关部门的协同合作

国家医疗服务体系是英国政府去极端化工作的法定合作伙伴，其工作重点由国家医疗服务体系、卫生部和内政部共同商议。这些工作重点每年都会发生变化，以反映可能需要关注的任何新出现的问题。自2015年去极端化工作实施以来，医疗卫生部门的工作重点主要包括：与英国各地的所有国家医疗服务体系委托部门和供应商进行合作以形成预防领导网络；与英国各地的同僚合作，提高对极端主义和预防项目的认识；协助建立有卫生部门代表参与的预防项目小组；传播使医疗服务人员了解预防及其保障措施的信息；与英国卫生教育部门进行合作，制作关于预防知识的电子学习包；授权研究以增进对于将预防措施纳入医疗卫生部门的理解；与其他法定合作伙伴和志愿部门组织建立强有力的联系；为欧盟的"激进主义预警网络"（European Union Radicalisation Awareness Network）作出贡献。[①]

国家医疗服务体系在每个区域的项目小组都有一个负责人领导本区域的防护工作，他们与卫生领域的预防协调员一起负责本区域内预防战略的实施。预防协调员与国家医疗服务体系组织中的预防项目领导定期交流，以提供建议和指导。国家医疗服务体系所有的子区域都在国家医疗服务体系的问责制和统一领导下开展工作，在当地举办包括地方预防协调员以及国家医疗服务体系供应商在内的工作讨论会和论坛，以确保预防战略的有效实施。在每个区域内，预防协调员负责向国家医疗服务体系的提供商和专员汇报工作，支持将预防措施嵌入其政策和程序，以及提供培训。[②] 医疗服务领域的预防项目小组每月召开一次会议，讨论新收到的被引荐患者，确定存在极端主义风险的个体；评估风险的程度和性质；为预防项目

---

① NHS England, "Prevent," https://www.england.nhs.uk/ourwork/safeguarding/our-work/prevent/.

② HM Government, "Revised Prevent Duty Guidance: for England and Wales: Guidance for specified authorities in England and Wales on the duty in the Counter-Terrorism and Security Act 2015 to have due regard to the need to prevent people from being drawn into terrorism," March 12, 2015, https://assets.publishing.service.gov.uk/government/uploads/system/uploads/attachment_data/file/445977/3799_Revised_Prevent_Duty_Guidance__England_Wales_V2-Interactive.pdf.

工作人员制定适当的帮助计划；每月审查患者的极端化风险是否得到了有效管控。①

（三）发挥医疗服务供应商和专业人员的作用

《医疗服务机构履行职责、保护人们免受极端主义风险影响的指南》规定了国家医疗服务供应商和专业人员在履行去极端化职责时的工作重点：第一，医疗卫生服务提供者的预防责任：概述应采取的保障途径、关键工作人员的作用和责任，以及对医疗卫生专业人员的培训。第二，医疗卫生服务提供者的预防引荐：概述预防引荐的过程，包括与警察部门合作确定被引荐者。第三，医疗卫生服务提供者在预防项目中的作用：概述在项目小组中对医疗卫生代表的期望、信息共享及在《精神卫生法案》下对有极端化风险的患者采取强制措施的规定。第四，将患者从预防项目引荐至医疗卫生服务项目小组：确保那些有极端化风险的患者获得及时的医疗服务，并做出优先性的考虑。②

此外，所有的医疗卫生服务提供组织应建立两条重要的预防路径，并进行有效领导和管理。首先，将可能面临极端主义风险的医疗卫生服务人员和患者引荐给由多机构代表组成的专家组以获得相应的评估；其次，确保及时向来自预防项目引荐的存在极端主义风险的脆弱群体提供医疗卫生方面的帮助和支持。精神卫生服务提供者应指派工作人员在其组织内担任三个层次具体的预防项目角色——董事会级责任临床医生（Board level accountable clinician）、高级临床主管（Senior clinical lead）、预防领导（Prevent lead）。③董事会级责任临床医生通常由护理总监或医疗总监担任，主要负责预防项目的领导和监督，并向董事会汇报预防的引荐、对员工的培训等事项。高级临床主管通常由高级临床医师担任，主要负责推荐和审

---

① NHS England, "Guidance for mental health services in exercising duties to safeguard people from the risk of radicalization," November 2, 2017, https://www.england.nhs.uk/wp-content/uploads/2017/11/prevent-mental-health-guidance.pdf.

② Ibid.

③ Ibid.

查潜在的引荐个体，并确保他们得到适当的分类和评估。预防领导主要由指定的国家医疗服务体系所属的医疗联合体负责，如区域综合性医疗集团（NHS Trust）和信托基金医疗联合体（Foundation Trusts，FTs），其主要职责包括：作为工作人员、警察和项目小组的联系纽带；推进预防项目的引荐、信息请求和反馈；与国家医疗服务体系的区域预防协调员进行密切合作；定期参加每季度的区域预防论坛；确保医疗卫生服务提供者在项目小组中的代表性，并监测和筛选来自项目小组的医疗卫生引荐者。① 根据规定，为了确保极端化风险个体引荐工作顺利进行，预防领导者和负责监督预防职责的高级责任临床医师应该对引荐流程有很好的理解，并且已完成了相关的培训。他们还应该有处理预防引荐的经验，并与警察和项目小组进行密切合作。在不清楚是否应该引荐的情况下，预防领导者应寻求与相关临床医生讨论并达成一致，包括解释不合适引荐的原因。然而，如果负责的临床医生与预防领导者意见冲突，那么要优先考虑临床医生的判断，这是因为临床医生更了解相关的脆弱个体。高级责任临床医师将全面负责确保预防引荐在临床上是恰当的。

自卫生部门2009年12月推出预防指导和工具包以来，去极端化工作在医疗服务领域取得了一定的成效。当然，医疗服务领域的去极端化工作也存在一些问题，例如医疗服务机构对预防战略的理解不够，医疗服务部门存在信息共享不畅，与教育、住房、社会保障和警务等部门合作不够等问题。

三、针对监狱的去极端化政策及其实施

监狱是去极端化的重要风险场所，因为在监狱中关押的极端分子和恐怖分子数量急剧增加。2010年9月30日，英国监狱中共有111名与极端主

---

① NHS England, "Guidance for mental health services in exercising duties to safeguard people from the risk of radicalization," November 2, 2017, https://www.england.nhs.uk/wp-content/uploads/2017/11/prevent-mental-health-guidance.pdf.

义和恐怖主义有关的囚犯，其中有74人与"基地"组织有关或受到"基地"组织影响。[①] 至2017年4月，在英格兰和威尔士（苏格兰另有安排）共有大约700名被认定为从事极端主义和恐怖主义活动的囚犯被监禁。[②] 这些恐怖主义罪犯属于高危人群，如何对这部分人进行去极端化成为英国政府必须面对的难题。此外，这些恐怖主义嫌犯通过在监狱内传播极端主义意识形态招募成员，使得监狱成为传播极端主义思想的重要场所。2015年12月28日，英国监狱事务负责人尼克·哈德威克对媒体说，极端组织在英国监狱内部的影响日益增长，一部分非常危险的服刑人员利用宗教之名、打着宗教的旗号招募其他服刑人员，试图让后者改变信仰并加入极端组织，而被招募的囚犯则出于在监狱中寻求保护的目的而选择加入极端组织。[③] 这些被招募的囚犯在监狱中完成了极端化的过程，成为潜在的恐怖分子。例如，2006年被捕入狱的前伦敦芬斯伯里公园清真寺传道人阿布·哈姆扎，2003年因为煽动种族仇恨被判入狱的阿卜杜拉·费索尔，2006年策划用液体炸弹袭击机场的主谋艾哈迈德·阿卜杜拉·阿里等，都不断地向其他囚犯灌输极端主义思想，产生了非常危险的影响。

在英国，穆斯林犯人呈不断增长的态势，并成为极端分子潜在的招募对象。据英国监狱管理部门的数据，1991年—1997年登记在册的穆斯林犯人增加了90%。2006年以来，穆斯林犯人迅速增加，至2008年10月，英国监狱监押的穆斯林犯人达9500名，约占监狱犯人总数的11%（是穆斯林占英国人口比例的3.5倍）。伦敦监狱管理部门辖区内的穆斯林犯人最多，在英格兰和威尔士，穆斯林犯人占8%。在一些高度戒备的A类监狱，穆斯林犯人所占比重更高。如剑桥郡的怀特莫尔（Whitemoor）监狱2008年有153名穆斯林犯人，约占全部犯人总数的35%，其中90名犯人涉嫌与

---

① HM Government, *Prevent Strategy*, London: TSO, 2011, p.86.

② HM Government, *CONTEST: The United Kingdom's Strategy for Countering Terrorism*, June 2018, p.41.

③ 《英国监狱"埋藏"极端主义隐患》，新华网，2015年12月29日，http://www.xinhuanet.com/world/2015-12/29/c_128576872.htm。

"基地"组织有关。① 穆斯林犯人的增多很大程度上与穆斯林群体遭遇的歧视有关。在英国,警察在街头随意搜查、盘问穆斯林公民的现象司空见惯。在2005年伦敦地铁爆炸案发生后这种现象变得愈发严重,来自英国主流社会的不信任和歧视使一部分穆斯林青年走向了极端主义道路,选择以暴力的方式报复社会,这使得很多穆斯林纷纷被捕入狱。在监狱中监押的极端分子纷纷把目光投向穆斯林囚犯,对其灌输极端主义思想,导致一些在进入监狱前并没有极端化的穆斯林成为极端分子的招募对象,并在监狱中完成了极端化进程。对于信仰其他宗教或无信仰的罪犯,极端分子往往先劝说其"皈依"伊斯兰教,然后再进行极端思想灌输。例如,2008年10月,在怀特莫尔监狱,有39名犯人皈依伊斯兰教,其中一部分成为公开宣传极端主义思想的极端分子,甚至发展成为恐怖分子。②

鉴于极端分子和恐怖分子对国家安全造成的危害指数较高,英国的监禁政策倾向于将恐怖分子嫌犯关押在安全系数较高的少数监狱中,目前恐怖主义A类囚犯都被关押在八所高度戒备的监狱中。但这种对恐怖主义囚犯集中监禁的策略会导致"恐怖分子大学"的产生,众多的恐怖主义囚犯集中在一起,使得监狱里的极端化风险更高。这些囚犯集中在一起会形成自己的组织,采用一些在监狱外恐怖活动中经常使用的方式指挥组织成员,囚犯还会自己创建所谓的"教室"和"课堂",传授如何制作武器、如何组织行动小组、如何监视其他成员等。恐怖分子囚犯还会被灌输有关恐怖活动的政治和历史方面的知识。③

由于监狱是极端化的特殊场所,因此开展针对监狱的去极端化具有十分重要的意义。英国在监狱进行去极端化的措施主要包括以下几个方面。

---

① 方金英:《文明的交融与和平的未来:穆斯林"去激进化"理论与实践》,北京:时事出版社2016年版,第351页。

② 同上,第352页。

③ [英]安德鲁·西尔克主编:《反恐心理学》,孙浚淞、刘晓倩译,北京:中国政法大学出版社2017年版,第159—160页。

（一）改进监狱管理，确定监狱去极端化的工作重点

2016年8月22日，英国司法部发布的评估报告指出，部分服刑的极端分子在监狱里推行帮派文化，鼓吹支持极端组织"伊斯兰国"，并威胁监狱职员和其他囚犯人身安全。对此司法部出台了一系列措施打击监狱内极端思想蔓延，包括成立新的反恐部门，分开关押服刑的极端分子和普通囚犯，加强监狱职员培训，不让囚犯接触含有极端思想的文献，严格监控囚犯的祈祷活动，典狱长充分利用现有职权，禁止存在极端观念和行为的囚犯参与集体宗教活动等。① 这些预防性措施的关键是隔离潜在的活跃极端分子，切断极端分子在监狱中宣传煽动的途径，并对其进行严格的监控，防止极端分子在狱中招募"新兵"。

在对监狱去极端化改造的整个过程中，英国国家犯罪管理局（National Offender Management Service，NOMS）还不断加强与合作伙伴间的合作，开展以下工作：帮助工作人员更好地评估和防止极端主义和恐怖主义犯罪，并确定合适的干预和管理策略；扩大参与去极端化改造项目的囚犯数量；在国家犯罪管理局开展的改造项目和更广泛的干预措施之间建立更紧密的联系；围绕极端分子和恐怖分子犯罪、去极端化措施进行研究；对监狱管理者和工作人员进行培训；建立覆盖全国的监狱情报信息系统，对监狱中的极端化进行更全面的监测。② 2015年11月，英国成立了国家监狱情报协调中心（National Prisons Intelligence Coordination Centre，NPICC），专门负责对恐怖主义囚犯在释放后"再极端化"现象的监测、预防与干预。

（二）运用主流价值观对囚犯进行思想改造，促使其放弃极端主义思想

2007年3月，通过学习借鉴也门"宗教对话委员会"改造犯人思想和

---

① 《英国隔离极端分子以杜绝极端思想在监狱蔓延》，新华网，2016年8月23日，http://www.xinhuanet.com/2016-08/23/c_1119436637.htm。

② HM Government, *Prevent Strategy*, London: TSO, 2011, p.89-90.

沙特通过宗教人士与在押囚犯进行一对一宗教辩论的经验，英国司法部设立了专门负责监狱去极端化项目的高级小组，由监狱管理局的心理学家针对极端分子实施"认识—举止"心理疗法——通过改变人的观念和立场，从而改变其行为举止，"治疗"极端分子。[①] 具体做法是心理学家对犯人进行一对一治疗，此举有助于监狱管理局判定犯人获释后是否仍是危险人物。除了心理学家外，与监狱中的极端分子进行思想斗争的还有近150名伊玛目，他们基于伊斯兰宗教学识与极端分子进行辩论，使极端分子认识到"暴力行为不具宗教合法性，是错误行为"。这些伊玛目还与监狱中新皈依的穆斯林进行一对一的思想讨论，严正指出这些人的极端主义观点背离了传统的伊斯兰教宗旨，是极其错误的。但监狱的伊玛目只负责判定新皈依者接受"暴力圣战"观念的状况及其社会心理因素，然后交由得到国家资助的社会救助工作者完成犯人的后续去极端化任务。[②]

英国在监狱中进行的去极端化工作还采取奖励的方式说服"圣战"分子抛弃极端观念，接受主流的伊斯兰教，激发他们去极端化的热情。例如，如果一个囚犯被判定为改造成功可以享受提前释放的政策。与此同时，当他还未出狱时项目基金就会对他的家庭提供财务支持，在囚犯释放时国家还会为他配备汽车并提供就业机会。如果囚犯退出了去极端化改造项目，那么这些奖励都会撤回，囚犯会被送到管教更为严厉的监狱。[③]

（三）对参与监狱去极端化改造的相关人员进行培训

对参与监狱去极端化改造的相关人员进行培训，使其掌握正确的工作方法，可以达到事半功倍的效果。英国国家犯罪管理局负责对在监狱中服务的宗教人士进行培训，支持伊斯兰教职人员挑战极端主义思想，一些权威机构还与宗教组织和机构进行合作，支持伊斯兰教职人员在监狱内对服

---

① 方金英：《文明的交融与和平的未来：穆斯林"去激进化"理论与实践》，北京：时事出版社2016年版，第354页。

② 同上，第354—355页。

③ ［英］安德鲁·西尔克主编：《反恐心理学》，孙凌淞、刘晓倩译，北京：中国政法大学出版社2017年版，第166页。

刑人员做工作以帮助他们抵制极端主义思想。① 这些培训可以帮助监狱中的宗教人士更好地了解和处理极端化问题。对政府官员、监狱管理者、监狱普通工作人员以及平民进行训练和教育的项目包括伊斯兰宗教和文化等。项目参与者还会学习到如何识别和追踪激进的原教旨主义群体的活动和恐怖分子的组织网络，对象既包括监狱中有组织的群体，也包括分散的个体。②

（四）对监狱中的极端主义囚犯进行职业技能等培训

为了防止极端主义囚犯在刑满释放后重新走向极端化道路，对其进行适当的职业技能培训以便能尽快融入社会是非常必要的。英国在监狱中对极端分子开展了电脑技能和语言技能的培训，这有助于他们出狱后提高在社会中的独立能力和信心。此外，监狱还组织一些有经验且受人尊敬的伊斯兰学者和伊玛目对穆斯林囚犯宣讲伊斯兰经文和知识，提倡追求崇高的价值观，开展关于维系家庭关系、与其他宗教信仰人群进行互动等活动，使穆斯林囚犯认识到他们所接受的伊斯兰极端主义的荒谬和错误，自觉抵制极端主义意识形态，主动接受主流的伊斯兰价值观，避免其进入社会后的"再极端化"。

外界对英国监狱去极端化项目的成效评价不一，人们一般认为这些项目对极端化程度较低和比较温和的穆斯林犯人较为有效，对于那些有着坚定信念的极端组织领导人成效很小。

---

① HM Government, *Prevent Strategy*, London: TSO, 2011, p.49.

② ［英］安德鲁·西尔克主编：《反恐心理学》，孙凌淞、刘晓倩译，北京：中国政法大学出版社 2017 年版，第 167 页。

附　录
本卷写作分工及作者简介

第四编　地区研究

第19章　南亚伊斯兰极端主义的兴起、发展主线及治理前景

钮　松：博士，上海外国语大学中东研究所研究员

第20章　中亚伊斯兰极端主义的特点与变化趋势

宛　程：博士，浙江师范大学非洲研究院助理研究员

第21章　东南亚伊斯兰极端主义的演变、意识形态与趋势

任　华：博士，云南大学国际关系研究院助理研究员

第22章　马格里布地区极端主义的发展现状及反恐困境

舒　梦：博士，上海外国语大学中东研究所助理研究员

第23章　"伊斯兰国"在撒哈拉以南非洲的渗透

刘中民：博士，上海外国语大学中东研究所教授

赵跃晨：云南大学国际关系研究院助理研究员

第24章　萨拉菲主义在撒哈拉以南非洲的传播、极端化及影响

王　涛：博士，云南大学非洲研究中心教授

宁　彧：博士，兰州大学政治与国际关系学院讲师

第25章　欧洲伊斯兰极端主义的性质和结构分析

汪　波：博士，上海外国语大学中东研究所教授

第26章　圣战萨拉菲主义对欧洲青年的影响及应对

丛培影：博士，中国青年政治学院青少年工作系副教授

第五编　国别研究

第27章　"伊斯兰国"对沙特政权的挑战及沙特的应对之策

李　意：博士，上海外国语大学中东研究所副研究员

第28章　海合会国家青年的宗教极端化与去极端化研究

陈越洋：博士，上海外国语大学中阿改革发展研究中心副教授

第29章　也门极端组织的演变、成因及其影响

刘中民：博士，上海外国语大学中东研究所教授

任　华：博士，云南大学国际关系研究院助理研究员

第30章　埃及的主要极端组织与塞西政府的去极端化战略

赵　军：博士，上海外国语大学中东研究所副研究员

第31章　土耳其伊斯兰极端主义的发展及其治理启示

邹志强：博士，复旦大学中东研究中心副研究员

第32章　突尼斯伊斯兰极端组织的"定叛"主义运动探析

张楚楚：博士，复旦大学国际关系与公共事务学院副教授

第33章　索马里伊斯兰极端组织的发展及影响

赵跃晨：云南大学国际关系研究院助理研究员

第34章　"博科圣地"的演变与尼日利亚反恐政策评析

李文刚：博士，中国社会科学院西亚非洲研究所副研究员

第35章　菲律宾的民族分离型宗教极端组织——阿布沙耶夫

任　华：博士，云南大学国际关系研究院助理研究员

第36章　俄罗斯伊斯兰极端主义的演变及影响

毕洪业：博士，上海外国语大学中亚研究中心研究员

肖　佳：上海外国语大学俄罗斯东欧中亚学院硕士研究生

第37章　英国伊斯兰极端主义的成因和去极端化政策分析

李　立：博士，南昌师范学院外国语学院副教授

第38章　英国去极端化政策的主要领域和措施（上）
　　　　——以学校、宗教机构、慈善机构为例

许　超：博士，山东政法学院公共管理学院讲师

第39章　英国去极端化政策的主要领域和措施（下）
　　　　——以互联网、医疗卫生机构和监狱为例

许　超：博士，山东政法学院公共管理学院讲师